明清禪宗文獻叢書　第一輯

黃繹勳　成慶　主編

具德弘禮禪師珍稀文獻輯注

釋法幢　校注

明清禪宗文獻叢書　編委會

黃繹勳　上海大學校聘兼職教授，上海大學禪文化研究中心研究員

成　慶　上海大學歷史系副教授，上海大學禪文化研究中心負責人

釋法幢　上海大學禪文化研究中心研究員，徑山禪寺圖書館館長

本叢書由上海寶山永福庵資助出版

總序：明清禪宗之活力

黄繹勳、成　慶

　　近代明清佛教的學術研究是以衰敗觀和僧諍的討論啓幕的。本叢書之出版意不在於質疑這些主張所呈現的部分事實，而是着眼於近年來大量明清禪宗珍稀文獻之陸續發現，冀望在既有的看法之外，藉由整理、出版和研究這些文獻，爲世人提供重新思索明清禪宗之活力的契機。

　　本總序之題名，乃受美國學者葛利高理（Peter Gregory）所撰"The Vitality of Buddhism in the Sung"（《宋代佛教之活力》）一文所啓發。西方學術界對於宋代漢傳佛教的研究，在葛利高理所編的 *Buddhism in the Sung*（《宋代的佛教》）一書中，已獲得學者們以新的視角重審唐代和宋代佛教的價值和定位的共識。葛利高理更於其"The Vitality of Buddhism in the Sung"一章中，具體地檢驗所謂"唐代以後漢傳佛教衰敗的刻板印象"的三個來源，分別爲：1. 宋代佛教中特別是禪宗僧人對己身禪門反省的負面言詞；2. 日本學術界基於宗派和國族思想立場對漢傳佛教的偏頗評論；3. 宋代儒者和歷史學者企圖邊緣化佛教的成見。①

　　佛教自宋而後，傳衍至明清時期亦有數百年的歷史，同樣地，明清佛教亦背負著衰敗的普遍印象，因此，筆者以爲葛利高理上述有關"唐代以

---

① Peter Gregory ed. *Buddhism in the Sung*. Honolulu: University of Hawai'i Press, 1999, pp. 1-20；黄繹勳《明清佛教研究新文獻與新審思——以碩揆禪師尺牘爲例》，《佛法與方法：明清佛教及周邊》，復旦大學出版社，2021年，第119—131頁。

後漢傳佛教衰敗的刻版印象"的檢驗內容,也適用於幫助我們重新審思明清佛教之刻版印象。

首先,例如明末湛然圓澄(1561—1627)於《慨古錄》之所陳述:"自嘉靖間,迄今五十年,不開戒壇。而禪家者流,無可憑據,散漫四方,致使玉石同焚,金鍮莫辨。"①臨濟禪僧漢月法藏(1573—1635)於《提智證傳序》慨嘆當時情形:"禪道式微,不獨無典之妙不傳,抑且宗門奧典幾致滅裂。"②曹洞禪僧永覺元賢(1578—1657)亦說:"入明以來,二百餘載,聖賢隱伏,法脉久湮。"③這些明代禪宗僧人對於禪門反省的言詞、褒古抑今的語調,成爲了明清禪宗的普遍負面印象之濫觴。

繼而,關於學術界對明清佛教史的敘事問題,吳疆認爲始於梁啓超(1873—1929)《論中國學術思想變遷之大勢》一文,學者將中國學術史的宋元明階段評斷爲"儒佛混合時代",清朝則爲"衰落時代";進而通過陳觀勝(Kenneth Ch'en;1907—1986)的英文著作《中國佛教史概論》(*Buddhism in China: A Historical Survey*),影響到歐美學術界。④ 同樣地,日本學界如鎌田茂雄(1927—2001)亦於其《中國佛教通史》中統括:"明清以後的近代佛教,可以説是佛教的衰頹期。"⑤因而,此簡單概括化的衰落史觀,根深蒂固地盤踞於東西方學術界超過一個世紀之久。

明清儒者對於佛教的態度較複雜。明朝初中期朱學獨盛而反佛立場鮮明,正如荒木見悟所言:"反映當時思想狀況的大部分現存資料,都充斥著以儒家正統爲認識之基調的論述,一旦對佛教抱有好意、親近佛典,幾

---

① 《慨古錄》,《卍新纂續藏經》(65),頁369上。
② 黃繹勳《漢月法藏禪師珍稀文獻輯注初編》,《於密滲提寂音尊者智證傳·提智證傳序》,上海古籍出版社,2024年。
③ 《永覺元賢禪師廣錄·送本立上人歸山序》,《卍新纂續藏經》(72),頁455上。
④ 吳疆《佛法與方法:明清佛教及周邊》導言,復旦大學出版社,2021年,第2—3頁。陳觀勝於其書中,將起至宋朝迄至現代的佛教皆列於衰敗期,參其 *Buddhism in China: A Historical Survey*. New Jersey: Princeton University Press, 1964, pp.389-470。
⑤ 鎌田茂雄著,關世謙譯《中國佛教通史》,臺北新文豐出版社,1987再版,第241頁。

乎都會得到'不純狂蕩'的評價,這些親近佛教者在人性論方面的艱苦探索也好,其獨創性思想的由來也罷,幾乎都可能被輕易抹殺。"① 中後期因王陽明(1472—1529)之學興起,佛教亦隨著有了復興的機緣,值得注意的是,王陽明雖近禪,但仍堅據闢佛的本位。② 以士人群體而言,如管東溟(1536—1608)、錢謙益(1582—1664)、黄宗羲(1610—1695)、方以智(1611—1671)等,皆是明清之際出入儒佛的代表,而他們在佛門内部的僧諍與人事糾葛之中也扮演著重要的角色。按照陳玉女的分析,明代佛教的一個重要特色就是世俗化,也就是說,當時佛教界與社會各階層有着較多互動往來,因而佛教内部的許多諍論也勢必與士紳之網絡形成密切的關聯。而過去對於明清佛教的研究,多局限於僧侶角色上,對於有著强烈佛教背景的士人往往輕描淡寫,描繪成歷史上的"失意者"與"邊緣者",而未能看到轉折時代士人身份的豐富性與多歧性。③ 簡而言之,明清鼎革之際,禪、儒的關係複雜密切且相互資長。

誠如以上所簡述,明清佛教情況的負面評斷或主張雖不容盤否認,但是,明清二朝(1368—1911)横跨五百多年,在其榮衰起伏之間,若僅以禪宗典籍而言,收錄於現已出版的《卍續藏經》(新文豐版)、《嘉興大藏經》(新文豐版;民族出版社版)和《徑山藏》(國家圖書館藏本)等等,以及珍藏於中國、日本和越南等各大圖書館與寺院藏經樓的數量,便累積計千部以上。④ 吴疆於其《禪悟與僧諍:17世紀中國禪宗的重構》一書中便主張,

---

① 荒木見悟著,陳曉傑譯《明代思想研究——明代的儒佛交流》序,山東人民出版社,2022年,第3頁。
② 范佳玲《明末曹洞殿軍:永覺元賢禪師研究》,臺北花木蘭文化出版社,2010年,第271—277頁。
③ 參看陳玉女《明代佛門内外僧俗交涉的場域》,臺北稻鄉出版社,2010年,第28—31頁。另有關"狂禪",參吴疆《演繹本真——李贄、佛教以及前近代中國文字境界的興起》(中譯文),《宗教與歷史》,宗教文化出版社,待刊;有關"逃禪"遺民,參廖肇亨《忠義菩提:晚明清初空門遺民及其節義論述探析》,臺北"中研院"中國文哲研究所,2013年。
④ 《卍續藏經》,臺北新文豐出版社,1994年;《嘉興大藏經》,臺北新文豐出版社,1987年;《嘉興大藏經》,民族出版社,2008年;《徑山藏》,國家圖書館出版社,2016年。

由於此時期禪宗各類文獻的數量豐盛，代表此時期禪宗發展之繁茂，因而可將第十七世紀稱爲禪宗歷史上的"第三個黄金時期"。① 近期適逢珍藏於各處的明清稀見佛教文獻陸續被重新發現，此時正是我們重新檢驗明清漢傳佛教固有印象的絶佳時機。②

明清佛教研究以陳垣先生之著作爲開端，其所言著名僧諍内容，以"宗旨學説之争"爲上，"門户派系之争"爲次，"意氣勢力之争"爲下，"墓地田租之争"爲下之下，概述了明清叢林之紛紛擾擾。③ 而日本學者野口善敬則開始注意到"僧諍"背後的"法諍"内涵，如明清曹洞壽昌派與臨濟天童派關於高峰原妙禪師"主人公"的諍論，以及密雲圓悟與漢月法藏關於六祖偈"本來無一物"理解的分歧，均是將"僧諍"的研究進一步拓展與深化。但是，關於這些非常有價值的議題，學界尚缺乏足够的文獻以供深入研究。④ 本叢書第一輯即收録了上述僧諍之一所涉及的關鍵人物——密雲圓悟(1567—1642)和漢月法藏(1573—1635)，以及三峰派後代禪師之珍稀文獻。

第一册成慶的《密雲圓悟禪師天童直説校注》，以杭州圖書館所藏明崇禎年間《天童直説》初刻本(存八卷)爲底本，以上海圖書館藏崇禎間重刻本補齊第九卷，并校以其他相關之本。内容包含了《闢妄七書》和《三録》，爲密雲圓悟對漢月法藏《五宗原》和提語《智證傳》的批評，我們可以

---

① 吴疆《禪悟與僧諍：17 世紀中國禪宗的重構》，中西書局，2023 年，第 4 頁。
② 紀華傳於其《20 世紀以來的清代漢傳佛教研究》一文中，詳細統計和簡述了有關清代漢傳佛教的論文、專著和專題研究的著作，并且提出幾點問題，最後亦建議學者："廣泛收集各種原始資料，綜合已有的研究成果，把清代佛教研究實質性地推上一個新臺階。"《中國宗教研究年鑒(2005—2006 年)》，宗教文化出版社，2008 年。
③ 陳垣《明季滇黔佛教考》(上册)，河北教育出版社，2000 年版，第 275 頁。
④ 野口善敬《明末に於ける"主人公"——密雲円悟の臨濟禪の性格を巡って》，《九州大學哲學年報》第 45 期，1986 年，第 149—182 頁；《關於明末"本來無一物"是"外道法"的論争》，張立文、町田三郎主編《傳統文化與東亞社會》，中國人民大學出版社，1992 年，第 136—152 頁；野口善敬撰，李賀敏譯《雪關智誾與"主人公"論争》，《中國佛學》2021 年第 1 期，第 115—139 頁。

從這些文獻中去釐清密雲圓悟與漢月法藏論諍的真實脈絡,并且也可以藉此深入了解密雲圓悟當時所廣泛參與的其他論諍情形。特別是,天童派與三峰派之紛爭,最終由雍正帝以《揀魔辯異錄》將三峰派定調爲"宗徒敗類"與"魔外知見"而告終,使得本來盛極一時的三峰派迅速失去影響力,同時亦終結了明清時期禪宗内部透過交辯和磋議檢視和重整"宗旨學説"的機會。如今藉由密雲圓悟珍稀文獻的整理與出版,我們得以超越僧諍的負面外在表相或意氣之争,重獲進一步釐清禪宗發展至明清時期的各家"宗旨學説"和教法異同的時機。①

第二册和第三册黄繹勳的《漢月法藏禪師珍稀文獻輯注初編》和《漢月法藏禪師珍稀文獻輯注續編》,共收録了蘇州西園寺藏經樓、蘇州鄧尉山天壽聖恩寺藏經樓、上海圖書館等處所藏十三種珍稀文獻,包含在密漢師徒之諍中扮演關鍵角色却長久未被關注或發現的《於密滲提寂音尊者智證傳》,以及漢月駐錫或講法於蘇杭多座寺院的語録,其内容爲漢月上堂、小參、普説、懺法、法語、頌古和詩偈等等,涉及不同主題與體裁,爲我們系統地了解漢月法藏的禪教、戒律、懺法、浄土思想或參禪看話頭的指導,以及其與在家居士和蘇杭寺院互動交流等等面向提供了豐富且重要的材料。②

第四册釋法幢的《具德弘禮禪師珍稀文獻輯注》,選録和點校具德弘禮(1600—1667)所撰述語録及相關文獻,收録了蘇州西園寺藏經樓、南京圖書館、首都圖書館所藏以及《徑山藏》、《禪宗全書》、《中國佛寺志叢刊》

---

① 參成慶《密雲圓悟禪師天童直説校注》,附録《〈天童直説〉與密雲圓悟、漢月法藏論諍再考》,上海古籍出版社,2024年。

② 以漢月法藏之珍稀文獻爲材料,筆者之一黄繹勳已發表了以下成果:《漢月法藏禪師珍稀文獻輯注初編》,附録《漢月法藏〈於密滲提寂音尊者智證傳〉略探》,上海古籍出版社,2024年;《明末漢月禪師〈三峰和尚心懺〉略探和點校》,《佛光學報》新七卷,2021年,第1—45頁;《明末漢月禪師和嘉興真如寺》,日本花園大學《禪學研究》第100號,2022年,第183—203頁;《明代漢月禪師的精神歷程》,《人文宗教研究》第十三輯,宗教文化出版社,2022年,第144—165頁;《明末漢月法藏禪師之看話禪思想》,《宗教與歷史》,宗教文化出版社,待刊。

等所收的語録和文獻共八種。具德弘禮爲漢月法藏法嗣,是三峰派第二代傑出的禪僧,十坐道場包括廣孝、安隱、杭州佛日、靈隱、徑山等寺,具德生平結制和廣開禪期,致力於傳法和教化弟子,以法脉傳承延展三峰派的僧團勢力。此書描繪了具德弘禮的生平行誼與人物面貌,可爲學界研究具德禪師的禪法教學、禪學思想、生平事迹與弘法影響,乃至探討分析清初三峰派的蓬勃發展現象等,提供豐富的材料。①

第五册王啓元的《碩揆原志禪師珍稀文獻輯注初編》,收録國家圖書館藏《碩揆禪師語録》(尺牘十二卷),以及常熟圖書館藏《借巢集》(三卷)。碩揆原志(1628—1697),屬漢月法藏三峰派第三代,歷主江南徑山寺、三峰寺、靈隱寺等著名禪寺,爲三峰派傳衍至清初第三代的重要禪師之一。《碩揆禪師語録》包含碩揆原志的尺牘和書啓,《借巢集》爲碩揆的詩作,此兩部文獻包含了關於碩揆生平和禪法思想、清代禪宗以及三峰派於清代的發展軌迹、法門紛争所展現的禪門省思意義,以及康熙年間靈隱寺寺史等課題的諸多珍貴史料,學者借此可更深入地分析探討明清佛教之時代特色和價值。②

簡言之,禪宗發展至明清時期,與社會各階層之士人、居士和民衆互動頻繁,展現出多元精彩的面貌。雖然明清佛教過去總是給人們一種衰敗的普遍印象,但是明末佛教的復興景象,又是不容我們忽視的事實。如果以傳統佛教戒、定、慧三學的範疇,來重審明清禪宗之活力的話,漢月在禪宗教團内推行三壇大戒,並著《弘戒法儀》一書,詳細説明了三壇大戒的流程。通過漢月和其他禪師的努力,三壇大戒儀式明清之時經常在禪宗

---

① 參釋法幢《具德弘禮禪師珍稀文獻輯注》,附録一《三峰派第二代具德禮禪師生平著述及傳承譜系考》,上海古籍出版社,2024年。

② 參王啓元《碩揆原志禪師珍稀文獻輯注初編》,附録《碩揆原志禪師生平與尺牘研究》,上海古籍出版社,2024年。黄繹勳《明清佛教研究新文獻與新審思——以碩揆禪師尺牘爲例》,《佛法與方法:明清佛教及周邊》,第119—131頁;《靈隱碩揆禪師的住山歷程和禪門省思——從上方、徑山、三峰到靈隱》,《獅子吼》第24期,2022年,第11—24頁。

教團內進行並由禪師主持,是爲推動漢傳戒律之一大創舉。① 雲棲袾宏(1535—1615)《禪關策進》、漢月《於密滲禪病偈》《於密滲參禪諸偈》和晦山戒顯(1610—1672)《禪門鍛鍊説》等著作,皆是明清禪僧對參禪學道之重要省思和指導。② 此外,在明清之際所爆發的多次"僧諍",除開一些佛門内部的人事意氣之爭外,大量僧諍仍然與對"禪門宗旨"理解的分歧有關,比如曹洞壽昌派與臨濟天童派關於高峰原妙對於"主人公"的諍論,③以及漢月法藏與密雲圓悟對於"五家宗旨"的激辯等等,均透露出明清對於禪門宗旨和傳統公案進行再詮釋的努力和活力。另外,由於正德、嘉靖年間古學之風始開,讀書與考證重新被重視,在儒學界也掀起了一股回歸原典的思潮。晚明,此種回歸經典的思潮亦影響佛教之學術風氣,明末禪僧注釋佛教經、律、論的種類和數量遽增。④ 這些著作都明白揭示明清禪僧對傳統佛教戒、定、慧三學的承繼與重視,並且展現了明清禪宗之創新活力。

因此,現代學界對明清佛教應以更全面和多元的角度進行探討與分析,例如盛行於江南湖湘的、有著千餘位傳法弟子的密雲圓悟以及所屬的天童系和四川破山系,對清代江浙禪宗影響至深的磬山一系,位居常熟和蘇杭重要寺院的漢月法藏和其後幾代衆多弟子的三峰派,甚而對於現代佛教影響廣大的曹洞壽昌系和福建鼓山系,等等。這些當時具有重大影響的禪師,却因爲著作不見於世,在明清佛教歷史研究中被忽略,也因此

---

① 吴疆《禪悟與僧諍:17世紀中國禪宗的重構》,第31頁。
② 雲棲袾宏《禪關策進》,《大正新修大藏經》(48);漢月《於密滲禪病偈》和《於密滲參禪諸偈》,參本叢書第一輯第二册,黄繹勳《漢月法藏禪師珍稀文獻輯注初編》;晦山戒顯《禪門鍛鍊説》,《卍新纂續藏經》(63)。
③ 野口善敬《明末に於ける"主人公"——密雲円悟の臨濟禪の性格を巡って》,《九州大學哲學年報》第45期,1986年,第149—182頁;野口善敬《"本来無一物"は外道の法》,《禪文化研究所紀要》,1992年第5期,第1—50頁;野口善敬撰,李賀敏譯《雪關智誾與"主人公"論争》,《中國佛學》2021年第1期,第115—139頁。
④ 范佳玲《紫柏大師生平及其思想研究》,臺北法鼓文化,2001年,第24—32頁;聖嚴法師《明末佛教研究》,臺北法鼓文化,2000年,第44—48頁。

影響我們對明清佛教的全面了解。

欣幸的是，近年來由於資訊技術發達，收藏於海內外的明清禪宗珍稀文獻相繼被重新發現、獲取。這些禪宗文獻體例豐富多元，除了常見的禪師上堂或小參的機緣問答和參禪指導以外，更包含如行由、行實、行狀、行脚、行錄和塔銘等禪師生平史傳，尺牘和書信等僧俗往來記載，文集、序、記、引、疏和雜著等涉及寺院情況與社會交流相關信息，頌古、拈古、詩偈和頌贊等表達精神境界或文學意涵的作品。與唐宋相較，明清禪宗與現代佛教時間上更爲接近，許多內容對我們而言更顯熟悉和親切，特別是相似之關懷議題，正是現代佛教可汲取或參考的豐碩活力泉源。因而，基於探究和闡發明清漢傳佛教的時代意義和價值之需要，將這些新發現的稀見明清佛教文獻整理出版，正是現代學者亟需加強努力的方向。

本"明清禪宗文獻叢書"系列正是以出版明清禪宗珍稀文獻的深度整理和研究爲目標，將多元地包含天童密雲系、漢月三峰派、四川破山系、磐山系、曹洞壽昌系和福建鼓山系等的相關文獻，爲明清禪宗專題研究提供新的文獻材料。今日漢傳佛教的發展，已逐漸跳脱過去"追溯唐宋"的視野，而更注意到明清佛教留下的各項傳統，如寺廟建築、清規儀軌、修行實踐等等，而這些都代表了明清佛教尚待發掘的諸多面向。希望將來能有更多學者以其專業特長，如以社會、文化、歷史、經濟、政治等多元視角，更進一步運用和探討此類稀見文獻的珍貴內容，促使漢傳佛教的學術研究向前推進，更臻完善。

目　　錄

總序：明清禪宗之活力 ………………………………………… 001

凡例 …………………………………………………………… 001
導論 …………………………………………………………… 003

一、臨平安隱寺志・具德禪師語錄 ………………………… 019
　解題 ………………………………………………………… 021
　臨平安隱寺志・具德禪師語錄 …………………………… 024

二、具德禪師石梁毗尼禪院語錄 …………………………… 031
　解題 ………………………………………………………… 033
　具德禪師石梁毗尼禪院語錄　卷之三 …………………… 037
　　室中開示 ………………………………………………… 037
　具德禪師石梁毗尼禪院語錄　卷之四 …………………… 065
　　入室開示 ………………………………………………… 065

三、雲門具德禪師維揚天寧禪寺語錄 ……………………… 089
　解題 ………………………………………………………… 091
　雲門具德禪師維揚天寧禪寺語錄 ………………………… 095

〔陞座　示衆〕…………………………………………………… 095
　　付巨渤恒首座源流偈　并囑語 …………………………… 103
機緣 …………………………………………………………… 104
像贊 …………………………………………………………… 105
　　舊人畫觀音像 ……………………………………………… 105
　　墨刻大悲觀音像 …………………………………………… 105
　　繡觀音像 …………………………………………………… 105
　　天童三峰雲門合像　天衢李居士請 ……………………… 105
　　又　黃居士自寫小像侍側請贊 …………………………… 105
　　自贊　新戒大昱自寫小像侍側請 ………………………… 106
　　又 …………………………………………………………… 106
　　又 …………………………………………………………… 106
　　朗契禪師像 ………………………………………………… 106
　　福緣德宗老宿像 …………………………………………… 107
　　參五老宿像 ………………………………………………… 107
　　大賈居士小像 ……………………………………………… 107
　　鳳梧居士小像 ……………………………………………… 107

四、雲門具德禪師佛日語錄 …………………………………… 109
解題 …………………………………………………………… 111
雲門具德禪師佛日語錄 ……………………………………… 114
　〔示衆　陞座〕 ……………………………………………… 114
　機緣 ………………………………………………………… 122
　偈 …………………………………………………………… 124
　　貼單示衆 …………………………………………………… 124
　　寄李天衢居士 ……………………………………………… 124
　　金臺法師塑像開光 ………………………………………… 125

爲傅大震居士薦親 …………………………………… 125

　　又 …………………………………………………………… 125

　　示閉關誦法華經 ……………………………………… 125

　　爲日可法師祝壽 ……………………………………… 125

像贊 …………………………………………………………… 125

　　泥金準提像 ……………………………………………… 125

　　大雄二老宿像 …………………………………………… 125

　　偶題禪人小像 …………………………………………… 125

　　五和禪人小像 …………………………………………… 126

　　題見明老宿像 …………………………………………… 126

佛事 …………………………………………………………… 126

　　爲五和禪德舉火 ……………………………………… 126

　　爲容然大德舉火 ……………………………………… 126

　　爲宗一上座舉火 ……………………………………… 126

五、靈隱具德禪師語錄 ………………………………… 127

解題 …………………………………………………………… 129

靈隱具德禪師語錄 ………………………………………… 134

　　〔示衆　陞座　小參〕 …………………………… 134

機緣 …………………………………………………………… 161

偈 ……………………………………………………………… 164

　　答示海旭張居士四偈仍步來韻 ………………… 164

　　受菴大兄壽 ……………………………………………… 164

　　南屏期主老宿壽 ……………………………………… 164

　　示富居士三代誦金剛經孝感三瑞 …………… 164

　　示借菴劉居士以禪宗十鏡集求序 …………… 164

　　示趙克明居士 …………………………………………… 164

贊 ·· 165
　水墨大悲觀音像 ·· 165
　淨瓶觀音像 ··· 165
　懺壇關帝像 ··· 165
　天竺觀法師像 ·· 165
　法師像 ·· 165
　獨笑關主枕石卧像 ··· 166
　瓠菴陳居士遁世小像 ····································· 166
　沈居士行樂肖像 ·· 166
　馮崑石居士像 ·· 166
　陳玄素居士笠杖衲衣行腳肖像 ······················ 166
　吳祐函母像 ··· 167

佛事 ··· 167
　天竺觀如法師封龕 ·· 167

六、靈隱寺志·法語 ································· 169

解題 ·· 171
靈隱寺志·法語 ··· 173
　具德和尚住靈隱進院上堂法語 ······················ 173
　開爐鑄萬僧鍋陞座法語 ································· 175
　付授顧雲西堂上堂法語 ································· 175
　開藏殿鐘樓基上堂法語 ································· 176
　供祖師上堂法語 ·· 176
　法堂上梁顯寧義姪和尚請上堂法語 ··············· 177
　禪堂上梁上堂法語 ·· 177
　佛殿天王殿同日陞梁上堂法語 ······················ 177
　鐘樓立柱上梁上堂法語 ································· 178

佛殿前大寶鼎成鄔護法請上堂法語 … 178
大佛像成李青芝等請上堂法語 … 179
大樹堂昇梁上堂法語 … 179
齋堂昇梁上堂法語 … 179
飛來峰牌樓昇梁上堂法語 … 180

七、徑山具德禪師語錄 … 181

解題 … 183

徑山具德禪師受請書啓 … 187

金太師護法書 … 187
袁方伯護法書 … 187
熊道臺護法書 … 188
禹航邑候護法啓 … 188
武林禹航諸護法公啓 … 189
吳江衆護法請啓 … 191
金壇于護法啓　兩函 … 191
紹興姜護法請啓 … 193
上高村潘護法請啓 … 193
莫菴和尚通啓　四函 … 194
莫菴和尚再啓 … 194
莫菴和尚請書 … 194
莫菴和尚新正賀啓 … 195
白洋勝因請書 … 195
徑山大殿老堂請啓 … 195
徑山觀音殿請啓 … 196
徑山八房請啓 … 196
徑山化城寺請啓 … 197

徑山靜室請啓 …………………………………… 197
徑山具德禪師語錄 ………………………………… 199
　〔陞座　小參等〕 ……………………………… 199
　　〔附繼起弘儲語錄一則〕 …………………… 240
機緣 ………………………………………………… 247
佛事 ………………………………………………… 251
　　爲心無老宿靈骨入塔 ………………………… 251
　　爲無相侍者火 ………………………………… 251
　　爲佛一上座靈骨入塔 ………………………… 251
　　爲正參禪宿靈骨入塔 ………………………… 252
　　爲任脩老宿火　其年八十有五 ……………… 252
　　入塔 …………………………………………… 252
　　爲隱山老宿火 ………………………………… 252
　　爲道初禪人靈骨入塔 ………………………… 252
　　爲普信禪師靈骨入塔 ………………………… 252
　　爲自達禪人火　曾爲慶雲仁和尚後堂 ……… 252

八、具德禪師相關文獻補遺 ……………………… 253
解題 ………………………………………………… 255
具德禪師相關文獻補遺 …………………………… 258
　序引 ……………………………………………… 258
　　金剛經如是解序 ……………………………… 258
　　淨土全書序 …………………………………… 259
　　重刻水月齋指月錄原叙 ……………………… 260
　　重興福善寺濮氏募引 ………………………… 262
　　贈靈隱具和尚序 ……………………………… 263
　法語 ……………………………………………… 264

付具德上座源流法語 …………………………………… 264
　　機鋒問答 ……………………………………………………… 265
　　上堂示衆問答 ………………………………………………… 266
　　垂語 …………………………………………………………… 266
拈頌 ………………………………………………………………… 267
　　釋迦牟尼佛 …………………………………………………… 267
　　鎮州臨濟義玄禪師 …………………………………………… 268
　　臨濟第六世汾州太子院善昭禪師 …………………………… 269
　　臨濟第三十一世蘇州鄧尉山於密法藏禪師 ………………… 270
　　韶州雲門山光奉院文偃禪師 ………………………………… 271
　　袁州仰山慧寂通智禪師 ……………………………………… 271
　　金陵清涼院文益禪師 ………………………………………… 274
　　瑞州洞山良价悟本禪師 ……………………………………… 275
　　撫州曹山本寂禪師 …………………………………………… 276
　　鎮州臨濟義玄禪師 …………………………………………… 276
像贊 ………………………………………………………………… 277
　　天童密祖像贊 ………………………………………………… 277
　　三峰漢月藏祖像贊 …………………………………………… 277
　　具德老人自題像贊 …………………………………………… 277
　　靈隱具和尚贊 ………………………………………………… 278
　　天童三峰靈隱三代老和尚贊 ………………………………… 278
　　靈隱老和尚像贊 ……………………………………………… 278
　　靈隱老和尚贊 ………………………………………………… 279
　　靈隱禮和尚像贊　師到乍浦，陳山寺主人慧賢長老請 ………… 279
　　靈隱具德和尚贊 ……………………………………………… 279
書信 ………………………………………………………………… 280
　　與靈隱禮和尚書 ……………………………………………… 280

復靈隱禮和尚 ………………………………………………… 280
復靈隱禮和尚 ………………………………………………… 281
復靈隱禮和尚 ………………………………………………… 281
與靈隱禮和尚 ………………………………………………… 282
與靈隱老和尚 ………………………………………………… 282
復靈隱老和尚 ………………………………………………… 283
與靈隱老和尚 ………………………………………………… 283
復靈隱和尚 …………………………………………………… 283
與靈隱和尚 …………………………………………………… 284
與靈隱和尚 …………………………………………………… 284
與靈隱和尚 …………………………………………………… 284
與靈隱和尚 …………………………………………………… 285
與靈隱和尚 …………………………………………………… 285
奉靈隱具老和尚 ……………………………………………… 285
上靈隱老和尚 ………………………………………………… 286
上靈隱老和尚 ………………………………………………… 287
賀老和尚住徑山 ……………………………………………… 288
上靈隱老和尚 ………………………………………………… 289
答徑山老和尚 ………………………………………………… 289
上徑山老和尚 ………………………………………………… 290

詩偈 …………………………………………………………………… 290
謁靈隱禮和尚 ………………………………………………… 290
侍靈隱和尚過安隱寺弔紫蓋法兄 …………………………… 291
中秋夜侍靈隱和尚法堂翫月 ………………………………… 291
訪靈隱具德和尚 ……………………………………………… 291
壽具和尚并賀大殿落成詩 …………………………………… 291
過甫里謁願公因遇雲門具和尚 ……………………………… 292

代具師達贈 ………………………………………………… 292
　　靈隱寺遇具德和尚 …………………………………………… 293

塔銘　行狀 ……………………………………………………… 293
　　重建靈隱具德大和尚塔銘 …………………………………… 293
　　重興靈隱具德老和尚全身塔表 ……………………………… 297
　　本師具德老和尚行狀 ………………………………………… 300

靈隱寺事迹 …………………………………………………… 307
　　重興緣起 ……………………………………………………… 307
　　梵宇 …………………………………………………………… 308
　　靈隱重興紀異 ………………………………………………… 309
　　山地 …………………………………………………………… 313

附錄一　三峰派第二代具德禮禪師生平著述及傳承譜系考 ………… 315
附錄二　臨濟宗三峰派世系表 ………………………………… 345

後記 …………………………………………………………… 369

凡　　例

一、本"明清禪宗文獻叢書"系列所收之文獻，多爲新文豐版《嘉興藏》所未收，明清時期寺院自行刊印的珍稀傳本，版本價值極高。

二、總序説明本叢書之出版緣起和校注明清禪宗珍稀文獻的目標。第一輯以陳垣先生著作所述的僧諍中，著名的密漢之諍——密雲圓悟(1567—1642)和漢月法藏(1573—1635)二位禪師，以及漢月禪師後代弟子的語録文獻爲開端，之後將多元地包含天童密雲系、漢月三峰派、四川破山系、磬山系、曹洞壽昌系和福建鼓山系等的相關文獻，爲明清禪宗專題研究提供新的文獻材料。

三、導論包含每一册文獻作者的生平簡介，諸種文獻排序之理路和重要價值。

四、解題提供文獻版本信息和内容簡要説明，意在於提供讀者將來可進一步探索的研究方向。

五、文獻正文校點之通則如下：

1. 古今字、異體字、正俗字原則上改爲通行字。

2. 原書明顯錯字或缺字以〔〕校改補正。

3. 原書有殘缺或難識者，以□表示之。

4. 謹斟酌原書句讀、訓讀符號，以及文意，施以現代標點，幫助讀者閱讀。

六、注釋主要爲校改所據、引用出處，以及禪宗公案和詞語典故之簡要釋義，方便讀者理解。

七、附錄爲作者使用該册文獻資料的研究專論之例。

八、校注定多疏誤之處，希望讀者不吝指正。

導　　論

　　《具德弘禮禪師珍稀文獻輯注》一書是在全面考察明清之際江浙禪門宗匠具德弘禮禪師（1600—1667）所撰述的語錄及相關文獻後，將之輯錄、彙編，并施以點校、注釋，撰寫解題而成。

　　具德作爲密雲圓悟（1567—1642）的法孫、漢月法藏（1573—1635）法嗣，活躍於清順康年間，是三峰派第二代傑出的禪僧。他大闡宗風，力倡綱宗之説，重建祖庭有功，於江南佛教的弘化發展有其不可埋没的功績。他好扶植三峰法侶，善於鍛煉弟子，其嗣法門人頗衆而廣布浙、湘、贛，於當時禪門影響深遠。然而，因種種原因，學界近期纔逐漸對他投入關注及研究。

　　以往對臨濟三峰派的研究，學者多側重在開創者漢月藏的禪教思想、密漢之諍、三峰派與逃禪人士的關係、宗派建立與衰敗起因等，然而對第二、三代禪僧語錄的特色和文獻價值、於宗派發展所扮演的角色、人物發揮的作用和地位影響等，著墨不深。有學者分析晚明三峰宗派的建立，認爲"三峰派下門人在明清之際所扮演的角色"以其"推動禪宗史內部的反省是值得繼續深究的"。①

　　大體而言，三峰派第二代禪僧的表現，相對於潭吉弘忍、②繼起弘儲

---

①　連瑞枝《漢月法藏（1573—1635）與晚明三峰宗派的建立》，《中華佛學學報》（9），臺北佛學研究所，頁 205。

②　潭吉弘忍（1599—1638），俗姓鄭，資州人。漢月法藏法嗣，爲具德弘禮之同門法兄。著有《五宗救》、《安隱錄》、《爐餘外集》，駐錫杭州安隱寺，世壽四十歲。史傳可見《三峰清涼寺志》卷四，頁 123；《五燈全書》（69）（87）卷六九、八七，《卍新纂續藏經》（82），頁 331 下；以及《正源略集》卷五，《卍新纂續藏經》（85），頁 31 下。

以撰述論著鞏固三峰派的發展地位,而力護師門的具德弘禮,持續以結制廣開禪期,致力於傳法和教化弟子,以法脉傳承延展三峰派的僧團影響力,具有善於鍛煉學衆之長老的鮮明性格,其法席特盛。筆者有幸發現四部未收入大藏經、珍貴稀見的具德禪師語録,對於研究清初的禪宗特別是江浙一帶禪林,具有重要的文獻價值。希望藉由本書所輯注之具德禪師珍稀文獻的付梓,能爲探究具德的禪法教學與禪學思想,細看清初三峰派禪風盛行江南的面貌,進而爲重新解讀明清禪宗提供助益。以下,首先概述具德禪師生平與著述。

一、生平行履及其著述

具德弘禮,俗姓張,祖籍會稽(紹興),世爲越州名門。二十歲前後出家,字號具德,法諱弘禮,嗣法漢月藏,爲臨濟宗第三十二代孫。出家前好學道術,曾依於紫陽洞道長教習養方,隨學天台《小止觀》調息,進而閱讀《首楞嚴經》了義教法,悔悟"所守者正生死本,非出生死之正路",從此發起正信,依於普陀山寶華庵仲雅師剃髮出家,聽經習教。當他離開《楞嚴》傳講的玉山仲菴師後,便依循禪林古風,開始多年的行脚參學。他的宗教生涯有兩大轉折點:一者,是從黃冠轉入佛門,即仙證佛;再者,參叩漢月藏門下"從教入禪"。故對他一生影響最大的便是三峰老人漢月法藏禪師。①

由於漢月傳持臨濟宗旨,究明綱宗,以三玄三要句接引學人,當具德來到安隱禪寺,有幸遇到漢月於該寺開法,遂歸座下依止參學,力究本來面目,從安隱、三峰寺再到鄧尉山前後長達七八年間苦修實證。漢月命囑下,具德任參首,又身肩維那綱紀大衆之任,承擔各項執事,歷經磨練,爲大衆服勞役、作苦務,亦不廢參請,晝夜飽参力扣。一日被同參從背一推,

---

① 戒顯《本師具德老和尚行狀》,《靈隱寺志》卷七,頁485。具德禪師的詳細生平行履,參見本書附録一《三峰派第二代具德禮禪師生平著述及傳承譜系考》。

猛然有省。擔任圊頭時，擔糞至園房途中，於扁擔頭悟得自家活計，照見臨濟機用。

漢月每對他"貶爲下板"、"痛下錐劄"是爲削其過高之習，但性格剛直的具德，每請法必追問到底，曾因與漢月機鋒論戰，"當堂詰辯"，"牴牾而去"。① 崇禎八年(1635)具德因聞漢月入生死關，歸返覲見，漢月入滅前付法印可他爲"鐵骨禪"，許授持臨濟正宗。是年五月於天壽聖恩寺，他與同門七位法兄同受漢月傳法付囑。得法偈曰："住山養得機緣熟，多覓真真鐵骨禪。莫負老僧珍重付，痛除魔外作真傳。"詳見本書所輯漢月藏《付具德上座源流法語》。②

漢月圓寂，具德爲師守喪期滿後，受請至安隱禪寺，輔佐法兄潭吉忍以開三峰法道，并任西堂、綜理各項院務以興建祖庭。在衆所知的明清重要僧諍事件中，漢月著《五宗原》，密雲以《天童直説》七辟駁斥，潭吉忍又撰《五宗救》爲漢月反擊。爲令天下洞悉明了三峰道法，具德協助潭吉忍口授筆記撰述《五宗救》，著力頗深，書成以闡揚綱宗。某種程度來説，關於這一起僧諍事件，文獻史料中隱約浮現出具德的身影。然而具德以爲佛法理應是相互酬唱成就，師友兄弟應相資教益，不應同世法鬥争，未幾，遂歸隱雲門。爾後由於方外之交劉念臺御史的迎請，他出世於會稽廣孝寺，開始弘化各方。

具德禪師十坐道場開法結制，包括會稽廣孝，杭州顯寧、安隱，揚州天寧，及江北慶雲，高郵地藏，紹興華嚴，杭州佛日、靈隱、徑山等寺。其中，以靈隱最久，而天寧影響獨大，偈曰"五千衲子下揚州，百億瓊花笑點頭"，顯見當時天寧寺開法，學侣奔凑、門庭廣大盛況。具德禪師還是一位擅長鍛煉禪衆的健將，門下嗣法多人、省悟者衆。據《禪宗世譜》所載，法嗣有

---

① 《本師具德老和尚行狀》，《靈隱寺志》卷七，頁490。
② 此則"源流法語"收録於漢月藏《付法法語》，《鄧尉山天壽聖恩寺三峰藏禪師語録》卷二十一，蘇州西園寺藏本，頁23。感謝黄繹勳教授分享這則法語。亦見收於黄繹勳輯注《漢月法藏禪師珍稀文獻輯注續編》，上海古籍出版社，2024年，頁394—395。

弟子僧 65 位、尼眾 3 位，①《行狀》亦見載錄。具德圓寂前一年，受請住持徑山，欲恢復祖庭。丁未（1667）十月，他因重要法子巨渤圓寂，下山赴天寧寺主持封塔佛事。九月二十五日離山，十月十二日抵天寧，并應緣陞座説法。未料七日後，驟然離世。臨化前沐齋、設供、禮佛，垂誡學衆，十九日丑時端坐而化。具德禪師生於明萬曆庚子六月十六日戌時，圓寂於清康熙六年十月十九日丑時，世壽六十八，僧臘四十七。康熙七年（1668）晦山戒顯爲供奉具德的肉身塔，鼎建慧日塔院（今靈隱寺直指堂後），但時至今日，塔已毁壞不見。②

具德禪師一生著述頗豐，以語録爲主，戒顯云其師"十會語録，共三十餘卷，盛行於世"，以其駐錫開法道場有語録刊行，現僅幸存於毗尼、安隱、天寧、佛日、靈隱、徑山等寺所刊行之語録。儘管今日無法全覽具德禪師所有著述，但將這些傳世文獻匯編整理起來，内容亦相當豐富。以下，接著介紹本書所輯禪師語録文獻概況及重要内容。

二、本書輯注文獻簡介

本書所輯注的八部具德禪師語録文獻，除了第八部分外，其他則依禪師生平駐錫道場的時間先後，依序編排如下：

一、《臨平安隱寺志·具德禪師語録》（簡稱《安隱語録》，書成於 1655 年後）

二、《具德禪師石梁毗尼禪院語録》殘卷（簡稱《石梁毗尼語録》，編集於 1645 年）

三、《雲門具德禪師維揚天寧禪寺語録》（簡稱《天寧語録》，編集

---

① 《禪宗世譜》，《徑山藏》第 226 册，頁 623—624。尼衆法嗣有無歇恒、慧燈紹、珂雪禎。

② 關於具德全身入塔、慧日塔院修建之經過，以及塔碑文物的發現，參見拙文《慧日高懸——具德禮禪師入塔及碑記史料考述》，發表於第四屆靈隱山文化國際論壇會議。

於 1649 年）

四、《雲門具德禪師佛日語錄》（簡稱《佛日語錄》，編集於 1649 年）

五、《靈隱具德禪師語錄》（簡稱《靈隱語錄》，編集始於 1650 年）

六、《靈隱寺志·法語》（簡稱《靈隱法語》，編集始於 1649 年）

七、《徑山具德禪師語錄》（簡稱《徑山語錄》，編集於 1667—1668 年間）

八、具德禪師相關文獻補遺：序、像贊、頌等

第一部《臨平安隱寺志·具德禪師語錄》是具德禪師受請至杭州安隱禪寺爲檀信大衆開示的一則普說，由當寺監院振先用禪師率同居士設齋，内容有論及五家宗旨的師徒問答以及具德對三峰法脉傳衍的長篇開示。文獻的價值，在於具德以口述回顧歷史的方式，詳述了漢月三會説法、同學法侣聞法得益的情景，並有其早年駐錫安隱寺期間，輔助潭吉忍公，共同護持三峰法脉、鍛煉學人經過。顯見具德與三峰法侣的密切互動，表達出對於三峰法道傳承的深願，及其在安隱寺深厚的法緣。

從具德的普説中，可知安隱禪寺於明清之際，由於有漢月藏、澹予恒、潭吉忍、具德禮、紫蓋衡、五岳玹等父子孫三代的三峰門人住持弘化，爲三峰派立足江南構建禪林打下穩固的基石。① 透過文獻，可以理解具德禪師在當時三峰禪林所扮演的關鍵角色與重要貢獻。

第二部《具德禪師石梁毗尼禪院語錄》是具德禪師於順治二年（1645）天長毗尼庵説法開期所輯，僅存卷三、卷四，内容包含禪師於丈室中專爲入室請益的僧衆個别指導參禪功夫。此書是現存具德禪師語錄中最早編集的一部，雖然僅剩兩卷，却是具德禪師早期對弟子禪法教學的代表著作。

卷三"室中開示"共五十則，卷四"入室開示"有三十四則（第三十四則不全）。内容包括具德禪師對入室全體僧衆的開示，提勉參學者把握參話重點，期間師徒的問答内容，可見禪師對於學人的詰問，從參問中了解禪

---

① 參見《臨平安隱寺志》卷五，頁 3—19。

衆整體的修學狀態，知道學衆的用功入手及滯礙之處，再予以提點糾正。卷四的每則開示內容有較長且完整的師弟問答對話，具德在酬問互動中了解學僧的參學背景及其不得力之處，不管是初學還是久參，他都根據學衆不同的參學情況，給予應機的引導開示。語錄中可以看到禪師苦口婆心的提勉叮嚀，以及鍛煉學人所採取的變化莫測的殺活手段。

第三部《雲門具德禪師維揚天寧禪寺語錄》是順治六年（1649）具德在天寧禪寺結夏開法期間所錄，內容主要有陞座、示衆、機緣、像贊，文本中主要對話的人物有三位：具德和尚、座元巨渤濟恒以及西堂。① 如卷首記載"己丑結夏陞座"，具德以知天命之年受請，從靈隱來到揚州天寧寺進行結夏，陞座開示中爲使學人會得"向上一機"，舉唱宗風，以"迦文降誕"一語掀起問答，而相應的傳法因緣，則體現在具德五十歲生辰的傳授付法，巨渤成爲具德禪師座下的首位法子受到叮嚀付囑，并有《付巨渤恒首座源流偈》。②

第四部《雲門具德禪師佛日語錄》是順治六年冬安居期間，具德到佛日寺結制禪期開法所編刊的語錄，并且是他自順治六年二月入住靈隱寺後，往來江南三峰禪林的傳法講學內容。

"己丑冬結制"佛日寺一期之間所記錄的法語，主要受衆對象是參學僧，內容包含示衆、陞座、機緣、偈、像贊、佛事等。其中，記有具德與法子之間互動與對話，諸如時任西堂的紫蓋定衡、戒顯願雲以及佛眉惺，③并有法姪仁庵濟義擔任書記負責具德法語的紀錄，這些大多是長期跟隨具德參學的法侶。問話內容涉及楊岐禪法的提振，以及曹洞禪法的發揚。語錄亦略涉該寺當時舉辦的活動，諸如說沙彌戒請陞座、精進七落堂，及塑像開光等

---

① 《佛日語錄》提及"紫西堂"紫蓋定衡及"西堂願公"戒顯願雲，由於二人長期跟隨具德座下參學，則天寧語錄所謂西堂，可能是此二人之一。
② 《付巨渤恒首座源流偈》，參見本書所輯《天寧語錄》。
③ 佛眉惺即伭惺，字佛眉，山東博平人。康熙甲辰由靈隱首座來主福善。後退居水木，終於徑山，世壽七十五，著有《龍潭集》。生平小傳見楊樹本纂《乾隆濮院瑣志》卷五，頁107—108，傳抄本。

法務活動,并有傳法儀式,顯見佛日寺是當時江南重要的禪林寶地。

此外,具德對《法華經》的理解與重視,可見一則偈頌,此偈開示個人的閉關修行誦持《法華經》,展現了僧家的日常修行生活。① 再者,其他語録中有幾則引述《法華》經文作爲禪法教學,乃至借觀音耳根圓通法門引導學人參禪,以及幾則觀音像贊的贊辭,均可幫助我們了解具德的經教思想與觀音信仰。

第五部《靈隱具德禪師語録》正文首行記有"庚寅春貼單示衆",是順治七年(1650)春天具德51歲時於佛日寺解制後返回靈隱的第二年開始所記載的語録,内容包含示衆、陞座、小參、機緣、偈、贊、佛事。

關於靈隱法席的重興,語録中可見一期的結制與解制:有對僧衆的"開爐二七"的小參,及説戒陞座;有因寺院殿堂的重興營造,而進行"開藏殿鐘樓基"、"移輪藏殿"、"輪藏殿上梁"等陞座講法;有屬於法務活動性質,面向護法信衆、官員,爲薦親、祈嗣而請陞座、示衆,以及織造府官員啓建水陸法會的陞座請法;亦有同門法兄時任國清寺住持的弘儲來到靈隱而引座説法,等等。

第六部爲《靈隱寺志·法語》。《靈隱寺志》中有多篇文獻述及具德禪師,其中,卷四《法語》篇記録了具德以來幾位重要禪師的法語。篇頭云"具德老和尚性具宗通,不由文字,而一登廣座説法,如河懸瓶瀉",冀以文字得以宣揚"祖師心印",是以這部寺志記録了具德禪師自順治六年(1649)進院靈隱寺以來,十多載期間領衆重建寺院、主持法務活動等陞座上堂法語,共收録了十四則。② 這些内容不只彰顯其重興靈隱寺的功迹,亦可看出清初以來靈隱寺重興的殊勝因緣離不開具德一系三峰派禪僧的弘化貢獻。

第七部《徑山具德禪師語録》是具德禪師圓寂前所留下的最後一部典

---

① 見本書所輯《佛日語録》,《示閉關誦〈法華經〉》,頁121。
② 《靈隱寺志》卷四,頁209—220。

籍，編集了具德入住徑山迄至隔年九月二十五日離山前之間所有的法語，但中間幾度下山至外地的情況，以及圓寂後的佛事、塔銘等，皆未收入。①內容主要架構分爲"書啓"、"語録"兩部分。而在"語録"部分，依版心書名下所鎸小字，分類有"陞座"、"小參"、"示衆"、"茶話"、"開示"、"普説"、"晚參"、"落堂"、"參究"、"引座"、"圓話"、"機緣"、"佛事"等。這些内容有助於我們認識三峰派於徑山禪寺弘法的肇始經過，并了解清初徑山禪寺的重興因緣與禪僧弘化的叢林樣貌。

第八部分則爲具德禪師相關文獻的補遺，在前七部文獻之外，全面蒐集與具德禪師有關的文獻史料，旁徵他人所編撰的著作文集、尺牘書信，以及佛典寺志中零散記載的具德所撰著作，有他人寫給具德的文書，也有具德與師友法侶的問答對話。内容包括書序、法語、拈頌、像贊、書信、詩偈、塔銘行狀，以其在靈隱寺所載事迹等，可供讀者更全面深入了解具德禪師的生平事迹、交遊往來、法門關係、思想論述，及其社會評價。

三、所輯文獻價值特色

以上這些語録文獻，多成書於具德禪師中晚年時期，隨其駐錫寺院結制開法，由身旁侍者、書記記録下來，并經過校閱，②編輯刊印流通。成書先後，依駐錫道場及該語録書寫記録的時間，首先是順治二年(1645)至三年(1646)間禪師開法住持石梁毗尼禪院的《石梁毗尼語録》，其次依序爲順治六年(1649)己丑二月進院靈隱寺的《靈隱法語》、順治六年(1649)結夏及冬制所開示的《天寧語録》和《佛日語録》、順治七年(1650)庚寅春的《靈隱語録》，以及編集於順治十二年(1655)《安隱語録》之具德《普説》，最

---

① 具德圓寂後的佛事及其塔銘等，大多記載收録於《靈隱寺志》。
② 較爲特別是受具德鍛煉栽培的仁庵，隨具德弘法於毗尼禪院、天寧禪寺、佛日寺任書記，專爲具德記載語録，來到靈隱時仍受理文書工作，語録中記載具德與"曰野記録"對話，"曰云：'送語録與仁庵看。'師云：'看得如何？'"云云，仁庵則以審校者身份幫忙校看具德語録。見本書所輯《靈隱具德禪師語録》的第二則機緣正文。

後編刊的是康熙六年(1667)丙午冬的《徑山語錄》。

本書所輯的文獻，大多是藏外佛教文獻，以及流傳至今而未入藏的單行刊本。文獻來源包括蘇州西園寺藏經樓、南京圖書館、首都圖書館的藏本，以及《徑山藏》《禪宗全書》《中國佛寺志叢刊》所收的印本。值得注意的是，其中四部語錄屬於寺院流通的單行刊本，目前保存於寺院、圖書館，乃明清佛教稀見刊本。其學術價值，正如學者所指出的，可借以考察具德對"清初江浙禪林的貢獻"，確立其在"禪學史的地位"。①

舉要言之，本書所輯文獻除了詳載具德禪師在寺院的開示法語、師徒對話和日常修行的描述，亦述及駐錫期間的法務活動及其事迹，呈現當時禪林的清規儀制、叢林的生活樣貌，以及三峰法門的內外關係，并有以他者的角度給予具德的評價。這些內容除了描繪出禪師的生平行誼與人物面貌，亦可爲學界研究具德禪師的禪法教學、禪學思想、生平事迹與弘法影響，乃至探討分析清初三峰派的蓬勃發展現象等，提供豐富的材料。

首先，關於具德的禪法教學與禪教思想，《石梁毗尼語錄》《徑山語錄》分別是具德早期與晚期的代表著作，一前一後相呼應。禪師對於學衆的參禪教導，有個別小參，也有集體普説開示，與一般應酬、展演般的套話不同，有著迅捷、精闢、深入、完整的答話，而且在觀機逗教過程中，他通常直截利落地道出學衆參禪的盲點與弊病，語錄的勸勉提語間時而流露出他身爲長老的苦口婆心。

譬如，他一一指導學人習禪不要錯會，"宗師酬唱與日用應緣不應話作兩截"，又説參話頭時若一味要"斷思想""斷思量"，就如"守個死屍"，"有礙於道、有礙於用"。② 并將當時學衆習教、參禪、看語錄的謬誤作糾正。以下摘引三則開示：

---

① 吴建偉以具德《天寧語錄》的版本概況、文獻價值進行闡述，見《南京圖書館藏〈雲門具德弘禮維揚天寧禪寺語錄〉略説》，《顯寧寺首屆文化論壇論文集》，2020 年，頁 187—198。

② 參見本書所輯《石梁毗尼語錄》卷三，"室中開示"第二、三則。

你胸中禪太多了，把語錄、棒喝、語句盤弄雖久，唯無徹底處，故於棒喝言句轉不得清楚，轉見疑礙，不知目前礙不了，胸中疑不盡，直饒棒喝如雷，機語如電，於本分事也沒交涉。①

大凡念佛、聽教、看語錄，轉不得身，吐不得氣，皆被聲色蓋覆，如何斷得見思塵沙？②

如是你輩衲僧，豈可坐定見處，看兩頁語錄，做兩則拈頌，機鋒轉語不圓活，玄要綱宗不透頂，各各謂我是悟的人，不肯隨眾參請，不希徹大法，若付法做長老，怎生匡徒領眾？③

如上可知當時學人有以念佛號、聽經教，以看語錄作機鋒轉語等為入處輔助參禪，却錯用心，只知盤弄、疑礙未盡、"綱宗不透頂"的情況，正如具德指責"直饒棒喝如雷，機語如電，於本分事也沒交涉"，斯人未悟又"不肯隨眾參請，不希徹大法"，怎能"匡徒領眾"？文獻中也有他闡述宗通、說通及對語錄的看法。④是以，具德所以能"省悟多人"嗣法者眾，得"五千衲子下揚州"之稱譽，除了他禪法施設的直截風格契合當時衲子的喜好，也與他對弟子們懇切、耐煩的提撕與誨人不倦的教學態度有關。

論及具德禪師禪法教學的特色，由於他修學過程中精研三峰家法五家綱宗與古德洪規，於五家宗旨有省，日後以五宗幷弘的立場，且在開堂講法中常舉古今公案、提點勘驗學人，如《塔表》描述他能"洞鑒機宜"舉古人公案話頭，幷"善說法要"引導學人參究，⑤於出示禪機使用四賓主話來

---

① 參見本書所輯《石梁毗尼語錄》卷四，"入室開示"第十則。
② 參見本書所輯《石梁毗尼語錄》卷三，"室中開示"第七則。
③ 參見本書所輯《徑山語錄》一則"普說"。
④ 具德云："宗非說不立，說非宗不顯。後代諸祖，宗通說通，標撥兒孫，謂之語錄，真正兒孫有語錄也得，無語錄也得，有思量也得，無思量也得。"參見本書所輯《徑山語錄》一則"普說"。
⑤ 引張立廉《重興靈隱具德老和尚全身塔表》，參見本書所輯第八單元"具德禪師相關文獻"。

指導學人則不拘於一格,①擅長禪理與經典教義,善用譬喻而出手眼,知學衆根器而隨宜引導學人,幫助他們剗除知見。讀者可詳閱本書所輯《石梁毗尼語録》其中的問答開示,細細體會。

由於明末禪門再興鍛煉學人之風氣,如雲棲袾宏、費隱通容、戒顯願雲、無異元來等四大禪匠各有專著,聖嚴法師在《明末佛教研究》一書中,將戒顯《禪門鍛煉説》視爲禪門長老鍛煉教育禪衆的"鍛禪計畫書"。② 如戒顯所云:元至明中期"鍛煉法廢",幸得密雲悟"開宗門疆土",三峰藏"恢復綱宗,重拈竹篦,而鍛煉復行,陷陣衝鋒。出衆龍象",更有"靈隱本師,復加通變,啐啄多方,五花八門,奇計錯出,兵書益大備矣"。③ 是以,此鍛煉之書乃經由密雲、漢月、具德三代人積累而恢復完備。

又《禪門鍛煉説》論及學衆進入禪門、融入爐鞴場域,具眼長老下鉗錘前,需辨識禪衆根器給予應機指導,且要有付授勘驗能力,相對來説,禪衆也需經過鉗錘打磨,方成法器。④ 如將具德禪師語録中的小參、普説、示衆法語内容與戒顯所言"長老"聯繫起來加以對比,恰如書中所描述、浮現出的具德身影:一位繼承三峰法脈的禪門長老扛起以機法鍛煉徒衆之重擔,有著任重道遠的鮮明形象。

繼而,亦可藉由具德與戒顯的師徒父子關係,回溯《禪門鍛鍊説》的思想源流。戒顯提到"用機法以鍛禪衆如用兵"的説法,正好在具德禪師的稀見文獻中可以發現"以兵喻禪"的禪法教學内容。例如具德《天寧語録》一則示衆:

師顧視左右,召大衆云:"還見釋迦老子陣雲橫大地,不戰屈人兵

---

① 引具德自述云:"山僧有時先賓後主,有時先主後賓,有時賓主同時,有時賓主不同時。若也先賓後主,有炤在;先主後賓,有用在;賓主同時,則炤用具泯;賓主不同時,則炤用俱顯。"參見本書所輯《佛日語録》一則"陞座示衆"。
② 聖嚴《明末佛教研究》,臺北法鼓文化公司,2000年,頁86—87。
③ 戒顯《禪門鍛煉説・自序》,《卍新纂續藏經》(63),頁774中。
④ 周玟觀《爐鞴與兵法——晦山戒顯〈禪門鍛煉説〉的兩種概念譬喻探析》,《臺大佛學研究》第三十九期,2020年6月,臺北臺灣大學文學院佛學研究中心,頁93—144。

底韜略麽？須知華嚴爲前鋒，法華、涅槃爲殿後，阿含、方等爲左翼，大般若爲右護。前鋒俊機無敵，不展鋒鋩；殿後把斷要津，銷兵鑄鑵；左翼縱擒無任，舒卷何從；右護蕩滌餘氛，功成不處。且道總理大機，威攝萬方，敵勝驚群。畢竟是阿誰作主？"卓拄杖喝一喝云："只有天在上，更無山與齊。"①

如上，具德將佛陀調伏衆生瞬息萬變的法門比作兵書中"不戰而屈人之兵"的手段，又將"前鋒"、"殿後"、"左翼"、"右護"等軍隊行軍作戰時部隊、陣營的布署之用語，譬比佛陀一生的華嚴、法華、涅槃、阿含、方等、般若説法。

再者，《徑山語錄》一則"落堂"，具德用"參軍"來闡述"參禪"，如下：

> 參禪與用兵一個道理，是斬關奪陣的事，直須把個話頭看得清清楚楚，如參軍料敵一般，心心爾念念爾，覷捕來覷捕去，刻不放過。……千頭百緒，是非得失，并作一句。一句透，千句萬句一時透；一緣了，千緣萬緣一時了。正與麽時，是正法眼開時節……悟了垂手爲人拿翻臨濟白拈，捉敗德山個賊，方始出入生死無礙，縱橫異類無礙，方名大了事人，是名真道入。②

引文中，具德將用兵之道譬比參禪做工夫的理路，參禪用心如同"參軍料敵一般"，"刻不放過"。他勉勵學人參究生死大事，參疑情要看得明白，如同軍旅中的參軍對"難明白處"要先"看得明白"，如能"定得解交，行止進退，定奪勝負，百發百中，方可輔佐主帥，克敵致勝"。③ 又説"參禪"與"參軍"兩者用心是相同，其道理也同，兩者都是"斬關奪陣"的事。

簡言之，藉由這些新發現的稀見文獻，可以讓我們重新認識明清禪籍的禪學思想發端與繼承發衍脈絡。是以，本書所輯的新材料除了可以開

---

① 參見本書所輯《天寧語錄》一則"示衆"。
② 參見本書所輯《徑山語錄》一則"落堂"。
③ 同上注。

拓明清禪學思想的研究議題外，亦可爲未來研究提出一些可能的發展方向，列舉如下。

一、以禪宗語言學來説，文本中出現一些新見的語彙，例如《石梁毗尼禪院語録》文本中出現三十次"徵本參"，依文義來看，筆者認爲這是宗師徵詢學人的本參話頭之用功入手處，是前所未見的用語。再例，《徑山語録》出現"圓話"之説。這些新發現的詞彙語料，可延伸分析探討明清禪宗的語言特色。

二、從佛教文獻學來説，將兩則内容相似的文本作比對，發現文本之間的引文關係，解讀文本的關聯性與背後意義。例如《五燈全書》一則具德禪師史傳與《徑山語録》的文獻引用關係，經過文本的比對，可以發現《五燈全書》的具德史傳，其内容超過一半篇幅引自《徑山語録》。《五燈全書》編撰作者超永在自序中交代，該書完成於康熙壬申（1692）、癸酉（1693）之間，① 距離具德圓寂後約莫二十來年，可想見《徑山語録》不只流傳寺院内部，也受到當時燈録編纂者的關注與使用，據此可以佐證燈録與語録的文本引用關係。另外，還有一則"南嶽退翁和尚到山，師率兩殿八房合山大衆請上堂"文，同時收録在《徑山語録》與《退翁和尚南嶽福嚴禪寺語録》，② 文字内容大同小異，兩則文本的引文關係可供有興趣者進一步考察。

二、從社會文化史的研究視角，《徑山語録》收入多則迎請具德住持徑山的《書啓》尺牘，而本書第八部分亦收集了他人寫給具德的私人書信，特別是繼起弘儲《與靈隱禮和尚書》等多達十四封，顯示他們法兄弟之間互通尺書，交情甚篤。此外，語録文獻所記載的法侣、護法信衆、官員等人物與具德禪師的往來關係，除了可以見其性情、爲人處事及門庭施設的面貌，補充具德生平事迹的不足，揭開僧諍事件下某些只隱藏於法門内部對

---

① 《五燈全書目録》卷一，《卍新纂續藏經》(81)，頁 328—329。
② 參見本書所輯具德《徑山語録》，《請上堂》；《退翁和尚住南嶽福嚴禪寺語録》，西園寺藏本，頁 26 上—27 下。

話的事由,亦可從其禪法教化的外延發展所構成的法脈傳承系譜,禪門師友互動所形成的弘法區域網絡,反映當時士林與叢林的內外關係對於三峰派發展的促進與影響。

綜言之,此書所輯的文獻可爲地域佛教史、明清佛教文學、禪宗語言學等領域提供新穎的材料,并且爲明末清初禪宗史發展的新議題拓展新的研究空間。

四、明清禪學研究的新天地

十七世紀的中國佛教有著禪宗復興的氣象,吳疆先生以爲禪宗文本的大放異彩,特別是大量語録的刊刻流通,是十七世紀禪宗再興的主要特點。基於宗門發展的需要,禪師們通過法嗣傳承方式使得該宗門派快速地擴張,變得具有更大影響力。但饒富爭議的是,不少僧人因師資無從繼承,選擇遥嗣或代付,對於是否具有合法的法脈傳承資格,和法嗣傳承的本真與禪門的宗旨之關係,宗門中聚訟紛紛。①

此外,十七世紀禪宗興盛之象的某些特徵"強調頓悟與法脈的傳承,形成一種凝聚禪門弟子的體制",以"造就更多的祖師",加上成熟發達的印刷業,促使大量的禪師語録和傳燈録出版與流通,更由於文人參禪且與禪僧密切往來,在人物與文本之間構築有趣的"禪宗文字社群"文化現象,禪宗遂主導著當時的佛教界。特別是臨濟宗的崛起,追溯法派的傳承,強調禪師開悟經驗的確認、驗證與印可,以及禪門宗旨的論爭,是學者在研究明清禪佛教所發現的幾個特點。②

末木文美士先生認爲,一味主張"近世佛教墮落論"造成了以偏概全

---

① Jiang Wu: *Enlightenment in Dispute: The Reinvention of Chan Buddhism in Seventeenth-Century China*, Oxford University Press, 2008, Introduction, pp.8-10.此書之中譯版,吳疆著,孫國柱、葛洲子、釋法幢等譯《禪悟與僧諍——十七世紀中國禪宗的重構》,中西書局,2023年。

② Jiang Wu: *Enlightenment in Dispute: The Reinvention of Chan Buddhism in Seventeenth-Century China*, Oxford University Press, 2008, Introduction, pp.3-4.

的謬誤，提出重新檢討此前近世佛教的觀點。① 反觀過往學界標榜着自唐以後特別是明清佛教衰敗之論，相對於某些由於既定立場或片面解讀形成的刻版印象，②以往的研究一方面因於文獻資料闕如或未被重視，另一方面，論及明清佛教的現象，或謂積弊衰敗不堪，或感嘆禪宗短暫復興又遭毀敗，解讀明清禪宗史時易以範式般的定論一言蓋之，總令人感到存在着某些未深究而留有隱晦不明之處。

值得重新思考的是，明末清初禪師語錄記刻風氣之盛，是否只在展現法脈傳承的意義？再者，諸多禪師的傳法教學豈皆淪爲"參話頭、背公案"的"末流"而"陳陳相因"？③ 如是眾說紛紜的負面評價，毋寧以全面發掘禪僧的史料文獻加以深入研究，重新認識宗師的弘法芳華。以具德禪師爲例，他繼承三峰漢月老人家學後是如何活用綱宗的？一代宗匠怎麼施設禪法、應機鍛煉弟子、傳法付人？以及他扶植後繼法侶、振興叢席的情況，倘若缺乏完整文獻與細緻分析，是難以窺見全貌、了解實況的。

二十世紀初期的禪宗史研究，偏重的是"禪的史實"，多聚焦於"傳燈錄的形式"所呈現的"禪宗史觀"，但研究禪文獻如果只是爲了考察辨析禪宗史實，是很難真正讀懂禪宗文獻的。這些紛起的宗派，形成百家爭鳴的禪門系譜，闡述這些史實記錄，有些學者以爲這不過是"後代的認識，追根溯源，被重新建構作爲一種理念的歷史"。因而研讀禪宗文獻，或者探討禪宗語錄的價值，不應只是爭論這些內容是否爲"客觀的史實記錄"，倒不如用一種開放的態度，反問這裏面"到底記載了什麼，又如何傳述"。借用

---

① 參見末木文美士《近世的佛教：開展新視界的思想與文化》第一章《重新檢討近世佛教——緒論》，高雄佛光出版社，2020年，頁22—27。

② 可參閱 Peter Gregory 提出"唐以後漢傳佛教衰敗的刻版印象"的三個來源，Peter Gregory ed. *Buddhism in the Sung*. Honolulu：University of Hawai'i Press，1999，pp.1-20。

③ 參見梁啓超《中國近三百年學術史》，臺北里仁書局，2000年，頁12；又，論及法脈傳承的浮濫與語錄增盛的現象，可見蘇美文《七優曇華：明末清初的女性禪師》上册，頁70—72。

小川隆先生的話，正因爲這些内容"對於今天的我們來說，具有某種意義"，"時而感實、時而預感地從現代的我們自身難以發現的思維與言説，就豐富地藴藏在禪籍之中。"①從事禪籍的解讀，能以虚心的態度，如實地進行研習解讀，也許較能進入禪籍的文本世界。

"上承唐宋宗風"且"下啓近現代佛教"的"明清佛教"，近年來以近世東亞文化圈的視域，展開相關主題的研究，逐漸受到學界的重視，陸續有些新出的研究專著。② 近年來重輯版《嘉興藏》（臺北新文豐出版公司，1987年）和後來《徑山藏》（國家圖書館出版社，2016年）的出版，以及大量明清佛典的重新發現，我們迎來重新審思明清佛教及明清禪宗的契機，有機會對過去所輕忽、誤解的研究領域加以改觀，爲明清禪宗開闢嶄新且深入的研究專題。特别是明清禪宗稀見文獻的發現、整理與出版，從新材料中發現新視野，將可爲書寫明清禪學、禪宗史，從源頭的文獻著手，正是開啓重新認識明清佛教的良機。

再者，近兩三年江浙寺院陸續舉辦文化論壇會議，明清三峰派禪僧之於江南弘化的影響與貢獻，也逐漸受到學界重視。③ 因此，本書全面收集具德禪師珍稀語錄與文獻，加以整理彙編、校注研究，爲解讀明清禪林文化面貌提供資料，具有文獻價值與時代意義。是以，本書的編輯與出版，乃繼黄繹勳教授等前輩師長所投入的努力，爲明清禪宗稀見文獻的整理與研究，繼續耕耘這片研究寶地。

---

① 小川隆著，何燕生譯《語録的思想史：解析中國禪》，復旦大學出版社，2015年，頁29—30。
② 廖肇亨《倒吹無孔笛：明清佛教文化研究論集》，臺北法鼓文化出版社，2018年，頁22。
③ 2021年5月，杭州靈隱寺以"具德禪師研究"爲核心議題舉行第十一届靈隱佛教文化論壇。會後論文集出版，共收録二十篇具德禪師相關的研究論文，多圍繞具德禪師的生平事迹、法嗣傳承及禪法思想展開，詳見《第十一届靈隱文化研討會論文集——靈隱寺與中國近代佛教》，宗教文化出版社，2023年，頁1—299、521—529。

一、臨平安隱寺志・具德禪師語錄

解　　題

一、版本

《臨平安隱寺志》原書爲清刻本，白口，單魚尾，每半頁十行，每行二十字。版心上記有書名之簡稱"安隱寺志"，中爲卷數，下爲頁碼。全書原有十卷，現僅存卷五至十。後由揚州廣陵書社影印出版，收録在《中國佛寺志叢刊》第六十八册。①

關於《臨平安隱寺志》的編撰者，書卷首記有"里人沈謙去矜氏撰，同里趙憲斌尹施氏次，本山釋智潤雲濤氏勘"，卷末則有刊記"臨平鎮梅潭堰弟子沈堅字鳳庭，同男元鏐法名元悟慶字印如，孫之雯、之霈喜刊此卷"。

二、内容説明

此篇標題爲"具德禪師語録"，收録在《臨平安隱寺志》卷八，②是一則普説，全文約有兩千六百多字，由安隱寺③監院振先用禪師率同居士設

---

① 沈謙撰《臨平安隱寺志》，收入《中國佛寺志叢刊》第四輯（68），廣陵書社，2006年。
② 《臨平安隱寺志》，頁95—106。
③ 安隱寺，位於杭州餘杭臨平山西南麓，南臨上塘河，北倚臨平山，安隱寺遺址被列爲杭州市文物保護單位，現於臨平西南大街西端有立遺址碑。初爲五代吴越文穆王錢元瓘所建，明代有臨濟三峰系禪師駐錫，屢歷興廢，詳見《臨平安隱寺志》。遺址調研考察可參考吴彥斌《安隱寺、安平泉、雪堂硯》，《杭州文博》2015年第一期，頁115—117。

齋,恭請具德爲檀信大衆説法,内容有論及五家宗旨的師徒問答以及具德對三峰法脈傳衍的長篇開示。但以文體來看,屬於傳記的體裁。

此篇普説的成書時間與撰述目的,於文末有云"今紫公既化,仍請山僧特爲舉揚三峰父子祖孫住持法道始終緣起",又以彰顯"咸慈老宿并檀越居士父子祖孫捨施興創殊勝利益"。① 具德法子紫葢定衡圓寂於順治十二年(1655),具德曾親自前來安隱寺弔唁,有寂震詩一首《侍靈隱和尚過安隱寺弔紫葢法兄》②爲憑,具德受請前來主持佛事,藉此宣揚三峰法脈住持法道因緣,彰顯咸慈尊宿重興安隱寺與檀越護法布施建寺功德,因此,此篇普説應書成於順治十二年(1655)之後。

主要内容包括:一、具德在大衆提問中,宣説五家宗旨;二、略述其師漢月安隱三會説法因緣,及自身及三峰法侣學法得益情况;三、受請駐錫安隱因緣,與潭吉忍兄弟唱和、互出手眼啓發後學,及《五宗救》成書經過,傳衍三峰法化天下;四、因咸慈尊宿遷化前來安隱主持荼毗佛事,并安期結制六十日,有多人省發;五、法子紫葢衡圓寂,再度前來安隱説法。

其中,關於五家宗旨的宣揚,於師徒一進一答中,具德分别以"石井欄"、"父子不相親"、"針劄不入"、"黑白未分以前坐斷"、"迅雷不及掩耳"等話言簡意賅地酬答指示法眼、溈仰、雲門、曹洞、臨濟宗等五家宗旨。文中亦可以窺見具德與三峰法侣的互動、對於三峰法道傳承的深願,及其在安隱寺深厚的法緣:從他最初來到安隱親炙法藏於座下參學,到崇禎末年潭吉忍閉關安隱寺時,具德禪師亦在該寺擔任西堂,一同雕琢堂中衲子;此外,文末還説道具德應檀信請法,爲舉揚三峰法道,他至少四度來到安隱。而安隱禪寺於明清之際,由漢月藏、澹予恒、③潭吉忍、具德禮、紫葢衡、五岳玹等父子孫三代的三峰門人住持弘化,成爲三峰派在江南區域

---

① 《臨平安隱寺志》卷八,頁104。
② 《華頂和尚山堂舊稿》,上海圖書館藏本,頁3上。
③ 戒垣,字澹予。朱氏,蘇州人。主規安隱五年,中興顯寧住山十年。生平史傳見《臨平安隱寺志·澹予禪師傳》卷五,頁7—10。

的重要禪林。①

　此篇文獻的價值，在於透過具德的口述內容，了解三峰派早期發展的樣貌和法侶之間的互動場景，并藉以理解具德在當時三峰禪林所扮演的關鍵角色與重要貢獻。

---

① 參見《臨平安隱寺志》卷五，頁 3—19。

臨平安隱寺志・具德禪師語録

振先①監院領里中衆居士設齋，請普説。問："振法雷，擊法鼓，布慈雲兮灑甘露。即今慈雲已布，甘露已灑，還有知恩報恩者麼?"師曰："回天消一指。"進云："恁麽則人人頂門具眼，箇箇肘後懸符。"②師曰："動地不須塵。"進云："直得林巒疊疊，秀泉石增輝。"師云："總是大檀越捨施得底。"問："法幢高竪，大施門開，因齋慶贊即不問，五家宗旨請師宣。"師云："金輪騰宇宙，句後絶縱橫。"進云："人情到處難留迹，家破從教四壁空。如何是法眼宗?"師云："石井欄。"進云："原夢撼茶明體用，智超鷲子③顯神通。如何是潙仰宗?"師云："父子不相親。"進云："盞子裏諸佛説法，拄杖子踍④跳上天。如何是雲門宗?"師云："針劄不入。"進云："臣退位以朝君，子轉身而就父，轉功就位即不問。如何是曹洞宗?"師云："黑白未分以前坐斷。"進云："承風鼓出三玄要，⑤陸地波濤

---

① 振先用禪師，時任安隱寺監院。俗姓孫，仁和人。師爲雨生，有弟子十三人。《臨平安隱寺志》卷八，頁47、51。

② 肘後懸符，又作肘後符，原指挂於肘後或脅下之護身符，以求安全。語出《史記》卷四十三，趙簡子將肘後寶符藏於常山之典故。於禪林中喻指衲僧本具佛心印、真如佛性。如宏智禪師云："肘後符能應一切事，頂門眼自照獨脱身。"見《宏智禪師廣録》，《大正新修大藏經》(48)，頁76中。

③ 鷲子，即舍利弗Śāriputra。《一切經音義》記："尊者母眼……似鶖鷺眼……尊者因母得名云鶖子。"《大正新修大藏經》(54)，頁478中。

④ 踍，蹦也。

⑤ 《古尊宿語録・鎮州臨濟慧照禪師語録》，記臨濟上堂云："一句語須具三玄門，一玄門須具三要，有權有用。"《卍新纂續藏經》(68)，頁23下。又三玄者，即"玄中玄、體中玄、句中玄"，《人天眼目》，《大正新修大藏經》(48)，頁311中。

響半空。如何是臨濟宗？"師云："迅雷不及掩耳。"進云："五家宗旨承師指，續焰聯芳事若何？"師云："給孤長者，總是作家。"進云："金枝永茂千庭秀，玉葉聯芳萬古春。"師云："也要大家承當。"進云："恁麼則聲前得旨全機露，棒下翻身大用投。"師打一棒，云："放汝不過。"

居士問："久虛法席，今日重輝，當陽一句即不問。如何是諸佛出身處？"適士袖扇突出，師云："扇子出頭來。"進云："喚作諸佛得麼？"師云："相讓亦不可。"進云："學人禮拜，大衆證明。"師云："證明底事作麼生？"士喝！師云："放過一著。"乃揮拂子，云："還見麼？"喝一喝！云："還聞麼？"只者箇聞見不及底，三峰於密老人①嘗向汝等諸人目前，一鎚一築，汝等諸人還護惜也無？護惜得去，到處安閒，隨處作主，如護惜不去，憑將先老人一生用底臨濟末後瞎驢著子，②與汝互相逼拶一上，只者箇著子，其迅烈過于毒鼓，利害甚于太阿。所謂"一句中具三玄，一玄中具三要"，③千古一印，其提誨指示，不顧危亡，一一透頂透底，躬行實踐，爲後學瞻仰。

其奈時丁末法後五百歲，魔外毀毒，爍骨銷金，荷擔此事者，有慧命懸絲之懼。三十年前，海內講肆之盛，動以萬指，宗門惟黃檗、博山、天童、顯聖，④各用本色著子，指示來學，望尊一時，一聞老人提唱玄要、宗旨，禪雋義虎，詆訾之攻，群然而起。縱有孔道叢林名山法席爲法主人，慕先

---

① 於密老人，即具德之師漢月法藏（1573—1635）也。
② 典故可見《鎮州臨濟慧照禪師語録》，記臨濟義玄臨滅，囑咐三聖因緣，云："吾滅後不得滅却吾正法眼藏。"三聖出云："爭敢滅却和尚正法眼藏？"師云："已後有人問爾，向他道什麼？"三聖便喝。師云："誰知吾正法眼藏向這瞎驢邊滅却。"《大正新修大藏經》（48），頁506下。
③ 《古尊宿語録·鎮州臨濟慧照禪師語録》，《卍新纂續藏經》（68），頁23下；又《三峰藏和尚語録》記漢月舉臨濟："大凡演唱宗乘，須一句中具三玄門，一玄中具三要，有權有實，有炤有用。"新文豐版《嘉興藏》（34），頁126下。
④ 分別指黃檗隱元隆琦、博山無異元來、天童密雲圓悟、顯聖湛然圓澄四位禪師。

師語句若利劍，智辯若懸河，以毀謗之盛，不敢遽以叢席相延，獨此山咸慈①老宿暨本鎮元開居士等，和會合郡紳衿，觸人之諱，犯人之忌，恭請先師三會說法。② 其最初接納，不假寸刃，殺盡死人，活盡活人，向之禪雋義虎之流，聞其作略，見其語句，莫不望風而靡。

山僧行腳不着便，最初到此，便被箇没柄錐子驀頭一劄，打失鼻孔，至今追悔不及。時同學有慧超、森如、鹽梅三公，③亦俱有省入。慧、森隨先師歸萬峰，鹽梅去天童，俱未經付囑而化。初會，說法之利，其衲子之證驗如此。在檀越護法，隨聞隨省，隨法利益者，亦聞有其人。二會，山僧住静江南，乃有梵伊、④澹予、⑤項目、⑥大樹⑦諸兄，皆在此温研積稔，有問答玄要、宗旨二録可證。三會，則繼兄與同學顯雲，亦在此省悟，雲往雪

---

① 咸慈（？—1641），諱海仁，仁和人。俗姓姜，年二十三出家入道，于安隱寺依止素泉落髮。任安隱監院，開闡教旨，迎請三峰說法演唱宗乘，置田接待雲水，大力興復安隱寺，有弟子三十四人，卒于崇禎十四年四月二十九日。生平見《臨平安隱寺志·咸慈仁禪師傳》卷七，頁70—73。

② "天啓丙寅十二月十六日"漢月於"杭州府安隱寺開堂"，有翁汝進、馮贊撰《杭州安隱寺請開堂疏》，見《鄧尉山天壽聖恩寺三峰藏禪師語録》卷一，蘇州西園寺藏本，頁1。

③ 慧超、森如、鹽梅，此三人皆是法藏弟子。爲慧超權、森如朗；鹽梅，推判爲鹽梅頂禪師。

④ 梵伊弘致（1595—1629），海虞人，俗姓陶，三峰僧人，法藏弟子，具德法兄。天啓丁卯陞座住持三峰清涼院。著有《梵伊致禪師住三峰清涼禪寺語》，收於《三峰清涼寺志》卷七，《中國佛寺志叢刊》第四輯（40），廣陵書社，2006年；生平行略，見蘇州西園寺藏《梵伊致禪師語録》。

⑤ 澹予弘垣（1581—1643），姑蘇人，俗姓朱。法藏弟子，杭州顯寧僧人，卒于崇禎十六年，世壽六十三歲，史傳見《正源略集》，《新纂卍續藏經》（85），頁30下。

⑥ 項目弘徹（1588—1648），金陵人，俗姓柏，蘇州瑞光寺僧人。師從法藏，法嗣弟子有十四位。駐錫海虞三峰清涼院、蘇州瑞光、姑蘇穹窿拈華寺，卒于清順治五年，世壽六十一歲。史傳見《三峰清涼寺志》，《中國佛寺志叢刊》第四輯（40），頁101—102、381—382。

⑦ 大樹弘證（1588—1646），又名在可弘證，無錫人，俗姓朱。卒于順治三年。駐錫三峰清涼、潤州甘露、石渚净業、玉峰清涼、無錫華藏等寺。史傳見《三峰清涼寺志》，《中國佛寺志叢刊》第四輯（40），頁102—103、383。

寶,繼兄受囑,現住蘇之靈巖,①其道德文章,爲士夫賢衲景仰一時。

諸兄弟！先老人三會説法,其徹底婆心,提唱宗要,全體與麽來,全體與麽去,固非倚傍者所能依通,亦非有見者所可□〔湊〕②泊。後先師辭北禪、歸萬峰,浙中檀護渴慕此山三會之勝,復有南屏真如③之請,吳江諸老亦慕此勝緣,爰有北寺之集,還山會天童,有《七闢》④之行。因陞座説法,號召諸子,囑累告寂。

是時吳中諸護俱在,浙中則有儼公、秀初⑤兩君,每問法門干係,諸方洶洶若此,奈何予應之曰:"彼謂先師謝世,遂無中流砥柱,或可乘此構難。"予觀潭吉忍⑥兄,天資英敏,證悟徹底,文詞雄健,意其著作,斷不在覺範、明教之下,苟得主持片席,作相繼唱和,則三十年後,先師此話大行。未幾,咸慈老宿以法席久虛,欲擇一有道宗匠,爲之主持,因謀之郡中諸護法輩。于是同參諸護,以法社舊誼,懇請潭兄。兄以病辭不赴。予謂法脉關係,端在今日,因再四勉爲一應,以完先師未了公案,亦滿老宿與檀越三番敦請調護之願,即使負病,專主法道,不涉外緣,庶亦可事兄。乃允諾,至此掩關。山僧權職西堂,兼理細大院務。

---

① 指蘇州靈巖山寺。
② 原字迹脱落難辨識,依前後文意推測爲"湊"字而補入。
③ 即嘉興真如寺,見李日華等《嘉興真如寺請開堂疏》,《鄧尉山天壽聖恩寺三峰藏禪師語録》,蘇州西園寺藏本。
④ 密雲圓悟於崇禎七年著《七闢》,爲駁斥漢月法藏之説。此書内容可參見成慶校注《密雲圓悟禪師天童直説校注》卷一,上海古籍出版社,2024年。
⑤ 儼公,即馮悰,武林長橋人,爲讀書社領袖。秀初,爲張歧然,即仁庵濟義(1599—1664),生平可參見黄宗羲撰《張仁菴先生墓志銘》,《黄宗羲全集》(10),浙江古籍出版社,2005年,頁455—458。此兩人與黄宗羲、江浩皆爲杭州讀書社中堅份子。黄宗羲於《黄梨洲文集》卷五《鄭玄祖先生述》記云:"儼公、秀初、二虞皆住南屏……秀初改名濟義,道闇改名濟月,逃之釋氏。"
⑥ 潭吉弘忍(1599—1638),俗姓鄭,資州人。漢月法藏法嗣,爲具德弘禮之同門法兄。著有《五宗救》、《安隱録》、《爐餘外集》,駐錫杭州安隱寺,世壽四十歲。史傳可見《三峰清涼寺志》卷四,頁123—124;《五燈全書》卷六九、八七,《卍新纂續藏經》(82),頁331下;以及《正源略集》卷五,《卍新纂續藏經》(85),頁31下。

頃之，而天童《闢書》①復至，潭兄不得已始作《五宗救》②一書，計十萬餘言。此書一出，諸方尊宿行腳衲子，凡有識者，莫不歛衽辟易，以謂三峰門下有如此奇人，一字一句，皆可殺人活人，只此可以永傳臨濟慧命矣。至今，（闢）〔觀〕是書者，獲利省悟，亦往往不少，其未見是書者，或者疑其不免有是非氣，殊不知，就是非中大開正法眼藏，俾千古懸如杲日，皆此書之功也！

潭兄掩關時，堂中衲子不滿三十輩，或有可雕琢者，山僧效睦州故事，即勉爲叩關請益，③而潭兄亦效石頭故事，便指云："汝問取西堂去。"④期年之間，此唱彼和，互出手眼，其省發者，乃有巨渤恒、煦杲照、九一西，⑤及楚一豫、漪湛湘、嚴宗飭諸公，恒住維揚天寧，照住豫章五峰，皆嗣山僧，九一嗣潭兄，楚一嗣繼兄，漪湛住靜，未經付授而逝，嚴宗亦早化去。潭兄書成辭院，歸夫椒⑥告寂，山僧即移裓越之雲門，咸慈老宿乃大興土木，恢復叢林，功業甫成，遽焉告寂。時山僧因事住靜東陽廣濟，忽禹生、性中、恒慈諸公俱來，告以咸慈老宿遷化之故，請爲（茶）〔荼〕毗，兼之安期結制，六十日中有省發多人，俱嗣法諸方，及老宿下火，乃在烈焰中兀坐竟日，全身不

---

① 謂密雲圓悟所撰《闢妄救略說》，完書於崇禎十一年，收於《卍新纂續藏經》（65），頁 111 上—190 中。

② 潭吉弘忍撰《五宗救》："爰集從上列祖之悟繇，起自釋迦終於天童三峰，凡六十九人，以盡臨濟一宗，串珠而下，有建立者，有守成者，有扶救者，其間升降，歷歷可觀，使宗祖之眼目不至掃地，以待夫天下後世英傑者出，再振而起之。非辨也，救也，故曰'五宗救'。"內錄有具德禮頌多首。該書收於《佛教大藏經》（110）；《禪宗全書》（33）。

③ 謂指雲門文偃至睦州參扣陳尊宿，并受其指點後謁雪峰之公案，參見《韶州雲門匡真文偃禪師》，《五家語錄·雲門宗》，新文豐版《嘉興藏》（23），頁 537 上；《祖庭事苑》，《卍新纂續藏經》（64），頁 314 上。

④ 此典故謂藥山初參石頭和尚，但不契會，石頭令其"往江西問取馬大師去"，可參見《大慧普覺禪師語錄》，《大正新修大藏經》（47），頁 904 上、907 上。

⑤ 巨渤濟恒（1605—1666），靖江人，住持開法天寧禪寺；煦杲照（生卒未詳），住五峰仰山淨覺寺，此兩位皆爲具德法嗣。九一振西（生卒未詳），又名圓通西，爲潭吉弘忍法嗣。史傳見《五燈全書》，《卍新纂續藏經》（82），頁 456 上、467 上、479 下。

⑥ 夫椒，古山名，昔吳王夫差敗越於夫椒而名。一說此地位於江蘇省蘇州市吳中區，即無錫太湖洞庭山；另一說法，即於今浙江省紹興市北。

動。于時諸檀護，咸合(瓜)〔爪〕祝曰："老師宿有生住叢林，死入普同之願，我輩敢不并心竭力矢護此山。"言已，俄頃而燼，足見先聖道，只此一念，火不能燒，水不能溺，風不能飄，雷不能碎。在凡夫則反是，果能如是履踐，如是操持，始爲行解相應。

後山僧自此歸西皋顯寧，①紫蓋衡公②以佛日退院，補住斯席。初山僧住此，未嘗陞座，後紫公亦然，得非承夙願力，而後先泯合邪？今紫公既化，仍請山僧特爲舉揚三峰父子祖孫住持法道始終緣起，亦表顯咸慈老宿并檀越居士父子祖孫捨施興創殊勝利益。③

竊思先師弘法罷夢之際，縱有跨海神機，迴天妙作，苟非檀越，不忘囑累，再四敦請，行所難行，忍所難忍，調所難調，施所難施，則慧命檀波，豈能綿遠不墜？審如是，則於密老人出世開法，得人分化，乃至道行寰宇，聞見受利，莫不從此山唱導緣引而成。

故三峰法遍天下，道遍人間，而檀越老宿利益功德，亦遍天下人間；三峰法脈展演無窮，而檀越老宿慶裔流衍，亦復無盡無窮。只者無窮無盡底，非山僧自說，乃三世諸佛異口同音，歷代祖師互相證明。只者一說，塵說剎說，山河大地，草木叢林，熾然無間，則咸慈老宿與現前檀越，莊嚴福智，亦復無間。後輩有相繼而興，揭前起後，住持慧命，亦豈有間哉！

今日因諸檀信請法峝誠，不覺葛藤，如此久立，大衆伏惟珍重。

---

① 顯寧寺，位於杭州城北皋亭山的西麓（今拱墅區半山北麓），以是之故，具德稱説"西皋顯寧"。古稱太師塢。明宣和賜額"顯寧永報禪寺"。明清之際多位臨濟三峰派禪師駐錫於此。具德禮於崇禎十六年住持顯寧、順治四年冬開戒顯寧。參引自黃公元，《明末清初皋亭山顯寧寺重興的五任住持》，《杭州佛教》2018年第二期。

② 紫蓋定衡（？—1655），又名安隱紫蓋，諱定衡，俗姓黃，楚之黃洲人。具德法嗣，遵師命充職杭州佛日寺維那、西堂，并住持佛日、安隱，寂於安隱，有塔於安隱之右。世壽五十三，僧臘三十一，語錄若干卷，已佚。生平見《紫蓋禪師傳》，《臨平安隱寺志》卷五，頁15—19。

③ 紫蓋圓寂後，具德曾親自前來安隱寺弔唁，參見寂震《侍靈隱和尚過安隱寺弔紫蓋法兄》詩，收於《華頂和尚山堂舊稿》，上海圖書館藏本，頁3上。

二、具德禪師石梁毗尼禪院語錄

解　　題

一、版本

本書所依之底本爲蘇州西園寺舊藏經樓所藏清刻本殘本，僅存兩卷，一册。四孔裝楨，方册刻本，書封題簽“具德禪師石梁毗尼院語録”。每半頁十行，每行二十字，四周雙邊。版心上欄記有“支那撰述”，中欄爲書名簡稱“具德禪師語録”、卷數及頁碼，版心下欄爲墨丁。① 版式與《嘉興藏》相似，但屬於寺院單行流通的刊本。（參圖一）

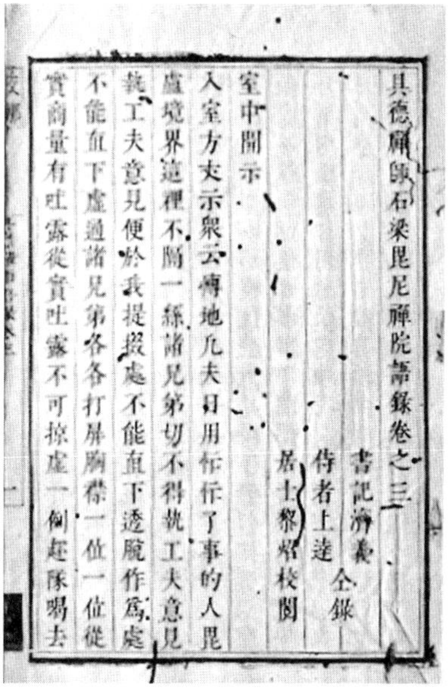
具德禪師石梁毘尼禪院語錄卷之三
書記濟義
侍者上達　仝錄
居士黎炤校閱
室中開示
入室方丈示衆云博地凡夫日用忙忙了事的人毘
盧境界這裏不隔一絲諸兄弟切不得執工夫意見
執工夫意見便於我提撥處不能直下透脫作爲處
不能直下虛通諸兄弟各各打屏胸襟一位一位從
實商量有吐露從實吐露不可掠虛一倒趕隊喝去

圖一：蘇州西園寺藏本

二、内容説明

《具德禪師石梁毗尼禪院語録》僅存卷三及卷四。卷三端首題“具德禪師石梁毗尼禪院語録之三”，署“書記濟義、侍者上達同録，居士黎炤校

① 本書所使用之《具德禪師石梁毗尼禪院語録》爲西園寺之數位複製本，故無尺寸信息。此文獻數位複製本之取得，特别感謝靈隱寺慧澄法師分享提供。

閲",内容爲"室中開示",有五十則;卷四不全,端首題"具德禪師石梁毗尼禪院語錄卷之四",署"書記濟斐、侍者上宗同錄,居士黎曜校閲",内容爲"入室開示",存三十四則。①

　　此書是時任方丈的具德禪師於天長毗尼庵②開期説法,於丈室中專爲入室請益的僧衆個别指導參禪功夫的相關記録。這是現存的具德禪師語録中最早編集的一部,雖然僅剩兩卷,却是具德對弟子禪法教學的早期代表著作。語録中并没有相關成書年代信息,僅依《本師具德老和尚行狀》所載,甲申冬戒顯"初參師"於顯寧,"次開期天長毗尼庵⋯⋯丙戌於秦郵地藏庵開大禪期",因而推判此書之編成、刊布時間在順治二年(1645)。

　　卷三"室中開示",首則是具德禪師對入室全體僧衆的開示,提勉參學僧徒要把握參話重點,"切不得執功夫意見","一位一位從實商量,有吐實從實吐露",且要大家"直捷吐露爲主"。之後,僧人一一入室參問,有四十八則師徒問答,内容多以"僧入,師云"爲開頭,内容可見禪師對於學人詰問時以公案話頭爲緣,有時一入便喝,或拈起竹篦要學人速道,從參問中知道學衆的用功入手及滯礙之處,再予以提點糾正,知其根器而應病予藥。最後第五十則"入室畢出,方丈示衆",禪師了解禪衆整體的修學狀態,明白他們問題在於"各各有知解,所以不得自在",故言宗師"許多開示",重點在"劃你知見"。③ 從一則則入室參問的篇數累計與内容來看,可推知當時的僧團約有近五十人的規模,且教學的對象全部爲僧衆。

　　具德對每位前來參問的僧人,接引教導方式生動靈活、變化莫測,不採用固定、統一的話頭來教示學衆,而一一徵問學衆"本參",學人回答諸如"祖師西來意"、"燒作兩堆灰"、"無位真人"、"一口氣不來向甚處去"、"萬法歸一"、"塵塵三昧"、"趙州使得十二轉"、"不思善不思惡,如何是本來面目"、"父母未生前"、"無夢無想"、"念佛是誰"、"秦時轢鑽"、"三心

---

① 第三十四則不全,文獻於頁三十下起脱落闕文。
② 毗尼庵,位於安徽省滁州市天長市石梁鎮。
③ 參見本書所輯《石梁毗尼語録》卷三《室中開示》。

不可得"等話，①具德所給予的小參問話指導也只就學人各自的用功方法、修行狀態及遭遇問題，隨宜引導啓發，剷除學人知見，使其透得關捩。顯然，清代初期禪衆常用這些話頭來參究公案，而語錄文獻正有助於我們了解清初三峰派禪僧的參學型態。

卷四"入室開示"，每則內容有較長且完整的師弟問答對話，具德在酬問互動中了解學僧的參學背景及其不得力之處，不管是初學或久參者，他都是根據學衆不同的參學情況，給予應機的引導開示。其中有十一則對話保留了入室參問僧人的法名，詳載著對話的場景，爲我們提供了珍貴信息。例如：

> 古鑑入，師云："人人有一面古鑑，作麽生照？"鑑便喝！師云："這一喝是炤燭耶？非炤燭耶？"鑑無語，師便打，云："好一面古鑑，撲破了也！"②

具德給予靈活善巧的應機說法，以弟子自身的法名爲所緣切入問話，引導學人參去。師徒的一問一答，使學人更清楚把握用功的理路。語錄中可以看到禪師苦口婆心的提勉叮嚀，以及鍛煉學人所採取的變化莫測的殺活手段。而具德禪師舉古德公案作爲學人的參禪引導，在頌古之上又有他個人的再詮釋、評唱，從文本中也可以看出他對於唐代禪師公案的使用方式，及其禪法教學的特色。

另外，值得注意的是，爲這部語錄擔任書寫記錄的是濟義、濟斐，他們兩人出家前皆是儒者，與黃宗羲等皆爲"復社"之一員，在杭州與當時學人組織"小築社"，致力"興復古學"，後來擴大爲"武林讀書社"，是杭州讀書社的中堅份子。兩人於甲申國變後逃禪出家，在具德坐下參學接受錘煉。特別是出生於儒門世家且學識淵博的仁庵濟義（1599—1664），爲三峰派

---

① 上述學衆所常用的話頭，可參見本書所輯《石梁毗尼語錄》卷三《室中開示》。
② 參見本書所輯《石梁毗尼語錄》卷四《入室開示》。

第三代具影響力的住持禪僧，祝髮於具德會下。除了毗尼、佛日、天寧這三部具德語錄列有"書記濟義"之名，乃至《靈隱語錄》，也有仁庵的身影。因此，這兩卷語錄開示的對話能如此完整的紀錄下來，與時任書記的濟義、濟斐他們本身所稟賦的文采和具備的文書能力有關，而他們在當時尚未剃染，是以在家居士身任寺院職。

具德禪師石梁毗尼禪院語録　卷之三

書記濟義、①侍者上達同録
居士黎炤校閲

室中開示

入室。方丈示衆云："博地凡夫,日用(忙忙)〔茫茫〕,了事的人,毗盧境界,這裏不隔一絲。諸兄弟！切不得執功夫意見,執工夫意見,便於我提掇處不能直下透脱,作爲處不能直下虚通。諸兄弟！各各打屏胸襟,一位一位從實商量,有吐實從實吐露,不可掠虚,一例趁隊喝去。從上祖師用處、言句處、棒喝處,直下不相礙,不要錯會了,惟以直捷吐露爲主。"

僧入,師云："若人會得,不離目前,速道！速道！"僧囁嚅②云："日來眼痛,不曾做工夫,道不得。"師云："你胸中自作意見,臨機吐露不得。若是刹那便去,不涉程途,單刀直入,豈須分外。你今却被這些意見礙了,假似你日

---

①　濟義,即仁菴濟義(1600—1644),俗名張岐然,字秀初,武林人,澹予弘恒法嗣弟子。具德爲其法叔,遵澹予遺囑代爲鍛煉他,并代授衣拂。故濟義與梵音詠同爲具德代付之法子。濟義久參三峰法藏,晚年薙染。初住顯寧,終于江北泰州慶雲寺。著有《劈華録》。生平參閲黄宗羲《張仁菴先生墓志銘》,《黄宗羲全集》(10),浙江古籍出版社,2005年,頁455—458;《五燈全書》,《卍新纂續藏》(82),頁452下。

②　囁嚅,竊竊私語貌,想説又不敢説出,吞吞吐吐貌。

用應緣處不作意想，便爾事事了然。你只將我問你處作日用應緣處，日用應緣處作我問你處，宗師酬唱與日用應緣，不話作兩截，自然無礙。我聞你做過叢林主人，何不取向來家常日用，用之目前？你今離了日用，要另外想出佛法來反於日用，一毫用不着。你向日歡喜爲衆，不厭事煩，及發心參禪，反於當家日用應緣，便生厭惱，只這厭惱就錯起了也！不知勞苦奔忙百務并舉處，不消添減一絲毫許，正是不思議境，不思議是日用句，不思議是當機句，一句了然超百億，百億了然超一句，這喚作'遍行三昧'，南泉往往以此示人，如《法華經》中《妙音菩薩品》，入遍行三昧，現大人相。"①語未竟，僧云："直待雨淋頭。"師云："落在甚處？"僧云："昨日簷前滴落水。"師云："未滴以前，雨從何起？"僧云："有何隔礙？"師云："又是說道理。"僧擬思，師云："隔礙了也！"

僧入，師問："如何是祖師西來意？"云："初參。"徵本參，云："參燒做兩堆灰話。"又云："久參此話，只斷不得思想。"師云："此個門中，不許你思想，也不許你斷思想，若斷了思想，即應事不得，與木頭何異？有礙於道，有礙於用。釋迦老子三七思惟，觀音大士從聞思修。古人云：'面門一思。'②洞貫古今，辨魔揀異，應用無礙，恁麽會得了那燒做兩堆灰話？也不過冰消水在，若呆著要斷思想，除是死屍没思想，參禪人着甚來繇？參出個死屍來去守他？"僧再求指示，師云："這就是指示了！參這話不要去斷思量，不思量與思量，是對待法，是偏的，不成中道。我聞你是看教的，且許你論教，天台空假中三觀，空就是不思量，假就是思量，中就是即的道理。作麽生即呢？空即是假，假即是空，於中修觀，會得即的道理，不捨空就假，不捨假就空，方是中道。你今只要去斷思量，只是偏見，須知不思量就是思

---

① 此三昧，參見《妙法蓮華經·妙音菩薩品》，《大正新修大藏經》(9)，頁55上—56中。
② 語見宗杲《正法眼藏》，《卍新纂續藏經》(67)，頁559上；《北澗居簡禪師語錄》，《卍新纂續藏經》(69)，頁663上。

量,思量就是不思量。動就是靜,靜就是動。"

乃以竹篦擊桌一下,云:"從這個所在,觀音大士三十二應,種種妙用於斯出現。"又擊桌一下,云:"從這個所在,三十二應,種種妙用,應時俱寂。"又擊桌一下,云:"八萬四千清淨法門,不可以動求,不可以靜求,無有動靜。一切名字,一切聲音,覿面提持,毫無露布。"又擊桌一下,云:"八萬四千清淨法門,亦可以動求,亦可以靜求,不離動靜,一切名字,一切音聲,毫無露布,覿面提持。"又擊桌一下,云:"三世諸佛,於此落落索索,說經說教。"又擊桌一下,云:"歷代祖師,於此剿剿截截,說禪說道,只這一下,不少不剩。"又擊桌一下,云:"上與三世諸佛不異,中與歷代祖師不異,下與六道四生不異。心、佛、衆生三無差別。衆生本來成佛,不成偏執,若成偏執,是你自落在葛藤窠裏,無有出期。要出這葛藤窠窟,不離這。"又擊桌一下,云:"一毛頭上,識得根源,百千妙義,無量法門,一時收盡。你但觀世間一切音聲、風聲、水聲、人聲、鳥聲、物擊剝聲,浩浩地無有間歇。會得時,便是反聞聞自性,會不得,與麽參去。"①

僧入,師便喝!云:"不會和尚這一喝。"徵本參,云:"曾問一老宿,宿便打,就如此參。"師云:"這個參處,最乾爆爆,乾爆爆參,水屑不漏,這裏透不得,就是銀山鐵壁相似。第一須直下會去,若直下會不去,只管挨住在那裏,不知何年始會得去在。大抵乾爆爆禪,須上上根人始得,直下見去;中上根人,便須略有指陳;若是中下根人,豈免和泥合水。我且問你這一棒,日用尋常作麽生參?"僧云:"苦無入處,乞師示個方便。"師云:"我今有個方便,德山臨濟入門便棒,進門便喝,也與你道'不會',相去不遠。"僧又云:"不會。"師云:"濟在黃檗三問三打,憤然而去也。② 只是難得個話會,

---

① 具德借觀音耳根圓通法門說法開示,引用經文見《大佛頂如來密因修證了義諸菩薩萬行首楞嚴經》卷六,《大正新修大藏經》(19),頁 128 中—132 下。
② 典故見《鎮州臨濟義玄禪師》,《五家語錄・臨濟宗》,新文豐版《嘉興藏》(23),頁 518 下。

你若呆守着一棒，一世也未必悟去。不見臨濟道：'有個無位真人，時時向你面門出入。'①這話你還會麼？"僧云："不會。"師云："'不會'就是你未證據的人，你且這樣去看看。"

僧赤子入，師云："可號'赤子'麼？"僧云："是。"師云："如何是赤子心？"僧無語。師云："你且問我。"僧云："如何是赤子心？"師云："敲磚打瓦。"徵本參，僧云："參一口氣不來，向甚麼處去？"師云："好個敲磚打瓦。"復問僧云："一口氣不來，向甚麼處去？"僧無語。師云："何不問我？"僧云："一口氣不來，向甚麼處去？"師云："赤子瞢。"師重述上問，答云："如何是赤子心？敲磚打瓦。一口氣不來，向甚麼處去？赤子瞢。只這兩轉語，你好生體究去。"

僧入，師拈起竹篦，云："速道！速道！"僧擬議，師云："擬思即差。"徵本參，云："參生從何來、死從何去？一口氣不來，向甚處去？"□②云："你要見這面目？"述上問，答云："從這裏參取，道在言語問答處，眼光落地時，不離目前，目前透脫，不待死來，須知生處正在死處，死處正在生處。不悟的人，見生死是二；悟的人，見生死本來是一。生時哇地一聲，死時眼光落地，生死一如。你看看，會得也與麼，會不得也與麼，你但與麼看。"

僧入，師拈起竹篦，云："這個作麼生會？"僧云："初參。"師云："這兩日如何用心？"僧云："本自清淨。"師云："目前聲色縱橫，見聞歷落，還清淨麼？"僧佇思，師云："纔涉思維，不清淨了也，却被聲色蓋覆了也！大凡念佛、聽教、看語錄，轉不得身，吐不得氣，皆被聲色蓋覆，如何斷得見思塵沙？若是英靈漢，吐得一語，騎聲蓋色，萬夫辟易，斬釘截鐵，乾坤變色。你若被

---

① 原文爲："有一無位真人，常從汝等諸人面門出入。"見《鎮州臨濟義玄禪師》，《五家語錄·臨濟宗》，新文豐版《嘉興藏》(23)，頁521下。

② 疑作"師"字。

聲色蓋了，自然胸中七上八落，出頭無分。宗師家從頭挨拶將來，轉身吐氣不得，自然鶻突①狐疑，便當時與你劈頭一下，謂之擊疑。總之，纔思量他，便不得清凈，用得他，方契得清凈本然，你作麼生用？清凈本然，毗盧境界，曠劫不移，謂之'本覺'。你在甚麼處錯起？只在一念擬處錯了，從我挨拶處，瞥然會得，謂之'始覺'。故曰：'無名無有始，而有始可得。'②從本以來清凈，只是纔要疑他，便轉不得，就不清凈了。那清凈的人，胸中也無善，也無惡，也無文字、語言、佛法知見，直頭似個三家村裏漢，百不知、百不會，但饑來飯、困來眠，喜時笑、悲時哭，又直似個初生孩子，那初生孩子胸中有甚惡知惡覺？有甚佛法道理壅塞他？目前纖塵不立，意地剎那不停，六識無功，毫無主宰。昔有僧問投子云：'初生孩子還具六識也無？'子云：'急水上打毬子。'僧又問趙洲：'急水上打毬子，意旨如何？'州云：'念念不停留。'後來雪竇甚頌得好，云：'六識無功伸一問，作家曾共辨來端，茫茫急水打毬子，落處不停誰解看。'③你意地稍停，便有留礙，謂之'遍計執'；意地不停，便無留礙，便轉'遍計執'爲'妙觀察智'。遍計不行，便無是非、長短、好惡，便得無諍，七識便轉爲'平等性智'。到這裏，一切名言、一切相狀，都棲泊不上，八識便轉爲'大圓鏡智'。你要會那名不得、狀不得的。"

將竹篦子卓一下，云："須從這裏見得，始能將前來所知所見的佛法道理，一時都去盡了，莫向思惟處棲泊，但向不思議處體究。你纔叫他做清凈本然，便是名相了，當從名不得、狀不得處，猛發參情。古人云：'大疑大悟，小疑小悟，不疑不悟。'上來趙州投子答處，皆尋常語句，不是經教，不是典故，只是稱性之談，直行直用。又趙州問僧云：'喫粥了也未？'僧云：'喫粥

---

① 鶻突，即混亂、不清楚，意同"糊塗"。
② 《瑜伽師地論》原文云："行雖無有始，然有始可得。"見《大正新修大藏經》(30)，頁363中。
③ 典故見《五燈會元》，《卍新纂續藏經》(80)，頁94上。又《禪宗頌古聯珠通集》，《卍新纂續藏經》(65)，頁597上。

了！'州云：'洗鉢盂去！'這不是直下用清净本然的樣子？趙州云：'我除二時粥飯是雜用心。'①因齋粥念誦，須用作觀，作觀處是雜用心，若遇飯便噇，不用安排，不用造作，一念相應，頭正尾正。你今齋時鐘響，便托鉢出來，豈不是頭正？齋畢洗鉢，豈不是尾正？於中就有雙放雙收，賓則始終賓，主則始終主，夫唱婦隨，君揖臣奉，感應道交，疆分土列，皆是用清净本然，而無名字，這就是祖師眼，就是'大佛頂首楞嚴三昧'。於中對面不知，謂之'密因修證'。第一要放盡你胸中學得的佛法道理，與三家村裏漢及初生孩子相似，會得時是祖師眼，會不得時，就是百姓日用而不知。"

僧云："日用事物，不免分別，作麽生似初生孩子？"師云："分別理不好，分別事有什麽不好？事是現前的，事上分別了便休，胸中有什麽留滯在？"僧云："和尚理會得，學人理會不得。"師云："我也不理會，你若不理會，便與我一般，只因你太理會了，目前了事，不必機鋒轉語，尋常日用言語，正是極好機鋒，極好轉語。爲你胸中結聚許多影響，禪以爲機鋒轉語，自己正知見不得現前，没量大人，被境界裏轉却，直須將胸中藴蓄的盡情棄了，方好共你理會。"

僧入，參"無位真人"，問答不録。師云："知處不消，命根不斷，不能直下見得分明、用得慶快，你不可向知見外又覓什麽命根？知處會處，正是你命根不斷處，你但向會不得處挨拶，挨拶來挨拶去，處處如銀山鐵壁，忽然爆地一聲，虚空粉碎，恰好見得臨濟德山用處。你今知的、會的，與德山、臨濟説的迥別，須知知是岐境，知不及處是正眼。岐境不截，正眼不開；正眼不開，岐境不截。莫以知處爲喜，不知爲懼。"

僧如鑑入。師云："如如不動，如何鑑覺？"僧云："不會。"師云："你見老僧麽？"僧云："見。"師云："你這是目前見的，腦後作麽生見？"僧無語，師云：

---

① 《五燈會元》，《卍新纂續藏經》(80)，頁94上。

"参去，祇如腦後畢竟作麼生見。"

僧入，參"一口氣不來"。師云："夾山教人參這話，是涅槃堂裏禪，極諦當、極難會，往往參這箇話的，有去路，無迴機，殊不知這箇是絕處逢生的話。昔香嚴在百丈處問一答十，問十答百，是個極聰明、極博覽的衲僧。後到溈山處，山云：'三乘十二分，我都不問你，只要你向父母未生前道取一句。'嚴向胸中搜索所聞見的道理，無一句可以道得，便云：'請和尚爲某甲道。'山云：'我道的是我三昧，當你的不得，這箇直須你自道。'嚴道不得，泣辭溈山，獨自去住忠國師舊院，曰：'如今也不去，窮古窮今拌一生。'作箇常行粥飯僧，只要這一着子明白，只這一拌，向來聰明伎俩、禪道學識，當時瓦解，這瓦解處，正是當人四楞蹋地處。後一日掃地，次將搬箕到園中傾潑，瓦礫擊竹作聲，忽然大悟，向溈山禮拜曰：'和尚恩逾父母，當日若爲我道破，豈有今日。'遂述一偈曰：'一擊忘所知，更不假修持。動容揚古路，不墮悄然機。處處渾無礙，聲色外威儀。諸方達道者，咸言上上機。'①這便是香嚴向父母未生前吐露的語句，你看他用心拌捨一生，只要道得，遂於擊竹處悟去。如今人用心，只是要知去處，驢年也不悟，驢年也道不得。一語爲他捨却，現前一着，只管將來處去處，在胸中卜度，如何道得出父母未生前話來？香嚴不管他來去，只是現前要道得，遂於糞箕裏一豁倒，豁出父母未生前面目來。你如今要會父母未生前話，但於香嚴擊竹處看。"

僧入，師拈起竹箆云："這個作麼生會？"僧云："初參，不會。"徵本參，參父母未生前話，語未畢，師便打，云："會麼？"僧云："不會。"師云："要會父母未生前話，直須向這裏會取好。"

---

① 典故可見《景德傳燈錄》，《大正新修大藏經》(51)，頁283下；《大慧普覺禪師語錄》，《大正新修大藏經》(47)，頁865上。

僧入，師云："無位真人，向拄杖頭出現。"僧視拄杖。師云："如今却又不在拄杖頭。"僧視師，師云："無位真人只在目前出現。"僧云："乞師開導。"師以竹箆直指之，曰："向這裏入。"

僧入，禮拜起。師云："速道！速道！"僧云："速道個甚麽？"師云："你只管道看。"僧便喝！師便打。僧又喝！師云："我被你一喝，直得昏天黑地。"僧無語，師云："却是你自喝得昏天黑地。"僧問："如何得一念不生？"師云："這個豈是你安排得的？不見黄蘗道：'瞥起一念。'千重萬重，關鎖不住。四祖云：'一切諸法，悉皆解脫。'①你這一念，來無可抑，去無可追，你要去安排過捺他，譬如虛空，雖百般安排，虛空不受不見。《楞嚴經》中道：'縱滅一切見聞覺知，内守幽閒，猶爲法塵分別影事。'②這一念心，從上諸聖不可奈何，没有人敢去安排過捺他，以他活卓卓地不受安排故，你若擬要去奈何他，是你伎倆過於佛祖也。假如你一念瞥然而起，纔覺得云：'我這一念又起了！'殊不知作恁麽覺知，却又是一念了，須知前念與後念，各各不相到故，念念生滅，念念成辦。你纔嫌他這一念，早成是非心，如何得不生去？譬如欲往北京，反之南粵，再無到的日子，祇越遠了。爲他離念求心，是除了道更覓道，除了心更覓心。又如離波覓水，離器求金，終不可得。昔羅山③參石霜④云：'起滅不停時如何？'霜云：'直須一念萬年去，

---

① 《五燈會元》，《卍新纂續藏經》(80)，頁 45 中。
② 《大佛頂如來密因修證了義諸菩薩萬行首楞嚴經》，《大正新修大藏經》(19)，頁 109 上。
③ 羅山惟愼，生卒未詳，北宋禪僧，石霜楚圓禪師之法嗣。出家於開元十方教院。曾遍參諸老，後得法於石霜禪師。宋天聖中遊京師，至則徑歸，開法於羅山。生平可見《泉州開元寺志》，《中國佛寺史志彙刊》第二輯(8)，頁 81。
④ 石霜楚圓(986—1039)，又名興化慈明、西河獅子。俗姓李，臨濟六世法孫，汾陽善昭法嗣。曾駐錫袁州南源山廣利禪院、潭州道吾山、潭州石霜山崇勝禪院、南嶽山福嚴禪院、潭州興化禪院等。著述有《慈明圓禪師語》，《卍新纂續藏經》(68)；《石霜楚圓禪師語錄》，《卍新纂續藏經》(69)；編集有《汾陽無德禪師語錄》，《大正新修大藏經》(47)。生平史傳，見《五燈會元·潭州石霜楚圓慈明禪師》，《卍新纂續藏經》(80)，頁 238 中—240 下。

冷湫湫地去，古廟香爐去，一條白練去。'山不契，見巖頭，①復如前問頭，便喝云：'是誰起滅？'山喝下大悟，乃服膺。② 這一喝，具臨濟四喝，③他四喝，從一喝中透出，一喝向四喝裏圓明。宗師家日用中，應機接物，貴在棒喝臨時；衲僧家參叩間，一言半句，須於棒喝下透脫，這棒喝不是可以作奇特商量的，也不是與你堵絕意根的把柄。不見南院道：'棒下無生忍，臨機不見師。'④你須諦當，見他棒喝落處始得，莫但恁麼鹵莽。"

師問僧云："如何用心？"僧云："參一口氣不來。"語未畢，師云："住！住！"僧又問："無位真人，從面門出入，作麼生看？"師向僧左膊上打一下，僧云："不會。"師又打右膊一下，云："無位真人，面門也出入，左右臂膊上也出入，無處不是他出入處，休只認在面門上。"僧唯唯。

僧參"萬法歸一"話，師云："一作麼生歸？"僧云："除妄歸心。"師云："妄念也是一法，真念也是一法，三乘十二分教，以至治世語言、資生事業，皆在萬法中收。你若除妄歸真，在教中且屬小乘，真妄不二，始是大乘。直得取捨情忘，內外平等，日用恒常，事事無礙，提脫教家那些道理，方始拈得臨濟德山那一條棒，到這裏妄也不分，真也不立，妄也不知，真也不會。在天台也云：'即妄即真，始名中道第一義諦。'不見《圓覺經》云：'居一切時，

---

① 巖頭全豁(828—887)，俗姓柯，泉州人。長安西明寺具戒，弘講《涅槃經》。嗣法德山宣鑑，後於洞庭湖畔臥龍山（巖頭）大振宗風，立院號"巖頭"。世壽六十，僧臘四十四。僖宗敕謚號"清嚴"，塔號"出塵"。生平見《宋高僧傳·唐鄂州巖頭院全豁傳》，《大正新修大藏經》(50)，頁 856—857。

② 羅山參問而後大悟之典故，見《古尊宿語錄》，《卍新纂續藏經》(68)，頁 335 下；《大慧普覺禪師語錄》，《大正新修大藏經》(47)，頁 905 上。

③ 臨濟四喝，見《古尊宿語錄·臨濟禪師語錄之餘》，師問僧："有時一喝如金剛王寶劍，有時一喝如踞地金毛師子，有時一喝如探竿影草，有時一喝不作一喝用。汝作麼生會？"《卍新纂續藏經》(80)，頁 31 中。

④ 風穴延沼參請南院慧顒禪師之問答，《五燈會元》，《卍新纂續藏經》(80)，頁 230 上。

不起妄念,於諸妄心,亦不息滅,住妄想境,不加了知,於無了知,不辨真實。'①大慧有一頌最好,他云:'荷葉團團團似境,菱角尖尖尖似錐,風吹柳絮毛毬走,雨打梨花蛺蝶飛。'②又黃龍寶覺禪師嘗問一講僧曰:'如何居一切時不起妄念?'對曰:'起即是病。'又問:'如何於諸妄心亦不息滅?'對曰:'息即是病。'又問:'如何住妄想境不加了知?'曰:'知即是病。'又問:'如何於□□□〔無了知〕③不辨真實?'曰:'辨即是病。'覺乃笑曰:'汝知藥矣,未識藥中之忌也!若知藥忌,便能識句,識句始知棒喝落處。'所以寶覺禪師又爲之偈曰:'黃花蔓蔓,翠竹珊珊。江南地暖,塞北春寒。遊人去後無消息,留得雲山到老看。'④得句方能永斷所知,真妄復從何覓?"

僧通白入,師云:"清净白法作麽生通?"僧云:"紙窗。"師云:"只如有窗格子處,且聽你通,假如現前銀山鐵壁,你作麽生通?"僧無語。師云:"通處何在?問看何典教?"僧云:"《楞嚴》。"師云:"《首楞嚴》是一切事究竟堅固,須在頭頭上顯,物物上彰。你看經中七徵八辨,擊磬飛光,總是叫阿難事上見。"將竹篦卓一下,云:"與我這擊桌一下不别,就是你道'紙窗',子這一轉語,雖是徹悟的,也只這樣道,只在你分上不曾通。昔長水參瑯瑘,問:'清净本然,云何忽生山河大地?'瑘以雙手撲桌一下,云:'清净本然,云何忽生山河大地?'長水於此悟去。⑤若道瑯瑘有答他處,爲何只是他問的,若道無答他處,長水爲甚悟去?你且與麽看看。"僧又以看話頭時,有念頭夾雜爲嫌,師云:"何等樣是你夾雜的念頭?"僧云:"利生等念。"師笑云:"利生念頭,從上諸聖,不敢除他,只怕你没有這念頭。爲何却嫌

---

① 《大方廣圓覺修多羅了義經》,《大正新修大藏經》(17),頁 917 中。
② 《大慧普覺禪師語録》,《大正新修大藏經》(17),頁 855 上。
③ 三字脱落,依經文研判補入,參見《大方廣圓覺修多羅了義經》,《大正新修大藏經》(17),頁 917 中。
④ 《智證傳》,《卍新纂續藏經》(63),頁 182 下。
⑤ 《五燈會元》,《卍新纂續藏經》(80),頁 251 中;《佛祖統紀》,《大正新修大藏經》(49),頁 293 下。

他？"拈竹篦問云："我這個也爲利生，不然用他作麼？你且喚這箇作甚麼？"僧云："撐天拄地。"師云："撐天拄地，爲何叫他夾雜？你須知有念無念於中正，如箇鐵刓圞相似。雲門云：'扇子𨁝跳上三十三天。'①你道夾雜，從那裏説起。"

僧儒宗入，師拈竹篦云："這個若喚作'儒'，'釋'又作麼生道？"僧云："儒釋俱有。"師云："儒釋且置，作麼生是俱有的道理？"僧無語。師云："宗失了也。"徵本參，參"龍潭吹滅紙燃"。②師云："誌公《十二時歌》有云：'食時辰，無名本是釋迦身。坐卧不知元是道，只麼忙忙受苦辛。'③如今任運過時，不知那個叫做'無明'？爲什麼又叫做'釋迦身'？他道坐卧不知一切所爲所作，皆在其中，爲什麼叫做'道'？只如拈紙燃度與他，便爾吹滅，是甚麼道理？你且將誌公《歌》貼在這公案下，參去！"

僧入，師云："一超直入。"④僧云："一超作麼直入？"師便喝！僧云："不會，請指示。"師云："可惜這一喝，分付不着人。"僧呈偈，師云："你這偈縱說得好，也只是就體消停，未能覿體作用，故會的是意見，説亦是意見，不能直下吐露，終是説食不能飽人；若是覿體呈露的，他便着着有出身之路，見得箇獅子爪牙，句句有奪人之機，顯得箇象王威猛。你今胸次如轆轤相似，轉轉不停，但不能與宗師把手共行，故出不得陰界，只管弄解會作用，不能覿體，何時得親切去？不見南院風穴道：'欲得親切，莫將問來問，問在答處，答在問處，亦須知有時問不在答處，答不在問處。'⑤你若透得這

---

① 《黃龍慧南禪師語錄》，《大正新修大藏經》(47)，頁 634 下。
② 此則德山宣鑑參龍潭得悟之話頭公案，見《建中靖國續燈錄》，《卍新纂續藏經》(78)，頁 646 上。
③ 《景德傳燈錄·寶誌和尚十二時頌》，《大正新修大藏經》(51)，頁 450 上。
④ 《永嘉證道歌》有云："一超直入如來地。"《大正新修大藏經》(49)，頁 396 上。
⑤ 延沼住風穴，開法嗣南院陞座。可見於《佛祖綱目》，《卍新纂續藏經》(66) 頁 683 上。

個話,始能句句有出身之路,天下老和尚方不奈你何。"

僧入,師云:"不得如何直截便道。"僧便喝!師云:"我被你這一喝,直得忘前失後了也!"僧擬議,師便喝!徵本參,參"不是心、不是佛、不是物,似有會處,但臨機不得無礙"。師云:"要得無礙,須在現前拶着去不得處,看礙膺之物,爲留在一處,不能頭頭上顯、物物上彰,謂之解礙爲礙。若是七穴八穿的,與麼不與麼,不與麼與麼,將這句話得個變通,得個自在,活卓卓地,如水泮水,觸處成渠。設若未然,如水結冰,當處窒塞,你適纔拶着去不得處,如黃河連底凍在,直須胸中如春水溶溶流澌進下,方始慶快。珍重!"

普融入,師云:"十方世界盡在目前,作麼生融?"僧云:"不敢妄答。"師云:"你試問我。"僧云:"和尚作麼生融?"師云:"蒼天!蒼天!"師云:"我不是教人學轉語,宗師門下,第一要自轉得一語,謂之轉身吐氣處,我且不問你十方世界如目前,東秦西魯作麼生融得?"僧云:"本無東秦西魯。"師云:"如此,却坐無事甲裏,祇如一切平常時,如何是你目前機?"僧云:"體露堂堂。"師云:"這是説道理□〔了〕,①如何是目前機?"僧云:"請和尚開示。"師云:"拄杖子,跨跳上三十三天。"僧云:"在和尚手裏。"師云:"如何却道跨跳上三十三天呢?"僧云:"即今和尚是那一天?"師云:"隨語生解。"僧無語。師云:"你要尋常日用中,透得祖師手眼,須於交加時語句轉活自繇,方是法身向上,使得語言自在,便轉得十二時,不被十二時轉却。譬如有一仙人,恰遇諸夜叉羅刹,突至其前,即時須與撥遣,或令移丘塞壑,或令運土搬林,少爾,停機擬慮,不免被他撲倒。宗師門下一切奇怪語言,亦如這羅刹夜叉相似,纔現前時,便須轉得,方有自由分,稍涉思惟擬議,便被他語言網羅,通身被他撲倒。故無心三昧,不屬思量,直下風旋電轉,切須於不思議處轉得始得。"

---

① "了"字,原文殘缺難識,據文意推測補正。

僧入，師云："不得如何若何？速道！速道！"僧擬開口，師便喝，徵本參，僧云："參一口氣不來，向甚麼處去？"師云："此是緣未來境參下世禪，決無透脫。我且問你前世一口氣不來，向甚麼處去？"僧無語，師云："你見人初生麼？"曰："見。"師云："初生哇地一聲時，及今日用應緣處，正是你前世一口氣不來的去處。昔盤山①參眼光落地時，不得明了，一日十字街頭見人舁喪，歌郎云：'紅輪必定沉西去，未審魂靈往那方？'幕下孝子哭云：'哀哀！'盤山遂大悟。② 大凡參學，須據實事，盤山始初搭滯，亦是無這實事，緣起後來，觸緣便了。你今只將你擬開口、我便喝，及初生哇地一聲，及挽郎歌聲甫竟，孝子哭云'哀哀'，這三轉語下看，就是你前世一口氣不來的去處。"僧纔出，師喚云："來來！"僧纔轉身，師展手，云："是什麼？"僧云："不識。"師云："去！"

僧參"無位真人"話不得力，患心散，欲攝心作觀。師云："汝患心散，莫是見色聞聲，日用應酬，以爲心散處否？"云："是。"師云："聞但聞見，但見正與麼時，是無位真人出入處，有甚麼礙？乃謂之"散"。古人見明星、見桃花，不是見色麼？聞擊竹、聞枕子墜地，不是聞聲麼？乃佛乃祖，恰在這裏悟道。你反以真爲妄，以妄爲真。夫遇緣爲散，攝心爲靜，正是妄想。祖師云：'動容揚古路，不墮悄然機。'③一切奔忙，眼見耳聞，都是從上祖師開闢的大路。所以拿龍捉虎，不顧危亡，了無得失，目不停機，耳無停響，極忙亂處，正是他無位真人，於棒頭上閒落落地處。世尊初悟，便云：'奇哉！一切眾生皆具如來智慧德相，但以妄想執著，不能證得。'④汝今參

---

① 盤山寶積，生卒不詳，唐代禪僧，馬祖道一之法嗣，居於幽州（今河北）盤山，宣揚宗乘，諡號"凝寂大師"，見《景德傳燈錄·幽州盤山寶積禪師》，《大正藏》(51)，頁253中。

② 此則盤山積初參馬祖，因出門見人奔喪，聞歌郎之音得悟處，爲宋元乃至明清禪僧常引用提舉，可參見《北澗居簡禪師語錄》、《無準師範禪師語錄》、《了堂惟一禪師語錄》等。

③ 《潭州潙山靈祐禪師語錄》，《大正新修大藏經》(47)，頁580中。

④ 見於《大方廣佛華嚴經》，原文爲："如來以無障礙清淨智眼，普觀法界一切眾生而作是言：奇哉！奇哉！此諸眾生云何具有如來智慧，愚癡迷惑，不知不見？我當教以聖道，令其永離妄想執著。"《大正新修大藏經》(10)，頁272下。

去,切忌要斷妄想。"

僧參"本來自性",疑之既久,忽時得個不疑,清清落落,似乎舉疑不起。師云:"本來自性,卓卓巍巍,灑灑落落,不離目前,你不疑時,聽板下堂,可便去麼?"僧云:"便去。"師云:"何不直下會取去,向疑情斷處、聽板處、喫飯處、漱齒處、上單處,這皆是佛性境界,祖師安身立命處。趙州見僧來,便云:'喫茶去!'睦州①見僧入,便云:'擔板漢。'②皆是這個不疑,而應不思議,故不屬有知,應事不昧,不屬無知,你但向不疑處會去。"

僧纔入,師云:"速道!速道!"僧便喝!師云:"何不速道?"僧又喝!師便打,僧連喝!師連打。師咄云:"你憑這一喝,硬作主宰,不知轉變。不見古人道:'棒喝臨時,須知一喝不作一喝用。'"③汝今抵死不放,略無轉變,曾見上來公案,有喝上數十喝的麼?汝須從這一喝處解轉變,識休咎,道得親、用得切,方見汝的好處。若只恁麼硬作主宰,喝到彌勒下生,也無用處。僧云:"我極力吐露不得。"師云:"你莫向吐露不得處著倒,日用尋常,本是轉轆轆、活卓卓,何曾有吐露不得的?古人言句,正是棒喝的落處。故凡有悟入者,皆能轉語無礙,汝若硬執這一喝為是,便須從朝至暮,三時赴齋,應接往來,一例喝去。如此是與日用應緣,大相乖戾,在唱教門中,豈有與麼事?昔白雲端禪師悟後呈見處,有《投機偈》,香嚴聞擊竹而悟,有呈《溈山頌》。南院云:'諸方祇具啐啄同時眼,不具啐啄同時用。'有僧便問:'如何是啐啄同時用?'院云:'作家不啐啄,啐啄同時失。'僧云:'此猶未是某甲問處。'院云:'汝問處作麼生?'僧云:'失。'院便打,其僧不肯。後於

---

① 睦州,又名陳尊宿、睦州道明、龍興尊宿,陳氏,黃檗希運禪師法嗣。又因織蒲鞋以養母,有"陳蒲鞋"之稱。

② 擔板漢,典故見於《景德傳燈錄》,《大正新修大藏經》(51),頁291上。意謂執於一端而不能開悟之人,參引雷漢卿《禪籍方俗詞研究》,巴蜀書社,2010年,頁464。

③ 《鎮州臨濟慧照禪師語錄》,《大正新修大藏經》(47),頁504上。

雲門會下,聞二僧舉此話,一僧云:'當時南院棒折那。'其僧在旁聞之,忽契悟,奔回懺悔。值院遷化,乃見風穴,穴云:'汝當時作麼生?'其僧云:'我當時如在燈影裏行。'穴曰:'汝會也。'①你看古人悟處都有語言吐露,故棒下發疑,言中脫落。汝若會得語言棒喝,直下虛通,汝若不會語言棒喝,皆呈隔絕。"僧問云:"如何是從朝至暮的的處?"師云:"饑來吃飯,困來打眠。"

僧參"正睡着"話,自嫌功夫不得成片。師云:"功夫成片,全是心意識,我這裏不要功夫。"僧云:"不用功夫,全沒把捉。"師云:"沒把捉倒好,把捉心是有限約,不出量的,我這裏禪是沒限約的,叫作過量。向沒把捉處,現大機、作大用,臨濟喝、德山棒,在這裏安身立命,是不思議大人境界。我今教你看正睡着話的方便,但向鄰單僧昏沉時,喫香板處看。"

僧參,師云:"本分事作麼生?"云:"并無所參。"師云:"來此作麼?"僧無語,師便喝!復云:"這便是搭着昏昏地的,目前手眼一時沒却。"徽本參,參"狗子無佛性"話,師云:"且道這個'無'字與我喝處,是同是別,不可作身心都無了的意看,須於二六時中、着衣喫飯、隨衆作務時着眼,狗子佛性且置,我且問你:'有佛性也無?'"僧云:"學人自己。"師云:"自己全是我相。《金剛經》中道,四相俱無,方名般若。不可着在自己上,但將趙州'無'字與我喝處,一并看去。"

僧清儀參,師問:"如何是你安身立命處?"云:"不會。"師云:"你即今在甚麼處?"云:"在這裏。"師云:"這裏即有處所,爲何古人道'瞥起本來無處所'?"②僧無語,徽本參,參"一口氣不來,向甚處安身立命"。師云:"昔誌公大士云:'大道只在目前,要且目前難睹。欲識大道真體,不離聲

---

① 典故參見《佛果圜悟禪師碧巖錄》,《大正新修大藏經》(48),頁156中。
② 曹山本寂禪師《示學人偈》,《撫州曹山本寂禪師語錄》,《大正新修大藏經》(47),頁539下。

色言語。'①又傅大士②云:'夜夜抱佛眠,朝朝還共起。行坐鎮相隨,語嘿同居止。要識佛去處,只這語言是。'③從來香嚴悟擊竹,靈雲見桃花,皆向父母未生前開口。十世古今,始終不離於當念,無邊剎海,自他不隔於毫端。你昨日是這清儀上座,今日也是這清儀上座,來日亦是這清儀上座,以至前世、今世、來世,名號雖殊,這上座總非兩個,於過去時攝現未,於現在時攝過未,於未來時攝過現,三時互攝,三時各時,是名'不遷'。昔有僧問法眼不遷義,云:'日上東方夜落西。'④又有僧問趙州,州作流水勢。汝試看是甚麼道理?"

師問燦文云:"文彩未彰以前,道取一轉語來。"文云:"某甲初參。"師云:"我這裏不論初參、老宿,只貴道得。"文云:"開口便打,入門便喝,意旨如何?"師云:"無位真人來也!"文無語,師云:"出去。"

僧入,師云:"本分事作麼生會?"云:"初參。"徵本參,云:"無位真人。"語未竟,師便喝!僧沉吟,師云:"見即便見,擬思即乖。"師良久云:"你見街坊上試武,行拳交拳便喝麼?"云:"見!"師云:"還疑麼?"云:"不疑。"師云:"你見他喝,未何不疑?□我喝就特地生疑,你但不疑處直下會去,不要別疑。"

師問曇一云:"優曇花現,無前後際,唯一現爾。如何是一現?"曇無語。徵本參,云:"參見見之時,見非是見,見猶離見,見不能及。"⑤語未竟,師以

---

① 此話禪師常用來上堂開示學衆偈語,可見於《大慧普覺禪師語錄》,《大正新修大藏經》(47),頁819下。
② 傅弘(497—569),又名傅翕、雙林大士、傅大士、玄風、善慧大士、東陽大士,住東陽郡雙林寺,與金陵寶誌禪師并稱"梁代二大士"。撰《心王銘》、《善慧大士語錄》等。生平見《金陵梵刹志·傅大士傳》,《中國佛寺史志彙刊》第1輯(4),頁690—691。
③ 《明覺禪師語錄》,《大正新修大藏經》(47),頁671中。
④ 原文"日上東方月照西",出自《保寧仁勇禪師語錄·頌古》,《卍新纂續藏經》(69),頁292中。
⑤ 語見《大佛頂如來密因修證了義諸菩薩萬行首楞嚴經》卷二,《大正新修大藏經》(19),頁113上。

竹篦支其口,云:"住!住!"曇無語,師云:"你若於此會得,便見昔日虎丘隆見圓悟的悟處,隆謁悟,悟舉此語,隨舉拳云:'還見麼?'隆曰:'見。'悟曰:'頭上安頭。'隆聞脫然契證,悟吒曰:'見個甚麼?'隆曰:'竹密不妨流水過。'悟肯之。① 汝今若能會得我云'住住'的落處,便見得他兩尊宿'啐啄同時'的落處去在。"

僧參"父母未生前面目",師云:"你號甚麼?"云:"滿覺。"師云:"覺作麼生滿?"滿無語。師云:"若這所在吐露得父母未生前面目,便覺了也。雖然我向前問你號甚麼,云'滿覺',只這一句,是你父母未生前面目放光動地處。古人喚作用處不換機,這便是法眼宗。如慧超問法眼:'如何是佛?'眼云:'汝是慧超。'②便是這個道理。汝莫道是父母未生面目,便向前生去覓,只如你初生時哇地一聲,恰與適纔便道'滿覺',一語一個鼻孔,他初生時手展展腳動動,正是祖師棒喝交加處。第一不得將生與未生時作兩般看,又不得將棒喝與哇地一聲作兩般看,但恁麼看。"

僧入,師拈竹篦,云:"會麼?"云:"當下便是。"師云:"不當下奲?"僧仁思,師云:"不是了也!"乃云:"這便是死在語下,不透語句。你但看我倒轉問你云'不當下奲',這就是你當下便是的,及至你擬議不來,我便云:'不是了也。'又不必別尋語句,就便生涯,何等快當,何等省力。所以道:'問在答處,答在問處。'③這是臨濟下的的相傳命脉。近世好於問答外別尋尖新語句餖湊,④與這話去之彌遠,雖語言豐美,可以悅目,難以逗機,所謂禪風變也,汝但向省力處會取。"

---

① 典故見於《虎丘紹隆禪師語錄》,《卍新纂續藏經》(69),頁504下。
② 《五燈會元》,《卍新纂續藏經》(80),頁209中。
③ 《古尊宿語錄》,《卍新纂續藏經》(68),頁46上。
④ 餖湊,意為堆砌雜湊。

僧參，師云："不得有語，不得無語，向何處下口？"僧無語，徵本參，云："參塵塵三昧話。"師云："昔有僧問雲門：'如何是塵塵三昧？'門云：'鉢裏飯桶裏水。'①大凡人情，厭凡欣聖，尊佛卑己，豈知法身平等，迥無高下。只這現前色身與古佛不別，就裏一聲一色一語一默，皆是塵塵三昧。我今問你：'如何是塵塵三昧？'"僧又無語。師云："你今問我。"僧躡前問。師云："雨打紙窗穿，會麼？這便是毗盧遮那境界。你要會這話，只在你尋常應用、行住坐臥處看。"

僧入，師拈竹篦，云："這個怎麼話會？"云："新參。"師云："不論新參，只要道得。"僧無語。徵本參，云："參萬法歸一。"又云："苦多雜念。"師云："你喚那一件做雜念？莫是你向來熟緣世境，一一現前時麼？須知事有若干，念只一個，這若干事，只在你一念裏。祇如目前一念從何處起，試定當看這個話頭，將一大藏教都收在裏許了，當時是箇好座主問的，古人喚做編辟問，你但從一切應緣覓這一念起處，覓來覓去，迥不可得，忽然見得佛祖鼻孔，不見道'一念緣起無生，頓超三乘權學'。②永嘉云：'誰無念，誰無生，若實無生無不生，喚取機關木人問，求佛施功早晚成。'③你若屏除雜念，縱到得諸念不起也，只是機關木人，若實會得無生法忍的，正從無不生處會取，這是普賢境界。昔普眼要見普賢，遍會推求，終不可得，及至見普賢時，只在自家一念起處，六牙白象宛爾現前。④汝今看這話，切莫求屏雜念，只看目前一念起處始得。"

僧四真入，師云："只有一真，何有四真？如何是一真？"僧竪起拳，云："是

---

① 此話爲雲門匡真禪師與僧之示衆答問，《雲門匡真禪師廣錄》，《大正新修大藏經》(47)，頁546上。

② 見《新華嚴經論》，文字略有差異，"頓超"原作"超彼"，《大正新修大藏經》(36)，頁724上。

③ 《永嘉證道歌》，《大正新修大藏經》(48)，頁395下。

④ 《五燈會元》，《卍新纂續藏經》(80)，頁29下。

一是四。"師云："放下着。"僧放下。師云："真聻？"僧云："眉毛眼上橫。"①師云："有眉毛則從無眉毛，又作麼生？"僧又竪起拳，云："這箇聻？"師云："除却這個，別通個消息來！"僧云："低聲，低聲。"師云："巖頭道'大小德山未會末後句'②在，作麼生道？"僧作側聽勢，復擬進前，師便掌，僧云："蒼天！蒼天！"師連打數掌，僧進云："舌頭何曾出了口？"師云："不是。"又云："看你這樣轉語，縱盡大地作微塵，一一塵作一一轉語，也没交涉，你這個轉語，喚做滾滾無碑記的，爲無收、無放、無頭、無尾，不見道軟嫩嫩地，作主不得，聚得千個萬個，也無用處，你看他巖頭道'大小德山未會末後句'在，是何等語言，切須仔細，不得亂道。"

僧參"本來面目"，師云："汝好寂靜處，究若此事欲向靜三昧中求，再不得撤脱，須於熾然作爲處參，應緣處悟。香巖擊竹處，大愚於歸宗喫棒處，龐居士於石頭掩口處，都從應緣處悟入。大愚喫棒，老龐遭掩口，是悟於當機；香巖聞擊竹，是悟於日用。故日用當機，初無有間，要見本來面目，須於此等處看取。"

僧參"主人公"話，師云："若論這個名狀不得，喚作'主人公'，早已不是了也。不見古人道：'有一物名不得、狀不得，上拄天、下拄地，只在動用中，動用中收不得。'③當時有人喚作'本源佛性'，早已落在知解了也，如今喚作'主人公'，又争得。"僧云："某甲常於正睡着時，忽有聞，忽又不聞，於此生疑，疑着這聽得見又聽不見的，畢竟是甚麼？"師云："這箇却疑得甚好，我爲汝做箇葛藤方便。昔有入定聲聞、辟支菩薩，正當定時，雷也不聞，及

---

① 見衢州石門羅漢禪院雅禪師上堂法語，《建中靖國續燈録》，《卍新纂續藏經》(78)，頁728下。
② 《佛果圜悟禪師碧巖録》，《大正新修大藏經》(48)，頁186下。
③ 此引洞山良介勘泰首座之拈古，見《筠州洞山悟本禪師語録》，《大正新修大藏經》(47)，頁511上。

向渠敲擊子，則又聞也。若會得的，聞也諦當，不聞也諦當，你但於此看去。"

新戒參，師云："參甚麼語？"云："參《梵網》'心地法門'。"師云："心地法門怎麼樣會？"云："會不得。"師云："你受戒多少時了？"云："不多時。"師云："與汝說心地法門竟。"

僧知見參，師云："知見立知，即無明本。知見無見，斯即涅槃。① 如何是你的知見？"見云："開示悟入佛之知見。"師云："即如《法華經》云：'治世語言資生業等，皆順正法。'②如何是正法？"見無語，師云："你問我，我向你道。"見如上問，師云："羊頭車子催程急，綠楊兩岸漫垂陰。"

師問僧云："大小德山未會末後句，③作麼生會？"僧便喝！師云："別通箇消息來。"云："逢人切莫錯舉。"師云："為甚麼巖頭不與麼道？"僧佇思，師云："鈍置殺人。"師又問云："巖頭還是肯德山？不肯德山？"云："巖頭真肯德山。"師云："巖頭真肯德山，為甚說未會末後句在？"④僧無語。師云："你胸中未能真實無事，出不得是非情量，故胸中見得，只是一邊，所以道巖頭真肯德山，要且未會巖頭意在去。"

師問僧："我前日擲下扇子，你怎麼會？"僧便喝！師云："彼時我不肯你，又怎麼會？"僧擬進語，師便打，僧無語。師良久云："你這個所在，又怎麼脫疑？"僧云："明知燈是火，臨時措不及。"師云："你要作麼生措，就被措不及

---

① 此引《大佛頂如來密因修證了義諸菩薩萬行首楞嚴經》經句，《大正新修大藏經》(19)，頁124下。
② 《妙法蓮華經·法師功德品》，《大正新修大藏經》(9)，頁50上。
③ 《佛果圜悟禪師碧巖錄》，《大正新修大藏經》(48)，頁186下。
④ 《聯燈會要》，《卍新纂續藏經》(79)，頁201中。

所礙。"僧又喝！師又打。僧云："這棒落在甚處？"師云："落在山僧手裏。"僧云："於某甲分中響！"師云："與你沒交涉。"僧忿然云："爲何沒交涉？"師云："這箇就是你情見了，機語不屬爭，爭即情見也。你一味執爲是，即有非爲對待，出不得是非情量。古人道'機不停機，意不停意'，①你一味執道是，是謂'機停機，意停意'。機停機，落情見；意停意，落是非。目前便不得轉漉漉地。真正會得的人，於事無所取，於見無所礙，謂之'吹毛用了急須磨'。② 你但知恁麼用，不知用了即磨。古德云：'直須藏身處沒踪迹，沒踪迹處莫藏身。'③你今一味執是有踪迹了，所以不能無礙。大凡人行踪不定，就沒處尋他。你今有執着，譬如有住處的人，便有踪迹，要得剿絶，直須用得衲僧門下靈鋒寶劍，機機截斷，轉轉流活。你向來無見解時，倒是無踪迹的，今被見解礙了，所以說不用求真，惟須息見，但得知見淨盡，衲僧牙爪自然現前，牙爪現前，自然用處無礙，語處無礙，棒下無礙，一切無礙。臨濟大師道：'如何是真道？處處無礙淨光是。'④你但如是去參。"

僧入，師云："目前一着如何會？"曰："不會。"徵本參，參"趙州使得十二時轉"。師拈竹篦，云："我這個也是十二時中一事，你作麼生轉？"僧無語，師云："祇如說竹篦子，踍跳上三十三天，這個是目前語言，也是十二時中音聲，你作麼生轉？"又無語。師云："你在浴堂任那一件職事？"云："認擔水燒火。"師云："水好好在池裏，爲何一抬就抬起來？火停在那裏，爲何一吹就燃起來？及將米放在鍋裏，生米就成熟飯了；喫在肚裏，久之未免屙矢了。看來盡十方世界，都是使得十二時的人，那件運轉不得，挑水處就轉

---

① 鼓山士珪禪師示衆有云"句不停意，用不停機"，見《聯燈會要》，《卍新纂續藏經》(79)，頁148中。
② 此句引臨濟義玄禪師示滅前傳法偈，《大正新修大藏經》(51)，頁291上。
③ 船子囑咐夾山之偈語，見《古尊宿語錄》，《卍新纂續藏經》(68)，頁340中。
④ 《古尊宿語錄》，《中華大藏經》(77)，頁646中。

了也,吹火處就轉了也,喫飯處就轉了也,屙矢處就轉了也。依我棒頭清淨眼目看來,那一件轉不得?及我將竹篦豎起,你就轉不來,你若會得趙州轉處,這個所在翻轉面孔,有什麼難會?你參處還只滯在這句語言,明明轉得,你却作轉不得想,這個都是情見。你但看十二時中運動,一切事成辦,一切事轉換,一切事正當轉時,且道承誰恩力?須知皆是這不可思議的自在,運用這個所在,轉得便了,切忌知他,知他就傷他、觸他也。適纔一上座,也有轉得的所在,只因知他,所以有轉不得處。佛祖大圓覺,轉一切事,再不自覺,若自覺便成知覺,不成圓覺。圓覺無覺,而能覺一切,不用造作,不用安排,不期然而然,無所不覺。謂之一切處成等正覺,着衣喫飯,乃至迎來送往,種種施爲,成等正覺,頭頭上了,物物上通,謂之使得十二時轉。

趙州爲甚說'汝等被十二時使'?① 一個話頭擺在面前,被他禁住了,便要去參這個,就被他使了。世間人貪名就爲名使,貪利就爲利使,貪色就爲色使,貪禪就爲禪使,貪佛就爲佛使。心有攀緣,即爲所使;若無攀緣,即使得物。休置的人,外無攀緣,內無住着,故不爲物所使,而使得物。你若道使不轉,即如春而耕、夏而耨、秋而收、冬而藏,一切事非天成也,皆人成也。你若不耕不耘好好的地,就變成荒田茂草去了。人心顛倒,風雨不時,心和則天地皆和,陰晴水旱,皆是自心所轉。故參禪先斷攀緣,攀緣心斷了,運轉十二時不休。所以道'天行健,君子以自強不息',攀緣心斷,就成天則了,天則運行,自成規矩,無心中所發之,天則在聖賢,謂之'良知',在佛門謂之'大圓覺'。

"你自到皋亭②及來這裏,凡日用動静,一一皆有規矩,不違天則,及問着這話,左也道不識,右也道不識,只因在這一句話上咬嚼,不在自己十二時中體究,你只看目前一切處,因何而能運轉一切,你只向此處會,你如今將

---

① 《聯燈會要》,《卍新纂續藏經》(68),頁 60 下。
② 皋亭,位於浙江省杭州市北郊,坐落在拱墅區半山鎮半山村,俗稱"半山"。

作浴頭時，搬柴運水，撥火挑灰的，用到目前，凡事有個頭尾，即如浴頭挑水是起頭，出水是結尾，始是頭正尾正。凡事皆然，宗師家語句亦然，試看何處是起頭？何處是結尾？會得語句起結，始爲頭正尾正，謂之'轉語'。你今不開口，謂之不轉，不轉謂之愚癡，謂之礙塞，謂之不得自由，墮落苦惱。你今但去十二時中，使轉一切事上，看宗師語言時，要使得他轉，纔擬思，就被他使轉了。只恁麼看宗師家有個話端，於中要首尾清楚，不許東説西説。譬如你是燒浴水的，忽然又去作香燈，就是亂統的一般。目前一切語言，不知頭尾一味，杜撰差排，如撥火覓浮漚相似，有甚話會處？且道使得一切轉，承誰恩力？於中又止許會、不許知，止許知、不許會，切須仔細。"

僧禮拜起，師問："目前一着怎麼會？"曰："不曉得。"師曰："目前一着，何用曉得，只如你進來便禮拜，豈不是目前事一些不錯，怎麼説不曉得？"徵本參，曰："參'不思善不思惡，如何是本來面目'。"師云："你正禮拜時，還思善麼？還思惡麼？"曰："不思。"師云："不思的是甚麼？即如你禮拜的，難道是這張皮禮拜麼？難道是這副骨禮拜麼？不可將禮拜的認作是這一張皮幾根骨，又不可離了他，你若離了他，説不是這四大，便是將現前作死屍看，是小乘見解，故不可離了形骸，別尋個道，離形而見，便入知見。即形而通，作麼生通？纔作知見解會，有形無形，便成是非。

"古來的人，也不説真，也不説假，也不説是，也不説非，始得知見净盡。所以向你道'目前一着作麼生道'，你進來便禮拜，問着便答，自己分明道了，却説不會，豈不是知見爲礙？這一着不許人知，要了便了。譬如前日受戒時，聞得一通鼓，便搭衣；二通鼓，便上堂；三通鼓，便隨衆行禮。你看這一着，觸處而通，觸事而顯，人人分上不曾欠少。所以龐居士會得了，就云：'心如境亦如，無實亦無虛。有亦不管，無亦不拘，不是聖賢，了事凡夫。'①他也只是一味不作知解，則攀緣自斷，攀緣雖斷，運用不無，運用處

---

① 龐藴居士偈語，見《景德傳燈録》，《大正新修大藏經》(51)，頁263下。

本不思議,不落知見,向不思議處會得,即此是當人本命元辰。但能了一切事,決不自知,從來向上關捩子,只在目前。只如目前,你作麽生了?"僧擬議,師以竹篦一堲,①曰:"去!"

天燭入,師便喝!燭無語,師便打,云:"會麽?"燭云:"不會。"師云:"要會目前便會。"進云:"某甲見得日用一切事,隨處大用現前。"師云:"隨處都大用現前,信得過麽?"燭云:"信得。"師云:"祇如無夢無想,大用如何現前?"燭擬置解,師云:"你這個還不是無夢無想的大用現前,若果然會得,爲何入門便打的手眼不見,你用得你胸中蘊這個解說,不能直下便用,解說一上,只叫做解說,不叫做大用現前。大用現前,不屬思議。你今屬了思議,是知解了,謂之理見搭滯。理障,礙正知見;事障,礙道眼。礙正知見,乃是偏於理倒;没有事了,謂之背事就理。只成知見道理,不成大用現前。

"若真是大用現前,你現前試大用,看你這個天燭的號,倒是好的。一切處光明燦爛,天不屬知,知則非天,非天就屬人了。天則騰騰任運,任運騰騰,見得便見,用得便用。大抵人醒時,不落知解,醒睡何殊?一落知解,醒睡各別。這樣會得了,入門便打,進門便喝'可,可',與睡着翻一翻身、抖一抖氣,一個消息。你看鄰單睡着的人,睡中或抇一抇衣服,扯一扯被角,何不這樣所在着眼看,看與棒喝是一個?是兩個?"

僧入,師云:"不攟塗毒鼓。"②僧仵思,師云:"對面即消魂。"僧無語。師云:"你胸口解會多了,倒來不得。你參無位真人話麽?"曰:"是。"師云:"如今這一個機緣,你怎麽看倒礙塞了,怎麽是你無位真人?"僧便喝!師

---

① 堲,塞也,捶打泥土使其堅實。見《五燈會元·臨濟義玄禪師》卷十一,《卍新纂續藏經》(80),頁221中。

② 攟,抓、抓住,或鞭打、敲擊。塗毒鼓,謂以塗毒料之鼓令人聞聲喪命,以此喻師家教言令學人喪心、滅盡三毒,如《景德傳燈錄》記巖頭全豁上堂云:"吾教意猶如塗毒鼓,擊一聲,遠近聞者皆喪。"《大正新修大藏經》(51),頁326中。

云："臨濟爲甚攔胸搊住，云'速道速道'？"僧無語，師云："你把這一喝看死了，不能透得喝的轉變活意，今一轉語輕輕挨拶來，就不曉得與這一喝同一個落處，轉變不得，即成是非。你這樣只有這一喝了，第二句就轉不得，明明有位的了，何謂無位真人？你如今在何處生疑？那個機緣看不通？那幾則看得通？"僧云："如德山托鉢公案這樣的，都看得通了。"師從頭徵問，僧一一供通，曰："惟德山三年示寂，會不得。"

師云："依事迹說，謂之隨語生解，只是事障，若據你這樣說，道也不要悟了，這都是向意根下卜度，正搜索他不着，不見道'有言時，踞虎頭收虎尾，第一句下明宗旨；無言時，覷露機鋒如同電拂'。① 此事向事上覷則疾，若向意根下卜度，則未有了期。大抵你向來會得的，都會錯了，解說德山的一言，也不是卜度，巖頭的一句，也說不着。你把向來會得的，盡情棄了，重新看無位真人，是何道理。你看巖頭徹了，聞舉無位真人，不覺吐舌，以後爲德山兒孫，便如龍若虎。三峰下常說'離心意識參，絕聖凡路學'。② 你如今全是心意識了，你只向去不得處參，其餘盡拋棄了，若不拋棄竟不悟了。"

僧入，師云："目前一着如何會？"云："只消一眨眼。"師云："有眼時眨眼，無眼時眨個甚麼？"僧便喝！師云："未唱以前一句落在甚處？"僧作拂袖便行勢，師便打，云："只如正睡着時無夢無想，你這些喝，這些拂袖便行，在何處用？"云："把斷吹毛無隔礙，乾坤獨占萬緣無。"師云："睡中那有這些閒言語？"僧無語，師云："你落在知解，透不得睡中主在。"僧自陳："一向在三峰參'三玄三要'，未得慶快，乞和尚指示。"

師云："你胸中但放得閒閒落落，稱性吐露，自然合得三玄三要。你如今身

---

① 《指月錄》，《卍新纂續藏經》(83)，頁 725 下。
② 見漢月藏之書問，文字略有不同，《三峰藏和尚語錄》，新文豐版《嘉興藏》(34)，頁 196 中。

心在一邊,話頭在一邊,話頭中道理,又在胸中七上八落,一個人成了兩三樣,如何得自由自在？你入得無心三昧,能通一切事,能通一切理,你看僧問臨濟:'如何是真佛、真法、真道？'濟云:'佛者,心清净是;法者,心光明是;道者,處處無礙净光是。'①目前爲理礙,謂之心不清净;爲事礙,謂之心不光明。不爲兩途所礙,故謂之處處無礙净光。你適纔這樣棒喝,只是硬做主宰,你無夢無想,疑不斷如何得真實無礙？難道疑外另有個三玄要？他所謂'三玄要',不在分外,目前隨分透得那一件,生時不疑,死時不疑,一切處截斷是非,所以斷人命根。你這參錯了的三玄三要,大不好在。"僧又問:"古人云一念不住時如何？"師便喝！僧云:"莫便是安身立命處麼？"師云:"錯認定盤星。"②

僧入,師問:"如何是祖師西來意？"僧無語,徵本參,曰:"參父母未生前話。"師云:"你若只在父母未生前參,是參前世,於目前如何了得？現今有身子如何送得掉？這父母未生前面目,無形無相,若人會得,不離目前,目前現用,不得向前世想。"僧復呈《父母未生前偈》,師覽畢,問云:"拄杖子,跨跳上三十三天,你作麼生會？"僧擬議,師推出。

鑄就入,師云:"一椎便就事如何？"云:"不會。"師便打,僧云:"乞和尚慈悲。"師擊桌一下,僧罔措,徵本參,曰:"參不是心、不是佛、不是物。"師云:"此是藥、病相治語。不是物,除凡夫見;不是心、不是佛,除佛法知見。即如這竹篦,你喚做竹篦,就是物了,他且不是物;你聞說不是物,定說是萬法惟心,就叫他是心,他且不是心;你聞說不是心,便道'心本無名',就喚他作佛,他且不是佛。下二種是藥,先一種是病,他這個話將藥病却都除了。

---

① 《鎮州臨濟慧照禪師語錄》,《大正新修大藏經》(47),頁501下。
② 此句引自福州東禪玄亮禪師的答問,《景德傳燈錄》,《大正新修大藏經》(51),頁402上。

"昔大梅悟'即心即佛',人問他'如何是即心即佛',他說'一口棺材兩個死漢'。① 這樣悟'即心即佛'的有甚麼過？總之,不許你作事見,不許你作心見、法見,後來人都錯會了,所以南泉立這個話。南泉又云:'三世諸佛不知有,狸奴白牯却知有。'②你如今直須做狸奴白牯面孔纔好,狸奴白牯是無知解的,他有甚物見、心見、佛見？若除了物見、心見、佛見,於本分事上不生知解,却是個好消息。孟八郎漢③向這裏翻轉面孔。人問'如何是禪',向伊道'合取狗口',這就是衲僧眼目。你如今何不向不曉得處哮吼起來？"就云:"畢竟如何？"師以竹篦一推,云:"出去！出去！"就曰:"不會。"師云:"不會,倒是狸奴白牯面孔,只是不解翻身,此事直須百不知、百不會了！驀然放出些子手眼來,始有相應分。"就禮拜,師云:"你但向百不知、百不會處挨拶。"

僧入,師問:"有甚麼吐露？"僧無語,師便喝！徵本參,曰:"參無夢無想話。"師云:"前日睡着了,一喊齊喊起來,你作什麼話會？"曰:"不會。"師云:"不消會得那喊時,正是無夢無想的面目,醒來倒不能喊哩,會得這一喊,就是我這一喝,這一喊喊過了,大家競哄競哄説一上,就是一喊的道理,這一喊就是無夢無想的道理,這樣會得了喊時,就是競哄競哄説時的,説時就是唱時的,唱時就是正睡着時的,會麼？"僧罔措。

僧入,問云:"某參念佛是誰,未能親切,前日和尚落堂問:'即今是誰？'某即參此話見得,'誰'就是心,心本是一,凡聖不同,因逐妄故。"師云:"你説心本是一,如今有凡有聖,心就二了。你要除這凡聖麼？"曰:"然。"師云:

---

① 原作:"僧問大梅:'如何是西來意？'大梅云:'西來無意。'師聞乃云:'一箇棺材兩箇死屍。'"《景德傳燈録》,《大正新修大藏經》(51),頁 254 上。
② 見《佛果圜悟禪師碧巖録》,《大正新修大藏經》(48),頁 193 中。
③ 孟八郎漢,喻不由道理做事、魯莽不按規矩行事之人。參見芳澤勝弘編《禪語辭書類聚一・禪林方語》"孟八郎"條;雷漢卿《禪籍方俗語詞研究》,頁 473。

"你怎麽樣除？凡聖畢竟是有是無？"曰："凡聖是有的，只是不要着他。"師云："日用時，如何是你不着的道理？莫不要目不着色，耳不着聲麽？你要不着，就是着這個，不着了祖。"

師云："纔有是非，紛然失心，你既涉是非，就是識心分別了。古人説六根門頭，放光三昧，他本無間歇的，曹洞門頭謂之'六路虛通，四衢不倚'，①凡聖是本來無有的，不用你驅遣。六祖云：'菩提本無樹，明鏡亦非臺。本來無一物，何處惹塵埃。'你要驅遣這凡聖心，倒是神秀説的'時時勤拂拭，弗使惹塵埃'了。若是悟的人，一切無礙，但不攀緣，在眼即爲一相三昧，在耳即爲耳根圓照三昧，在意即爲普賢一行三昧。但一切處於心無心，於事無事，人問你'一切處是誰'，你若説是心，就是知解了也，説一個心，也是'黄葉作金錢，權止小兒啼'，②你若指'黄葉作金錢'，就錯了！"僧禮拜出。

入室，畢出。方丈示衆："諸兄弟！適纔各各有知解，所以不得自在，未會的，只爲知解多，故没個入頭。有些見處的，只爲知見尚存，故不得到底。我雖有許多開示，要知只是剗你知見，不是長你知見，你若向知解不行處，一踏到底，轉轉無礙，參學成辦大事，了畢此事，并不論久參初學，只争這個關捩子透與不透。珍重！"

---

① 見夾山善會示衆原話爲："六户不掩，四衢無踪。"後經宏智覺、丹霞淳、行秀等引述、評唱。可參見《聯燈會要》，《卍新纂續藏經》(79)，頁 179 下。
② 語出《寶覺祖心禪師語録》，《卍新纂續藏經》(69)，頁 218 上。

具德禪師石梁毗尼禪院語録　卷之四

書記濟斐、①侍者上宗同録
居士黎曜校閲

入室開示

師問僧："覿面一機②如何即是？"僧便喝！師云："這是臨濟的，自己的？"僧無語，師云："原來不是自己的。"僧云："相逢不拈出。"師云："分明你錯過一機，言下無出身之路，錯過後，縱道得百千轉，亦無用處。你這等用處，胸中不能無疑。如何是你疑處？"僧云："覿面。"師云："覿面怎麼樣疑？"僧云："東攛西攛。"師云："方木不逗圓竅。你這樣轉語，怎麼爲得人？你要明我的語，我要明你的語，你今只管自己語言，不顧我問處，則辨不得人。辨不得人，則辨不得自己。若如此，世間法也不能成立，況出世間法，豈可不顧兩下，絲來線去，答問語脉。風穴云：'問在答處，答在問處。'③

---

① 濟斐，即月用禪師，字道闇。俗名江浩，武林橫山人。"胸懷洞達，無塵瑣纖毫之累"，甲申國變後以遺民出家爲僧，依博山汝航禪師披剃，法號弘覺，字夢破。"慕具德和尚道望，遂傾心依止；更字月用，掌書記"，住靈隱亦任書記。生平參見張芬《月用大師行業記》，《靈隱寺志》卷六，《中國佛寺史志彙刊》第一輯(23)，頁 342—345；釋正巖《靈隱月用禪師塔記》，《續修雲林寺志》卷四，頁 155—158。
② 見東林道顔禪師示衆語，《聯燈會要》，《卍新纂續藏經》(79)，頁 154 上。
③ 見風穴延昭禪師上堂語，《天聖廣燈録》，《卍新纂續藏經》(78)，頁 489 中。

答與問謂之箭鋒機，若毫釐不恰好，便千里萬里，道眼不明，要他何用！你怎麼辨魔揀異聻？如此再會，不得古今公案。你於古人公案那幾則有疑？"僧云："德山托鉢公案，前面都通得去，只三年活處有疑？"師云："德山托鉢下法堂如何會？"僧豎拳，師云："低頭歸方丈，又如何？"僧云："太煞分明。"師云："巖頭道'大小德山未會莫後句'在，又如何？"僧云："誵訛從此起。"師云："德山喚巖頭問道'你不肯老僧麼'，又如何？"僧便喝！師云："巖頭密啓其意聻？"①僧又喝！師云："他'密啓其意'說個甚麼？"僧又喝！師云："這三喝，與起初答處一樣不清楚，你錯在前頭不會語，不了事，不能明覷面宗通，你還會不得喝意，所以機語上就錯了。若會得這個喝的意，自然有這個手眼，有這個作略，你會得這個機緣，纔曉得這兩個老漢心肝五臟，你這兩喝錯得緊，只因起初豎起拳處也就誵訛了。所以後邊轉見誵訛，故於三年示寂分疏不下，祇如'德山不肯老僧'這一語，你怎麼會？"僧云："問得分明。"師云："密啓其意，你道道個甚麼？"僧云："和尚一問學人通身着忙。"

師云："這個說話，你只了得自己的，了不得古人的。適纔我劈頭問你，你便喝，若果臨濟德山眼目透了，那裏有自己轉不得的，自己轉得再沒有透，不得古人眼目的，轉不得就是你的礙，有礙處，就是疑不了，疑不了就是不透脫，心中恍恍惚惚，似要怎麼說，又恐不是了作家相見。譬如兩人着棋，各擺個陣勢，前後隱伏處，只爲要炤將軍前邊伏處，謂之'縱'，後邊炤處，謂之'擒'。若起處，定當了全局，收功就在裏許，後邊收不得，皆因前着不明。你前來答處也有依稀相似，後邊針劄，來去不得了。你雖道前邊不疑，我與你徵一徵，你就見得那些不是。我且問你：德山因巖頭密啓後，明日上堂果與前不同，你又怎麼會？"僧側立，以目顧師。

師云："如巖頭、德山兩個縱擒處，各有殺人活人的眼目，你如今這樣轉語完，不得機緣，看他前面云'未會末後句'及'密啓後，德山上堂'，果與尋常

---

① 此段公案可見雪竇重顯《拈古》，《明覺禪師語錄》，《大正新修大藏經》(47)，頁 691 上。

不同。他這一着應轉來，是甚緣故？宗師家固不可以語脉求，亦不可違他語脉。你雖這般答我的問處，不了我問處，據他機緣前後貫串，你答來的一段段不同，不相貫串，若把巖頭這樣看，通身不具眼了，他如何是這樣擺在這裏？若依文看來，德山像個前頭不會，後頭會的，隨語生解，固不是違了公案，別生見解，也不是我方纔問你'密啓其意如何'，你便道'承和尚問，學人通身着忙'，你單就自己本來面目上答話，了不得我問，即了得我問，也了不得古人機緣。

"若了得機緣，自然了得問答，不了問答，謂之事礙，事礙則成煩惱，不了機緣謂之己礙，己礙則成我見。古人云：'但能世上通無事，見色聞聲不用疑。'此是即事而通，非撥事而通。若撥事便會不得古人作用轉處，在曹洞不能明轉功就位、轉位就功，在臨濟不能明賓主歷然，在德山不能明踞虎頭、收虎尾，在巖頭不能明就理藏鋒、就事藏鋒、入就出就。你這樣主意，只是向去的，不能明却來的，向去却來不明，機緣偈來，再不能得圓。在德山門下，則理事不明；曹洞門下，則偏正不得挾和。理事明則絕理絕事，偏正挾則絕偏絕正。你如今倒要了事，了事就轉位就功，轉功就位，了功位齊彰，功位齊隱。

"目前了了分明，疏山説'不慕諸聖，不重己靈'，纔是至尊至貴。你是重己靈的，纔重己靈，便坐窠窟。不見道'莫守寒巖異草青，坐斷白雲宗不妙'，①你如今將古人意旨，盡作己見會了，見處不到，古人故話會不來，你就要在他機緣上翻來覆去，洞徹己見，不似少林下人只訓古人，自己疑情不斷，把自己胸襟通透古人，把古人通透，自己洞然明白，臨濟德山語言就是你的語言，你的心肝五臟就是臨濟德山心肝五臟，然後德山巖頭這一段是非，始判斷得出。"

師問僧："正睡着時無夢無想，如何是大用現前？"僧便喝！師云："正睡着

---

① 此兩句太陽警玄偈云，可見《五燈會元》，《卍新纂續藏經》(80)，頁288下。

時,可有這一喝麼?"僧無語,師云:"正睡時,爲甚麼不與麼喝?"僧云:"頭頂乾坤,脚踏乾坤。"師云:"正睡着時,爲甚麼不與麼道?"僧無語,師云:"你這一喝,如何得契無夢無想,你正睡着時,還見有個甚麼?"云:"無踪無影。"師云:"睡去無踪無影,你日裏這許多作爲,睡着時都在那裏?"云:"在心頭。"師云:"在心頭,就有個處所了。你適纔又説無踪無影。"僧指腦云:"都在這裏。"師云:"你睡着時,難道手也不動動,脚也不伸伸?如何只在腦殼裏?你日間無心任運,這許多作爲,都是那睡着時的,不得在骷髏上作活計。"

自肯入,師云:"如何是你威音那畔自己?"肯云:"不知。"徵本參,肯云:"參父母未生前話。"師云:"你叫甚麼號?"云:"號自肯。"師云:"方纔爲甚不自肯?"肯云:"禮拜和尚。"師云:"父母未生前面目聻?"肯云:"道不出。"師云:"爲甚前邊這一句道得,後邊這一句又道不得?要知父母未生前面目,離了目前着衣喫飯這幾處,再没處摸索的。即如僧問雲門:'如何是佛?'門云:'鑑。'"纔擬議,便云:"咦!這叫作雲門一字關。古人忽然於言下會去,就稱'自肯'。且問你:是何處人?"肯云:"湖廣。"師云:"曾參甚宗師麼?"肯云:"參覺浪和尚。"①師云:"相隨幾年?"云:"幾年。"師曰:"幾時到這裏?"肯曰:"去年。"

師曰:"你適纔道'道不得',我如今問你一一道得,何獨問你自己,便道不得?你要會父母未生前面目,但看這後邊一連許多問,許多答,直下是,條條直直,啐啄同時,宗師家棒喝臨時,只用得這個眼目。若人用不得,這就是世諦流布了。你今要會宗師眼目,且從你自己直截答處,看我問你'那處人?'你云'某處',問你'曾參甚宗師?'你云'參某師',在法眼就叫做'用

---

① 覺浪道盛(1592—1659),號仗人、天界和尚,俗姓張,閩浦人。依博山受具,謁東苑元鏡得法印可,法嗣元鏡。住龍湖、靈谷、天界、壽昌、建昌、鳳林、棲霞、金陵報恩。清順治初主徑山,後遷金陵天界。著有《語録》、《學庸宗旨》、《莊子提正》等作。生平見《傳洞上正宗三十三世攝山棲霞覺浪大禪師塔銘》,《天界覺浪盛禪師語録》,新文豐版《嘉興藏》(25),頁750下—752上。

處不換機'。你若用得法眼，大師在你眉毛上放光動地。"

僧人，師云："不得棒，不得喝，作麼通得消息？"僧云："不會。"師云："你前日與同參兩三人呈偈，你的偈比他們硬挣些。我前日落堂，你轉語也有落節處，打了幾掌，古人當機不避截舌，不可因落節處喫幾掌就退縮了。衲僧家胸襟如大將軍相似，百萬軍前，單刀直入，要有這一種氣象，一勝不足為榮，一敗不足為辱，但以定亂為功。當時大愚參歸宗，幾年不契，一日發起氣息來，說我向諸方參五味禪去，宗云：'我這裏只有一味禪。'他便問：'如何是一味禪？'歸宗便打大愚，棒下忽然大悟，曰：'嗄！我會也！'宗云：'你見個甚麼道理？'愚開口少遲，就連棒打趁出院。① 你看他已是大悟的，開口少遲，便趁出院，不可道'趁出院便不好了'。具眼道流見得這個毒辣手腳，後來纔做得個明眼作家，若作打會生出煩惱，就不是道眼。衲僧氣岸一時破了，大凡伶俐上根的人，都是轉語下會去的。他十度喫棒，十度來問，你切不要退避。"

僧又求開示，師云："只好這樣開示了，長篇說話，畢竟絡索，你前日轉語喫掌時，倒見撒脫，今要打葛藤開示，倒不如前日了。你於古人公案，何者會得？何者會不得？"僧云："女子出定公案通不去，傅大士《法身偈》覺道會得。"師問："如何是空手把鋤頭？"僧云："無相體中，具恒沙之用。"師云："如何是步行騎水牛？"僧云："兩腳撩天，四楞着地。"師曰："人從橋上過聻？"僧云："杖藜扶我過橋東。"師曰："橋流水不流聻？"僧云："月㷊千江水。"師云："你這四句，句句皆錯。所以那女子出定會不得，只因錯會了傅大士這四句，你會得的是己見，不是古人的。這傅大士《法身偈》，當時杜順和尚與皓布裩②都與他倡和，因舉杜順偈云云、皓布偈云云。"乃曰："這

---

① 見《聯燈會要》，《卍新纂續藏經》(79)，頁43上。
② 皓布裩，荆門軍玉泉承皓(1012—1092)禪師，眉州丹棱王氏，嗣法北塔廣。嘗製犢鼻裩。書歷代祖師名字於帶上，故叢林目爲"皓布裩"。《補續高僧傳·荆門軍玉泉皓禪師傳》，《卍新纂續藏經》(77)，頁423下；《禪宗頌古聯珠通集》，《中華藏》(78)，頁840上。

三個老和尚倡和的,你仔細去看,若能真正會得那女子出定的,與歸宗打趁的,一時俱會了也。"

憨憨入,師云:"彌勒世尊來也。"僧云:"不從生死海中出,未敢毗盧頂上行,求和尚指示。"師云:"棒頭有眼明如日,要識真金火裏看。"僧無語。徵本參,云:"參一口氣不來,向何處安身立命?"師云:"只如現今語脉往來,問答歷然,你在何處安身立命?"僧無語。師云:"從上祖師開悟處,只在目前。昔香嚴參'父母未生前'話,一日,從擊竹聲中悟去,不過從目前了。寶壽參'本來面目',見街市上兩人相打,一人攔胸一拳,一人從中隔住,云'得與麽沒面目',他便悟去也。① 不過從目前了,你若從報滿處去求,早是千里萬里,這個道理不越目前。你若見得直下了辦六祖擔柴,從十字街頭過,聞人誦《金剛經》,至'應無所住而生其心',忽然有省。及至黃梅室裏,五祖袈裟遮圍,重徵他悟處,六祖就說出'何期自性,本自清净;何期自性,本無動摇;何期自性,本無生滅;何期自性,本自具足;何期自性,能生萬法'。② 這一絡索,不過一機下挨拶將來,直下悟去,也不離目前這一着子。

"黃山谷③當先也參'一口氣不來',亦在目前會去,只是會得依稀彷彿。後來見晦堂,④晦堂問他:'吾無隱乎爾義?'山谷屢呈機語,晦堂不肯。一日桂花盛開,晦堂問他:'聞木樨香否?'谷云:'聞。'晦堂曰:'吾無隱乎爾。'山谷於此有省,這個所在,晦堂正是直指他父母未生前面目,但他不

---

① 此段寶壽參悟過程,可見《五燈會元・寶壽和尚》,《卍新纂續藏經》(80),頁228中。
② 出自《六祖大師法寶壇經》,《大正新修大藏經》(48),頁349上。
③ 黃庭堅(1045—1105),字魯直,號山谷道人,晚號涪翁,洪州分寧縣(今江西九江市修水縣)人。北宋著名詩人,書法四大家之一。茹素,篤信佛,官至知州,宋高宗追封其爲太師、龍圖閣直學士,諡文節。
④ 晦堂(1025—1100),隆興府黃龍祖心寶覺禪師,南雄鄔氏。黃龍慧南禪師法嗣,駐錫洪州黃龍山,撰述有《晦堂心和尚語》、《寶覺祖心禪師語録(黃龍四家録第二)》、《冥樞會要》,生平見《黃龍心禪師塔銘》,《黃庭堅全集》(3),中華書局,2021年,頁780—783。

在語句上作爲處會，只在就體處會了，有一分未剿絶，不能頓斷命根。後來見黃龍死心①禪師，師曉得他滯在就體消停處，遂問他：'道死、心死、學士死，燒作兩堆灰，向甚處相見？'到此依舊相見不得是'吾無隱乎爾'，依舊不曾會得諦當。直至後來謫貶黔南方纔會得，祇因他當初才高一世，名重天下，作詩寫字，談玄説妙，一味熱鬧，見得自己伎倆，使得自己伎倆，到謫貶黔南時，這些熱鬧如雲散晴空，只一味没意興，那許多文采、許多禪道、許多伎倆，都不見了，恰似三家邨裏不識字的一般，閒落落地、兀憨憨地、冷地記得死心語，忽然頓明所問。他這兀憨憨一切不思量，也不思善，也不思惡，只在目前。②

"你如今若參隔世禪，再不得悟了，博山門下無付法弟子，只爲都參了隔世禪，目前用不得。不見道：'十世古今始終不離於當念，無邊刹海自他不隔於毫端。'③你看山谷兀憨憨地，像三家村無事漢坐在那裏，忽然目前會得了'燒做灰'，果然相見得他死了也能爲人説法，皆因在生時悟得，生也不見生，死也不見滅，直下亙古亙今，不勞思議。

"你參的是搭滯工夫，我這個説話，開通你父母未生前，要你在目前會。當初世尊遊四門，見生老病死苦，思量出生死，不爲八苦所煎，也是一口氣不來道理。後來睹明星悟道，正從目前會了。所以世尊未悟時，入正三昧，正三昧中，也無善，也無惡，也無經教道理，也無禪道佛法，也與三家村理無事漢相似，也不思議迷，也不思量悟，向來厭迷求悟，再不悟到這裏，一切不思量，抬頭見明星，忽然大悟曰：'奇哉！一切衆生，皆具如來智慧德相，皆因妄

---

① 黃龍死心（1043—1116），諱悟新。俗姓王，韶州曲江人。黃龍宗初祖慧南法孫，晦堂祖心法嗣。晚號死心叟、韶陽老人，歷住雲巖、翠岩、黃龍，著有《死心新和尚語》。生平見《禪林僧寶傳·雲巖新禪師》，《卍新纂續藏經》(79)，頁 554 下。

② 黃庭堅謁見謁雲嚴死心新禪師，其中禪師原問話爲："新長老死，學士死，燒作兩堆灰，向甚麼處相見？"黃庭堅的這段參學公案，可見《五燈會元·太史山谷居士黃庭堅》，《卍新纂續藏經》(80)，頁 362 中。

③ 此兩句引自李通玄《新華嚴經論》，《大正新修大藏經》(36)，頁 721 上。文字略有差異，"刹海"原作"刹境"，"不離"原作"不移"。

想執着,而不證得。'在《法華經》就是入無量義處三昧,身心不動,眉間放光。

"宗門下,只要撥轉向上一着,便是衲僧關捩子。山谷百無干懷,是他入正三昧,醒時就是睡時的,睡時就是醒時的,撥轉衲僧關捩子,世尊抬頭睹明星,亦是在這裏撥轉關捩子,向後拈花,就是睹明星的。普眼菩薩於静三昧中,起一念便見普賢,也是這個關捩子。你把目前這許多一齊放開了堵遏個發機的緣起,要透那一口氣不來,只在這裏透,西天四七,東土二三,莫不在這裏以心傳心;臨濟德山棒喝,也在這裏拈得起。第一不得向眼光落地時會,要曉得眼光落地時,不離目前。你若能兀憨憨一切不干懷,就教做有氣的死人。我如今橫說竪說,只要你在目前會去。宗師家要人單刀直入,必先云:不得如何若何? 正所謂先以定動,後以智拔。《法華經·方便品》云:'彌勒騰疑,世尊放光。'你問處就是騰疑的道理,我說法就是眉間放光的道理。① 第一不得厭多,會得時便會,辯才無礙,一了一切了,現前了則過去了,過去了則現前了,過去現前了則未來了,始能於是出世間,萬境樅然,一齊坐斷。"

師問僧:"祖師意如何會?"僧無語。又問,僧竪拳。師云:"此是直心直用,擬心即是紆曲心。你起初不敢用,就惶惑了,後來竪拳,只是弄泥團漢,胸中着忙,雖用無用。"徵本參,曰:"參念佛是誰?"師云:"此事不得如何若何,適纔目前許多熱鬧,礙塞殺人。所以這個竪拳無用,古人會得的,也只是這樣,竪拳你會不得,只因欲出不出,欲吐不吐,如今倒不如別參個話頭。興化②云:'不得如何若何,便請單刀直入。'③你即看這

---

① 世尊放光現瑞,彌勒睹光瑞而騰疑,爲衆請決所疑而以偈問佛,而開起教之因緣。見《妙法蓮華經》之《序品》、《從地踊出品》,《大正新修大藏經》(9),頁2中、頁40中。

② 興化存獎(830—888),臨濟義玄法嗣,住魏州興化。後爲後唐同光帝召見,稱旨對答,聖顔大悦,賜紫衣、號,皆不受。寂敕謚廣濟大師。塔曰通寂。生平見《天聖廣燈錄·興化存獎禪師》,《卍新纂續藏經》(78),頁477上。

③ 引興化存獎禪師上堂語,《天聖廣燈錄》,《卍新纂續藏經》(78),頁477上。

個話去。"

彼岸拜起,師拈竹篦云:"這是此岸彼岸?"岸無語。問竹篦子話,師以竹篦推,云:"退後!退後!"曰:"會麼?"岸曰:"不會。"師云:"你在家裏收拾房子完了麼?"岸云:"不曾。"師曰:"你正當收拾房子忙忙時,還思量觸背也無?"曰:"無。"師云:"正當不思量時,你可在家搬磚弄瓦也無?"曰:"是。"師曰:"搬磚弄瓦的是甚麼?"岸云:"是說話的。"師云:"你說是說話的,就錯了也!此事纔有指認,便名爲'觸',離却了又成'背'也。你見磚搬磚,見瓦搬瓦,原無觸背,一作知見,一有指認,便成觸背了。你若認個語言覺知的,謂之生痴膠門,你不思觸、不思背,便怎麼搬磚弄瓦,是甚麼道理?要會得不思量的時節,要磚便搬磚,要瓦便弄瓦那時節,那個見得說話的,你難道說是我搬磚、是我弄瓦?你如今認做說話的,就是認動轉施爲的了,你要會我這一推,搬磚弄瓦不得道是我,道是我、是知見、是我見、人見、衆生見、壽者見,就來了也!苟不生知見,頭頭道眼,事事無礙矣!"

唯識入,師云:"如何是唯識?"識云:"某甲新戒初參。"師云:"錯口道着,我問你'唯識',你道'新戒初參',我道也只好與麼道,只是我與麼道,胸中不疑,你與麼道,胸中又要別生道理。你只向這裏看,何必尋佛尋道、向外馳求?"徵本參,曰:"參無位真人。"師曰:"如何是無位真人?"識求開示,師云:"你問我,我向你道。"識曰:"如何是無位真人?"師曰:"某甲新戒初參。"識曰:"爲何立出無位真人名字?"師曰:"只在新戒初參上會,連無位真人名字也沒有了。你何不問'唯識與無位真人是一?是二'?"識如上問,師云:"某甲新戒初參,會得這一句,一生參學事畢。"

偏明入,師云:"晝便明,夜便黑。如何是偏明?"明曰:"初來親近和尚,不會。"師曰:"何不問我?"明如前問,師曰:"日上東方,夜落西明。"罔措,徵本參,明云:"參一口氣不來,不知去處?求開示。"師云:"你曾見世間人生出人否?"

曰:"見。"師曰:"生的是甚麼?"明無語,師曰:"生的畢竟是甚麼? 但恁麼參。"

文威入,師云:"文則且置,作麼生是威?"威便喝! 師云:"嚇殺人。"曰:"嚇殺幾個?"師便打,威無語,良久云:"如何是某甲歸路?"師云:"目前礙塞。"威從西過東,從東過西。稍遲,師曰:"仵思停機,劍去久矣。"乃云:"個事不屬擬議,你思量多少時道一轉語,有甚用處? 大約你胸中禪太多了,把語錄、棒喝、語句盤弄雖久,唯無徹底處,故於棒喝言句轉不得清楚,轉見疑礙,不知目前礙不了,胸中疑不盡,直饒棒喝如雷,機語如電,於本分事也没交涉。你今但看胸中疑處、礙處,并於古人公案那幾處有疑有礙。"威云:"僧問雲門:'如何是諸佛出身處?'門云:'東山水上行。'"①師云:"若道這話有疑,你適纔的一喝也該疑,爲何一喝看得該喝,這一句便疑着了? 我且問你:'自己行住坐卧有疑無疑?'"曰:"了然無疑。"師曰:"你自己了然無疑,於宗師語句又疑個甚麼? 你於睡着時有疑無疑?"威無語。

師云:"這等你於睡着不免有疑了,日常間了然無疑,於無夢無想有疑,非真到不疑,不過在光影門頭,搖唇鼓舌,於衲僧向上關捩子理會不來,只在六識上遍計用心,不能於一機入百千機,百千機入一機。動處就是靜處,靜處就是動處。會得的,生死一,有無一,動與靜一;會不得的,一一話作兩橛。在曹洞,謂之不挾帶;在巖頭,謂之事理不通;在臨濟,謂之明不得一句中賓主,乃至全主即賓,全賓即主。透得一句賓主,一句能入百千萬億句,百千萬億句入一句。就如净因長老一喝入五教,於小、始、終、頓、圓無不了了,②如以一喝通透綱宗,這一喝便入四喝,四賓主、四炤用、曹洞五位、雲門三句,無不入了。

"所以道但明根本一切作用,不離這一喝,盡十方三世,世出世間,都是個

---

① 引圓悟克勤與僧徒對話,見《圓悟佛果禪師語録》,《大正新修大藏經》(47),頁 736 中。

② 《聯燈會要·東京净因繼成禪師》,《卍新纂續藏經》(79),頁 142 中。

自己的機用，機用現前，向之遍計執就消了。你但纔涉思量，光影便動，纔不思量，光影原無，光影無則用處就撇脫了。如明鏡當前，妍媸立見，正與麼時，明敏圓捷，如電光追妖異相似，使他藏踪不得，妖氣忽東，電光就豁然而東，妖氣忽西，電光就豁然而西，至躲避不及。於是迅雷忽擊，妖氣削滅，妖氣削滅，喻如偷心頓斷，凡偷心即是光影只落在思量裏。你如今佇思停機到長養偷心，全然是個取捨觸背，這一着不屬思量，不屬不思量，會得的人，思量也是，不思量也是，定要除了思量的是死漢。

"只如我與你説話，忽而不思，忽而也思，思也不礙，不思也不礙；定要不思，我三峰老和尚謂之"（楦）〔橛〕頭禪"，①呆塞在肚裏没用處。若論根本，再不許人思量；若論報化邊，這思量的就成妙觀察智，妙觀察智却是少不得的。你今在光影邊，六識不行就分疏不下，設分疏得下，也只成得個遍計執，不成妙觀察智。你先要從不思量處會得了，纔好思量。"

威云："無夢無想話，諸佛出身話，參那一個話好？"師云："無夢無想，諸佛出身，只是一個疑。《華嚴經》云：'若人欲識佛境界，當净其意如虚空。'②你但於思量不行處會。"威又求指示，師云："我若棒喝機語，你又把棒喝機語看輕了，眼見耳聞不能揀別，是發藥不能療病。如今要你自會，我替你不得，直須看得，眼裏着砂不得，耳裏着水不得，看機語大有利害，向後真實到不疑，纔好下這一喝，然後殺人刀、活人劍③用去靈的。古人云：'一

---

① 底本作"楦頭禪"，據文意，應爲"橛頭禪"。熊開元《安隱語録序》云："三峰恐宗旨太密，久而失真，而流爲一橛頭爛惡之禪。"漢月一則上堂云："奈何一橛頭禪遍滿天下，不容不説。"漢月另一則開堂示衆中説道："到這裏猶是一橛頭禪。"見黄繹勳輯注《漢月法藏禪師珍稀文獻輯注續編》，頁246、271、304。

② 經典原文爲"若有欲知佛境界"，《大方廣佛華嚴經·如來出現品》，《大正新修大藏經》(10)，頁279中。

③ 殺人刀、活人劍，禪林用語，用以喻師家化導學人自由權巧施設之法，亦謂覺者收放自如、無窮妙用之功夫境界。可見《佛果圜悟禪師碧巖録》："殺人刀、活人劍，上古之風規，亦是今時之樞要。若論殺也，不傷一毫；若論活也，喪身失命。"《大正新修大藏經》(48)，頁152下。

句了然超百億。'①一句透千句萬句,一時透其疑,無所不斷,其機無所不通。你如今輕這一轉語,就是輕道,輕道就是輕自己,輕道者不得道,輕語者不能轉語,輕自己者不能透脫。自己直要看得這一句,如山如獄,方好與你剿絕,你且參究一參究去。"

師問僧:"參甚麼?"曰:"參無位真人。"師曰:"如何參?"曰:"不會。"師曰:"會得,是悟了。如今只問你:'參時看是個甚麼道理?'"僧無語。師曰:"須知無位真人,就是當人本命元辰。你不曉得本命元辰,就不得悟道,就有生死苦;悟道的人,往來生死,如門開闔相似,一切自在,就當叫苦連天時,也是自在的。當日德山病,終日喊痛,僧問和尚:'還有不痛處否?'曰:'有。'僧云:'如何是不痛處?'山曰:'阿呀!阿呀!'②這'阿呀阿呀'是他放光動地處。大慧生發背,也是這等喊,人議論他道'終日口吧吧罵人,如今自己不免受報',大慧聞之曰:'囚!原來沒個有智慧的人。'③玄沙④生疥,通身紅爛,人問:'如何是清净法身?'沙云:'濃滴滴地。'⑤這個正是無位真人出入的道理。他是問'清净法身',玄沙就能見他問頭了,舌頭掉將轉來說'濃滴滴地',這豈不是無位真人自在處?無位真人能使得一切聲色自繇,遇聲使聲,遇色使色,遇形使形。他問'清净法身',豈不是

---

① 見《永嘉證道歌》,《大正新修大藏經》(48),頁396下。
② 德山臨化示疾之典故,見《五燈會元·鼎州德山宣鑑禪師》,《卍新纂續藏經》(80),頁143中。
③ 這段典故燈錄中記載:"昔大慧在徑山,患背瘡,晝夜叫喚。或問:'和尚還有不痛底麼?'慧曰:'有。'曰:'作麼生是不痛底?'慧曰:'痛殺人,痛殺人。'師於言下豁然。"見《五燈全書》,《卍新纂續藏經》(82),頁244下。
④ 玄沙師備(835—908),唐末五代僧人,賜法雪峰義存。俗姓謝,年三十出家,行頭陀,終日宴坐,人稱"備頭陀",住福州玄沙院。生平見《宋高僧傳·梁福州玄沙院師備傳》《大正新修大藏經》(50),頁785下。
⑤ 宋代語錄、燈錄皆記載玄沙因誤服藥而致全身紅爛,僧問如上文句,而玄沙答:"膿滴滴地。"可見《續古尊宿語要》,《卍新纂續藏經》(68),頁402中;《聯燈會要》,《卍新纂續藏經》(79),頁129下。

聲答他'濃滴滴地',豈不是遇聲使聲。如有人問'如何是無位真人自在處',就將這個竹篦豎起,這就是遇形使形,遇色使色。你但怎麼體究,有甚麼難會?"

二嚴入,師云:"如何是二嚴?"嚴云:"據教中道,福慧二嚴。"師云:"你要知二嚴麼? 福本於自,慧本於性,福慧二嚴不離自己。你向來看何典籍?"曰:"《楞嚴》。"師云:"《首楞嚴》是一切事究竟堅固,面前桌子、椅子、眠床、踏(橙)〔櫈〕,上座老僧,這是一切事,一切事怎麼堅固? 堅固是不破壞的。適纔舉的如桌子板櫈,用久壞了,老僧上座過幾時死了,人會死,器會壞,如何說是究竟堅固? 人物生死成壞,目前對待,如何斷得觸背情量? 你要斷成壞二相,究竟堅固,但看長水①參瑯琊②道:'清净本然,云何忽生山河大地?'琊拍案一下,云:'清净本然,云何忽生山河大地?'他便大悟,悟了依舊講經,③只是《楞嚴經》文長,竹篦話頭少,然《楞嚴經》出不得這竹篦子。三峰老人說:'這竹篦子是一大藏教的綱領。'④你會得一大藏教,只在一毛頭上通將去,竹篦子好好在這裏,也只是你自生是非,不見道'一心不生,萬法無咎',不見道'萬法本閒,惟人自鬧'。你不來萬法頭邊作鬧,就是個無事人,無事人也是不得已的名目。

---

① 長水(965—1038),名子璿,北宋華嚴宗僧。俗氏鄭,錢塘人。駐錫秀州長水,賜號楞嚴大師。著有《首楞嚴義疏注經》十卷、《首楞嚴經科》一卷、《金剛經疏記科會》十卷、《起信論筆削記》二十卷等。生平見《重修長水疏主楞嚴大師塔亭記》,《楞嚴經疏解蒙鈔》,《卍新纂續藏經》(13),頁841下。

② 瑯琊,即瑯琊山廣照禪師,名慧覺,北宋臨濟宗僧。西洛人,父爲衡陽太守。師承善昭,法嗣數輩,駐錫滁州瑯琊山,大振臨濟。著有《滁州瑯琊山覺和尚語錄》。生平見《補續高僧傳·瑯琊覺傳》,《卍新纂續藏經》(77),頁413中;《釋氏稽古略》,《大正新修大藏經》(49),頁864中。

③ 長水參扣請益瑯琊廣照過程,記載於《大慧普覺禪師語錄》,《大正新修大藏經》(47),頁940中。

④ 漢月曾於《於密滲提寂音尊者智證傳》提語中,以拈起拂子問話而說道:"華嚴六相義所以符也,一大藏教之綱領也。"見黃繹勳輯注《漢月法藏禪師珍稀文獻輯注初編》,頁33。

"所以寶誌公道'假使通達祖師言,不向心頭安了義',①就是竹篦子也不曾道'你不要喚我,你不要不喚我',不曾道'你喚了我便觸,不喚我便背',觸背是非,起於攀緣,攀緣起於不覺。你若向根本上明取不覺,就是大覺,故順不覺成凡,逆不覺成道。你且道'根本無明逆用處,是甚麼道理?'且道'不覺從那裏起?'若究得不覺從那裏起,始知攀緣絕處,就是起處,起處就是絕處。悟的人,不在攀緣起處悟,就在攀緣絕處悟。我往往要人在觸背情量未動以前,撩起便行,你既落在情量裏,於觸背未動以前,不能把得便用,須在情量絕處透去,方不埋沒己靈。"

嚴又請指示,師以竹篦擊桌云:"何不向這裏會?纔擬議就不是了。你且去看,怎麼樣是我不覺?這不覺的復是何物?但恁麼思量,思量來思量去,思量不行,忽然會得瑯琊拍案一下,就是你轉身處。"嚴又陳所參知識,不爲指示直截。師云:"觸背未起,觸背絕處,是你透脫處。你今自向觸背裏纏擾,不在情量絕處未起處會,干他老和尚甚事?須知觸背不行,作用不絕,你不可又滯着個觸背不行處,死頓頓地,切記!切記!"

僧入,師云:"不得如何若何,直截吐露。"僧云:"如何是無□〔位〕②真人?"師展兩手吐舌,僧擬開口,師便推出。

師問僧:"參甚麼?"云:"參秦時韃轢鑽。"③又云:"昔見玄墓和尚④曾問:'如何是潙山典座?'某作批刀勢。"師云:"你雖作批刀勢,且未知批刀勢的

---

① 《指月錄》、《傳燈玉英集》等四部典籍作"莫向心頭安了義",參見《指月錄》,《卍新纂續藏經》(83),頁417中。

② 字迹漫漶不全,依文意判作"位"。

③ 轢鑽,迴柄穿穴之錐也。秦時韃轢鑽,秦時古錐,典故乃秦始皇爲建房宮,曾造巨大之椎,爾後椎已無用處,於禪林以此喻無用之人,或鈍漢無入頭之處。

④ 玄墓和尚,以山爲法名,推爲剖石弘璧禪師。又玄墓山,據寺志記載於縣府城西南七十里,因"晉青州刺史郁泰玄葬此"而名。

落處。昔雲門見睦州，開口便問：'己事未明，乞師指示。'州一見便閉却門。至第三度，州開門，雲門掭入，州便擒住云：'道道！'雲擬議，州推出，曰：'秦時𫐄轢鑽。'雲從此悟入。① 你不曉得他祇爲不曉自己，你如今但看如何是你自己？"僧便喝！師便打。僧無語，師云："你仍舊不會自己。"

僧入，師問："'舉一明三，目機銖兩'②怎麼會？"曰："不會。"師云："參禪幾時了？"曰："未久。"曰："何處人？"曰："湖廣。"曰："下來幾時？"曰："幾時。"師云："你這幾句答語，一一清楚，爲何頭一問就道'不會'？我且向你道，爲何叫做'舉一明三'？大凡參禪有個事端，是一；理在其中，是二；不偏於理，亦不偏於事，這個是三。即一而二，即二而三。今我問你'參禪幾時？'你說'未久'，這就是涵蓋乾坤了，於中毫不有疑，就是截斷衆流了。問你'何處人？'你說'湖廣'，這就是隨波逐浪了。即此，可以見'舉一明三'的落處。"僧又云："某參'萬法歸一'，未明'一歸何處'？"師云："你這幾句答語，皆是一歸何處的落處分明，何不向這裏體究？"

僧參"念佛是誰"，二六時中看這話，不知落處。師云："你禮佛是誰？"僧無語，師云："你試問我。"問："念佛的是誰？"師云："七九八十三。"

師問僧："亥月蚊飛不露唇，是汝語。如何是不露唇？"曰："不露天光。"師云："露唇了也。"僧云："如何是不露？"師低頭，以手按竹箆。

僧入，師云："我眼中着屑，口裏膠生，此病無人治得，你替我醫一醫。"僧無語，師連棒打出。

---

① 雲門文偃參睦州和尚陳尊宿的一則公案，參見《雲門匡真禪師廣錄》，《大正新修大藏經》(47)，頁573中；《佛果圜悟禪師碧巖錄》，《大正新修大藏經》(48)，頁145下。

② 一見而分銖兩之微，喻人之機敏，一見即知輕重也。《碧巖錄》的第一則垂示，《佛果圜悟禪師碧巖錄》，《大正新修大藏經》(48)，頁140上。

僧問："久處塵泥，乞和尚指示。"師云："你將什麼作塵？"僧曰："三頭六臂。"曰："三頭六臂，喚作塵麼？"僧便喝！師連打二棒，曰："語不知偏正，理不識倒邪，恁麼轉語，即禍生。"

僧參"父母未生前本來面目"，師云："你如何用心？"僧云："某看得本參就是一念，一念就是本參。"師云："正當參時，誰在那裏一念？你纔道個一念，就落二見了。"僧云："如何不落二見？"師便喝！僧亦喝！師打一竹篦，僧云："這一棒落在甚處？"師又打，僧云："一把火燒了，這一棒落在那裏？"師又打，云："你試燒看？"僧又喝！師連打，云："你還要撥事，畢竟二見不忘，二見斷絕，方能頭頭獨露。"

僧入，師云："前日鄰單打你一拳，怎麼會？"僧無語，師云："彼時懺悔，出衆禮拜，這一轉到好，方他打你一拳時，你不肯他，會得了，便是探竿影草，又是踞地獅子。他也不肯你，他便出了堂，亦懺悔了，復入移單，若會得就是賓主相見，①賓主互換處。"僧又問："如何是本來面目？"師云："也有一拳。"曰："即今在甚麼處？"師推出，云："去去！"

古鑑入，師云："人人有一面古鑑，作麼生照？"鑑便喝！師云："這一喝是焰燭耶？非焰燭耶？"鑑無語，師便打，云："好一面古鑑，撲破了也！"

髻珠②入，師云："棒頭眼目，輪王髻珠，作麼分付？"珠云："學人不會。"師良久曰："會麼？"曰："不會。"師揮扇，云："會麼？"曰："不會。"師云："難道揮扇也不會？"

---

① 探竿影草、踞地獅子，爲臨濟四喝，用以譬喻禪師勘驗學人根器、教導的手段。見《人天眼目》，《大正新修大藏經》(48)，頁 302 中。

② 髻珠地，後爲十方潤法嗣，具德之法孫。

觀河入，師問："波斯匿王何在？"曰："覿面玲瓏。"師曰："且如波斯匿王年多少？"曰："焰天焰地。"師云："我不問你焰天焰地，且問年多少？"河垂兩手旁立。師云："你這個還是三歲觀河之見，還是六旬觀河之見？"河云："三歲觀河與六旬觀河，是同是別？"師云："赤子面皮頭鬢白，老翁垂髮黑如嬰。"河禮拜起："謝和尚指示。"師云："畢竟如何是觀河之見？"河云："和尚，某甲便出。"師云："杜撰禪河，如麻似粟。"

輪指入，師豎一指，問："這個是指，如何是輪？"曰："學人是乍進。"師云："這一指有甚乍進不乍進？"徵本參，曰："參父母未生前話。"師復豎一指，輪云："求和尚指示。"師又豎一指，輪又求指示。師云："一指、二指、三指。"輪又求指示，師豎起十指，輪云："太多了些。"師云："不得道多，不得道少，速道一句來。"輪無語。師云："一指猶不會，十指又嫌多，目前迷正理，千古受坎坷。"

師問："僧祖師門下，不得如何若何？便請單刀直入。"僧云："初參，不會。"徵本參，曰："參萬法歸一。"師云："一作麼生歸？"僧云："道不得，歸不來。"師云："何不問我？"僧問："一歸何處？"師云："劈柴斧子如雷屑。"良久云："會麼？"曰："不會。"師云："此世間一句尋常話，有甚會不得？你曾輪值日過麼？"曰："輪過鐘板。""可接得着麼？"曰："接得着。"師云："接得恰好的是甚麼？"僧無語，師云："要會一歸何處，落着分明，不離你自己這接鐘板處，一邊齋堂，一邊禪堂，於中結齋念偈，念至'具諸佛法'，鐘板鏗然，恰恰針鋒相對。他那個念的人，就如你問'一歸何處'的，你這個接板接着的，就如我這'劈柴斧子如雷屑'的轉語。我轉語與你問頭恰好，你接板與他結齋恰好，一處恰好，處處恰好，總是這一歸何處，落着分明。"又問："看話頭時，有妄想如何除？"師云："斷除妄想重增病，此時不必論真論妄。你道他真也未必真，道他妄也未必妄。大悟了，自然曉得。此時且不要除，只在處處恰好處看。"

西生禮拜起,云:"求和尚開示。"師云:"古人道:'如雁過長空,影沉秋水,雁無遺踪之意,水無留影之心。'①所以道'生則決定生,去則實不去',②會麼?"曰:"不會。"徵本參,曰:"參萬法歸一,一歸何處?"師云:"且未問一歸何處,只如萬法如何歸一?"曰:"歸不來。"師云:"古人道:'會萬物爲自己者,其惟聖人乎,聖人無己,靡所不己。'③你不曾參得萬法歸一的句,若參得句,一歸何處會也不難。你但執語言,不曾曉得萬法歸一的去處,只如萬物你怎麼會歸自己,眼見一切明暗色空,耳聞一切語言音聲,鼻嗅一切馨香臭穢,手搬運一切物件,足奔馳一切道途,身子覺觸一切温涼寒暑,這些都是萬物,你怎麼歸自己聻?你且將萬法歸,歸自己,着自己,只是一個,就是這許多萬物,也只是個西生上座,這叫做歸一,你且去參參看。"

師問僧:"不得解説文理,不得落在知見,如何吐得臨濟德山語句?"僧云:"正在此參。"師云:"如何是你參的?"僧云:"參三心不可得。"師云:"我如今不要你參,只要你道,不得回頭轉腦,宗師家轉語如箭離弦,無反顧勢。如今人思量了道,即爲反顧。射一反顧,則箭不中的;人一思量,則心不敏捷。你回顧思量心極多,不得直截,聽見你尋常講許多道理,於宗門下無用處。我今要你直下道得,不許擬思,般若無知,這個所在,又無所不知,直截吐露得,始與這話相應。你如今服事病僧,正當送茶送飯的時節,見自己有這些説的道理麼?"曰:"沒有。"師云:"正當沒有時,於一切送粥、送飯、送茶、送藥等事,皆了得麼?"曰:"了得。"師云:"了得,何等直截,不入理障;那講説是了不得的,入理障故。但與麼無心任運就是了,了得處是直截。且如好好一碗藥遞與他,他就喫了,你接了藥托子就走,將及午時,就曉得他饑,送飯與他喫,喫了就收歸,何等直截!所以古人道:'向事上覷則疾,

---

① 出自天衣懷禪師提倡之語,《禪林僧寶傳》,《卍新纂續藏經》(79),頁 515 下。
② 出自守訥《唯心净土文》,《樂邦文類》,《大正新修大藏經》(47),頁 208 上。
③ 此爲石頭西遷看《肇論》而云,見《五燈會元》,《卍新纂續藏經》(80),頁 108 下;《景德傳燈録》,《大正新修大藏經》(51),頁 399 中。

向意根下卜度,卒摸索不着。'①你參三心不可得,畢竟心是可得、不可得聻?"僧云:"不可得。"師云:"怎麼見得不可得聻?"曰:"一切事了當不得。"

師云:"他説心不可得,不曾説了事不得。適纔問你説'於一切事了得麼?'你道'了得',如此看,於過去的了得,就是現在的了得;現在的了得,就是未來的了得;未來的了得,就是過去、現在的了得;三世了得,就是一個了得。昨日也與麼了,今日也與麼了,明日也與麼了,這樣看來,過去心也成辦,現在心也成辦,未來心也成辦。所以云:'一心不生,萬法無咎。'即如扇子踍跳上三十三天,怎麼樣便不生?"僧云:"扇子在和尚手裏。"

師云:"生了也,你倒説不生,纔開口,就生了也。你要會的心是心生了,□〔心〕②生了一切事生,如何得不生?古人云:'心生則種種法生,心滅則種種法滅。'你原是葛藤禪,且不要參三心不可得,我開示你話'不得如何若何,便請單刀直入,速道!速道'。我向前開示你'服事病僧的,了得麼?'你云'了得',只在此處看,你性情是枝蔓的,參的話頭又是惹情見的,不如參'單刀直入,速道!速道',你問處往往如何若何,我答處只一句倒斷。你那個是紆曲的,我説的是直截的。紆曲的是陰界境相,直截的是大般若。永嘉云:'大丈夫,秉慧韌,般若鋒兮金剛焰。'③你服事病僧,遞茶遞飯這個時節,有般若無知無所不知的道理現前麼?"云:"沒有。"

師云:"這個便是般若鋒金剛焰,只恁麼參去,這裏會得了,現前禮拜的、立地的、一切處的,事事了然,刀刀截斷。你若作道理商量,只作得個座主見解,知解宗徒,須向事上去始得。"

師問僧:"至道無難,惟嫌揀擇。欲得現前,莫存順逆。如何是不順逆的?"

---

① 此三句似參引於大慧《示妙净居士》書信,《大慧普覺禪師語録》,《大正新修大藏經》(47),頁 900 下。

② 字迹漫漶不清,依文意判作"心"。

③ 《永嘉證道歌》,《大正新修大藏經》(48),頁 396 中。

云:"不曉得。"徵本參,云:"參萬法歸一,幾季不悟,改參父母未生前甚處安身立命?"師云:"你今現在立地儼然,畢竟是個甚麼?父母未生前話,不要想到前世去,現前在這裏,我問你,你聽,聽的是甚麼?"僧又求開示,師云:"臨濟説有一孤明歷歷無倚道人,佛從無倚生,這個無倚道人,晝夜六時無有間斷,通貫古今,明見是非,立一切事,破一切事,總一切事,散一切事。正是無倚道人,無倚神通,所以説佛從無倚生。目前説法聽法,不是你四大五藴,能説能聽,是這無倚道人,孤明歷歷的解説法、聽法,又恐人錯認了,説道你不可認夢幻伴子,你目前無倚無欲、無背無向,辦一切事,知一切好惡,用一切棒喝機鋒轉語,都是孤明歷歷無倚道人也,不是你擬心定當得的。若真是無依,不存一法,不存一見,不依我,不依佛,不依祖,外無所倚,内無所緣,是爲無倚。你如今可聽見我説麽?他説無倚道人解説法,無倚道人解聽法,却不消你擬聽擬説,若真透得,便透得臨濟德山棒頭眼目,你參去。"

師問僧:"本分事如何話會?"云:"不會。"師云:"頭白齒豁,作這個不唧溜。"①徵本參,云:"參無夢無想。"師云:"前夜這一嚷,是個好消息,你説是嚷,又是無夢無想裏嚷起來的,説道是無夢無想,又是嚷於中,看看是何道理?不消多作方便。"

師問僧:"何處人?"云:"崑山。"師云:"到這裏幾時了?"云:"四月到。"師云:"最初曾聽教麽?"曰:"不曾。"師云:"曾受戒麽?"曰:"北禪昧和尚處受戒。"師云:"到這裏如何用心?"曰:"參竹篦子話。"師云:"如何參?"曰:"道不得。"師云:"只這道不得,也是一句,爲何説道不得?"僧又云:"看話時,每爲往業所牽。"師云:"我只要你句下會去,會得了,往業也没了。你且唤何等作往業?"曰:"有時記念父母妻子。"師云:"釋迦老子悟道後,在忉利

---

① 唧溜,謂人敏捷、聰慧、伶俐;不唧溜,謂人遲鈍、麻木,常作詞組"不唧溜鈍漢"。

天思量父母，爲親恩未報，爲父母說法，豈不是佛也記念父母？耶輸陀羅比丘尼是其妃，羅睺羅尊者是其子，阿難是其弟，四王是其叔伯，皆其所度，可見他父母、兄弟、伯叔、妻子，他都記得。你看他六親眷屬不遺了一個，後來五百貴種王子都一齊悟道，至今托鉢因緣，爲折五百王子的驕慢。佛未悟道時，萬般不肯回去，也厭惡他，到後來悟了道，并不見有什麼礙。你今不用厭惡他，若在適纔這道不得的一句上會得，就與釋迦睹明星悟道一般。悟了道，輕輕將拄杖子撥他一撥，自然他都信你了。你若厭他，倒不得自繇；你若不厭他，能撥轉他信我，始得自繇。釋迦老子，不過是能撥轉父母六親妻子眷屬信我的，只這道不得一句，語言分明道了，爲何叫道不得？你看去。"

僧禮拜起，師云："試道將一句來。"云："參話頭不得力。"師云："參什麼話？"曰："參萬法歸一。"師云："那個開示你的？"曰："剖和尚。"①師云："一歸何處聻？"曰："狹路相逢。"師曰："正狹路相逢時把住。"云："速道！速道！你怎麼樣道？"曰："道不得。"師云："你幾時到這裏？"曰："初結制。"師云："多少年紀？"曰："二十九。"師云："出家幾年？"曰："十一季。"師云："我問你'狹路相逢時如何'，你說'道不得'，及問你行腳，你就道了許多語句，那一句不是'狹路相逢'？到這裏道'道不得'，你何不向道得處道？"

明宗禮拜起，師問："宗作麼生明？"曰："頓悟了心宗。"師云："作麼生悟？"宗便喝！師云："正當悟時，有這一喝麼？"宗云："獅子窟中獅子吼。"師便打，云："正睡着時，你這個說話在何處？"曰："只在此菴中。"師云："有處所了，古人道：'撇起本來無處所。'②作麼生會？"宗無語，師云："你前來語言似乎明白，此處去不得，就敗缺了也，只在這所在參。"宗云："如今胸中沒

---

① 剖和尚，應爲剖石璧。
② 爲曹山本寂《示學人偈》，而"撇"字原文作"瞥"，見《撫州曹山本寂禪師語錄》，《大正新修大藏經》(47)，頁539下。

有疑。"師云:"你這所在轉不得,就是胸中有疑了。你如今正睡着時,安身立命處未知下落,如何得不疑?試道'睡着時,畢竟在何處安身立命'。古人云:'入息不居陰界,出息不涉衆緣。'①正當出息、入息時,如何得出陰界?如何得不涉衆緣去?這所在有諸訛,就於古人公案不能無疑了。你於古人公案何處有疑?"宗云:"龐居士見馬祖,問:'不與萬法爲侶,是什麽人?'祖云:'待汝一口吸盡西江水,向汝道。'②此處不明白。"師云:"此處不明,你起初爲甚麽便喝?你除却喝,下一語看。"曰:"高高山頂立,深深海底行。"師云:"會不得他的語,你是打净潔毬子的,要吞栗棘蓬,透金鋼圈,還吞透不得在,似乎有些會得,會得處不了,依稀相似,彷彿不同,因有這個相似,不能起疑,不疑言句,是爲大病。你於行住坐卧有疑麽?"曰:"無疑。"師云:"於古人別樣公案有疑麽?"曰:"無疑。"師云:"麻三斤、乾矢橛話,透得麽?"曰:"透得。"師云:"這等爲何'一口吸盡西江水'又透不得?這個透不得,如凌行婆、德山托鉢若干公案,俱透不得在,透不得就見不得古人安身立命處。只如你道'十二時中無疑',我將這一語問你,你不能無疑,就是十二時中總不得無疑了。你如今只在'一口吸盡西江水'處疑,這一個關頭透得,就穩當了。你那不疑處,大有病在。只在此菴中這一語,也有病在,切須仔細。"

僧禮拜起,師云:"本分一着,如何話會?"僧云:"初機,求開示。"師云:"何處人?"曰:"四川。"師云:"向習何事?"曰:"某事。"徵本參,曰:"參無位真人。"師云:"你如何參?"僧自述參情,師:"你這樣參也不錯,但不緊峭,要透無位真人,但看古人入門便棒,進門便喝,機如掣電,語若奔雷,這個纔是無位真人的牙爪。若只在這話上盤桓去,就難作個話會,須如古人拈得這白棒,打風打雨始得。你一向在這話上盤桓,如人走路一般,只管走

---

① 見於唐泗州大聖《普照覺和尚頌古》,《宏智禪師廣録》,《大正新修大藏經》(48),頁18下。
② 《景德傳燈録》,《大正新修大藏經》(51),頁263中。

將去，沒有轉頭，似乎去而不迴，不見雲門見僧入門，便曰：'鑑。'僧纔擬議，便云：'咦！'古人叫做一字關，這個話與他無位真人話一樣，有拿龍捉虎手段，作家相見，放出些牙爪來，方有相應分。汝輩往往與同參互相機語，也有半省發、不省發的，彼此相爲撩撥，也有好着眼處，於自己着衣喫飯，二六時中，也不得放過。大凡參禪，離事再不得悟，單參無位真人，不究棒喝機語，自無出身之路。切不可離了事，你看宗師家，一日起來，料理常住，支分職事，都是事，應機接物，説佛説法，也是事，乃佛乃祖，不過了事而已。離了事，作麽生得個話會？你看他臨濟道'無位真人'，僧問：'如何是無位真人？'濟便下床擒住，云：'速道！速道！'僧擬議，便托開，云：'無位真人是甚麽？乾矢橛是何言語？'你今看無位真人話，不得離了臨濟用處看。"

僧參"龍潭吹滅紙燃"，師云："汝師現做庫頭麽？"曰："是。"師云："汝師極至誠有禮，你事師時，畢竟也是有禮的，弟……"①

---

① 原書以下脱落缺文。

三、雲門具德禪師維揚天寧禪寺語錄

解　　題

一、版本

《雲門具德禪師維揚天寧禪寺語錄》，本書所依之底本爲南京圖書館藏清刻本（索書號：GJ/EB/100484），共一卷，四孔裝楨。每半頁十行，每行二十字，四周雙邊，開本尺寸爲 17 × 26.5 cm。版心上欄記有"支那撰述"，中欄爲書名之簡稱"具德禪師天寧語錄"、頁數，下欄有墨丁。版式與《嘉興藏》相似，但屬於寺院流通的單行刊本。（參圖二）

筆者於 2020 年 1 月 21 日赴南京圖書館善本室調研，原書因內頁毀損情況送至修復組修復中，經許可調閱原書，發現書皮破損，內頁下角有蟲蠹破損，頁面下半部有水漬。此外，這部語錄與《雲門具德禪師佛日語錄》合訂爲一冊，二書版式相同，各十五頁，不分卷。

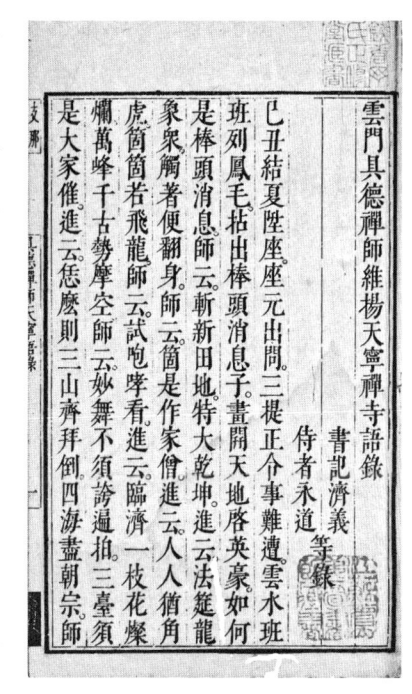

圖二：南京圖書館藏本

頁首有鈐印兩枚，右上爲"錢唐丁氏正修堂藏書"朱文方印，右下爲

"江蘇省立第一圖書館藏書"朱文方印。① 這部南京圖書館藏的具德語錄的流傳過程，據學者考訂，初爲杭州的藏書家丁丙之舊藏，後因丁氏家業頹廢所開設官銀號虧倒，光緒三十三年（1907）十月家産的全數藏書呈抵，因此轉入南圖的前身——江南圖書館。後該館館名屢經修改，民國八年改稱"江蘇省立第一圖書館"，故有此鈐印。②

《中國古籍總目》子部《釋家類》著錄："雲門具德弘禮維揚大寧禪寺語錄二卷，清釋弘禮撰，清釋濟義等錄，清順治間刻本。"③ 又，徐乾學《傳是樓書目》著錄"雲門具德禪師語錄一卷一本"，應爲此書。

二、內容説明

此書卷端首題"雲門具德禪師維揚天寧禪寺語錄"，署"書記濟義、侍者永道等錄"，正文首行記載"己丑結夏陞座"，可知此書是具德禪師順治六年（1649）結夏期間受請至天寧禪寺④開法所記載的語錄，而且以文中《自贊》所述"五過天寧，三番結制"，可得知此爲具德五度來到天寧寺舉行的第三次結制開法。如上，又以具德禪師於佛誕日付法，中元陞座示衆，旋即退院陞座，可知這部語錄的編集年代即 1649 年。

這部語錄主要内容包括陞座法語八則、示衆一則、付巨渤恒首座源流偈并囑語一則、機緣八則，以及像贊十三則，對於研究具德禪師的禪法思想與教學特色，以及相關人物的弘化活動，具有重要的文獻價值。特別是可爲三峰派具德一系的法脉傳承，以及揚州天寧寺的禪林事迹，提供詳實的參考史料。此外，文本中亦見一期的結夏，包括入院結制及退院解制，有助於了解當時的禪期儀制，而且依文中"萬指奪高標"的描述來看，雖未

---

① 參閲吴建偉《南京圖書館藏〈雲門具德弘禮維揚天寧禪寺語錄〉略説》，收入《顯寧寺首屆文化論壇論文集》，杭州顯寧寺，2020 年 9 月 19—20 日，頁 187—188。
② 同上注，頁 188。
③ 《中國古籍總目》編纂委員會編《中國古籍總目》（7），中華書局、上海古籍出版社，2010 年，頁 3383。其中"大"字當作"天"，或爲字迹脱落或印刷之訛誤。
④ 天寧寺，位於江蘇揚州市維揚區。

知是否實達千人，但可想見當時天寧寺法席人數之多、規模之盛大。①

三峰法脈具德一系嫡傳的首出即是巨渤濟恒。依語錄中"誕日付法陞座……説偈付衣拂與座元巨公"的記載，時任天寧寺首座（座元）的巨渤，是具德禪師的首位法子，而這場付法儀式舉行於順治十六年六月十六日，既是具德禪師的五十歲壽辰，也是具德首度付法日、巨渤的得法日，巧妙安排，別有深意。因此，一開頭具德即舉經典譬喻"我之法印，爲欲利益世間故説。在所遊方，勿妄宣傳"，以"不妄宣傳底法印"表明自身傳授付法的立場，不得輕易授受：

> 若欲猛烈任荷，除是奇英俊衲，洞開正眼，廓徹虛融，總十方爲真境……塵塵盡是本來人。然後擊碎毗盧頂，不稟釋迦文，掃除見窟，蕩滌魔氛。重磨臨濟吹毛，背插雲門赤幟，扶起潙仰斷碑，再警巡人犯夜，別遣持書不到，真可謂燈傳千古，續焰聯芳。……直饒造到與麽田地，更須在衆隨衆，住山忘山，時節因緣，方堪舉唱。②

文中表達了師家傳法謹慎慧命的態度，堪受付法者必須是經過千錘百煉，具備上述的條件，方能住山開法、助佛宣化。諸如巨渤等法子，多是在具德座下久參十多年，勘驗得印可後，方始付鉢袋，從戒顯一則《普説》可了解巨渤付授的經過。③ 語錄中一則《付巨渤恒首座源流偈并囑語》，有具德對於長子巨渤的評價，并流露出"兒孫得力，萬古師承"的殷切期許。④ 從上文字，也體現具德的禪法教學，主張"五宗并重"，他講法示衆時，常見舉引楊岐、雲門古德公案，再加上自己的評語。例如他在"知浴設浴，郡侯設齋請陞座"的開示中，舉出了一則楊岐方會禪師迎接楊畋提刑的問答對話，指出楊岐禪法"殺人無數"，而他舉古爲新用，禪法教學的目的是"爲指

---

① 參見本書所輯《天寧語錄》，第一則《陞座》法語。
② 參見本書所輯《天寧語錄》，第六則《陞座》法語。
③ 戒顯《普説》，《靈隱晦山顯和尚語錄》卷十，日本京都大學圖書館藏抄本。
④ 參見本書所輯《天寧語錄》，《付巨渤恒首座源流偈并囑語》。

迷源,活人無數"。

其次,機緣部分,受法的對機衆有僧、有尼;像贊多首,有觀音畫像三首,《天童三峰雲門合像》兩首,自贊兩首,以及禪師、老宿、居士像贊多首。這些文獻有助於我們分析具德禪師的禪風,了解其觀音信仰,并剖析具德本人對密雲悟、漢月藏以及自身祖父孫三代人的評價。

雲門具德禪師維揚天寧禪寺語録

書記濟義、侍者永道等録

〔陞座　示衆〕①

己丑②結夏陞座。座元③出問："三提正令事難遭，雲水班班列鳳毛。拈出棒頭消息子，畫開天地啓英豪。如何是棒頭消息？"師云："斬新田地，特大乾坤。"進云："法筵龍象衆，觸著便翻身。"師云："箇是作家僧。"進云："人人猶角虎，箇箇若飛龍。"師云："試咆哮看！"進云："臨濟一枝花燦爛，萬峰千古勢摩空。"師云："妙舞不須誇遍拍，三臺須是大家催。"進云："恁麼則三山齊拜倒，四海盡朝宗。"師云："不是知音人不會。"

西堂問："遠離靈鷲，近届天寧，向上一機，如何舉唱？"師云："兩番騰瑞氣，一句截當陽。"進云："聲前一句轟天地，句後宗風又若何？"師云："句後聲前，作家眼目，只如不前不後一句，又作麼生？"堂便喝！師亦喝！進云："果然！金槌擲處風雷震，玉麈揮時大地涼。"師云："也須退步始得。"

---

① 此標題原無，筆者依文獻類型加標目次。
② 己丑爲清順治六年（1649），時具德五十歲。
③ 推爲具德弘禮法嗣巨渤濟恒，時任天寧首座。

監院問："今日和尚高陞猊座，舊令新行，如何施設？"師云："聲前中的，句後翻身。"院以手打一圓相云："與天地不朽，共日月長明。"師云："賴子慇勤，不妨慶快！"院禮拜。

問："夜來人見，泰山頂上，鳳舞鸞飛，梅花嶺邊，獅迴象轉，還是爲和尚現瑞，爲護法呈祥。"師云："大家有分。"進云："杖頭指出瓊花月，緇素咸從玉麈分。"師云："不妨提起一番新。"進云："恁麼則護法高增福祉，三門越分光輝去也。"師云："却被闍黎道著。"

問："佛日高懸，法輪再轉，護法臨筵，請垂方便。"師云："衲僧同慶贊。"進云："人人鼻孔撩天，箇箇脚跟點地。"師云："萬指奪高標。"進云："今日可謂得聞於未聞。"師云："誰是未聞者？"進云："學人專爲流通去也。"師云："切忌草草。"

問："迦文降誕，指顧稱尊，與末後拈花，迦葉微笑，是同是別？"師云："驚群之句，今古罕聞。"進云："人天交接，衲子雲興。曲垂方便即不問，正令當行事若何？"師云："單提一棒用當陽。"乃豎起拂子云："會麼？以大天寧爲我伽藍，身心安居，搖扇乘凉。且道平等性智落在甚處？"①復豎起拂子召大衆云："向下文長。"舉龐居士偈云：

　　十方同聚會，箇箇學無爲，此是選佛場，心空及第歸。②

師云："道絕功勳，豈從學得，語無提獎，未許作家。不見道'千鈞之弩，不爲鼷鼠而發機'，③要見心空及第麼？心如墻壁，虎背懸符；用如墻壁，西江一吸。更須知得雲門者裏無夢無想，不許夜行，急水打毬，投明須到。"卓拄杖，喝一喝！云："萬古乾坤俱一照。"

---

① 援用《大方廣圓覺修多羅了義經》文句，略不同，見《大正新修大藏經》(17)，頁 921 上。
② 引自《大慧普覺禪師語錄》，《大正新修大藏經》(47)，頁 893 上。
③ 原出自《三國志・魏志・杜襲傳》，謂大材不用於小處。見西院思明禪師問答法語，《景德傳燈錄》，《大正新修大藏經》(51)，頁 298 下。

陞座。僧問："仲尼五十而知天命，今年和尚五十，知箇甚麼？"師云："在天成象，在地成形。"①進云："如此則一峰聳秀，萬衆趨堂。"師云："且道嵩嶽齊呼，又作麼生？"僧便喝！師亦喝！僧又喝！師云："放子三十棒。"僧提起坐具云："大地衆生，盡向者裏作禮三拜。"

居士問："'劫外一枝桃，虯枝萬丈高。雖然無量壽，色不變纖毫'時如何？"師云："鬢飛瑤島雪，衣染藕花紅。"進云："法筵鬱鬱浮佳氣，百萬人天笑點頭。慚愧不才無以報，何年重整舊風流？"師云："一枝搖動萬枝春。"進云："恁麼則十里芙蓉新簇簇，撒錦鋪花自有時也。"師云："大家慶贊有分。"問："世尊未離兜率，已降王宫，未出母胎，度人已畢。未審和尚'降誕'一句作麼生道？"師云："年年有此日。"進云："千聖出興，又明甚麼邊事？"師云："睦州道擔板。"②進云："因甚與麼道？"師云："也要上座疑著。"進云："疑箇甚麼？"師云："向不疑處道將來。"僧便喝！師云："也好三十棒。"進云："恩大難酬。"

問："十方同聚會，箇箇學無爲，此是選佛場，心空及第歸。十方聚會即不問。如何是心空及第？"師云："虛空無背面，脚下踢崑崙。"進云："百尺竿頭須進步。如何是進步底意？"師云："八十翁翁著繡靴。"僧禮拜，師云："也是有頭無尾漢。"

乃云："般若智光，全承恩力，應時納祐，狀似鐵牛。設遇初心聖量，刳刮無餘，末上機籌，亦遭印破，正饒恁麼透過，廓出高閒。更須知有因敗爲功一路始得。所以道全勝即易，全負即難。不見馬祖震喝，百丈耳聾，巖頭撫掌，德山示寂？③山僧以此較勘，往往見後學勝機易掣，負語難酬。轉既差殊，射難中的。諸仁者！要得紹隆聖種，大啓拈花。直須縱勝不矜，失

---

① 《易·繫辭》有云："在天成象，在地成形，變化見矣。"謂知天地生成變化之相。可見《大方廣佛華嚴經隨疏演義鈔》，《大正新修大藏經》(36)，頁124中。
② 典故可見於《景德傳燈錄·睦州龍興寺陳尊宿》，《大正新修大藏經》(51)，頁291上。
③ 可參考《晦臺元鏡禪師語錄·拈頌偈贊》，《卍新纂續藏經》(72)，頁221下。

負不墮,勝負兩忘,壁立千仞。還有越格過量、掀倒禪床、喝散大衆者麼?"一僧出衆便喝! 師下座云:"山僧今日失利。"

知浴設浴,郡侯設齋請陞座。西堂問:"(典)〔興〕化道'逢人則不出,出則便爲人',意旨如何?"師云:"俊快難逢!"進云:"只如三聖道'逢人則出,出則不爲人',又如何?"師云:"放過即不可。"進云:"還是(典)〔興〕化道底是? 三聖道底是?"①師云:"各與三十棒。"進云:"一點水墨,兩處成龍去也!"師云:"布雨興雲看。"堂便喝! 師休去。座元問:"棒頭落處,賞罰分明。符到令行,不妨慶快。和尚如何施設?"師云:"百匝千重。"進云:"恁麼則玉塵尾邊飛雨露,人間天上盡沾恩。"師云:"沾恩底事作麼生?"進云:"一句無私圓聖德。"師云:"大家齊唱太平歌。"問:"今日大護法請師陞座,未審將何指示?"師云:"有言欽佛日。"進云:"恁麼則龍圖增永固,佛日轉光輝。"師云:"誰箇解沾恩?"進云:"且道今日說法一句,又作麼生?"師云:"重重增瑞氣。"舉:

> 楊岐會禪師,與提刑楊公相見次。岐呈頌曰:"示作王臣,佛祖罔措,爲指迷源,殺人無數。"②

師曰:"山僧則不然,示作衲僧,王臣罔措,爲指迷源,活人無數。"卓拄杖召大衆云:"楊岐不離本際,示現王臣,盡法無民,刀頭有眼;雲門不動威儀,現坐道場,正按旁提,藏鋒絕迹。且道九夏賞勞,功大難酬,浴室投機,曹源一滴,與楊岐、雲門道底是同是別?"良久揮拂子云:"六六元來三十六。"③

---

① 興化獎存禪師與三聖慧然禪師一段公案,可見《圓悟佛果禪師語錄》,《大正新修大藏經》,(47),頁 796 中;《大慧普覺禪師語錄》,《大正新修大藏經》(47),頁 813 上—848 中。
② 楊岐方會禪師迎接楊岐提刑的這段問答對話,可參見《楊岐方會和尚語錄》,《大正新修大藏經》(47),頁 642 上。
③ 摘引黃龍禪師偈頌《先師圓寂日》,《寶覺祖心禪師語錄(黃龍四家錄第二)》,《卍新纂續藏經》(69),頁 224 上。

陞座。座元問:"指迷善巧,在在圓通,知命一機,生生不息。如何是生生不息底事?"師云:"萬古碧潭空界月,再三撈摝始應知。"進云:"恁麼則高明同日月,悠久等乾坤。"師云:"意氣不從天地得,英雄豈藉四時推。"進云:"只如現身說法,化育流行一句,又作麼生道?"師云:"千峰勢到嶽邊止,萬派聲歸海上消。"進云:"大喜曇花增瑞氣,萬方仰止慶無窮。"便禮拜,師云:"大衆聽取。"

問:"世尊降生,作獅子吼。未審和尚降生時,道箇甚麼?"師云:"囚!"

問:"三世諸佛,歷代祖師,天下老和尚奪不去底消息,即今在甚麼處?"師云:"舌拄梵天。"進云:"屏除聲色一句,又作麼生?"師云:"眼裏耳裏絕瀟灑。"進云:"恁麼則覿面無回互,頭頭任卷舒。"師云:"如何是覿面無回互底?"僧便喝!師便打!

乃云:"山僧自幼畜得一箇焦尾大蟲,以肉爲命,因甚不食自己?"卓拄杖云:"雲門解忌口。"①

陞座。西堂問:"眉間寶劍,袖裏金槌,正遇其時,請師拈出。"師便喝!進云:"可謂快人一言,快馬一鞭。"師云:"快人一言,千古作家;快馬一鞭,驅馳萬里。且驚群敵勝②一句又作麼生?"進云:"陣雲橫海上,拔劍攪龍門。"師云:"寶刀出匣,明月當空,長劍倚天,鋒鋩墮地。不犯鋒鋩時如何?"進云:"直得海晏河清去也!"師云:"誰人不仰聖皇恩?"

座元問:"昔張運使將過兜率,兜率夜夢日輪墮於懷中。③ 即今護法臨筵,

---

① "山僧"起至"忌口"也出現於《五燈全書》,《卍新纂續藏經》(82),頁330上。又,具德之法孫雨山雪悟入住天寧寺曾引述具德此段示衆語并加以評唱。見《雨山和尚語錄》,新文豐版《嘉興藏》(40),頁541下。

② 典故可見《瞎堂慧遠禪師廣錄·答資德本長老嗣書》:"方今邪法熾然,驚群敵勝處,以金剛眼睛,吞爍群像,佛法世法,影迹不留。"《卍新纂續藏經》(69),頁584中。

③ 張運史,即張商英(1044—1122),字天覺,號無盡居士,四川新津人,爲兜率從悦禪師法嗣,官至宰相要職。元祐年間任江西運漕史,路過分寧,隨從悦入兜率院游觀、論禪問道,而有運史"夜乃至兜率,悦先一夜夢日輪昇天。被悦以手搏取"之一段公案。見《五燈會元·丞相張商英居士》,《卍新纂續藏經》(80),頁379中。

和尚見箇什麼?"師云:"金輪涌現。"進云:"只如言中啓迪,句後翻身。又作麼生?"師云:"大地絶遮攔。"進云:"只今拈得瀟湘月,千古因緣豈偶然。"師云:"不是瀟湘人不釣。"

問:"烏藤日杲,玉塵風生。雖然官不容針,更請花鋪錦上。"師云:"薰風來殿閣,衲子足清涼。"①進云:"可謂新陳不改庭前柏,今古常聞殿閣風。"師云:"'殿閣風搖樹,行人盡解衣'時如何?"進云:"萬靈歌至化,八表賀昇平。"師云:"有言入耳人皆聽。"

問:"承和尚有言:'縱勝不矜,失負不墮。'失負不墮則不問,縱勝不矜者有麼?"師云:"誰是奮獅子爪牙者?"僧指左右云:"者是座元,者是西堂。"師云:"全勝句,全負句。"進云:"和尚不妨疑著。"師云:"不能掀倒禪床,喝散大衆,將甚麼喚作縱勝句?"僧便喝!師云:"且放過汝一棒。"進云:"只得禮拜去也!"

問:"烈日焰中,轉大法輪。莫是和尚爲人處麼?"師云:"天之高,地之卑。"進云:"昔年殿閣微涼事,今日重逢向上機。"師云:"圓悟道底。"進云:"白玉階前獅子吼,栴檀林内象王行。"師云:"象王獅子,千古奇踪。伶俐衲僧,云何瞥脱?"僧便喝! 師云:"大衆掩耳。"

乃云:"舉一奪二,□〔斗〕②柄推遷。會三忘四,佛祖茫然。盡十方世界是箇雲門拄杖,垂手入廛。③ 無端向妙峰孤頂一卓,直得德雲比丘藏身無地,善財童子越樣光鮮。"卓拄杖喝一喝云:"識破不值半文錢。"復舉:

曹山慧④禪師問僧:"恁麼熱向什麼處迴避?"僧云:"向鑊湯爐炭裏迴

---

① 引圓悟佛果禪師上堂語:"薰風自南來,殿閣生微涼。"《圓悟佛果禪師語錄》,《大正新修大藏經》(47),頁726下。

② 頁面破損,疑爲"斗"字。

③ 垂手,原爲接引凡夫、濟度衆生而垂慈悲之手。禪門裏謂師家接引學人之懇切化導。"廛",市井之塵境。

④ 曹山慧,曹山慧霞了悟大師,五代僧。曹山本寂(840—901)禪師法嗣,大鑑下第七世。初住荷玉山,侍師久住曹山。曾編有《曹洞五位顯訣》,生平見《峨嵋山志》,《大正新修大藏經》(47),頁726下。

避。"慧云:"鑊湯爐炭裏作麽生迴避?"僧云:"衆苦不能到。"①

師云:"會麽? 曹山即事明機,意不在言。者僧語下流金,來機亦赴。"驀拈拂子擊香几一下,復竪起,召大衆云:"要見曹山問處麽?'犀因玩月紋生角。'要見者僧答處麽?'象被雷驚花入牙。'②且道雲門者裏又成得箇甚麽邊事?"良久,擲下拂子云:"伽黎深染神光血,拄杖橫拖五色霞。"

誕日③付法陞座。舉:

世尊云:"我之法印,爲欲利益世間故説。在所遊方,勿妄宣傳。"④

師召大衆云:"且道作麽生是不妄宣傳底法印?"乃捧起衣拂云:"見麽? 道由師悟,悟不存師。法在變通,不違法印。

"是以南嶽磨磚,迴別曹谿。臨濟還拳,天然自異。自後乃有首山之承識,楊岐之克紹、圓悟、大慧之恢廓,虎丘、應庵以後之守成。及至近世,法當末季,承續箇事者,上不窮佛祖之建立,下不順列祖之守成。始不發人之真參,終不驗人之未悟。設使臨濟重興,四宗再世,欲禁其輕易授受而不可得。

"若欲猛烈任荷,除是奇英俊衲,洞開正眼,廓徹虚融,總十方爲真境,匯香海爲曹源。所以道:'一處真,處處真,塵塵盡是本來人。'然後擊碎毗盧頂,不稟釋迦文,掃除見窟,蕩滌魔氛。重磨臨濟吹毛,背插雲門赤幟,扶起潙仰斷碑,再警巡人犯夜,別遣持書不到,真可謂燈傳千古,續焰聯芳。二桂永昌,五花疊瑞。直饒造到與麽田地,更須在衆隨衆,住山忘山,時節因緣,

---

① 引撫州曹山慧霞法師的師徒對話,見《景德傳燈録》,《大正新修大藏經》(51),頁364下。

② 此二句出自法薰禪師之拈古偈頌,見《石田法薰禪師語録》,《卍新纂續藏經》(70),頁336中。全文如下:"曾到未到俱喫茶,爲君抉出眼中花。犀因翫月紋生角,象被雷驚花入牙。"

③ 即具德的生辰六月十六日。

④ 引自《妙法蓮華經·譬喻品》,《大正新修大藏經》(9),頁15中。

方堪舉唱。且佛佛授手,祖祖相傳,入廛垂手一句作麼生道?"揮拂子,喝一喝云:"虎到深山增意氣,龍歸大海長威獰。"遂說偈、付衣拂與座元巨公,①下座。

中元陞座示衆。卓拄杖云:"悟不由明,迷不由昧。只者關頭,千古無對。雖然明不越智,昧不越愚,愚智相傾,性成爭奪。所以道:'智不到處,切忌道著,道著則頭角生。'"②又云:"愚不辨處,切忌杜撰,杜撰則是非生。直須智與理泯,愚與事絶,然後方可輥雪峰毬,③打禾山鼓,④握地藏珠,吐面然火。不妨更向者裏撤開冥府,顯煥生緣,密用臨機,人天罔措。且如明暗兩忘,啐啄同時一句作麼生道?"復卓拄杖云:"不因把定乾坤句,争識瞿曇法闡提。"下座歸方丈。

一僧問云:"冥途得信事如何?"師云:"牛頭忘鐵棒,阿旁折優曇。"又僧問:"目連尊者入冥探母,當爲何事?"師云:"地厚難酬。"進云:"尊者已證無漏,其母在獄,因甚冥王不赦?"師云:"箇中無肯路。"進云:"蘭盆供衆,事出尋常,因甚其母便得生天?"師云:"他亦不知。"進云:"其母花冠天衣,覿面禮謝,因甚道不知?"師云:"不知成解脱。"

示衆。師顧視左右,召大衆云:"還見釋迦老子陣雲横大地,不戰屈人兵底韜略麼? 須知華嚴爲前鋒,法華、涅槃爲殿後,阿含、方等爲左翼,大般若爲右護。前鋒俊機無敵,不展鋒鋩;殿後把斷要津,銷兵鑄鑊。左翼縱擒

---

① 即具德弘禮的法嗣巨渤濟恒,時任天寧首座。
② 語見《撫州曹山元證禪師語録》,《大正新修大藏經》(47),頁 533 下。
③ 雪峰義存禪師見僧來參學,便以"輥三箇木毬示之",見《雪峰義存禪師語録》,《卍新纂續藏經》(69),頁 82 上。
④ 禾山垂示語,以"解打鼓"答僧問,"語諸方以爲宗旨,謂之禾山四打鼓",見《佛果圜悟禪師碧巖録》,《大正新修大藏經》(48),頁 180 下,及《五燈會元·吉州禾山無殷禪師》,《卍新纂續藏經》(80),頁 133 下。又此二句可見於《斷橋妙倫禪師語録》,《卍新纂續藏經》(70),頁 560 中。

無任,舒卷何從;右護蕩滌餘氛,功成不處。且道總理大機,威攝萬方,敵勝驚群。畢竟是阿誰作主?"卓拄杖,喝一喝!云:"只有天在上,更無山與齊。"

退院陛座。西堂出問:"毒鼓既轟於此地,龍泉又耀於靈山。其中的的事作麼生?"師云:"日月光幢蓋,山河演法雲。"進云:"不惟騎虎頭,亦善把虎尾。"師云:"威獰雖攫搏,放去更誰由?"進云:"果然龍歸大海波濤壯,虎到深山氣勢雄。"師云:"直須恁麼英靈得,始作人間第一僧。"

問:"善財參遍處,黑豆未生芽。此意如何?"師云:"舊話新圓。"進云:"學人未了,乞師指示。"師云:"如何是汝未了底?"僧便喝!師云:"既是未了,震喝作麼?"進云:"學人今日敗缺不少。"師云:"但解退步藏鋒,猶缺縱橫一半。"問:"本分一著,人人具足。因甚有結制、解制?"師云:"三根因雨秀,一語瑞瓊花。"進云:"只如蛟龍生角,良馬追風又如何?"師云:"青猊纔插翅,角虎便威獰。"進云:"賴得法門鎮靜,祖道興隆去也!"師云:"列聖提綱誰會得?當陽新令有人行。"

乃云:"法王禪禪,千古奇逢。因緣時節,體露金風。新長老金輪奮迅,棒下成龍;舊長老片帆高挂,一鏃遼空。便恁麼,去何從?試看黃鶴嶺頭騰佛日,烜赫彌盧百億峰。"

付巨渤恒首座源流偈　并囑語

巨渤恒公,素行孤潔,悟處徹頭,而機思精敏。茲以衣、拂、源流法偈付之,至於任運無方,行解活計,當久久深自造詣也!

迦文拈花,飲光一笑。四七二三,點即不到。

驅耕奪食,磨磚作鏡。佛法無多,三拳肋印。

興化拈香,楊岐栗棘。惟我三峰,親遭巨闢。

七十一傳,雲門鐵鶻。月落天根,啄凴子崒。

電昭忤逆,語發崩霆。兒孫得力,萬古師承。

機　　緣

僧問:"密蜂百花具採,因甚不採燈花?"師云:"功不浪施。"

僧問:"暫借一問,師還許否?"師云:"暫答一語,汝還聞否?"僧云:"未進方丈時如何?"師便打,云:"早喫三十棒了也!"

僧參次。師問:"號甚麼?"僧云:"雪普。"師云:"忽遇日出時如何?"僧無語。師云:"一場懡㦬。"①

尼問:"如何是南山祝壽句?"師云:"須彌頂上擊金鐘。""如何是東海長流句?"師云:"千江有水千江月。""如何是西來大意?"師云:"問話皆遭三十棒。"

僧問:"獅子哮吼即不問,鐵牛踞地時如何?"師云:"畜生不得無禮。"進云:"忽遇無鼻孔底來又如何?"師便打!僧無語。良久,師復云:"公之問話,句下轉身不得,盡屬死門。不見先聖道'聲前一路,許汝洞明,句後不來,猶虧一半',直須句下有出身之路始得。"

僧問:"泥牛不縛,如何轉身?"師云:"撥開雲路出天關。"僧便喝!師便打!云:"者一棒也不得放過。"

問:"如何是有句?"師豎起拂子云:"拂子頭邊聲浩浩。""如何是無句?"師云:"學

---

① 懡㦬,羞愧、懺悔貌。如慧勤佛鑑云:"一日造方丈,未及語,被祖詬罵,懡㦬而退。"《五燈會元》,《卍新纂續藏經》(80),頁371下。

人覷面聽無聲。""如何是正句?"師以拂子打圓相,云:"一句截流,萬機寢削。"

一尼求開示。師豎起竹箆云:"劈頭與一棒。"尼云:"喚著則觸,不喚則背。畢竟如何?"師放下竹箆,云:"擲地作金聲。"

像　贊

舊人畫觀音像
破故紙中現奇特,引得兒孫向外求。驀然撞著今雲門,一棒打殺餵狗子。何故?貴圖天下太平。

墨刻大悲觀音像
一片墨甜猶未散,百千紺臂自何來。直教凡聖俱摧滅,大地誰人眼不開。

繡觀音像
一線針痕,化育青蓮。一瓣青蓮,仰載金仙。金仙者誰?白衣垂手。十指舒光,百靈稽首。

天童三峰雲門合像① 　天衢李居士請
自成自立,自開自闢。父父子子,遞相忤逆。畢竟如何?真不掩僞,曲不藏直。千年毒皷,大家一擊。大逆成順,大冤無敵。驀地相逢,乒乓逼迫。

又 　黃居士自寫小像侍側請贊
倔強中倔強,過量中過量。各負智過於師,動輒當仁不讓。棒也不讓,喝也不讓,闢也不讓,救也不讓。只者不讓,天不能輔,地不能相,資既

---

① 謂指天童密雲悟、三峰漢月藏、雲門具德禮三尊宿像。

難承,師曷可尚。青出於藍,山高於壤,七佛忠臣,五宗法將。大地含靈,齊開法仗。大用絕同,大機別唱。大是無遮,大非沒障。不動道場,華嚴會上。善來佛子,不妨快暢。黑漆袈裟,光輝萬丈。祇爲參隨,深心奉向,父子祖孫,做盡伎倆。汝若能毀於佛、謗於法,不入衆數,終不得滅度,方堪供養。

自贊　新戒大昱自寫小像侍側請

箇漢從來不濟,說甚靈山授記。堪笑一生莽鹵,動輒掀天揭地。直饒五過天寧,三番結制,引得無限禪和掣風掣顛,塞却衲僧巴鼻。更有箇新戒比丘,把串數珠,將我呵佛罵祖,一一從頭數記。殊不知,恁麼追隨?我雖罪犯彌天,連汝也應三十竹篦。

又

臨濟頂顙一擊,透出三峰竹篦。何期今日雲門,把作楊岐栗棘。直饒恁麼提持,猶遇當年十闡。誰甘落二?誰惟舉一?不妨敵勝驚群,各竪本來條直。可中有般不唧溜漢,至今尚自口吻囁嚅,爭似山僧道箇不必。

又

雲門一曲和應高,拄杖頭邊列鳳毛。今日忽然相啐啄,搏風九萬勢摩霄。

朗契禪師像①

大權密迹,機藏角虎之雄;法戰前鋒,智截獰龍之爪。是以三樹法幢,賓在我而讓主。者回高隱,義無遜而獨尊。爭奈心如鐵壁,設有玄徒無覓處。焉知身若長空,何妨日月總同參。咄!

---

①　朗契禪師,名宗鏡,爲高郵老尊宿,有一則爲住持鄧尉山剖石壁禪師之"高郵朗契老宿請上堂",見《鄧尉山天壽聖恩寺剖石壁禪師語錄》卷上,頁13。

福緣德宗老宿像

者漢不論禪，不論教。信手建箇叢林，豈止因緣福報。智不可知，識不可到。任運騰騰，佛祖常道。不守平常，益施巧妙。黔首流離，非旱則潦。飯彼餓殍，生緣再造。戎馬空城，勢如猛燎。未免刀俎，佛其狀貌。大智如愚，大機勿兆。逆順無端，不緣而照。謂是文殊，理無可較。謂是普賢，性無別號。號既不能，狀何可邈。畢竟如何？速道！速道！

參五老宿像

金峰壁立，十日并映。燁燁紫光，德彰天命。其為裳也，海納山容。其造詣也，心空法印。直得盡大地往來禪宿，無不瞻之、仰之！愈恭愈敬。

大賈居士小像

抽添萬物，貿易聖凡。尋常活計，至道無難。雖然，道非難易，理絕追攀，本來成現，豈涉間關。咄！真要經營佛祖，切須五十三參。

鳳梧居士小像

放下全心放亦放，始覺蒲團法界寬。忽睹長天浮紫氣，碧梧秋老舞青鸞。

四、雲門具德禪師佛日語錄

解　　題

一、版本

此書之底本爲南京圖書館藏清刻本(索書號：GJ/EB/100484)，一卷，四孔裝禎，方册刻本。每半頁十行，每行二十字。版心上欄記有“支那撰述”，中欄爲書名之簡稱“具德禪師佛日語録”、頁數，下欄爲墨丁，無鈐印。開本尺寸爲17×26.5 cm，與《雲門具德禪師維揚天寧禪寺語録》爲同一册合訂本，兩部語録版式相同。版式雖與《嘉興藏》相似，但屬於寺院流通的單行刊本。(參圖三)

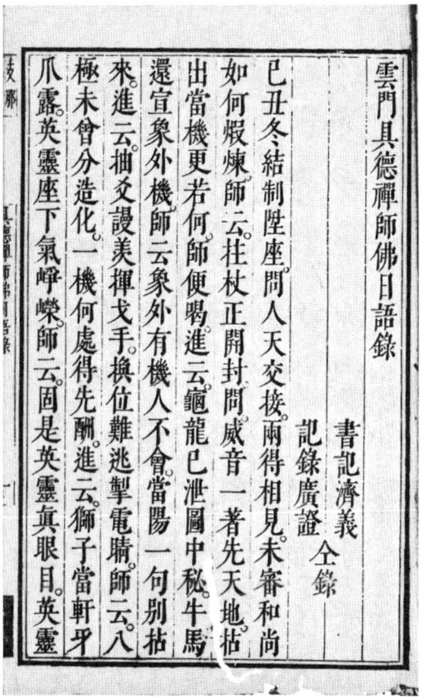
雲門具德禪師佛日語錄
書記濟義
記錄廣證　仝錄
已丑冬結制陞座。問人天交接，兩得相見，未審和尚如何煆煉。師云：拄杖正開封。問威音一著先天地，拈出當機更若何。師便喝。進云：龜龍已泄圖中秘，牛馬還宜象外機。師云：象外有機人不會，當陽一句別拈來。進云：抽爻謾美揮戈手，換位難逃掣電睛。師云：八極未曾分造化，一機何處得先酬。進云：獅子當軒牙爪露，英靈座下氣崢嶸。師云：固是英靈真眼目，英靈
支那　具德禪師佛日語錄　一

圖三：南京圖書館藏本

二、内容説明

此書卷端首題“雲門具德禪師佛日語録”，署“書記濟義、記録廣證同録”。正文首行寫有“己丑冬結制陞座”，可知此書記録了具德禪師順治六年(1649)冬安居期間受請至佛日寺①結制禪期的開法内容。全書包括示

① 佛日寺，又名佛日净慧寺，位於今杭州餘杭區。初建於後晉天福七年(轉下頁)

衆三則、陞座十則、機緣十五則、偈七則、像贊五則、佛事一篇。

具德於佛日寺冬結制一期之間所記錄的法語，主要受衆對象是參學僧。其中，記有具德與法子之間互動與對話，包括時任西堂的紫蓋定衡、戒顯願雲，以及佛眉惺，①并有法姪仁庵濟義擔任書記負責具德法語的紀錄，他們大多是長期跟隨具德參學的法侶。師徒問話可以看到具德觀機逗教、鍛煉學人的方法，慣用棒喝手段策發、接引學人。而當時禪衆的修學不只臨濟一宗，隨弟子酬問各宗，具德應機開解，內容并涉及楊岐禪法的提振，例如以下這則問答：

> 願西堂問："宗開濟上，法振楊岐時如何？"師云："轉舊從新。"進云："栗棘金圈吞得透得的人，如何相接？"師云："吞得透得，試相見看。"堂便喝！師云："禮拜去！"乃云："忘道不迷，忘身不辱。千古楊岐，叢林碌碌。欲振先宗，猛推虎轂，栗棘金圈，全歸掌握。承是舉揚，資彼冥福，知恩報恩，萬機一鏃。"②

藉由時任西堂的戒顯願雲"如何振興楊岐禪法"的提問，具德回答如上，表達出他對楊岐禪法的理解與重視。此外，具德亦看重曹山禪法的發揚，呈現出諸宗并弘的立場與態度。例如一則示衆中，具德觀察行人苦參未果，因此"特作《曹山三墮頌》示之"；③舉引"臨濟四賓主"指導學人時，主賓先後、同不同時，及照用具泯或俱顯，靈活施設，勘驗學人，不成定格。④

語錄內容記載著當時結制的開法週期及嚴整樣貌——"長期百二，中制九旬，整肅威儀，懇求入室"，也描繪出當時寺院舉辦的法務活動，有"説

（接上頁）（942），五十年代寺院被毀，於1995年開始復健，餘杭宗教局批准定名爲"佛日隆昌寺"。依清《浙江通志》卷二十記載"在仁和黃鶴山，晉天福七年建，天童晢禪師曾應召往駐錫於此"，《浙江通志》頁三下。

① 佛眉惺，佽惺，字佛眉，山東博平人。康熙甲辰由靈隱首座來主福善。終於徑山，世壽七十五。生平小傳見楊樹本纂《乾隆·濮院瑣志》卷五，頁107—108，傳抄本。
② 參見本書所輯《天寧語錄》，第六則《陞座》法語。
③ 見本書以下所輯《佛日語錄》，一則《示衆》。
④ 見本書以下所輯《佛日語錄》，一則《陞座示衆》。

沙彌戒,請陞座",精進七落堂,及塑像開光等;在佛成道日,具德還舉行了傳法儀式,付法給時任西堂的戒顯願雲。由於具德致力於傳法講學,往來佛日結制開設禪法爲期至少兩年,①由此可知佛日寺是當時江南活躍的禪林寶地。

其次,具德教導禪衆入堂的參學態度,也是相當嚴峻且直截了當的,可參閱書中兩則機緣。在一次精進禪七,有某西堂托侍者落堂,師便厲聲云:"西堂何得自大,不白方丈,便令侍者入七堂!侍者何親?師法何慢?"遂喝出!還有一次,某上座遣徒上書,具德便説:"汝師去既不辭,上書何益?"擲書於地,遂喝出!此中看到某僧徒師法自大輕慢的態度,具德皆予嚴厲的喝斥,導正了徒衆的學法態度。② 此外,具德對於經教的修學,可留意一偈《示閉關誦法華經》:

　　入無量定,眉歌白雪。鶖子目連,親遭凍冽。

　　床脚種菜,鐘樓念贊。靈山一會,儼然未散。③

雖未能確定這是否爲具德在陞座講法之餘,自身閉關修行誦持《法華經》,或爲學衆所開示的偈語,而"床脚種菜,鐘樓念贊"體現了僧家的日常修行生活。然而,他對於《法華經》的重視,通過幾則引述《法華》經文作爲禪法教學,乃至借觀音耳根圓通法門引導學人參禪,以及幾則觀音像贊的贊辭,均可以了解具德的經教思想與觀音信仰。

---

① 王澤弘《碩揆和尚塔銘》有云,碩揆"投靈隱具公受戒","辛卯,具公結制皋亭佛日寺",辛卯即指順治七年。《增修雲林寺志》卷五,頁189—203。
② 見本書所輯《佛日語錄》,最末一則《機緣》。
③ 見本書所輯《佛日語錄》,一則《示閉關誦法華經》偈語。

雲門具德禪師佛日語録

書記濟義、記録廣證同録

〔示衆　陞座〕①

己丑②冬結制陞座。問：“人天交接，兩得相見。未審和尚如何鍛煉？”師云：“拄杖正開封。”

問：“威音一著先天地，拈出當機更若何？”師便喝！進云：“龜龍已泄圖中秘，牛馬還宣象外機。”師云：“象外有機人不會，當陽一句别拈來。”進云：“抽爻謾羡揮戈手，换位難逃掣電睛。”師云：“八極未曾分造化，一機何處得先酬？”進云：“獅子當軒牙爪露，英靈座下氣崢嶸。”師云：“固是英靈真眼目，英靈格外更英靈。”進云：“鯤鵬奮舞三千翅，騏驥奔騰九萬蹄。”師云：“雪上加霜更一層。”

問：“密移一步，覿面相呈，正當選佛時如何？”師云：“萬里回旋一步收。”進云：“指揮霜雪落，蕩滌起獰龍。”師云：“既云霜雪落，獰龍何處來？”進云：“冬至一陽生。”師云：“冬至一陽生，未聞龍奮迅。”進云：“象王返躑千峰外，更有羚羊在上方。”師云：“羚羊挂角一句作麽生道？”僧便喝！師云：

---

① 此標題原無，筆者依文獻内容加標目次。
② 己丑爲順治六年（1649）。

"猶有形影在。"進云："北斗藏身雖有語,出群消息許誰知?"師云："不是者箇道理。"僧撫几一下,師便打!

乃拈拄杖,示衆云："山僧拄杖,金烏玉兔争輝。"復以拄杖四顧一指云："衲子袈裟,菡萏優曇并瑞。"又卓拄杖云："物物既開正眼,誰甘錯過？頭頭獨露常光,豈在參尋！又何必長期百二,中制九旬,整肅威儀,懇求入室？然而事無一向,理貴變通。此既安禪,猛須決擇。汝但諦觀猫功歃血,覷捕無心；虎德起屍,殺機不動。① 是以猫虎雖異,怒不傷慈；戒衲非同,嗔不損德。及至諦觀不及,電吼玄關,撒手無依,龍飛佛日,依舊雲開天際,水落長川。漁父投竿,寒江罷釣。且迷悟兩忘一句作麼生道？曲徑楓林飄落葉,芒鞋無處避霜紅。"

示衆。僧問："閣起陳年爛葛藤,請布漫空及時雨。"師云："不是者箇時節。"進云："霜鐘昨夜五更寒,驚起獰龍躍碧潭。"師云："霜鐘五更寒,焉得獰龍躍碧潭？"進云："金爐吐出玉獅子,寶杖擊開天地春。"師云："却被闍黎道著。"

乃云："靈山話月,曹谿指月,現前衲子出衆相見。問月,山僧恁麼轉語；對月,倒施照用,易海移山；辨月,忽有箇漢出來道：'月落後如何相見？'山僧被伊一問,直得無言可説,無理可伸。"

示衆。師云："連日見諸兄弟苦參,未得初心知有,及不礙六塵,知有不取,特作《曹山三墮頌》示之：

"一,類墮,虎溪四渡三回豹,慎獨還曾學也無,誰識太陽明有識,同風千里不同途。二,隨墮,汾陽墓掘人方怒,勝甲回戈霧馬塵,意氣

---

① 猫功歃血、虎德起屍,宗門中常引用,意謂大手眼作者,能令學人大死大活,生殺自如。語出汝州葉縣廣教院歸省禪師,僧問："如何是和尚深深處？"師答云："猫有歃血之功,虎有起屍之德。"見《五燈會元》,《卍新纂續藏經》(80),頁 235 上。

盡從天命落，掩袍揮涕淚如淋。三，尊貴墮，衲衣破處雲霞密，拄杖光留日月斑，莫拒銜花丹鳥供，年來無路入空山。"①

陞座。僧問："寶鏡云：'疊而爲三，變盡成五。'②變盡成五，拈放一邊。如何是'疊而爲三'？"師云："日月同躔。"③進云："一聲高樹老猿啼，夜半嶺頭風月靜。"師云："倒轉了也！"

問："庸流望崖而退，英雄多被活埋。覿體承當，阿誰薦得？"師云："劍門藏北斗，三峽放天鵝。"進云："學人鼻孔撩天，和尚還摸得著麽？"師云："一時俱截斷。"進云："金針繡出玉麒麟，畢竟是甚麽邊事？"師云："今古金針不與人。"進云："恁麽則竹拖鳳尾，松作龍吟。"師云："且道在阿誰分上？"僧便喝！

問："攪長河爲酥酪，變大地作黃金。是甚麽人受用？"師云："衲僧常恁麽。"進云："吾師能具金剛眼，點鐵成金迅烈間。"師云："兩彩同一賽。"進云："恁麽則通身手眼通身別，遍界藏身遍界真。"

師云："新生犢子不怕虎。"乃云："花柳街前，二祖得髓。牯牛隊裏，臨濟還拳。還知麽？汝若學佛被佛魅，汝若學法被法縛，汝若學僧被僧賺，汝若不學被無事拊。不見道'吞鉤之魚不大，入網之鱗不化'。④ 龍門躍鱗，不墮漁人之手；英靈禪客，豈死佛祖句下。無端武林城裏，十字街頭廖鬍子，天明起來，呵呵大笑道：三世諸佛是甚麽繫驢橛？⑤ 本來面目是甚麽乾

---

① 曹山三種墮，典故自曹山本寂禪師開示學人三種方法，有披毛戴角之沙門墮、不斷聲色之類墮、不受食之尊貴墮。見《撫州曹山本寂禪師語録・三等之墮》，《大正新修大藏經》(47)，頁542下—543中。
② 《筠州洞山悟本禪師語録・寶鏡三昧歌》，《大正新修大藏經》(47)，頁515上。
③ 躔，即踐履也，或泛指腳迹、行迹，又爲日月星辰運行的軌迹。
④ 《大智度論》有云："著欲之人，亦如獄囚……如鳥入網，如魚吞鉤。"然而"如吞鉤之魚，雖復遊戲池中，當知出在外不久；行者亦如是，深信樂般若波羅蜜，不久住於生死。"《大智度論》，《大正新修大藏經》(25)，頁185上，頁526中。
⑤ 繫驢橛，原指路邊繫驢之木棒。

矢橛？雲門聞得，不覺矢上加尖，亦乃呵呵大笑道：大哉繫驢橛，萬物之始乃統天，奇哉乾矢橛，覿面相呈，如同電拂。"驀拈拄杖云："諸禪德！二祖臨濟與十字街頭廖鬍子，合喫雲門拄杖。且道現前大衆又作麼生？"以拄杖旋風打散。

説沙彌戒請陞座。願西堂①出問："承師有言：'鯨吞三要印，鰲戴五須彌。'如何是三要印？"②師云："天地不同功，萬物齊稽首。"進云："只如倒騎鐵馬，坐斷金鰲。是甚麼人境界？"師云："箇中誰是出頭人。"堂便喝！師亦喝！堂又喝！師云："只者一喝，老僧直得五日耳聾。"堂禮拜歸位。

問："一鉢之飯，作夫汗流，未審作夫之種，向甚處得來？"師云："農夫全得粒。"進云："一犁春色嫩，耕出十分肥。"師云："好箇消息。"進云："萬指緇衣繞，齊蒙佛日恩。"師云："爲人稱贊有分。"

問："橫身宇宙，獨振寰中，應感投機，請垂三昧。"師云："山肩海任，全力不欺。"進云："和尚高高處觀之不足，學人低低處平之有餘。"師竪起拂子云："高也何觀？"進云："只如現前大衆，爲甚麼到者裏眼目定動？"師垂下拂子云："低也何平？"進云："和尚也須著眼。"師便打！僧便喝！師云："猶討棒喫在。"

問："如何是者邊事？"師云："那邊道將來。"進云："如何是向上事？"師云："向下道將來。"僧便喝！師云："者一喝落在甚處？"僧打一圓相。師云："張天師不在。"僧擬進語，師便打云："令牌却在老僧手裏。"

---

① 願雲西堂，即晦山戒顯(1616—1672)，俗名王瀚，字原達，太倉人，諸生，名著復社，國變後出家爲僧，依寂光三昧受具。爲具德禪師重要法嗣，駐錫江西南康雲居山真如禪寺、東湖薦福寺、臨皐安國寺、武昌寒溪寺、荆州護國寺、黃梅四祖雙峰山、杭州靈隱寺等多座道場，世壽六十三歲。著有《禪門鍛煉説》、《現果隨錄》、《沙彌律儀毗尼日用合參》、《荆州天王禪寺中興碑記》、《傳戒正範序》、《列祖提綱錄叙》等，留有《靈隱晦山顯和尚全集》、《靈隱晦山顯和尚語錄全集》。生平可見野口善敬《晦山戒顯年譜稿》，《第四屆中國域外漢籍國際學術論文集》，臺北聯合報文化基金會國學文獻館，1991年。

② 三要印，出自臨濟義玄禪師接引學人之"臨濟三句"的第一句。《鎮州臨濟慧照禪師語錄》，《大正新修大藏經》(47)，頁497上。

問：“霜花鋪錦，是甚麽人境界？”師云：“冷。”

尼問：“如何是大小德山未會末後句？”師云：“誰人當不肯。”進云：“雖然如是，祇得三年活，因甚三年遷化？”師云：“千年休去一朝僧。”進云：“學人則不然。”師云：“試道看！”進云：“驀地當陽擂毒鼓，誵訛千古不通風。”師云：“如何是不通風處？”尼便喝！師云：“通風了也。”尼無語。

師乃揮拂子云：“鉢盂當枕頭，睡裏龍降。袈裟裹草鞋，階前虎伏。趙州古佛又新參，仲冬嚴寒。恭惟有主沙彌，雲門白牯，起居應時納祐，佛日指南。山僧要問諸禪德，祇如鐘聲披起鬱多羅，畢竟是戒是禪？”擲下拂子云：“參！”

陞座示衆。“祖師心印，狀似獅子奮迅，去即返躑，住即迷踪。祇如不去不住，返躑即是，迷踪即是。”紫西堂①出問：“目前直截事，今日請師拈。”師云：“三千諸佛八百棒。”進云：“只如禪戒并行，畢竟阿誰薦得？”師云：“錫邊蹲猛虎，鉢內走蛟龍。”進云：“信手劈開千里雪，何須入海釣金鱗？”師云：“者一鉤阿誰吞得？”堂便喝！師連打兩棒云：“上鉤了也！”僧出，師便喝！僧云：“作麽生？”

師便打！乃云：“山僧有時先賓後主，有時先主後賓，有時賓主同時，有時賓主不同時。若也先賓後主，有炤在；先主後賓，有用在。賓主同時，則炤用具泯；賓主不同時，則炤用俱顯。試問汝等諸人，作麽生會？”下座。

大雄寺道之禪德請陞座。願西堂出問：“興化打維那，罰錢趁出院。意旨如何？”②師云：“老僧退身有分。”進云：“有言興化令行太嚴，有言克賓始終作主。和尚還肯否？”師云：“肯。”進云：“雖然如是，和尚別行一令。”師

---

① 紫西堂，即紫蓋濟衡也，順治丁亥冬(1647)隨從具德赴佛日寺，遵師命充職，隔年"充佛日維那，尋更西堂分座接納"，參引《紫蓋禪師傳》，《臨平安隱寺志》，頁16—17。

② 興化打克賓維那并攆其出院之公案，參見《聯燈會要》，《卍新纂續藏經》(79)，頁100中。

云：“今日願雲上座，法戰不勝，三十棒趁出。”進云：“兩彩一賽去也！”師云：“禮拜著。”

乃云：“智不到處，雙拈影草鏌鎁。險出奇逢，倒轉驅耕奪食。還會麼？不見三十年不少鹽醬，專使迷源。打趁還歸終夏，知恩有地。若據雲門一往看來，者一隊老古錐，都盧三十挂杖。何故聻？貴圖大雄寺裏，父祖子孫，覿面相逢，各各當仁不讓。”下座歸方丈，不肯西堂進語。復云：“試於老僧退身有分下，別進語看。”進云：“今日老漢敗闕。”師云：“甚處敗缺？”進云：“當斷不斷，反招其亂。”師云：“恁麼則山僧設茶供汝。”遂設茶一桌，令再下一語圓話。① 進云：“不但設茶，分半院與某甲住始得。”師即令行者送茶至西堂寮。

佛成道日付法陞座。召西堂願公上座云：“靈山授受，一笑相親；雞足分燈，衣傳慈氏。殊不知釋迦不前，彌勒不後，法身不大，此衣不小。會麼？”乃捧起伽黎云：“諸禪德！只如雞足山前者重公案，畢竟以何為驗？”遂展伽黎付願公云：“以此為驗。”復云：聽我偈言：

"鷲嶺一花開五葉，神洲紫氣藹三峰。燈燈續焰交光處，虎角新生佛日紅。"

堂展具禮拜，師下座。②

示眾。師云：“佛日有一則削滅俱生話，諸兄弟好生看看！莫只趁塊。且道俱生作麼生削滅？”③驀卓拄杖云：“也只機藏虎豹，境插鏌鎁，覿面相

---

① 圓話，如具德前云“舊話新圓”，即舉前人之古則公案，下一語而圓其前話。
② 此段付授上堂法語，亦見於《付授願雲西堂上堂法語》，《靈隱寺志》卷四，頁61。
③ 虎丘禪師上堂云："削踪滅迹，離相絕名。"《虎丘紹隆禪師語錄》，《卍新纂續藏續藏經》(69)，頁501中。

呈,如同電拂。還委悉麼?"連卓拄杖三下。復舉:

> 達磨大師見梁武帝。帝問曰:"如何是聖諦第一義?"磨曰:"廓然無聖。"帝曰:"對朕者誰?"磨曰:"不識!"①

師云:"聽取一頌:'胡僧赤脚過神洲,蚌月雙輝海上秋。何事梁王追不及?碧蘆先折大江流。'"

新監院領呂居士薦親,請陞座。願西堂問:"宗開濟上,法振楊岐時如何?"師云:"轉舊從新。"進云:"栗棘金圈吞得透得的人,如何相接?"師云:"吞得透得,試相見看。"堂便喝!師云:"禮拜去!"乃云:"忘道不迷,忘身不辱。千古楊岐,叢林碌碌。欲振先宗,猛推虎轂,栗棘金圈,全歸掌握。承是舉揚,資彼冥福,知恩報恩,萬機一鏃。"

解制陞座。紫西堂問:"昔日洞山解制,東去也西去也。② 未審今日作麼生去?"師云:"同古同今。"進云:"祇如道萬里無寸草,出門便是草。意旨如何?"師云:"眉間不亞劍,肘後挂金鎚。"進云:"恁麼則箇箇兩彩一賽去也!"師云:"如何是兩彩一賽的?"堂便喝!師云:"怎奈瀏陽古佛不肯何?"進云:"大衆好向者裏薦取。"師休去!

問:"踞虎頭,收虎尾,本色宗師;吞栗棘,透金圈,英靈作者。今日解制一句,請垂方便。"師云:"都與三十棒。"進云:"恁麼則言言見諦,句句朝宗。"師云:"舊案不須拈。"進云:"祇如布袋頭開,公案現成。作麼生通信?"師云:"放出一群猛虎。"進云:"可謂恩大難酬。"師云:"恩大難酬作麼生?"進

---

① 《天竺第二十八祖菩提達磨尊者傳下》,《傳法正宗記》,《大正新修大藏經》(51),頁742下。

② 典故乃石霜山慶諸禪師因一僧從洞山來,而問僧:"和尚有何言句示徒?"僧答曰:"解夏上堂云:'秋初夏末,兄弟或東去西去,直須向萬里無寸草處去。'"見《五燈會元》,《卍新纂續藏經》(80),頁118下。

云:"禮拜何辭。"師云:"無人處斫額望汝。"

問:"古人道:'銅頭鐵額漢,盡在我山中。'①今日和尚因甚解開布袋?"師云:"好手不逢渠,且從通一線。"進云:"又道:'有佛處不得住,無佛處急走過。'教伊作麼生去?"師云:"脚跟下好與三十。"僧便喝! 師云:"棒教誰喫?"進云:"和尚也須三十。"師云:"切忌草草!"

乃云:"上元解制,拄杖開封。撥轉關頭,衲僧得路。肩頭佛日,織囊荷去無遺;脚下春風,蹴踏何曾迴互。莫只刻鵠類鶩,切忌畫虎徒然。誰不見靈鷲峰前,舊案新拈,尋劍客來,一笑相延,大家引水種金蓮。"②

陞座。僧問:"陰雨淋漓,洪波浩渺,祖印當宣,如何指示?"師云:"放過即不可。"進云:"恁麼則倒嶽傾湫事異常。"進語稍遲,師劈脊便棒云:"話不重宣,餘問答不錄。"師乃云:"三界唯識,萬法唯心。一毛頭上,獅子翻身。"卓拄杖喝一喝云:"無端堅牢地神,把須彌盧王與黃鶴峰門額,直得雨似盆傾。雲門拄杖子忍俊不禁,不覺呵呵大笑,合掌稱頌。且道稱頌箇甚麼? 黃河三千年一度清。"

陞座。僧問:"仲尼七十從心欲,拈出高秋示衆看。"師云:"曉來霜月落,楓蕊絳桃紅。"進云:"千年菓熟機先露,別展威音向上關。"師云:"香海縱金鰲,蟾宮春玉兔。"進云:"萬壑碧潭連嶽秀,千辰拱北紫薇寒。"師云:"光前容易得,耀後最難能。"

乃云:"天本來清,地本來固。境本來圓,機本來副。伶俐衲僧聊聞舉著,便將崑崙峰、楞伽峰,移向無量壽王普光殿前,竪作一雙照空露柱。今雲門露柱入燈籠,古雲門燈籠入露柱,只緣彼此相入,同賓同主,同起同住。殊不知其起

---

① 語出辯首座之偈頌,見《禪林寶訓》,《大正新修大藏經》(48),頁 1034 中。
② 唐韜光禪師有"惟能引水種金蓮"之句,見《武林西湖高僧事略》,《卍新纂續藏經》(77),頁 582 中。

也,魔外潛覷不見;其住也,釋梵獻花没處。諸禪德! 既起不可知,住莫能親,覿面相呈,作麼分付?"喝一喝,云:"神虎耳遍圓,龍馬非憑骎。"①下座。

機　　緣

僧入。師云:"舉話頭來。"僧云:"不思善不思惡,那箇是本來面目?"師亦云:"不思善不思惡,那箇是汝本來面目。"僧云:"某甲從湖廣來。"師云:"不思湖廣,那箇是汝本來面目?"僧頓足一下。師云:"不思頓足,那箇是汝本來面目?"僧無語。

一僧呈偈。師視偈良久云:"好不好?"僧云:"憑在和尚。"師云:"作主不得在。"僧擬議,師便掌。

師至觀堂。一衆禮拜,師遽云:"一齊速道!"衆擬議,師便歸方丈。

二僧前後齊出。前僧問云:"一切總不得,請師速道!"師震聲云:"讓後僧問話。"後僧擬申問,前僧遽云:"目前作麼生?"師劈脊便打前僧云:"不可放過。"隨打後僧云:"放過即不可。"

一赤鼻僧問:"如何是萬法歸一?"師云:"面赤不如語直。"僧便禮拜,師云:"禮拜不如問訊。"

僧問:"如何是祖師西來意?"師云:"驢載馬駝。"僧云:"庭前柏樹子,意旨如何?"師云:"不是西來意。"僧云:"和尚道的,與趙州道的,是同是別?"師云:"兩口無一舌。"

---

① 骎,意爲馬懸足,或作左後脚白色之馬。

師至殿前，見二僧立，旁有一犬伏地。師打犬一棒，犬伕去。師回顧二僧，僧無語，師亦打。

師問僧："正睡著時，無夢無想時如何？"僧云："誰敢當鋒！"師云："忽遇當鋒時如何？"僧擬議，師便打！

僧問："麻三斤，乾屎橛，青州布衫重七斤，拄杖子，跨跳上三十三天。除却者一絡索，請師直截道。"師云："麻三斤，乾屎橛，青州布衫重七斤，拄杖子，跨跳上三十三天。"隨打一棒云："向汝直截道了也！"僧罔措。

望日，三僧參禮。師擲下竹篦云："一鏃透三關。"①僧皆有語，師不肯。復代云："不較多。"又云："何妨回一箭。"又云："望旦不得不禮拜和尚。"

僧問："一牛不飲，五馬不嘶時如何？"②師云："山僧不啓口。"進云："祇如曹山解忌口，又作麼生？"③師云："口是禍門。"進云："恁麼則太尊貴生。"師云："尊貴處作麼生？"進云："當門不種梧桐樹，免使天邊金鳳來。"師云："有眼如盲，有口如啞。"

僧問："象王行履，野狐踪迹。④ 作麼生分別？"師云："東山移北壁。"進云："猶恐是他藏身處在。"師云："打破不相關。"進云："恁麼則金鎚一擲虛空

---

① 語出雲門文偃匡真禪師上堂，代云："一鏃破三關。"《五燈會元》，《卍新纂續藏經》(80)，頁306上。

② 語出漢月法藏立五家宗旨其中論及《曹洞宗》的一段譬喻，見《五宗原》，《新纂卍續藏經》(65)，頁106中。

③ 公案語出曹山本寂師僧問答，《撫州曹山元證禪師語錄》，《大正新修大藏經》(47)，頁529中。

④ 拈自汾陽無德與首山念之問話，山云："象王行處絕狐踪。"《汾陽無德禪師語錄》，《大正新修大藏經》(47)，頁607下。

碎。"師便喝！

師到圓通殿。惟惺①近前禮拜云："和尚前日因甚平地起波瀾？"師云："今日目前重奮迅。"僧便打！師云："且道肯你不肯你？"僧云："一任和尚分疏。"師休去！復入方丈，云："和尚今日敗闕。"師云："敗闕甚處？"僧云："便歸方丈。"師云："學人亦敗闕。"僧云："學人不然。"師云："不然箇甚處？"僧從西過東，師又休去！

師落精進七堂。見一僧便問云："那箇叫汝進來底？"僧云："西堂。"師云："汝是那一堂？"僧云："是西堂侍者，不在堂中。"師厲聲云："西堂何得自大，不白方丈，便令侍者入七堂！侍者何親？師法何慢？"遂喝出！堂衆愕然，師回顧笑云："爲汝等說法竟。"便歸方丈。

某上座遣徒上書。師問僧："從甚處來？"僧云："江陰。"師云："書是那箇底？"僧云："本師底。"師云："本師是誰？"僧云："上某下某。"師云："汝師去既不辭，上書何益？"擲書於地，遂喝出！

偈

貼單示衆
百城烟水士，黃鶴喜相從。衲染雲門棋，單妍佛日紅。未經呈雪臂，先啓睹星容。謾道靈山曲，依稀擲暮風。直教禪悅夢，杵破一聲鐘。

寄李天衢居士
林間數竿竹，雷動千枝玉。莫貪碧玉陰，應看五柳綠。五柳今朝綠，蓮花

---

① 推判當是具德的法嗣佛眉惺。

何日青。淤泥深處藕,不染一纖塵。

金臺法師塑像開光

點出面門奇特相,佛日家風始大彰。珍重窟中獅子子,花毬返躑藹天香。

爲傅大震居士薦親

金菓枝頭連月重,肅肅霜風遞遠香。熱惱人從林下過,身心無住覺清凉。

又

三千公案雲中落,八萬塵勞棒下消。何啻東天開法仗,要須西土吼吹毛。

示閉關誦法華經

入無量定,眉歌白雪。鶖子目連,親遭凍冽。
床脚種菜,鐘樓念贊。靈山一會,儼然未散。

爲曰可法師祝壽

終南柏樹老巖窩,住静庵人幾百鍋。但識衲留秦漢暖,不知日月與誰何?

像　　贊

泥金準提像

精金奮迅,手眼密布。震擊盲聾,人天得路。

大雄二老宿像

如意清輝優鉢瑞,大雄一脉始傳來。閒拋百八金剛月,舜若容顔盡豁開。

偶題禪人小像

渾如半箇鐵橛,坐斷百千日月。不見截臂人來,且求面壁一訣。

五和禪人小像

匹閒大壑,絕壁孤松。青雪百丈,衲子希逢。

題見明老宿像

樹大精進,行大忍辱。創梵刹于四衢,衆衲相投;建石梁於巨津,恩歸木瀆。殊不知箇裏更有一般峻拔？臨末梢趺坐說偈,放出活卓卓父母未生眼目。

佛　　事

爲五和禪德舉火

恭惟五和上座,仙姿佛骨,亞目非雙,鶴瘦羽肥,高閒不變。是以公雖卧病,明知地水欲異,風火將離,任性隨緣,頹然休致。只爲沉疴日久,時節未逢,所以直病得形如破絮,心若隋珠,愈破愈見光輝,愈光輝愈彰得力。且又先晚具茶辭謝,盟別夙心,葉落樹凋,金風體露。公既光前耀後,形影何從,結果收因,速道！速道！擲下火炬。

爲容然大德舉火

因地而來,躡天而去。大火聚中,花開碧樹。

爲宗一上座舉火

宗一上座,還見自己行履處麼？志從佛化,禮不違天,一點水墨,兩處知言。忽現群龍兮,弗存軌則。猛據虎頭兮,痛著金鞭。箇裏真參,續後承先,一團烈焰許誰拈？

五、靈隱具德禪師語錄

解　　題

一、版本

《靈隱具德禪師語録》一卷，爲清刻本，首都圖書館（索書號：丁/10734）、北京大學圖書館（索書號：LSB/7737）均有藏本，一函一册。另有一浙江圖書館藏本，待查閲。①

首圖藏本與北大藏本，兩者版式基本上相同，推判應爲不同時期的印本。每半頁十行，每行二十字。版心上刊有"支那撰述"，版心中記書名及頁碼，版心下有墨丁。線裝，四孔裝幀，方册本，刻本，四周雙邊。

首圖藏本於首頁有鈐印三枚，標題旁鈐有"諸藏未收"朱字長印，并有後添書法字"臨濟宗三峰派"，下方鈐有"無畏居士"白文方印，版框右下方鈐有"首都圖書館藏書之章"朱文方印，②可知此書原係周肇祥（1880—1954）舊藏，後輾轉入藏首圖（參圖四）。北大藏本於頁首右下鈐"北京

---

①　據浙江圖書館陳誼先生介紹，新發現浙江圖書館藏《靈隱具德禪師語録》（索書號G005621、G007498），十八卷六册。據書影可知，書前有具德禪師畫像，且正文卷端的標題及版心書名標示與首圖藏本、北大藏本不同，可以初步判斷，浙圖本與前二本並非同一版本，且內容應該較前二本更爲完整。可惜的是，由於浙圖古籍部正在搬遷，該書已經打包，暫時無法取閲。故目前只可闕疑，并期盼能於下一輯補齊該文獻。

②　此兩枚皆爲周肇祥的藏書印。周肇祥，字嵩靈，號養庵，別號退翁，浙江紹興人，清末舉人。民國成立，曾任四川補用道、署理鹽運使、湖南省長、清史館提調、北京古物陳列所所長，近代著名收藏家，著有《琉璃廠雜記》。於首都圖書館館藏有十多部鈐有"諸藏未收"的明清佛教典籍。

大學藏",朱紅印記(參圖五)。

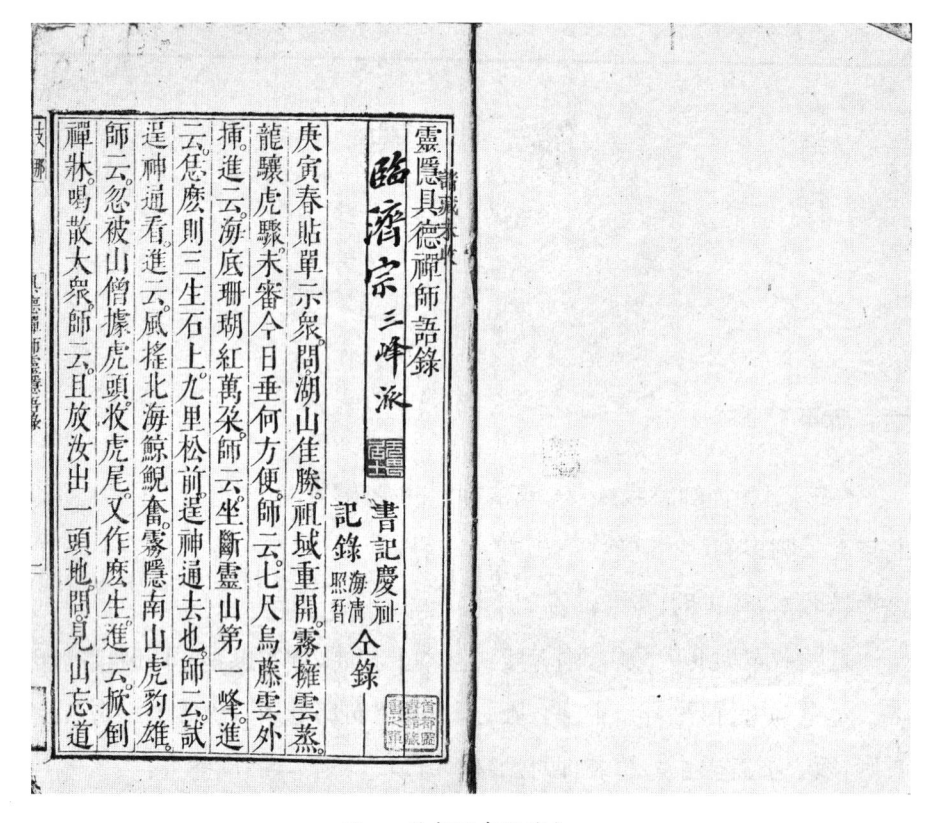

圖四：首都圖書館藏本

此書亦收錄於國家圖書館出版社出版的《徑山藏》。①

二、内容説明

此書卷端首題"靈隱具德禪師語録",署"書記慶祉,記録海清、照晉同録"。這部語録的編集年代,依正文首行所記"庚寅春貼單示衆",②當始於順治七年(1650)春天,即具德正式受請住持靈隱寺重興古刹的隔年。

---

① 《靈隱具德禪師語録》,《徑山藏》(225),國家圖書館出版社,2016年,頁312—332。

② 參見本書所輯《靈隱語録》。

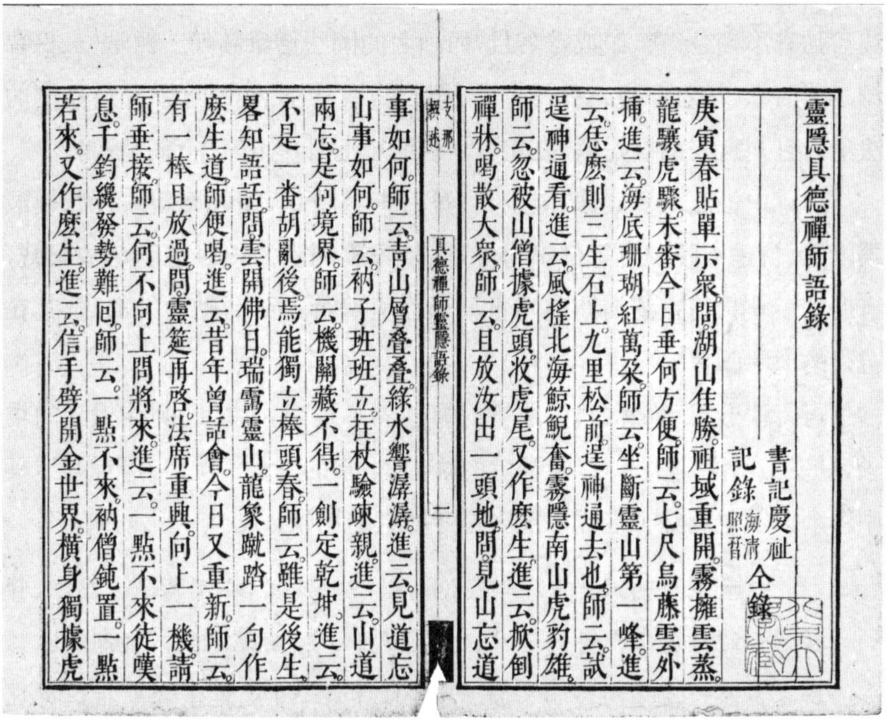
靈隱具德禪師語錄

書記慶祉
記錄海清照晉 仝錄

庚寅春貼單示衆問湖山佳勝祖域重開霧擁雲蒸龍驤虎驟未審今日垂何方便師云七尺烏藤雲外揮進云海底珊瑚紅萬朶師云坐斷靈山第一峰進云恁麽則三生石上九里松前逞神通去也師云試逞神通看進云風搖北海鯨鯢奮霧隱南山虎豹雄師云忽被山僧據虎頭收虎尾又作麽生進云掀倒禪牀喝散大衆師云且放汝出一頭地問見山忘道

支那撰述　具德禪師靈隱語錄　一

事如何師云青山層疊疊綠水響潺潺進云見道忘山事如何師云衲子班班立拄杖驗疎親進云山道兩忘是何境界師云機關藏不得一劍定乾坤進云不是一番胡亂後焉能獨立棒頭春師云雖是後生畧知語話問雲開佛日瑞靄靈山龍象蹴踏一句作麽生道師便喝進云昔年曾話會今日又重新師云有一棒且放過問靈筵再啓法席重興向上一機請師垂接師云何不向上問將來進云一點不來徒嘆息千鈞纔發勢難回師云一點不來衲僧鈍置一點若來又作麽生進云信手劈開金世界橫身獨據虎

圖五：北京大學圖書館藏本

故此書爲禪師從佛日寺解制後返回靈隱，①住持期間所開示記載、撰述的法語，内容包括示衆、陞座、小參等共三十三則，機緣十五則，詩偈六首，像贊十則，佛事一則。

這部語録的文獻價值有二。一者，有助於了解清初期靈隱寺的重興過程，諸如駐錫之初具德所云“去歲前冬，誅荒闢址，結構侵雲，重整頹綱”，以及後來幾則陞座文中所載靈隱寺殿堂的奠基、上梁等，補充了寺志以外的史料。二者，可分析具德禪師的禪法特色，與弟子們教學互動的情況。關於禪法教學，語録中記載具德提舉古德公案，有“石霜五位王子”、雲門“久雨不晴”一劄、雲門拄杖子等，看他如何舉古進行評語，并教導大

① 靈隱寺，又名雲林禪寺，位於杭州西湖景區，創建於東晉咸和元年(326)，詳見《武林靈隱寺志》、《增修雲林寺志》、《續修雲林寺志》。

家如何用話頭參禪。在陞座問法中,見禪師施設棒喝啓發學人。教學弘法活動有小參、示衆、説戒等名目,而列名的問法僧衆諸如三西堂(三目智淵)、紫西堂(紫蓋濟衡)、穆侍者(文德)等,在其座下多年,皆成爲具德的法子。且知靈隱結制是以"九旬"爲一期,於七月十五日"行滿"解制。

語録中也記載著護法、居士、官員前來靈隱寺,或以薦親、祈嗣、輪藏殿上梁、啓建水陸酬恩等佛事爲緣,而請陞座問法的内容透過這些記載,有助於了解具德在清初期靈隱重興過程所舉行寺務活動的細節,及其在杭州的地緣關係。

再者,"機緣"單元,藉由應機的事件開導徒衆,從幾則師徒對話的場景,呈現出僧團的生活,以及禪堂的落堂、下堂的修行情况。有趣的是,其中一則鮮明地記録了老虎出没靈隱寺殿堂的場景:

> 一晚虎朝輪藏伽藍殿,衆犬寂然,巡照隨之,亦不驚恐。詰旦,師召衆云:"猛虎來朝時如何?"曰記録應聲云:"物逐人興。"師別云:"禮出家常。"一僧猛向師前作虎聲,師便掌,三西堂震聲云:"非但騎虎頭,亦解把虎尾。"①

猛虎出没人間,尋常百姓不免驚恐,然就僧人而言這正是往道上會的機緣,於是隔天清早具德禪師召集大衆,藉此讓寺僧們參"猛虎來朝時如何"。而在這部語録中也多次出現"虎"喻,如開篇的"貼單示衆"即有云:"忽被山僧據虎頭,收虎尾,又作麽生?"文本的叙事使師徒父子的動作對話顯得生動有趣。

較爲特别的是像贊文,有别以往的書寫風格,如一則《净瓶觀音像》贊文:

> 一向慈悲何在,動輒神奇鬼怪,足下仰任一瓣優曇,瓶裹傾出過天澎湃,直饒百億香水海,百億娑竭羅,畢竟不知以此爲命。良久,喝

---

① 參見本書所輯《靈隱語録》,《機緣》第六則。

一喝！云："勘破了也！"①

相較於前幾部語錄所記載的像贊文，畫上所書寫的贊文，文字呈現靜態的風格，而這則贊文出現了諸如"良久"、"喝一喝"、"云"等呈現動作狀態的文字表述，因此，所載內容不僅是書畫上的文字，更像是儀軌實際進行的場景紀實。

---

① 參見本書所輯《靈隱語錄》，《淨瓶觀音像》。

靈隱具德禪師語録

書記慶祉，記録海清、照晉同録

〔示衆　陞座　小參〕①

庚寅②春，貼單示衆。問："湖山佳勝，祖域重開。霧擁雲蒸，龍驤虎驟。未審今日垂何方便？"師云："七尺烏藤雲外插。"進云："海底珊瑚紅萬朶。"師云："坐斷靈山第一峰。"進云："恁麽則三生石③上，九里松前，逞神通去也。"師云："試逞神通看！"進云："風摇北海鯨鯢奮，霧隱南山虎豹雄。"師云："忽被山僧據虎頭，收虎尾，又作麽生？"進云："掀倒禪床，喝散大衆。"師云："且放汝出一頭地。"

問："見山忘道事如何？"師云："青山層疊疊，緑水響潺潺。"進云："見道忘山事如何？"④師云："衲子班班立，拄杖驗疏親。"進云："山道兩忘，是何境界？"師云："機關藏不得，一劍定乾坤。"進云："不是一番胡亂後，焉能獨立棒頭春？"師云："雖是後生，略知語話。"

---

① 標題原無，筆者依內容添加。
② 庚寅爲順治七年(1650)，時具德五十一歲。
③ 三生石歷史典故，見於《靈隱寺志·三生石》卷八，頁 605—607。
④ 《禪宗永嘉集·大師答朗禪師書》中書云："是以見道忘山者，人間亦寂也；見山忘道者，山中乃喧也。"《大正新修大藏經》(48)，頁 394 中。

問："雲開佛日，瑞靄靈山，龍象蹴踏①一句作麽生道？"師便喝！進云："昔年曾話會，今日又重新。"師云："有一棒且放過。"問："靈筵再啓，法席重興，向上一機，請師垂接。"師云："何不向上問將來？"進云："一點不來徒嘆息，千鈞纔發勢難回。"師云："一點不來，衲僧鈍置；一點若來，又作麽生？"進云："信手劈開金世界，橫身獨據虎頭城。"師云："踏倒虎頭城，掀翻金世界，子向甚處蹲坐？"進云："碌磚涌出東溟水，拄杖橫吞北嶽山。"

師云："怎麽也須禮拜。"乃拈拄杖云："還會麽？會則汝愜我心，我同汝見，法法無差，頭頭成現。且道成現個甚麽？昨日有人從兜率來，却報雲門信，道靈山今日貼單，有大檀護飯炊香國、座借燈王，請山僧登座説法，山僧更不周由者也。但將現前貼單底一隊孟八郎漢，劈頭一拶，使他不顧危亡，便把須彌盧，一拳拳倒，靈鷲峰，一脚踢來。直得靈雲陌上，劍發紅霞，擊竹巖邊，突出難辨，饒汝超證到怎麽田地，踏步向前，正好喫棒，還委悉麽？"喝一喝！

結制日，盧護法請陞座。座元問："人人俊鯉，個個獰龍，②試布漫天網看。"師以拂子大打一〇。③座云："便怎麽擎頭戴角，口吞佛祖，眼蓋乾坤，作麽釣得？"師云："要知釣得處麽？"座便喝！師亦喝！座拂坐具云："大衆看看，靈山無宿客，大海趁飛龍。"師云："贏得一場榮，輸却一雙足。"座云："不得壓良爲賤。"師休去！

問："先聖道：'以大圓覺爲我伽藍，身心安居平等性智。'④祇如平等性智，作麽安居？"師云："大地没高低。"進云："既以圓覺爲伽藍，今日因甚反成

---

① 見《維摩詰所説經》，《大正新修大藏經》(14)，頁547上。

② 獰龍，譬比才智出衆者，禪家喻指修行已達任運自在境界者。如《圓悟佛果禪師語錄》記云："只求向上作家要接大乘根器，所以道：'垂鉤四海只釣獰龍，格外玄機爲尋知識。'"《大正新修大藏經》(47)，頁758下。

③ 指作一圓相，以示衆生本具佛性、真如、實相、頓悟之真理，爲禪僧施教手法。

④ 《大方廣圓覺修多羅了義經》，《大正新修大藏經》(17)，頁921上。

一場特地？"師云："一場特地，始見奇踪。末後神機，也須着眼。"進云："只今檀護臨筵。如何是因齋慶贊①一句？"師云："願願久相承。"進云："恁麼則護法不忘靈山付囑。"師云："衲僧分上又作麼生？"僧喝！師亦喝！

問："靈山呈瑞象，萬指繞簪椸。目前開活計，畢竟作麼生？"師云："雲來靈鷲紫，僧晤飲光②顏。"進云："拂開日月面，亞目照天心。"師云："照處作麼生？"進云："奇松吟水碧，怪石笑山青。"師云："在衲僧分上，遊人分上。"僧喝！師云："喝下雷轟，知機不貴。祇如作者分上，又作麼生？"進云："肘後紅旗閃，耳邊雙劍輪。"師云："一劍定乾坤，古今無改變。"進云："只得禮謝去。"

問："忽釣獰龍驚海嶽，③離鈎三寸④事如何？"師云："深深不見底。"進云："祇如大海鯨鯢翻巨浪，和尚又作麼生？"師云："驚人之句。"進云："掀翻海嶽求知己，撥動煙塵驗作家。"師云："誰是作家僧？"僧拂袖歸衆。師云："也須猛着眼。"

乃召大衆云："諸禪德！去年靈山一會，衲子雲委，履聲滿谷，山僧與諸子時話玄微，話個甚麼？多子分座，續蔭兒孫，五葉一花，同拈同笑。今日靈山再會，仍復衲如山簇，指若林稠，山僧與之東語西話，又話個甚麼？豁開寶藏，荊璧流輝，一段珍奇。阿誰無分？諸禪德！祇如山僧恁麼告報。且道去年底是，今年底是？若謂去年底是，則現前視聽聰明，光輝動地，頂顙上拈來，脚跟下歷落底，是個甚麼？若謂現前底是，則去歲前冬，誅荒闢址，結構侵雲，重整頹綱，扶竪本分底又是個甚麼？直饒往不相負，現不違時，決勝魔軍，耀大法眼。更須知有不離本際，遍入塵勞，爲護爲檀，金湯

---

① 出自長慶答僧問話，《景德傳燈錄》，《大正新修大藏經》(51)，頁 261 中。
② 飲光，謂指摩訶迦葉。
③ 《圓悟佛果禪師語錄》記："垂鈎四海只釣獰龍，格外玄機爲尋知識。"《大正新修大藏經》(47)，頁 758 下。
④ 《祖庭事苑》有一則記夾山初往參問船子，船子對曰："垂絲千尺，意在深潭，離鈎三寸，子何不道？"《卍新續藏經》(64)，頁 384 下。

正法底,更是個甚麽?"

復召云:"諸禪德!只者個是甚麽?大須審細,有般漢①見山僧恁麽告報,不辨緇素,便擬向法無定相、遇緣即宗處躲跟,殊不知山僧却又宗無定相,遇緣即辨,汝等又作麽生辨?"驀卓拄杖,喝一喝!下座。

許、王二居士引衆薦親,請示衆。僧問:"法雨普潤,大地均霑。爲甚南山起雲,北山下雨?"師云:"往往如斯。"進云:"掀翻海嶽求知己,今日靈山遇作家。"師云:"遇底事作麽生?"進云:"好個消息。"師云:"不因漁父引,争得見波濤。"②問:"不昧親恩,請師説法。"師云:"天垂甘露,地潤人華。"進云:"紫電閃開金世界,玉塵頻揮爲指南。"師云:"不指南又作麽生?"僧喝!師云:"直教棒下無生訣,千古令人仰作家。"

乃云:"誌公巢生,黄梅寄生,佛從頂生,人道無生,無所不生。諸禪德!若向覿面無生處會得,則巢頂寄生,一一清净,一一解脱,一一寂滅現前。更於無所不生處會得,則人道一一天真,一一明妙,一一如蓮花不着水。秖如現前居士,爲薦二親,特請山僧説法,山僧事不獲已,乃於解脱寂滅、天真明妙處,一一爲汝證據。且道證據個甚麽?只有天在上,更無山與齊。"下座。

觀音誕日,霍居士祈嗣,請陞座。僧問:"大聖降靈于此日,人天遥祝于今辰。請師直指根源句,拈出當年囙地春。"師云:"一華現瑞,多子承恩。"進云:"畫開空劫芙蓉眼,月□〔面〕③時披萬國親。"師云:"千古不同途,至今無改變。"

---

① 有般漢,謂有一種人,參雷漢卿《禪籍方俗詞研究》,頁469。
② "不因漁父引,争得見波濤"句,佛鑑慧懃的拈語,可見於《拈八方珠玉集》,《卍新纂續藏經》(67),頁652上。亦可見於明清民間流傳諺語《增廣賢文》。
③ 字迹脱落不清,似爲"面"。

問:"觀音菩薩,現無量身,應微塵刹。今日是那個觀音生日?"師云:"將錢買餬餅。"①進云:"阿誰證明?"師云:"上座聻?"僧喝!師云:"觀音降生也!"進云:"未審觀音又生個甚麼?"師云:"大衆側耳。"進云:"恁麼則人間金鷟鵞,天上玉麒麟,②俱從靈山一會去也。"師云:"衆角雖多,一麟足矣。"③

問:"陳言剩語即不問,今日和尚與學人相見作麼生?"師云:"對面不知音。"進云:"誰是知音者?"師以手下指復自指,僧亦以手上指復自指。師云:"指前指後,未是作家。覿面拈來,更須唱和。"進云:"今日放過和尚三十棒。"師云:"學人也自領一半。"

問:"迴龍橋,④來來往往;直指堂,⑤上上下下。所爲何事?"師云:"脚頭脚底。"進云:"和尚指南,盡大地人個個得聞。還有不聞者麼?"師云:"兩耳不通風。"僧喝!師云:"還有不聞者麼?"進云:"捏聚山川歸袖裏,放開宇宙露天機。"師云:"若然,子須喫棒。"

乃云:"荆玉無瑕,相如善指。峻機無敵,衲子推賓。所以新豐老子⑥有云:'峰巒秀異,鶴不停機。靈木迢然,鳳無依倚。'⑦諸兄弟!若向

---

① 典故來源可見文偃禪師上堂開示:"聞聲悟道,見色明心,遂舉起手曰'觀世音菩薩,將錢買餬餅',放下手曰'元來祇是饅頭'。"《五燈會元》,《卍新續藏經》(80),頁305五下。

② 鷟鵞,鳳屬,傳說五鳳之一,象徵着堅貞不屈的品質。玉麒麟,玉雕的麒麟印,指傳説中神獸,或對他人兒子的美稱。宋白玉蟾《贈譚倚》詩句有"丹山金鷟鵞,絳闕玉麒麟"。

③ 典故可見石頭西遷向青原行思的一段請益問答,《景德傳燈錄》記:"遷又問曰:'曹谿大師還識和尚否?'師曰:'汝今識吾否?'曰:'識又爭能識得。'師曰:'衆角雖多,一麟足矣。'"《大正新修大藏經》(51),頁240上。

④ 迴龍橋,吳越時稱清繞橋,開山慧理祖師塔在橋道左。

⑤ 直指堂,用貞輔良禪師建。宋孝宗曾賜瞎堂慧遠直指堂印,易法堂名爲直指堂。現位於靈隱寺中軸線最終的華嚴殿以及左後方的禪堂之間。

⑥ 新豐老子,應爲洞山良价禪師,由於唐宣宗大中末年,住新豐山提撕學徒,而被後來禪僧以此稱名。

⑦ 《五燈會元》,《卍新纂續藏經》(80),頁291下。

個裏直下超證,則兒孫得力,室內不知。秦璧已完,功成不處。"良久,復舉:

石霜五位王子:"朝生,功不浪施;誕生,天機不借;末生,珍御誰矜;化生,靈鋒透匣;內生,黃閣簾垂。"①

"諸兄弟!須知朝生罷照,臣種歸王,珍御忘飱;末生轉位,更須轉不停機;誕生歸父,父不自尊,神用化生。然後勝負俱休,紫雲乍合,五貴春融,全機獨暢。"乃竪拂子云:"還委悉麼?"遂擲下拂子,座元拾起呈上,云:"付與今日檀越。"師接得,便下座。

陞座。僧問:"一印印空,一印印水,一印印泥,祖印高提,法王試鑒。"師云:"印破即不堪。"進云:"臣頡蟲魚雖屈曲,帝羲點畫漫交羅。"師云:"交羅處作麼生?"進云:"霞文忽閃龍蛇動,寶篆繾彰日月旋。"師云:"怎奈髻晃明珠,衲僧不顧。"僧隨聲便喝!師云:"喝開閶闔路,赫日已騰空。"進云:"龍門豈拒金牙客,破浪猶騰三級花。"師云:"一句截流,萬機寢削。"②

問:"若以居士身得度者,即現居士身而為說法。今日和尚作麼生現?"師云:"相承無背面。"進云:"虛空無縫隙,大地絕遮攔。諸人向甚處着眼?"師云:"鏌鋣倒插,作者猶迷。"進云:"當軒布毒鼓,一拶雨盆傾。"師云:"拶處作麼生?"進云:"撥開千尺浪,尾上捲殘雲。"師云:"點額有分。"

問:"坐斷靈峰即不問,拈花微笑事如何?"師云:"舊話休提。"進云:"昔日世尊,今朝和尚。"師云:"兩重公案。"進云:"不妨重舉。"師云:"舉處作麼生?"僧喝!師云:"者一棒也放汝不過。"一僧出云:"和尚今日敗闕。"師云:"怎見得?"進云:"再犯不容。"師默然,進云:"不得向者裏躲跟。"師又

---

① 五位王子有誕生、朝生、末生、化生、內生王子,參見《石霜答五位王子》,《人天眼目》,《大正新修大藏經》(48),頁316中—317中。

② 此二句見風穴延沼謁見鏡清順德之答話,《五燈會元》,《卍新纂續藏經》(80),頁230上。

默然。

問:"雨綻桃花呈笑面,靈雲眉劍請師拈。"師云:"眼底生春。"進云:"昔年好事緣春發,今日新機覿面酬。"師云:"玄沙不肯恁麼道。"進云:"單刀直入魔宮裏,驚訝扶桑日已紅。"師云:"諦當,甚諦當。敢保上座未徹在!"

乃云:"夫賓主相見,便有言論往來。① 所以賓中驗主,深藏網罟;主中辨賓,虎口橫身。叵耐三聖,請寶壽②開堂,推出一僧,寶壽便打,直是可笑,且道笑個甚麼? 瞎却鎮州一城人眼睛。"③下座。

薦親請陞座。僧問:"古人道:'將頭臨白刃,一似斬春風。'④見甚麼道理便恁麼道?"師云:"頂光昭嶽麓。"進云:"祇如龍牙補影,空仗鏌鎁,鑒老乘機,當陽引頸。又作麼生?"師云:"險!"進云:"恁麼則高山流水,覿體孤危。"師云:"爭奈堅拔天根橫栽日月何。"進云:"秋菊春蘭,直下嶮峻去也。"師云:"一番話後一番新。"

問:"和尚據位靈山,嚴行祖令;赤壁居士,⑤身騎箕尾,血濺梵天。今日如何相見?"師云:"橫按鏌鎁,⑥群魔授首。"進云:"和尚恁麼說法,未審居士還聞否?"師云"兩耳朝天。"進云:"聞後有甚好消息?"師云:"當場不放

---

① 可見於《五燈會元·鎮州臨濟義玄禪師》,《卍新纂續藏經》(80),頁 222 上。

② 寶壽延沼(生卒未詳),唐代僧人,臨濟義玄法嗣,大鑑下第六世,住持開法鎮洲寶壽院。

③ 此爲三聖慧然與寶壽延沼一段機鋒問答,《景德傳燈錄》記:"師見寶壽和尚開堂,師推出一僧在寶壽前,寶壽便打其僧。師曰:'長老若恁麼爲人,瞎却鎮州一城人眼在。'"《大正新修大藏經》(51),頁 295 上。

④ 《證道歌注》記:"肇師云:'五陰身非有,四大本來空。將頭臨白刃,一似斬春風。'"《卍新纂續藏經》(63),頁 277 下。

⑤ 赤壁居士,疑爲金聲(1598—1645),名子駿,字正希,號赤壁,安徽休寧人。明末官吏,抗清義軍首領,拒絕降清而飲刃殉國。見中國歷代名人圖像數據庫,日期:2024-7-12。

⑥ 橫按鏌鎁,見唐代克符道者於僧問云:"如何是主中主?"師云:"橫按鏌鎁全正令,太平寰宇斬癡頑。"《聯燈會要》,《卍新纂續藏經》(79),頁 96 中。

過。"進云："還有奇特事也無？"師云："切忌作奇特會。"進云："恁麼則麒麟掣斷黃金索，天上人間任意遊。"師云："代他禮拜始得。"

問："靈丹一粒，點鐵成金。至理一言，轉凡成聖。薦親一句，請師舉揚。"師云："成仙須好手，作佛也由他。"進云："且道居士即今在甚處？"師云："眉毛干世界，海口觸家風。"進云："若然者，一刹一塵留不住，十方世界現全身。"師云："留不住處作麼生？"進云："謝師指南。"師云："爭奈有頭無尾。"僧喝！師便打。乃云："生機一路，舉世爭新。殊不知生機一路，色色仍舊。諸仁者！祇者仍舊底，可以大迷，可以大悟。迷則忻新厭故，妄見佛法，妄見忠孝；悟則反常合道，于佛法忠孝，無可不可。所以妄見佛法者，修遍人間，業遍人間，修遍佛祖，業遍佛祖；妄見忠孝者，修遍鄉黨，業遍鄉黨，修遍世界，業遍世界。不見梁武帝妄執佛法，遇祖師而不識；其臣矯言忠孝，遭亂臣而不辨。

"諸仁者！修習大則業用大，業用大則利害亦大，迷悟亦大。所以真造道者，直須造到功不可期，理莫可究，猛地於窮究不及處，打失布袋，始覺從前錯誤，枉用工夫，寧爲心師，不師于心，依然祇是舊時人，只改舊時行履處。直得盡十方世界，聖凡魔外，都盧是個金剛眼睛，何妨凈佛國土，遊戲神通，逆行順行，佛祖罔測。又何妨大義承天天莫能過，大節順人人不可及，祇緣迷處既大，所以悟處亦大。

"諸仁者！迷亡悟大，悟大迷亡，迷悟兩忘，則於古今天地，古今日月，古今人事，古今順逆，古今佛法，古今忠孝，增一些子不得，減一些子不得。既增減不得，則赤壁大居士暨彼亡孫，迷不可得，悟不可得，迷悟既不可得，則山僧說法亦不可得，現前諸仁者聽法亦不可得。聽說既不可得，則說亦無礙，聽亦無礙，迷亦無閡，悟亦無礙，忠孝無礙，佛法無礙，棒亦無礙，喝亦無礙。"驀卓拄杖云："甚處去也。"復卓云："泊合放過。"

陞座。僧問："金烹大冶，玉採藍田，本色道流，如何鍛煉？"師云："雕琢不將來。"進云:"恁麼則一點水墨,倒嶽傾湫。"師云:"龍得水時添意氣。"進云:"虎逢山色長威獰。"師云:"忽被獵人把住虎頭,又作麼生?"進云:"倒騎佛殿,逆上須彌。"①師云:"者一棒放汝不過。"僧顧左右云:"要透雲門關,當陽高着眼。"

問:"把住時密不通風,放行時頭頭合轍。未審啐啄同時,把住即是,放行即是?"師云:"據虎頭來也!"進云:"金鵬展翅,萬里翱翔。還假相爲也無?"師云:"一箭尋常落一雕。"進云:"靈木迢然,鳳無依倚,又作麼生回互?"師云:"當堂不正坐。"進云:"子母不相知,是誰同啐啄?"師云:"上座與老僧摹?"僧便喝!師云:"目前無闍黎,此間無老僧。"進云:"一聲羌笛離亭晚,君向瀟湘我向秦。"師云:"依舊程途較半月。"

問:"現前大衆,勘破老漢,背後聖僧,贊嘆不及。庭前柏子,却道未在,和尚速道。"師云:"道不得!"進云:"磚頭土塊,踍跳上天。噴嚏如雨。住住!和尚何不再道?"師云:"半肯半不肯。"進云:"者一句也有人肯,也有人不肯。"師云:"是洞山道底。"進云:"者老漢三十棒,一棒也較不得。"師云:"却是老僧罪過。"進云:"賴有末後句,放過一着。"師休去。

問:"金烏玉兔,交互爭輝。坐却日頭,天下暗黑。意旨如何?"師云:"老僧不在明白裏。"進云:"恁麼則腦後口門三尺闊,鼻頭尖上挂須彌。"師云:"争奈眼前無着物,背後絶遮攔。"進云:"聲前突出黧奴面,句後吹毛遍地揮。"師云:"且道異類中一句,又作麼生?"僧喝!師便打。一僧禮拜起,拂袖便行云:"直教疑殺天下人去在。"師云:"也不得放過。"進云:"只圖大衆悟去。"師云:"悟即不堪。"進云:"作家作家。"師云:"上座是甚心行?"

問:"南泉陞座,趙州出問:'明頭合,暗頭合。'意旨如何?"師云:"有眼不曾

---

① 典故來源見《五燈會元·廬山羅漢院系南禪師》,原文作:"師臨示寂,陞座告衆曰:'羅漢今日,倒騎鐵馬,逆上須彌,踏破虛空,不留朕迹。'"《卍新纂續藏經》(80),頁369下。

見。"進云:"南泉歸方丈,意又作麼生?"①師云:"獨坐不稱尊。"進云:"者是古人分上事,和尚分上又如何?"師云:"喚作古人分上得麼?"進云:"不喚作古人分上又得麼?"師云:"兩頭三面,有甚了期?"進云:"有問有答,賓主歷然。"師云:"問處作麼生?"僧便喝!師云:"是上座道底?古人道底?"進云:"不得分身兩處看。"師云:"有問有答聻?"進云:"學人道過了也!"師云:"不得分身兩處看。"

乃云:"衲僧巴鼻,向佛祖未屙已前捉敗。所以三世諸佛,摸索不着,歷代祖師,提掇不起,一大藏教,詮注不及。直得橫該竪抹,爲天地本,作祖佛師。所以天地賴以成立,佛祖賴以出興,人物賴以珍育。本色衲僧,向者裏隨分拈一些子,則天地佛祖人物,一齊烜赫。且道烜赫個甚麼?"喝一喝!云:"只者個久已着在汝等腦蓋上,還覺頂門重麼?"復喝一喝!舉:

　　古雲門大師道:"久雨不晴,剳!"②

"今雲門又作麼生?久雨必晴,亦道個剳。諸仁者!古雲門一剳,要見折足來由,血濺梵天。今雲門一剳,且顯擔頭活計,平懷常實。諸仁者!且道今雲門是,古雲門是?"又喝一喝!云:"洎合停囚長智。"

小參。僧問:"開鑪二七,請師速道!"師云:"今夜不答話。"僧云:"爲甚不答話?"師云:"問話者三十棒。"僧云:"過在甚處?"師云:"再犯不容。"僧喝云:"大衆看看。"師云:"恁麼三十棒趁出始得。"僧云:"賊過後張弓。"師云:"瞎漢甚麼所在?爭勝爭負。"

乃云:"趨向個事,最初下手,大似一座銀山鐵壁,躋攀不及。趨向無門,能于躋攀不及處,驀地翻轉,直下便推出一座銀山鐵壁。所以迷也銀山鐵

---

① 典故可見於《五燈會元》,《卍新纂續藏經》(80),頁 91 中。
② 摘引自《古尊宿語錄》,《卍新纂續藏經》(68),頁 295 中。

壁,悟也銀山鐵壁。迷時不知個裏銀山鐵壁,妄生趨向。若於趨向不及處,得個轉身,生則同生,死則同死,天上天下,橫行自在,始到衲僧真實行履處。

"祇如適纔上座問處,也向銀山鐵壁處,與老僧互相挨拶。他于挨拶處,也有權,也有實,也有照,也有用,及乎將手向伊面前橫兩橫,爭奈貪程太過,不知錯路,似者般底,直須痛棒趁出始得。所以風穴道:'祖師心印,狀似鐵牛之機。去即印住,住即印破。'①恁麼所在,汝若纔擬駐足,便有錐子錐你;汝若撩起便行,却又有鈎子鈎你;汝若透得個事,纔與麼不與麼,不與麼却與麼,轉轆轆地,光前耀後。若透不得,臨機礙塞,頭不應尾,尾不應頭,於衲僧本分事上,七花八裂,要于銀山鐵壁處,直下轉得太遠在。且道銀山鐵壁處,畢竟如何得諦當去?"喝一喝云:"大冶精金,應無變色。"

開藏殿鐘樓基陛座。僧問:"莖草纔拈意自殊,梵天指日闢荒蕪。未審和尚今日如何證據?"師云:"一標纔插處,天地悉歸仁。"進云:"因齋慶贊光禪悅,舊面相呈又若何?"師云:"撥開天地,日月同明。"進云:"恁麼則棒頭法印懸金鼓,耳畔雷音驟海潮。"師云:"爭如海潮未發,時不違天,句裏藏鈎,龍王不顧。"進云:"匝地春風吹不盡,一華五葉競芬芳。"師云:"恁麼應須禮拜著。"僧禮拜歸眾。

問:"雲門大師道:'如何是自己光明? 僧堂、佛殿、厨庫、山門。'②今日和尚大建靈山,更拈出個甚麼?"師云:"握土成金。"進云:"作麼生着力?"師云:"打鼓普請看。"③進云:"即如不施寸草,梵剎圓成,憑個甚麼? 如此奇

---

① 此風穴陞座所說法語可見於《圓悟佛果禪師語錄》,《大正新修大藏經》(47),頁 789 下。

② 《古尊宿語錄》記有:"雲門大師示眾曰:'人人盡有光明在,看時不見暗昏昏。'作麼生是光明? 自代云:'三門佛殿,厨庫僧堂。'"《卍新纂續藏經》(68),頁 184 下。

③ 《雲門匡真禪師廣錄》記載:"雪峰上堂云:'盡大地攝來,如粟米粒大,拋向面前漆桶不會,打鼓普請看。'"《大正新修大藏經》(47),頁 573 下。

特。"師卓拄杖,進云:"若然,則掣開金殿鎖,撞動玉樓鐘。"

問:"如何是臨濟正宗一句?"師云:"頂顙轟霹靂。"進云:"若恁麼道,靈隱三千衆,飛來一樹花。"師云:"豈有此理。"進云:"請和尚再道。"師便打,進云:"謝和尚指示,某甲自領去。"

師乃云:"靈隱拂子頭,現龍樹大月輪體性三昧,與太陽紫微,交互爭輝。直得全賓讓主,轉三能于東震;全主讓賓,挽五佐于西乾。縱是東西合轍,南北通途。據重關,則先機立命;別緇素,則照用同時。衲僧本分則故是,祇如盡無邊華藏莊嚴海,拈來如粟米大,擲向靈隱青龍角上,汝等諸人還見麼? 不見? 打鼓普請看。"下座。

示衆。僧問:"從苗辨地,因語識人。祇如南山鼇鼻蛇,①明甚麼邊事?"師以拄杖左邊一卓,僧以坐具右呈,師以拄杖右邊一卓。僧打一圓相,師便打。一僧纔出,師便打。僧擬議,師又打,乃舉:

　　古雲門示衆云:"拄杖子吞却乾坤了也! 山河大地,從甚處得來?"②

師云:"雲門恁麼舉揚,大似藏盡楚天月,猶存漢地星。殊不見衲僧本分,今雲門直得忍俊不禁,爲汝等作個撒脫。"卓拄杖云:"雲門拄杖子,把定乾坤了也! 山河大地,分付阿誰?"復卓拄杖云:"一人有慶,兆民賴之。"

陞座。僧問:"有一則奇特因緣,舉似和尚。"師云:"試舉似看。"進云:"昨日劉鐵磨從臺山來,報道今日有齋。"師云:"大悲院裏話。"進云:"潙山作

---

① 典故見於雪峰義存對門人舉鼇鼻蛇例,問學勘辨迷悟落處。《佛果圜悟禪師碧巖錄》記:"舉雪峰示衆云:'南山有一條鼇鼻蛇,汝等諸人,切須好看。'"《大正新修大藏經》(48),頁162下。

② 此典故可見於《宏智禪師廣錄》原文爲:"不見雲門拈拄杖子示衆云:'拄杖子化爲龍,吞却乾坤了也,山河大地甚處得來?'"《大正新修大藏經》(48),頁15下。

卧勢，鐵磨便出，意者如何？"師云："扶起不如推倒。"①進云："與今日和尚陞座，是同是別？"師云："兩語不同圓。"進云："恁麼則鉢來香積，飯熟靈山。"

師默然，乃云："一念萬年，古廟香爐去。萬年一念，一條白練去。②恁麼道處，直得二桂五花，却外同根，十聖三賢，倉皇無措。所以石霜建立，祇貴知音，虔老相諳，龍頭虎嘯。似地擎山，不知山之孤峻；如石含玉，不知玉之無瑕。因甚真净道'猶是勝妙境界蓋覆，礙却正知正見？'③五祖從旁，且又金縢據款，雪上加霜。殊不知石霜父子，有當斷不斷不招其亂底劍。④是以九峰幹蠱，首座爭雄，白練一條，撫背而化。諸兄弟！要見石霜父子，真净五祖底着力處麼？"揮拂子云："從前汗馬無人識，祇要重論蓋代功。"下座。

陞座。僧出禮拜，師便喝！僧亦喝！師掩耳，僧轉身歸位，師便打，又僧禮拜，師便喝！僧亦喝！師亦打，問："橫擔毒鼓，魔佛潛踪，正令當行，誰是作者？"師便喝！僧亦喝！師亦打，進云："和尚不得推已讓人。"師又打，二僧競出。師云："一得一失。"二僧齊云："放和尚三十棒。"師亦并打，乃喝一喝云："釋迦老子來也！祇者一喝，也有權，也有實，也有照，也有用。且

---

① 這則公案典故，引述劉鐵磨向潙山靈祐禪師的參問對話。此中說"扶起"與"推倒"，雙行小注記有净慈一云："衆中道，放身便卧是不去，劉鐵磨慷懼而行，有甚交涉？殊不知潙山老漢，平生一條脊梁拗不曲，被劉鐵磨一推推倒，直至如今起不得，若要扶起潙山，請大衆下一轉語。"可見於《潭州潙山靈祐禪師語錄》，《大正新修大藏經》(47)，頁581上。

② 引述自羅山惟慎參石霜楚圓的對話，可見於《古尊宿語錄》，《卍新纂續藏經》(68)，頁335下；《大慧普覺禪師語錄》，《大正新修大藏經》(47)，頁905上。

③ 參引大慧禪師普説："老漢常愛真净和尚道：如今人多是得箇身心寂滅前後際斷，休去歇去，一念萬年去，似古廟裏香爐去，冷湫湫地去，便爲究竟。殊不知却被此勝妙境界障蔽，自己正知見不能現前。"《大慧普覺禪師語錄》，《大正新修大藏經》(47)，頁882上。

④ 此句可見雪竇禪師拈古，《明覺禪師語錄》，《大正新修大藏經》(47)，頁685中。

道釋迦老子在甚麼處?"旁二僧齊喝！師亦喝！一僧語未竟,師直打下法座。

復坐云:"若果向者裏會得,堪與古佛同參,如會不得,伏聽處分。"乃舉:

> 興化見同參來,纔上法堂,化便喝,僧亦喝,化又喝,僧亦喝,化近前拈棒,僧又喝,化云:"你看者瞎漢猶作主在。"僧擬議,化直打下法堂。①

師云:"諸兄弟！興化挂毗盧法印,握闡外威權,但知殺人可恕,情理難容。殊不知令行太嚴,傷鋒犯手！要知者僧納敗處麼？當斷不斷,返招其亂。且道作麼生斷？直饒不顧危亡,掀倒禪床,喝散大衆,也只是個撞着露柱底瞎漢。"下座。

對靈小參。師云:"見性不留佛,悟道不存師,②恁麼則與佛無恩。父母非我親,誰是最親者?③ 恁麼則與世無恩。諸仁者！即今性瑞、智德二比丘,圓頂方袍,全承麻蔭,六根完備,全賴生成。若謂無恩,則負師親;若謂有恩,則負指示。若真要向者裏超情離見,二恩并報,直須言不相負,物義不傷,恩不相辜,痛拳劈面。"乃豎拂子召大衆云:"祇如山僧恁麼舉揚,與他二比丘報親分上,成得個甚麼邊事?"擲拂子云:"好手還同火裏蓮,宛然自有冲天志。"

上竺觀如④法師請陞座。僧問:"祖意教意,是同是別?"師云:"天地同根。"進云:"莫是和尚爲人處麼?"師云:"爲處作麼生?"僧便喝！師亦喝！

---

① 參引《圓悟佛果禪師語錄》,《大正新修大藏經》(47),頁 783 中。
② 此兩句語出夾山善會禪師,見《五燈會元》,《卍新纂續藏經》(80),頁 121 中。
③ 語出西天第八祖佛陀難提尊者的傳記對話,《景德傳燈錄》,《大正新修大藏經》(51),頁 208 下。
④ 推爲觀如方志(1573—1650),海陵人,俗姓馬,杭州上天竺僧,曾受神宗、光宗賜紫,生平史傳參見《新續高僧傳·清杭州上天竺沙門釋方志傳》,《大藏經補編》(27),頁 95 中;《杭州上天竺講寺志》卷四。著有《注法華正旨》。

乃云："天竺靈隱,合命同條。祖意教意,一箭雙雕。"下座。

陞座。僧問："慶生得福事如何?"師云："當時給孤布金祇樹,捨券是甚麼人作?"僧回顧齋主云："後面是阿誰?"師云："恁麼則黃金易供,禪悅難消。"進云："青山夾道,碧水當門。有甚消不得?"師云："消得處作麼生?"進云："學人只得禮拜去。"

問："千山凝翠色,萬樹吐香花。昔日世尊,今朝和尚,正當與麼時,請師速道。"師云："正當與麼時,問從何來?"進云："一句了然超百億,千聖從教立下風。"師云："者是從上底,如何是學人底?"僧拂坐具云："千峰勢到嶽邊止,萬派聲歸海上消。"師云："閒言語。"進云："九九八十一,還歸有道君。"師震聲云："昨日道過,今日又道作麼?"僧便喝!師打趁。

乃云："臨濟喝,德山棒,誑嚇閭閻;雪峰毬,禾山鼓,一場兒戲。爭似靈山者裏,高門大戶,一任汝等橫來竪去,來者饑便同飡,忙便同作,似者般底,山僧布袋盛米供養他。殊不知恁麼漢,百味珍饈,他亦不顧,真是一員無事道人,去者呼喚不回,牢籠不得。山僧亦要明窗静几,安排着他,更不知恁麼漢,玉殿瓊樓他亦不住,亦是一員無事道人,無端泰山頂大樹王,自漢武帝封禪已來,至今無師證據,要於二人中請一人爲師。諸兄弟!且道大樹王畢竟要請那一個?"①擲拂子,喝一喝云："切忌鑽龜打瓦。"②

維揚吳護法請陞座。僧問："舊面新呈,未審作麼相爲?"師云："瓊花分鶯嶺,千里衲頭香。"進云："莫便是相爲處麼?"師云："一句爭先飛白鳳。"進云："恁麼則金湯深固,兆民賴之。"師云："金湯深固,千里持來,萬姓承庥,知恩何在?"進云："學人代行禮拜。"師云："賴有者一語。"

---

① 此處意指爲大樹堂請主。大樹堂,以西晉慧理祖手植西栗樹巨數十圍,枝幹參天,置堂其下而爲名。見《靈隱寺志》,頁86。

② 鑽龜,鑽鑿龜殼問卜以斷吉凶;打瓦,投擲遊戲。

問:"昨日被和尚一棒,直得飲氣吞聲,即今更思一頓得麼?"師云:"放過一着。"進云:"今日親見釋迦老子。"師云:"將謂釋迦老子便恁麼那。"

問:"向上一機,請師拈出。"師云:"大樹撐天。"進云:"恁麼却是向下也!"師云:"喚作向下得麼?"進云:"學人則不然。"師云:"汝又作麼生?"進云:"金沙灘頭馬郎婦。"①師云:"不因漁父引,争得見波濤。"

乃召衆云:"諸兄弟!還見吳大護法大解脫處麼? 祇樹揮金,干城法地,鷲嶺拈花,交爲肘臂。還見某上座着力處麼? 裨贊九成,心雄角虎,謾吼雲門,須彌作舞。還更見山僧據款結案處麼? 拈彼解脫,擒彼角虎,正令當行,不留佛祖。諸兄弟!且道:'阿那個正令當行?'"驀卓拄杖,喝一喝!下座。

説戒陞座。僧問:"禪律雙彰,請師速道。"師云:"一語雙垂。"進云:"學人却不恁麼。"師云:"不問你不恁麼。"僧擬議,師便打! 乃云:"戒光口發,語不艅師,法貴流通,鉢盂授受。所以山僧道:向第一句薦得,堪與闡提爲師;向第二句薦得,堪與諸佛爲師;向第三句薦得,堪與學人爲師。還有道得者麼?"穆侍者②出問:"如何是第一句?"師云:"鉢盂藏霹靂。""如何是第二句?"師云:"袈裟裏草鞋。""如何是第三句?"師云:"好手不張名。"進云:"恁麼則機酬毒鼓,震吼靈山。"便禮拜,師云:"新戒上座着眼。"

復召大衆云:"山僧者三轉語,有一語全具玄要,有一語祇具三玄二要,有一語祇具三玄。汝等作麼生會?"擲拂子,下座。

移輪藏殿陞座。僧問:"擎龍藏于震方,選佛得地;轉法輪于猊座,大用全彰。正恁麼時,塵説刹説、熾然説,無間歇,還許學人倒一説也無?"師云:

---

① 傳説爲觀音菩薩的化身。黄庭堅《觀音贊》云:"若欲真見觀世音,金沙灘頭馬郎婦。"《法華靈驗傳》,《卍新纂續藏經》(78),頁18中。

② 穆侍者,當爲具德法嗣穆文德。

"先讓老僧隨打一拂子。"進云:"捩轉乾南天一角,佛日重光令斬新。"師云:"且道是學人分上事,宗師分上事?"進云:"兩輪交互騰霄漢,妙轉家風煥古今。"師云:"祇如衲僧分上又作麼生?"進云:"紅旗閃處吼飛虎。"隨喝云:"顧鑒從教作者迷。"師連打兩拂子。

問:"鴻上座今日據虎頭來也!"師云:"不敢當鋒。"進云:"放老漢三十棒。"師云:"且讓上座一着。"鴻便喝!隨打一坐具,師休去。

問:"特來呈舊面,請師高着眼。"師云:"一句劈開新。"進云:"六門機坐斷,一性自閒閒。"師云:"祇如六門虛静,甚處坐斷?"僧打一圓相,師打一棒云:"聲前得路,棒下無私。"進云:"棒前有路,棒後無門。"師又打!

乃云:"移天好手,易地神機,一番竪立,千古綱維。"驀卓拄杖云:"普菴、魯班聖師來也!直得百萬火首金剛與彼神技諸仙,向無邊華藏莊嚴海,震大威德,運斤成風。畢竟如何?"連卓拄杖云:"金輪推動一聲鐘。"下座。

國清儲和尚①至,師引座云:"靈山一會,兩個古錐,一回見面,甘露雙垂。諸兄弟!且道雙垂個甚麼?淺草深藏虎豹,衲僧罔避;巨浸餌拾蛟龍,祖佛焉知?雖然天台牙爪,靈鷲鈎錐,失便宜處得便宜。"下座。

薦親請陞座。師竪拂子云:"會麼?天地未有,父母誰生;鴻濛忽震,七事隨身。"②震威一喝云:"臨濟大師來也!説甚無位真人?"復喝一喝云:"知恩方解報恩。"下座。

---

① 即退翁繼起弘儲,曾住山天台三年不出,受天台文邑侯可紀請住國清寺,始開堂。見《南嶽單傳記》,《卍新纂續藏經》(86),頁 41 上。

② 七事隨身,原指上將軍門出陣,以弓、矢、刀、劍、甲、冑、戈等七種武器隨身配戴。又以僧人以三衣、一鉢、香合、拂子、尼師檀、紙被、浴具等常持隨身,《佛祖統紀》,《大正新修大藏經》(49),頁 212 中。而在禪門宗師,亦有七事隨身,語出《臨濟慧照禪師語錄·序》,而就《五家宗旨纂要》所謂"濟宗七事隨身",乃殺人刀、活人劍、脚踏實地、向上關捩子、格外説話、衲僧巴鼻與探竿影草,見《卍新纂續藏經》(65),頁 260 上。

開大鑊陞座。問:"佛身清净,浴個甚麼?"師云:"一杓惡水驀頭澆。"進云:"看取杓柄。"師豎拂子云:"會麼?"進云:"棒頭一滴,萬物沾恩。"師打一棒云:"也不得放過。"

問:"大鑊新開,瞎堂再來;三千諸佛,同圓一齋。齋個甚麼?"師云:"香飯積成雲。"僧禮拜,師云:"千古成佳話。"進云:"更求指示。"師云:"已道了也!"

乃云:"一語廣大,物物全真;一句截流,機機坐斷。殊不知廣大處,纖毫不露;坐斷時,逐浪隨波。是以法幢建處,大鼎舒陳,龍象雲蒸,人天輻輳,直得金牛作舞,曹山尊貴頹然。據坐南泉,黃檗機酬陷虎。諸兄弟!山僧見者一隊古錐恁麼俊快,不覺呵呵大笑!且道笑個甚麼?不因滿鉢盛香飯,爭識雲門鐵䶢機。"

佛誕日,林太夫人請陞座。乃喝一喝云:"釋迦老子生也!直得九龍噴水,香海波騰,爲瑞爲祥,騰蛟起鳳。殊不知古雲門大師,從旁擊節,錦上鋪華,買石饒雲,一場富貴。又不知大護法林公,亦于今日降神出胎,囙地一聲,現大人相。諸仁者!祇如山僧今日舉揚處,且道作麼證據?若證據雲門,則孤負釋迦老子;若證據釋迦老子,則孤負現前設供大檀。且道畢竟以何爲據?"連擊拂子,喝一喝云:"九萬里鵬纔運動,一千年鶴便翱翔。"

餉部裴護法請陞座。僧問:"靈山會上,付囑宰官。付個甚麼?"師云:"鯨鳴震角,虎嘯金堤。"進云:"恁麼則運籌帷幄,決勝千里。"師云:"正令當行。"

問:"昔有官人問徑山和尚:'出家事作麼生?'山云:'出家乃大丈夫事,非將相之所能爲。'官人便悟。① 且道悟個甚麼?"師云:"今古獨稱尊。"進

---

① 此徑山和尚乃法欽禪師,典故可見於《徑山志》,原文:"崔趙公嘗問弟子:'出得家否?'師曰:'出家是大丈夫事,豈將相之所能爲?'"《中國佛寺史志彙刊》第一輯(31),頁71上。

云："今日大護法,得得入山,設齋飯僧,和尚有何利益?"師云："五湖衲子,頭角崢嶸,個裏真機,當陽獨露。"進云："恁麼則覿面無迴互,當機有卷舒。"師云："卷舒處作麼生?"進云："大衆分明記取。"師云："一回舉似一回新,萬古話頭香在世。"

乃云："法身任運,動静一如;時節因緣,發無不中。諸仁者!若乃不審時節,祇會法身,恁麼會處,見成滲漏。須知見纔滲漏,語便失宗,智向偏枯,何時俊快?靈隱到者裏事不獲已,只得從空放下,撥草尋人。汝但内絶見知,不重己靈,外絶攀緣,不慕諸聖,自然兩頭迹絶,泯照忘勳,一句當天,冰紅日冷,便恁麼去。直得頭頭華藏,步步烟城。"驀卓拄杖云："切忌惺惺。"復舉:

僧問投子："如何是一大事因緣?"子云："今日尹司空與老僧開堂。"①

"靈隱則不然,若問:'如何是一大事因緣?'但向他道:'今日裴護法于靈山設齋。'"又卓拄杖云："諸仁者!投子通方作略,就下平高;靈隱據令而行,驅耕奪食,則且止。祇如尹司空與裴護法,夙承佛化,弘護宗乘,又作麼生?"復卓拄杖云："天錦花敷獅子榻,法地光騰白象威。"

結夏日,輪藏殿上梁,餉部湯護法請陞座。三西堂②問："金梁煥日,來海衆于烟城;寶棟承天,結雲從于鷲嶺。護法側聆貎座,導師演唱何乘?"師云："佛光纔現瑞,衲子迅掀騰。"進云："馬駒躍起金聲振,大闡拈花紫焰騰。"師云："覿面紫微纔運動,階前黃道更開新。"進云："虎穴從師誇虎戰,龍宮誰敢奮龍威。"師云："作家鱸鞴,衲子相承,杲日當天,如何舉唱?"進云："聲前句後雙摧敵,互換之機試轉看。"師云："互換不須頻囑付,目前一句更須拈。"堂以坐具向前擲云："鷹拳返擊從來捷,今日當仁豈讓師。"師

---

① 語見《圓悟佛果禪師語錄》,《大正新修大藏經》(47),頁733上。
② 三西堂,當爲具德法嗣三目智淵,紹興人。時任西堂,住靈隱二年,參見《增修雲林寺志》,頁40上。

云："笑看作家僧。"

問："天下名山僧住多，鼎新革故貴維摩。只將祇樹鋪金手，換我輪珠轉佛陀。請問和尚：'佛陀作麼生轉？'"師云："大權弘密護，車馬載青蓮。"進云："恁麼則一彩終須兩賽去也！"師云："大家出隻手，千古仰知音。"

問："靈山結制，選佛場開；向上機關，請師舉唱。"師云："啐啄不相知，衲僧時奮迅。"進云："恁麼則金鐘敲動千峰翠，輪藏回還萬國春。"師云："祇如雲月是同，溪山各異，衲子相逢，如何酬酢？"僧以目顧左右云："東邊東立，西邊西立。"師云："東西不異，南北殊途，覿面提持，更須道得。"進云："學人放過和尚三十棒。"師云："老僧亦放過上座三十。"

問："金輪寶藏即不問，拄杖開封事若何？"師云："衲子喜驚群。"進云："恁麼則鉗鎚毒辣當陽擲，五湖衲子笑相親。"師云："笑處作麼生？"進云："倒跨鐵牛長奮迅，須彌蹄跳眼通紅。"

師乃云："般若流運，動靜一如，時不相饒，往復無際。山僧今日既乘此法運，直得天推佛轂，吉耀騰輝，藏殿龍興，法音動地。五湖衲子，亦乘此個時節，安禪結制，以大圓覺爲我伽藍，熏風南來，披襟獨得。合山耆宿，并諸青俊，無不於此協力輸誠，堅精進幢，和洽人天，法輪大轉。現前大護法大檀越，亦皆于此最勝因緣，好善樂施，藏德不止，麟鳳嗣芳，福基深固。

"諸禪德！祇者般若流運，有如是廣大殊勝，差別周遍，當人苟能向者裏不移一步，不撥一機，以大千界爲一真境，以十方佛等一凡夫。然後擒犀象于大壑，氣吞嶽麓；縱鷗鵬于六合，威震乾坤，直饒超證到恁麼田地，更須在悟忘道，在證忘修，把斷要津，壁立千仞。"乃卓拄杖，連喝！兩喝！良久，復云："不將十丈連城壁，怎得那吒撲帝鐘。"

誕前一日陞座。僧問："萬派朝宗，載瞻禪海之浩瀚；千峰拱揖，咸覿法緒之無疆。燦峻德于芳辰，花雲結綵；扇玄風于午夏，殿角生凉。輪甲維新，新新不息,因齋而贊,請副一機。"師云:"萬指奪高標,古今常互換。"進云:"囓鏃機機環北宿,飛輪語語耀南辰。"師云:"爭如龍銜海月,赤鯉難追。"進云:"香脇迸開雛卵地,雲門寶杖大須參。"師云:"香象忽奔雷。"進云:"弄潮須是隨波客,拍拍橈飛浪轉高。"師云:"個中誰是出頭人?"進云:"可謂中天日月光師化,大地山河擁法幢。"師云:"秋風吹渭水,一葉轉帆輕。"紫西堂①問:"十六日降生,因甚麼今朝預慶?"師云:"快行得步。"進云:"祇如古人道:'先行不及,末後太過。'又作麼生?"師云:"誰敢恁麼道?"進云:"者老漢非但勘驗紫上座,燈籠露柱亦被勘驗有分。"師云:"勘處作麼生?"進云:"不但今朝俊點,五百歲後有人流通去在。"師云:"且緩緩。"

問:"如何是獨尊之旨?"師便喝!進云:"祇如古人道大悲願力,示現受生,與獨尊之旨相去多少?"師云:"前不構村,後不迭店。"進云:"某甲到者裏,只得叉手當胸,退身贊嘆。"師云:"贊嘆個甚麼?"進云:"至人說法至人口,惟有明日最吉祥。"師云:"明日來與汝道破。"

乃拈拄杖云:"還會雲門落處麼?雲門明日出胎,今日尚在,父母未生,教山僧道個甚麼?"驀卓拄杖云:"釋迦老子來也!于一毫端現寶王剎,坐微塵裏,轉個甚麼?如人上樹,口銜一枝,手不攀枝,腳不踏枝,忽有人問西來大意,若答喪身失命,不答又違他所問。"

復卓拄杖云:"無面目漢來也!無一毫端,坐寶王剎,又轉個甚麼?扇子踍跳上三十三天,觸着太陽尊天鼻孔,直得日輪香象,痛喫拄杖,七寶雲騰。諸兄弟!祇者兩則話頭,若道釋迦老子是,則負雲門未生一段;若道無面目底是,怎奈釋迦老子現在。諸兄弟!固要個裏會得,直須會三如一,疊二成∴,摩醯眼光面門竪亞。還委悉也無?"復卓拄杖云:"也是鬧市裏虎。"下座。

---

① 紫西堂,當爲具德法嗣紫蓋濟衡,時任西堂,輔助具德,分座接衲,主席佛日、安隱,寂于安隱。

誕日①陞座。僧問："釋迦降誕，金蓮現瑞于皇宮；祖令當行，宗鏡高懸于震旦。敢問四衆臨筵，垂何三昧？"師云："兩輪交互照，一句獨稱尊。"進云："六合飛星朝北極，何人不仰上頭關。"師云："天花還佛輦，拄杖吐虹霓。"進云："恁麼則眉間亞竪摩醯目，慣使驅雷掣電機。"師云："且道是法戰當陽，是衲僧本分。"僧便喝！師亦喝！進云："學人也喝！和尚也喝！誰賓誰主？"師便打！進云："拄杖橫開千佛界，當陽一句許誰酬？"師云："莫把金鞭鞭腦後，也須當道與人看。"進云："蒙師特示真三昧，今日須防肋下拳。"師云："向甚處下手？"進云："雖然返擲無踪迹，且把南高作壽山。"師云："三十棒不可放過。"

問："黃鶴峰頭舒佛日，呼猿洞口露真風。且道此意如何？"師云："年年是好年，日日逢此日。"進云："優曇披月面，花雨滴崖叢。"師云："花雨滴處，空生岩畔譸訛。"進云："一滴曹源水，散入五雲中。"師云："雨雲動地，帝釋還遭一掌。"進云："秖如瑤島，還吹無孔笛，群仙聚會唱玄歌，未審是誰家曲調？"師云："五音六律，品極玄黃；一句截流，頂門獨耀。"僧禮拜。

問："昨日未了公案，請師舉陽。"師云："祖禰不了，殃及上座。"進云："昨日蒙師指，當陽又若何？"師云："棒頭明的旨，句裏縱機權。"進云："直饒如此，座後更有一人未肯相許在。"師云："阿誰？"僧禮拜，師便喝！進云："分明此事無今古，三點圓∴在上方。"

問："脇下迸開紅目面，雲騰六合意如何？"師云："裂破不曾停。"進云："恁麼則足下金輪常現瑞，頂門化雨起群龍。"師云："輪王髻裏珠，那肯輕分付。"

問："雲門深鎖，日輪迸出事如何？"師竪起拄杖，進云："且喜老漢金日瞥地。"師便打！乃云："小釋迦降誕于前，雲門要與他痛棒；古觀音降神于後，雲門亦要與他痛棒。正當與麼時，雲門降生，亦思一頓痛棒。誰爲下

---

① 即具德的生辰六月十六日。

手?諸兄弟!果向者裏下得毒手,直似雄圖荆璧,不遜當仁,迅辣爪牙,當頭攫撲,還有恁麼奇英俊衲也無?有則山僧與汝拄杖,有麼有麼?"乃以拄杖下指,白峰便接住,師掣轉變打,峰禮拜。師云:"正令合是汝行,争奈杓柄在雲門手裏。"下座。

示衆。紫西堂出,師便喝!堂亦喝!師云:"還見靈隱老落處麼?"堂又喝!師便打!三西堂出,師便喝!堂亦喝!師云:"且道你一喝,我一喝,那個是賓?那個是主?"堂拍掌一下歸位云:"消得龍王多少風?"師云:"草賊大敗。"乃舉:

> 興化示衆云:"若是作家戰將,便請單刀直入,更莫如何若何。"有旻德禪師出,禮拜起便喝!化亦喝!德又喝!化亦喝!德禮拜歸衆,化云:"適纔若是别人,三十棒一棒也較不得。"何故爲他旻德會一喝不作一喝用?首山拈云:"二俱有過,二俱無過。"①

師云:"首山但識二俱有過,二俱無過。殊不知興化父子個裏殺活,二俱放過,二俱不放過。且道靈隱底是?首山底是?"良久,復喝一喝云:"不得動着,動着三十棒!"

示衆。問:"父子投機,辯如雲涌。古路斷碑,阿誰能續?"師云:"推不向前,約不向後。"進云:"老老大大,爲甚只解續後,不解續前?"師云:"將甚麼喚作'只解續後,不解續前'?"進云:"未審斷碑還可續也無?"師云:"上座自道了也!"進云:"五綵繪青霄,徒誇女媧手。"師云:"且道放過上座?不放過上座?"進云:"隱躍霞絲織錦韁,蟻封四足驟龍驤。碧波影裏追風捷,涌出仙圖百丈光。"隨以兩手作擎日月勢。師云:"直饒夒至如來也遭痛棒。"乃橫按拄杖,舉:

---

① 此段首山上堂提語興化示衆對話,參見《景德傳燈録》,《大正新修大藏經》(51),頁299上;《古尊宿語録》,《中華藏》(77),頁670上。

古雲門示衆云："拄杖子吞却乾坤了也！山河大地從甚處得來？"①

師云："劄！今雲門拄杖子吐却乾坤了也！三世諸佛，歷代祖師，莫不向者裏出没卷舒，接物利生。"又云："劄！"復顧左右云："諸兄弟！祇者兩劄，有一劄似地擎山，不知山之孤峻；有一劄如石含玉，不知玉之無瑕。"驀卓拄杖云："且道者一劄，又作麼生？也不出睦州道底。"

解制陞座。問："雙峰欽②和尚云：'進一步即迷理，退一步即迷事。'祇如今日九旬行滿，如何得理事不迷、進退合轍去？"③師云："出門脚下草漫漫。"進云："雖解如理如事，爭奈步步成踪。"師云："將甚麼喚作'步步成踪'？"進云："金錫乍搖六種震，芒鞋不動歷烟城。"師云："若然，上座步步成踪去也！"問："昔日洞山解制，教學人向萬里無寸草處去。今日靈隱解制，教學人向甚麼處去？"師云："亦向萬里無寸草處去。"進云："祇如石霜道'出門便是草'，④又作麼生？"師云："撥轉上頭關。"進云："莫是和尚爲人處麼？"師云："且道學人作麼生領荷？"僧喝！師云："杜撰禪和。"乃云："今朝七月十五，放出阱中陷虎，猛地哮吼一聲，百億崑崙起舞。"連卓拄杖，喝一喝云："是何言歟？"又卓拄杖云："參！"

小參。舉：

---

① 引自雲門文偃"室中語要"，原文作："師或拈拄杖示衆云：'拄杖子化爲龍，吞却乾坤了也，山河大地甚處得來？'"《雲門匡真禪師廣録》，《大正新修大藏經》(51)，頁558中。

② 雙峰竟欽(910—970)，又名慧真廣悟，北宋禪僧，雲門文偃(864—949)禪師法嗣。益州人，受業於峨眉洞溪山黑水寺，并於韶州雙峰開山創院，漸成叢林。生平傳記可參見《峨眉山志·慧真廣悟禪師》，《中國佛寺史志彙刊》第一輯(45)，頁206—207。

③ 此説可參見《五燈會元·韶州雙峰竟欽禪師》記："上堂：'進一步則迷理，退一步則失事，饒你一向兀然去，又同無情。'僧問：'如何得不同無情去？'師曰：'動轉施爲。'曰：'如何得不迷理失事去？'師曰：'進一步，退一步。'僧作禮。"《卍新纂續藏經》(80)，頁311下。

④ 石霜慶諸禪師座下僧人舉洞山參學示衆語問，師聞之應答，見《景德傳燈録》，《大正新修大藏經》(51)，頁321上。

西天二十六祖不如密多尊者，付法與般若多羅尊者偈曰："真性心地藏，無頭亦無尾，應緣而接物，方便呼爲智。"①

"諸仁者！尊者者一偈，將五臟六腑，一時傾向汝等諸人面前了也。且道如何是應緣接物底道理？有般漢不識尊者方便，向者裏會心會性，直饒與自己心性上會得一一精明，一一諦當，也只成得個極微細所知愚。昔六祖大師陞座示衆曰：'我有一物，無頭無尾，無背無面，無名無字，諸人還識否？'彼時有神會出曰：'是諸佛之本源，神會之佛性。'祖曰：'向汝道"無名無字"，汝便喚作"本源佛性"，汝向去有把茆蓋頭，也只成個知解宗徒。'②

"諸仁者！所謂極微細所知愚，也只是當人内見有佛性可承當，外見有名相可指認。只這承當、指認，便是他知解窠窟納敗處。一日南嶽來參祖曰：'什麼物恁麼來？'嶽曰：'説似一物即不中。'祖曰：'還可修證否？'嶽曰：'修證即不無，污染即不得。'祖曰：'祇此不污染，諸佛之所護念。'③又一日青原行思來參，問曰：'當何所務，即不落階級？'祖曰：'汝曾作什麼來？'思曰：'聖諦亦不爲。'祖曰：'落何階級？'思曰：'聖諦尚不爲，何階級之有？'祖器之。④

"諸兄弟！你看六祖、南嶽、青原驀劄相逢，拳踢相應，真可謂光吞華藏，氣壓百靈，始契得尊者應緣接物底道理。然後馬駒踏殺，石鞏張弓，雪峰輥毬，禾山打鼓，乃至德山入門便棒，臨濟進門便喝。于是五宗大振，方是時仰山獨識，⑤臨濟宗風，大興吳越之間。諸仁者！既在者裏承此法運，體究個事，直須于入門便棒，進門便喝處，智不可知，性不可解。但恁麼畫三夜三，激切提撕，畫三夜三，千挨白捺，猛地于提撕不及，挨捺不來處，忽然

---

① 《景德傳燈錄》，《大正新修大藏經》(51)，頁216上。
② 此段典故見於《六祖大師法寶壇經》，《大正新修大藏經》(48)，頁359中。
③ 南嶽懷讓參六祖之典故，見《五燈會元》，《卍新纂續藏經》(80)，頁69下。
④ 青原行思參六祖之典故，見《五燈會元》，《卍新纂續藏經》(80)，頁108上。
⑤ 典故可見《佛果圜悟禪師碧巖錄》："仰山云：'一人指南吳越令行，遇大風即止。'此乃識風穴也。"《大正新修大藏經》(48)，頁176上。

打失布袋，翻轉面皮。無論釋迦老子，臨濟德山，劈面便掌，攔胸便㧶，那時方知吾不汝欺。無事珍重！"

庫藏樓豎柱上梁陞座。問："打開寶藏，無非七事隨身；滿目英才，個中誰是得者？"師云："杖頭騰七寶。"進云："恁麼則楊岐續焰，自寶承恩。"師云："一對無孔鐵鎚。"進云："今古同途，兩彩一賽。"師云："試爲山僧出手看。"進云："腰纏十萬貫，跨鶴下揚州。"師云："快便師僧。"

問："古德云：'有言說野干鳴，無言說獅子吼。'①請和尚一吼。"師云："坐斷兩頭機。"進云："一句無生曲，霑恩賀太平。"師以拂子打〇云："者個又作麼生？"進云："恁麼則靈山久隱獅王窟，今日重開庫藏門。"師云："且道拂子頭還肯放過上座也無？"進云："龍女獻珠去也！"師云："且放過一頓挂杖。"僧喝！師便打！

乃云："庚寅甲申，戊子丙辰，天干地支，生旺相成。"驀卓挂杖云："千佛列祖來也！諸仁者！千佛列祖到此，且道圖個甚麼？爲汝等現大人相，點楊岐燈，布須達金，要與太陽紫微，龍德顯星，交輝互映，天母二倉，葉葉相承。諸仁者！須知互映相承處，金牛飯，趙州茶，光嚴鷲嶺；雲門餅，甘贄齋，耀古騰今。萬古話頭新，菩薩子喫飯來，時下飽忻忻。"復卓挂杖喝一喝云："橫身當宇宙，誰是我般人？"下座。

織造府衆大人啓建水陸，請陞座。座元問："丹楓簇錦麗山河，黃葉飄金遍地鋪。護法入山崇勝事，高懸水陸事如何？"師云："優鉢羅華開佛面，一枝拈動梵王春。"進云："還有向上事也無？"師云："棒頭撥動千秋日，曠劫蒼生仰佛恩。"進云："恁麼則一人有慶，兆民賴之。"師云："賴處作麼生？"進

---

① 此云"野干鳴"、"獅子吼"演繹自經文，如《長阿含經》云："野干稱師子，自謂爲獸王。欲作師子吼，還出野干聲。"《大正新修大藏經》(1)，頁69上；又《央掘魔羅經》云："設我野干鳴，一切莫能報，況復能聽聞，無等師子吼？"《大正新修大藏經》(2)，頁528上。

云:"學人只得禮拜去。"師云:"萬古碧潭空界月,再三撈漉始應知。"①

問:"凡聖交加即不問,臨機勘辨事如何?"師云:"棒頭選佛,喝下投機。"進云:"不屬聖凡,又作麼生勘辨?"師云:"彼此合同塵。"進云:"慣會驅耕奪食那。"師云:"奪處作麼生?"進云:"腦後見腮,莫與往來。"師云:"今日放過上座一着。"

問:"西方接引事如何?"師云:"一句彌陀如鐵橛。"進云:"蓮花出水滿池香。"師云:"不妨禮拜。"進云:"求和尚慈悲。"

師云:"更與三十棒。"乃云:"祖師心印,凡聖同源。所以在凡不減,處聖不增,凡聖兩忘,髻珠晃耀。諸仁者!豈不聞迦文老子有言:'輪王髻裏珠,那肯輕分付。'②雲門今日承現前諸大護法,莊嚴宗祖,薦拔三途,水陸勝緣。雲門要將者一顆髻裏明珠,平等施與,亘古亘今,謀臣猛將,勇悍軍民,洎水陸空行,幽冥沉滯,法界冤親,一切有情。試問諸仁:'畢竟作麼生領荷?'苟能向者裏萬機休罷,千聖不攜,一念回光,即同本得,便解戈迴佛日,甲卸天花,夢破長平,光騰海印。到者裏則天地不足喻其大,日月不足喻其明,虛空不足喻其智慧,山海不足喻其壽命。"驀以拂子劃一劃云:"向甚處去也!"復喝一喝云:"三段不同,收歸上科。向下文長,付在來日。"下座。

織造府水陸酬恩上薦,請陞座。問:"昨宵高懸水陸,蓋爲群迷,今朝猊座重登,當爲何事?"師云:"一人成道,萬姓光華。"進云:"莫便是和尚爲人處也無?"師云:"天邊垂玉臂,頂上耀崑崙。"進云:"謝師指示。"

問:"赤文綠字,承許今日宣揚,海棠亭亭,鵠望鴻慈垂示。"師云:"拄杖撥

---

① 引汾陽善昭謁見首山,言下大悟之句。見《五燈會元》,《卍新纂續藏經》(80),頁233下。

② 見百丈再參馬祖之古則、圜悟勤之擊節語。《卍新纂續藏經》(67),頁228上。

開天地遠。"進云:"未審斯文,還可爲幽顯聖凡,作得個護身符子也無?"師云:"九九八十一,還歸有道君。"進云:"若然則個個頂涌珊瑚光,優游塵界外。"師云:"仙花飄宇宙,獄主總興慈。"進云:"雖然如是,不因奕葉引,争得見徽猷。"師云:"三十棒不可放過。"進云:"學人到者裏,只得錦上鋪花去也!"師云:"錦上鋪花,千古從人;覿面無私,一機速道。"進云:"權將萬疊飄紅葉,散作三祇不夜燈。"師云:"者消息從甚處得來?"進云:"賴得和尚證明,也須作禮三拜。"師云:"大衆看者僧脚跟下,還須痛棒。"

問:"上面坐底是那一個?"師云:"天上天下,惟我獨尊。"進云:"天上天下是一個? 是兩個?"師云:"話頭也不識。"僧擬進語,師云:"住住!"

乃云:"法無定相,遇緣即宗;性無定相,遇緣立命。不見華嚴以一念真性緣起,爲法界定體。諸仁者! 緣勝則立命貴而證聖,緣慳則立命賤而墮凡。若據山僧見處,凡情無始,聖見無終。故凡情聖見,是金鎖玄路,于斯薦得,便能行鳥道於無功,縱展手于尊貴。由是諸天罷樂,帝主興慈,地獄停酸,修羅息戰。① 緣覺聲聞,回心向大,菩薩破裂,住地無明,昆盧遮那,於一塵中,出大經卷。如是則現前諸大護法,當生本命大造,一切智智清净,無二無二分,無別無斷,一切威德自在清净,無二無二分,無別無斷,直得彌勒世尊,向者裏呵呵大笑! 且道笑個甚麼?"揮拂子云:"金色嘈囉。"

機　　緣

僧問:"如何是佛?"師云:"磚頭。"僧云:"因甚雲門大師道'乾屎橛'?"師云:"兩彩不同圖。"②

---

① 此句又見於《列祖提綱録・供法衣提綱》:"遂舉衣云:'舉起也,地獄停酸,修羅息戰。'"《卍新纂續藏經》(80),頁 159 上。

② 這一則機緣問話,亦見於《大悲妙雲禪師語録・頌古》,新文豐版《嘉興藏》(38),頁 464 下。

師過西堂寮，曰野記錄後至。師云："那裏去來？"曰云："庫司房。"師云："作甚麼？"曰云："送語錄與仁庵①看。"師云："看得如何？"曰云："平常。"師云："奇特也不識？"曰云："不得自誇。"師云："不得不誇。"曰擬議，師與一衆大笑！

僧入室呈偈，師接得便問云："如何是父母未生前面目？"僧便喝！師云："正睡着時，無夢無想，無見無聞，者一喝在甚麼處？"僧云："枕子裏翻身。"師豎竹篦，云："祇如竹篦子踍跳上三十三天，觸着帝釋鼻孔，東海鯉魚打一棒，雨似盆傾，作麼生會？"僧云："普天匝地一時收。"師云："大有人不肯你在。"僧云："也要和尚證明。"

僧問："不問有言，不問無言，請師速道！"師云："嬰兒騎白象。"僧禮拜，師云："東土衲僧，不如西天外道。"

僧問："諸佛不出世，祖師未西來，有何佛法？"師云："大海不揚波。"僧云："諸佛已出世，祖師已西來，又道個甚麼？"師云："青山常突兀。"

一晚虎朝輪藏伽藍殿，衆犬寂然，巡照隨之亦不驚恐。詰旦，師召衆云："猛虎來朝時如何？"曰記錄應聲云："物逐人興。"師別云："禮出家常。"一僧猛向師前作虎聲，師便掌，三西堂震聲云："非但騎虎頭，亦解把虎尾。"師休去。

師落板堂。一衆經行，師喝云："住了！"衆便住，師良久云："各與三十棒。"至前堂衆亦經行，師高聲喝云："住了！"一僧纔住，師云："得恁麼亂統！"便打！

僧參。師問云："從那裏來？"僧云："能仁。"師云："幾時離彼？"僧云："正月

---

① 此應指仁庵濟義。

廿五。"師云:"者一向在那裏?"僧云:"雪竇。"師云:"能仁鼻孔長,雪竇鼻孔長?"僧擬議,師云:"放汝一頓棒。"復問一僧云:"從那裏來?"僧云:"福建。"師云:"見黃檗否?"僧云:"不見。"師云:"見鼓山否?"僧云:"不見。"師云:"放汝兩頓棒。"

師落堂,路逢一僧問云:"什麼話頭?"僧禮拜,師震聲云:"什麼話頭?"僧云:"萬法歸一。"師云:"前一轉恰好,後一轉錯也。"

佛子求出家,跪云:"狂心頓歇,歇即菩提,未審歇在甚處?"師云:"今朝吉日,與汝過經。"

僧問:"未悟底人,還有生死也無?"師云:"無生死。"僧云:"恁麼則死了燒了不須疑也。"師云:"汝還得不疑麼?"僧罔測。

僧問:"三世諸佛不知有,貍奴白牯却知有。未審知有個甚麼?"師云:"海底播金錢。"進云:"意旨如何?"師云:"三人擒不得。"進云:"爲甚擒不得?"師云:"全在不欺。"

師下堂開示出,穆侍者云:"和尚恁麼道,大似羅公照鏡。"師喚行者云:"將燈籠照看。"穆云:"適纔悔不與和尚一頓。"師便打,穆云:"當斷不斷。"師又打數棒。

師至面壁軒,古月、斯信、聽月隨入,便禮拜。師一見,云:"三人證龜成鼈。"

一僧呈偈,師置袖中,石樹①從旁云:"偈是什麼樣底?"師云:"莫妄想。"石

---

① 石樹,應爲剖石璧禪師的法嗣石樹岳。

擬議,師云:"眼見如盲,口説如啞。"

偈

答示海旭張居士四偈仍步來韻

百年身世一浮漚,在海安能脱巨流。但得黄粱清夢覺,何妨無喜亦無憂。
滄桑幾度新農業,禹嶺空聞古會稽。偶睹霜林黄葉落,好驚紅日欲蹉西。
湘江慚溺老龐金,自古明賢惜寸陰。堪笑心空及第處,善財何必苦相尋。
河邊洗耳猛牽牛,潔飲高源即便休。争似靈山玄學客,杖頭日月轉悠悠。

受菴大兄壽

不二門前文虎豹,嘿然端的主賓分。單憑一臂迴天力,萬古香輸六合雲。

南屏期主老宿壽

鷲嶺好花拈不輟,南屏香笑幾時休。揮開舊日烟城路,英衲風馳四百洲。

示富居士三代誦金剛經孝感三瑞

禮培勁節,體足金剛。至堅至利,雪嶺冰霜。
是誰啐啄,子母俱忘。靈芝奪耀,天地争光。

示借菴劉居士以禪宗十鏡集求序

藏鋒覿面未爲奇,豈是尋常死馬醫。殺活刃頭生虎豹,團團玉振珊瑚枝。

示趙克明居士

大將曾輸古佛心,陣雲繞繞話頭新。誰憐凡聖俱摧滅,野老花拈萬國春。

贊

水墨大悲觀音像

毫滋佛骨，墨吐神光。仰祈紺梵，天湛煒煌。誰逾百城金摩之遠，何來粟散喜謁之王。殊不知個裏俊快，動輒明戈雪刃，差珍異器，於把斷要津處，冰輪奪耀，日冷青霜。

净瓶觀音像

一向慈悲何在，動輒神奇鬼怪。足下仰任一瓣優曇，瓶裏傾出過天澎拜。直饒百億香水海，百億娑竭羅，畢竟不知以此爲命。良久，喝一喝！云："勘破了也！"

懺壇關帝像

玉泉秉戒，罷却干戈百草頭。凡聖兩忘，漢室酬恩在今日。返觀過去百勝一負之時，汗馬徒勞，又何妨？仍舊聖文神武之間，功成不處。咄！

天竺觀法師像

彌勒閣中，莊嚴不足。無厭殿上，刀砧有餘。舉世間人到者裏，一欣一懼，一親一疏。惟大師出閣入閣，睹莊嚴而不喜，登殿振威，嚴正令而不怒。無論世間出世間，親疏貴賤，莫不能縱能奪，能殺能活。遂擲筆注香申意，云："住！住！"

法師像

有言説法，精進徒然。無心合道，海口難宣。爭似法師饑飡渴飲，行坐困眠，乃以山河大地，日月星辰，塵説刹説，熾然説，無間歇，大闡華嚴，好手還同火裏蓮。

獨笑關主枕石卧像

囑天不貴,藉地無功。箕踞若睡,耳貫長虹。管甚鵬搏萬仞,莊周歛衽,夢中説夢,及第心空,直得須彌盧卷歸枕上,二侍者手托鴻濛,遁世唯公,掀髯一笑起金風。

瓠菴陳居士遁世小像

金丹不影,仙姿弗及。麈尾休閒,佛頂難窺。何星斗之大荒,何萬物之無遺。殊不識吾阿翁之就裏欲睡不睡,似迷不迷,直得墨衫子橫函華藏,曲彔木豎駕須彌。雖然,也是失便宜處得便宜。

沈居士行樂肖像

翠璧擎天,金華結頂。坐卧其間,雲橫物醒。固向個裏會得,則無邊華藏莊嚴不足喻其富,烏獲、孟賁①不足喻其勇,儀秦不足喻其辯。驀地震威喝住。云:"是何言歟!"

馮崑石居士像

語直於弦,膽赤於日。用疾於雷,志堅於璧。其立世也,大義承天,敦睦宗親;其翊法也,奮金剛杵,衆邪辟易。而况植琥幹于地微,插帝青于天隙。直得無邊華藏莊嚴海,幾多知識盡向者裏握手笑譚。且道笑譚個什麽?室內不知,兒孫得力。

陳玄素居士笠杖衲衣行脚肖像

儒儀釋像,天地同根。佛法世法,兩没人情。欲覓桃源好避秦,那知避秦不在桃源裏,近世誰能更問津?

---

① 烏獲、孟賁,二人皆戰國時代勇士,力大無窮,舉鼎能手,入秦投奔武王。見《戰國策·張儀爲秦連橫説韓王》,《战国策·燕策一》,https://ctext.org/text。

吴祐函母像

一百八輪日月，都盧貫作一串。驀地拈出人前，那個兒孫不見。

佛　　事

天竺觀如法師封龕①

一大藏教，流出胸襟。五性三乘，豈離本際，是以大師之爲物也！以法海賢聖之資，橫乘義虎，以願行解脱之忱，功不浪施。且又花飛准甸，法演鷲嶺之雲；衣紫承天，尊顯祇林之異。及至報緣將謝，深固靈根，泯焰忘勳，如何施設？乃封龕，云："枯木雷鳴龍化雨，骷髏天嘯虎嘶風。"

---

① 推爲觀如方志，依觀如之卒年，可推知佛事舉行於順治七年。參本書頁147注④。

六、靈隱寺志・法語

解　　題

一、版本

《靈隱寺志》乃孫治①於康熙二年對前志加以增删削而撰成初稿，又經徐增②重加點竄改定。本書所依底本爲清光緒戊子（1888）季春錢唐丁氏嘉惠堂重刊本。③ 半頁十行，每行二十字，白口，單魚眼。版心記有書名、卷數，下爲頁碼。

二、内容説明

本單元是從《靈隱寺志》選録出具德禪師開示的上堂法語，共十四則。文中記載："師于己丑春二月十三日，住浙江杭州府靈隱寺，闔郡薦紳文學及各山耆宿、合院人衆請陞座。"由此可知這是具德禪師順治六年（1649）二月十三日進院靈隱寺以來，領衆重建寺院十多載期間，伴隨着各殿堂重修復建的上梁、奠基與佛像安座所舉行的陞座法會，記録的有關營造殿

---

① 孫治，字宇台，號祉翁，又號西山樵者，浙江仁和縣人，西泠十子之一，著述稱於時。撰有《孫宇台集》四十卷。
② 徐增，字子能，江蘇吴縣人。爲戒顯之吴門故友。曾爲《晦山和尚詩文集》書序，并受戒顯囑咐，校讎研磨，重編書成《靈隱寺志》。
③ 《靈隱寺志》，又名《武林靈隱寺志》，經影印裝訂四孔線裝書，集成於《中國佛寺志叢刊》第一輯（23），廣陵書社，2006年。并有影印整理本，杭州市地方志辦公室編，西泠印社，2014年。

堂、主持法務活動的上堂法語，内容涉及開爐鑄萬僧鍋、開藏殿鐘樓基、法堂上梁、佛殿前大寶鼎鑄成、供祖師等法務活動。其中一則《顯寧義姪和尚請上堂法語》，是具德的法姪仁庵濟義（時任顯寧寺住持）來到靈隱寺與具德共同主持"法堂上梁"法會的相關記載，這一則文獻可謂具德鑄就人才、大力扶植後學，及法侣間的互動關係的重要佐證。①

此外，有一則《付授願雲西堂上堂法語》，是順治六年具德禪師在佛日寺冬安居期間，爲擔任西堂的戒顯傳授付法。這則法語原本記載於《雲門具德禪師佛日語録》，②後來也被選録在《靈隱寺志》，這意味着具德、戒顯父子二人的深厚關係，既有法脉繼承，也是前後住持，在兩人相繼努力下，靈隱寺得以迎來重興的殊勝因緣。

---

① 《靈隱寺志》，頁 207—224。
② 參見本書所輯《靈隱語録》，《付授願雲西堂上堂法語》。

靈隱寺志·法語①

具德和尚住靈隱進院上堂法語

師于己丑春二月十三日②住浙江杭州府靈隱寺，闔郡薦紳文學及各山耆宿、合院大衆請陞座。揮拂子云："豁開宇宙，萬象交參。皎日當空，十方烜赫。還有共相證明者麽？"願雲西堂出問："靈山古刹，列聖覺場。寶座師登，將何行令？"師云："人到靈山增意氣，水歸大海長波濤。"進云："從來萬派皆歸海，今日千山盡仰宗。"師云："靈山一會，迦葉親聞。世尊拈花，貴須道得。"進云："今日更添一重光彩。"師云："七尺烏藤③行活計，杖頭八面起清風。"進云："直得飛來峰頂青龍舞，西子湖邊白鳳飛。"師云："誰人不仰上頭關？"

問："刹竿高豎，重興遠祖風規；法令當陽，④號召諸方龍象。作麽生是挽回風化底句？"師云："金輪現瑞，百鳳齊鳴。"進云："奇峰巧石開新眼，冷澗回波看主人。"師云："一句當機，普天匝地。"進云："龍袖拂開全體現，象王行處絶狐踪。"⑤師云："好音在耳人皆聽。"進云："誰箇不知音？"師云："禮拜有分。"

---

① 《靈隱寺志》卷四，頁 207—224。
② 己丑爲順治六年，己丑春二月十三日，即公曆 1649 年 3 月 25 日。
③ 烏藤，指拄杖。可見於天童如净《拄杖頌寄松源和尚》偈頌云："七尺烏藤挂東壁"，《如净和尚語録》，《大正新修大藏經》(48)，頁 132 中。
④ 當陽，本指對著陽光。於禪宗典籍引申爲二義，一作顯露、明白義，一作當面、當下義。陽，又做"揚"。參雷漢卿《禪籍方俗詞研究》，頁 612—613。
⑤ 此文句典故出自汾陽無德參叩首山省念，《汾陽無德禪師語録》記："師參首山問：'百丈捲簟意旨如何？'山云：'龍袖拂開全體現。'師曰：'未審師意如何？'山云：'象王行處絶狐踪。'"《大正新修大藏經》(47)，頁 607 下。

問："弘開法席，大闡宗風。滿目英靈，誰是作者？"師豎起拂子，僧（更）〔便〕喝！師亦喝！僧又喝！師云："三十棒。"進云："放老漢出一頭地。"師便打，乃豎起拂子云："昔日世尊拈華，今朝靈隱舉拂。會則同彼同此，耀古騰今；不會則乃聖乃凡，隨波逐浪。諸仁者！世尊說法四十九年，談經三百餘會，末後向靈山會上百萬衆前拈華囑累，飲光尊者一笑。相傳大法東來，則此山預來震旦，以待沒量大人。爰有慧理、永明、延珊、明教、雪竇、大慧、瞎堂諸祖，①咸向此山立極開宗。彼時問道，上自帝王，下及大臣，以至名公鉅老，亦在此山共翼嘉猷，激揚本分。今日現前宰官居士與諸山名德、本寺耆英、五湖衲子亦在此山，問似雲興，答如瓶瀉，豈非靈山一會，重整頹綱，再笑拈華，知恩有地？"

復舉拂子云："諸仁者！若向箇裏會得，則前佛性命、後佛紀綱，總在者裏。似地擎山，不知山之孤峻；如石含玉，不知玉之無瑕。永絕遮闌，更無向背。其或機留玄解，見逐偏枯，縱使打破牢籠，踢翻窠臼，撒開離坎，擺撥乾坤，是甚麼熱碗鳴聲、繫驢橛子？所以道：'靈光不昧，萬古徽猷。入此門來，莫存知解。'②直須不慕諸聖，不重己靈，向威音那邊打疊③定當，然後獨步大方，壁立千仞，行不言之令，嚴不罰之威。净裸裸沒可把，赤灑灑無回互。自然風行草偃，水到渠成。妙净明心，觸處青霄碧落；正法眼藏，等閒栗棘金圈。八表同符，三才合契。諸仁者！畢竟格外風規，機先權要。'佛佛相授、祖祖相傳'④一句，作麼生道？"擲拂子，震聲喝云："丹壑群真吟紫霧，靈山萬衲笑春風。"

---

① 開山慧理祖師，永明延壽、慧明延珊、明教契嵩、雪竇重顯、大慧宗杲、瞎堂慧遠等靈隱寺之"住持禪祖"，可參見《靈隱寺志》，頁128—161。
② 見於《佛果圜悟禪師碧巖錄》，《大正新修大藏經》(48)，頁156上。
③ 打疊，謂掃除、收拾之意。參引雷漢卿《禪籍方俗詞研究》，頁243。
④ 《龐居士語錄》有云："佛佛相授至今傳"《卍新纂續藏經》(69)，頁143下。亦可見可見通潤述《楞伽經合轍》記："唯此一宗，即佛佛相授，祖祖相傳者。"《卍新纂續藏經》(17)，頁803。

開爐鑄萬僧鍋陞座法語

大人具大識見,運大作略,安大爐韛,①啓大模範,成大鼎鑊。此箇大爐韛、大模範,成就來多少時也？赤縣神州,②無處不知；大乘氣象,何人不具？靈隱事不獲已,因行掉臂,遇緣即宗。遂使三世諸佛振動天樞,歷代祖師撼搖地軸。盡法界若聖若凡、若緇若素,靡不瞻之仰之,直得彌盧起舞,香海波騰。文殊、普賢合水和泥,彌勒、善財添銅入炭。

山僧橫身宇宙,號召當陽知事,喚行者人力,龍驤虎驟。冶師與爐頭火伴,電轉星馳,鼓橐籥③於晴空,風搏六合,運金鎚於肘後,響震三千。人人頂門瑞靄,各各脚下光騰。爍迦羅眼,左右圜融；母陀羅臂,前遮後護。④ 火德以之振武,金德以之圜成；造化以之無私,神功以之畢備。然後普天匝地,安静如初；若聖若凡,各歸本位。

三世諸佛放下天樞,歷代祖師仍還地軸。靈隱箇漢,斂衣就座,現前龍象,參叩如常。祇如一爐便就,覿面賞勞底事又作麽生？香積厨開雲出鼎,金牛撫掌笑呵呵！

付授願雲西堂上堂法語

召西堂願雲上座,云："靈山授受,一笑相親；雞足分燈,衣傳慈氏。殊不知釋迦不前,彌勒不後,法身不大,此衣不小。"乃捧起伽黎,云："祇如者重公案,畢竟以何爲驗？"遂展付,云："以此爲驗。"復說偈云："鷲嶺一花開五葉,神州紫氣藹三峰。燈燈續焰交光處,虎角新生佛日紅。"堂展具禮拜,師下座。⑤

---

① 爐韛,火爐之風箱。
② 謂中國之代稱。語見《史記·孟子荀卿列傳》卷七十四："中國名曰'赤縣神州'。赤縣神州內自有九州,禹之序九州是也,不得爲州數。"
③ 橐籥,古代冶煉時用以鼓風吹火的裝置,猶今之風箱。又有生發、造化、本源之意。
④ 爍迦羅眼、母陀羅臂,乃指千手千眼觀世音菩薩能現衆多妙容,可見《大佛頂如來密因修證了義諸菩薩萬行首楞嚴經》,《大正新修大藏經》(19),頁129下。
⑤ 此則《付授願雲西堂上堂法語》,是先宣講於佛日寺,後收錄於《靈隱寺志》的,詳見本書所輯《雲門具德禪師佛日語錄》,頁119。

開藏殿鐘樓基上堂法語

僧問："雲門道：'如何是自己光明，厨庫山門？'"①今日和尚大啓靈山，更拈出箇甚麼？"師云："握土成金。"進云："作麼生著力？"師云："打鼓普請看。"進云："只如不施寸草，梵刹圓成。憑箇甚麼，如此奇特？"師卓拄杖，乃云："靈隱拂子頭，現龍樹大月輪體性三昧，與太陽紫微交互爭輝。直得全賓讓主，轉三能於東震；全主讓賓，挽五佐于西乾。由是東西合轍，南北通途。據重關則先機立命，別緇素則照用同時。衲僧本分則固是，祇如盡無邊華藏莊嚴海，拈來如粟米大，擲向靈隱青龍角上。諸人還見麼？不見道：'打鼓普請看。'"

供祖師上堂法語

見性不留佛，悟道不存師。祖師玄旨是甚破草鞋？寧可赤脚不著最好。饒汝學得佛邊事，機不離位，學得法邊事，智向偏枯，兼帶去，亦未免究妙失宗。②不見雲居膺禪師云："如人頭頭上顯，物物上通，祇喚作了事人，喚作尊貴得麼？將知尊貴一路自別。"又云："如日出時，光照世間，明朗是一半，那一半喚作甚麼？"又云："升天底事，須對衆掉却，十成底事，須對衆去却。擲地作金聲，不得回頭顧著。"③雲居恁麼道，只解步步登高，不解從空放下。若是靈隱別有道處，但頭頭不顯，物物不通，無事可了，説甚尊貴？如日落時，不照世間，晦昧是一半，那一半幾曾欠少？升天底事，古廟香爐去；十成底事，冷湫湫地去；擲地作金聲，一條白練去。且道雲居底是？靈隱底是？靈隱底是，析旃檀片片皆香；雲居底是，碎拱璧塵塵是玉。毫釐有差，鳳縈金網，趨霄漢以何期？分文不值。龍門躍鱗，不墮漁人之

---

① 參見《韶州雲門匡真禪師廣録》一則垂示代語，收於《古尊宿語録》，《卍新纂續藏經》(68)，頁 109 上。

② 參引洞山悟本禪師三種滲漏，《筠州洞山悟本禪師語録》，《大正新修大藏經》(47)，頁 513 下。

③ 《禪林僧寶傳・雲居宏覺膺禪師》，《卍新纂續藏經》(67)，頁 504 上—中。

手,還有不藉功勳迴途復妙底衲僧麼？設有,也是雲居羅漢。

　　法堂上梁顯寧義姪和尚請上堂法語①
僧問："喚醒江畔魚龍,烹鍛大方麟鳳,是和尚尋常作略。秖如一莖草上現瓊樓玉殿,②明甚麼邊事？"師云："人天喝彩,佛祖解頤。"③進云："可謂魯班門下。"④師云："既截珊瑚樹,還爲架海梁。"進云："點！"師云："明甚麼邊事？"進云："願白一槌于此地,法王法令永流通。"師云："欲賞其功,姑驗其智。"乃云："昔日靈山一會,人天百萬,見世尊于法座,拈起一枝花。今日靈山一會,人天百萬,見山僧于法堂上,得一枝梁。上梁大家著力,出身白汗,深明下載,清風拈花,大家一笑。因甚傳燈續祖,獨惟迦葉？"⑤卓拄杖云："盡從者裏出。"

　　禪堂上梁上堂法語
打鼓普請看。好禪客前日拽木運石,今朝立柱陞梁。遍刹海是箇禪堂,總諸佛爲個衲子。可中爾照我用,我呼爾諾,頭角相似,肘臂相連,性命相共,教伊無一箇不從者裏,振綱肅紀去,表帥人天去。然後展黃龍佛手,滿把楊枝,庫內金剛圈、栗棘蓬,向雕梁畫棟上,驀頭一撒。五湖衲子,同時下喝,爭先拾得,將謂有多少奇特？放下手來,只是饅頭。⑥

　　佛殿天王殿同日陞梁上堂法語
師豎拄杖云："諸人還知各各一毫頭有一座寶王金殿麼？知則百萬人天、

---

①　顯寧義姪,推爲具德法兄澹予弘垣之徒仁菴濟義,由具德遵澹予遺囑代付法、授衣拂給濟義。
②　參引白雲守端禪師示衆語,《聯燈會要》,《卍新纂續藏經》(79),頁130上。
③　解頤,開顏微笑。典故出自《漢書·匡衡傳》記："匡衡字稚圭,東海承人也……諸儒爲之語曰：'無說詩,匡鼎來；匡說詩,解人頤。'"
④　魯班,又名公輸般,春秋末魯國著名巧匠,被土木工匠界奉爲祖師。
⑤　此段世尊拈花公案可見於《大梵天王問佛決疑經》,《卍新纂續藏經》(1),頁303中。
⑥　此二句,引用公案"觀世音菩薩,將錢買餬餅",放下手曰："元來秖是饅頭。"見《五燈會元》,《卍新纂續藏經》(80),頁305下。

匠作工徒,都在汝四大色身中踐踏;若不知,諸人一身具八萬四千毛竅,山僧亦八萬四千毛竅,釋迦老子亦八萬四千毛竅,于一毛端現寶王刹,坐微塵裏轉大法輪。① 莫是說了便當得麼?"卓拄杖一下,云:"古佛來也,世界起也,時節至也,棟梁枋柱、知事人力畢集也。那一柱不現丈六金身? 那一梁不具衲僧手眼? 那一金身、一手眼不顯大檀樂施、善信功勛? 究竟山僧兩序合院大衆,無思無爲,無作無取,而兩殿巍然,干雲摩漢。且道神通耶? 法雨耶?"喝云:"高著眼。"

鐘樓立柱上梁上堂法語

舉水潦和尚②云:"無量妙義,百千法門,總向一毫頭上,識得根源去。"③靈隱道:"無量妙義,百千法門,總向一毫頭上識得作用去。諸禪子若識作用徹根源,今日鐘樓上梁豎柱,柱柱金身,孔孔法眼,榫榫妙挾,面面正中。然雖如是,因甚水潦呵呵大笑?"顧左右云:"大家出一隻手!"

佛殿前大寶鼎成郇護法請上堂法語

師豎拂子云:"見麼大人緣起,梵王殿上投機,千佛光中現相,何況伊蒲④爲供,錦繡爲幨,花插金瓶,燈然寶炬。盡華藏是箇真實人體,盡供養是箇真實作用。轉過那邊,入門便棒,進門便喝,背手摸枕子,當面露吹毛,與衲僧把臂;轉過者邊,雲行雨施,品物流行,如雷如霆,爲照爲用,則父子同條。那邊者邊,無可不可。昔日給孤布金于祇樹,今日郇公鑄鼎于靈山,五湖衲子忍俊不禁,以須彌爲果,大地爲盤,爲郇公賀。"良久云:"還會也

---

① 此兩句摘引自《大佛頂如來密因修證了義諸菩薩萬行首楞嚴經》,《大正新修大藏經》(19),頁 121 上。

② 水潦和尚,又名水老和尚,生卒不詳,唐代僧人,馬祖道一弟子。可見《景德傳燈録》,《大正新修大藏經》(51),頁 262 下。

③ 《宏智禪師廣録》,《大正新修大藏經》(48),頁 34 中。

④ 伊蒲,又作"伊蒲饌",指素席、齋供。

無?大家佛殿裏燒香。"下座。

大佛像成李青芝等請上堂法語①

僧問:"昔日金師補像,果感傳燈;今朝大佛告成,得何利益?"師云:"法身開掌上。"進云:"妙手迴天,全憑作者。功成不處,又作麽生?"師云:"法眼照人間。"進云:"恁麽則大家慶贊有分。"師云:"上座也須看榜樣。"乃舉:"黄檗在裴相國府署,裴一日託一尊佛於檗前,跪云:'請師安名。'檗召曰:'裴休!'休應:'諾。'檗曰:'與汝安名竟。'"②"諸子!黄檗不動一旗一鎗,裴公不施一韜一略,和主賓于直下,銷鋒鏑于人間。且道在今日成得甚麽邊事?"高聲召曰:"李處士!"李舉首,師云:"與汝説法竟。"

大樹堂昇梁上堂法語③

臨濟一株大樹,蔭覆兒孫;④靈隱一株大樹,蔭覆佛祖。蔭覆兒孫,爲兒孫作祖;蔭覆佛祖,與祖佛爲師。喝云:"臨濟大師來也!者老子動徹用大手脚,撼動三有大城,爭似靈隱,并不費手脚,動便撼動佛祖大城。且道臨濟、靈隱,阿那箇較親?若明辨得,請向大樹堂中坐第一座;若明辨未得,請向大樹堂前觀樹經行。直得朝觀暮觀,一觀觀透時,如何又蔭著一箇?"

齋堂昇梁上堂法語

山僧年邁,放閒久矣。大衆真精進,真建立;檀護真精進,真供養。山僧隨

---

① 護持重興靈隱大殿之檀越捐資記實,可參見《靈隱寺志》,頁251—254。
② 《天聖廣燈録・筠州黄檗鷲峰山斷際禪師》,《卍新纂續藏經》(67),頁452下。
③ 大樹堂,依寺志記載位於方丈室後,乃由於西晉慧理祖手植西栗樹,巨數十圍,枝幹參天,因而置堂其下,建於康熙乙巳(1665)。參見《靈隱寺志》卷二。
④ 此典故可見於《五燈全書・石渚太平谷應乾禪師》:"臨濟大師雖成一株大樹,蔭覆天下人。"《卍新纂續藏經》(82),頁651中。又見《痴絶道冲禪師語録》記云:"睦州識臨濟,爲陰涼大樹底盤目",《卍新纂續藏經》(70),頁280上。又法語云:"載須彌山而不重,方堪祖佛大任,如臨濟陸沉下板三年,不見頭角,睦州擬其可成大樹。"《三峰藏和尚語録》,新文豐版《嘉興藏》(34),頁154上。

例過堂,未免受他檀施;不隨例過堂,亦未免受他檀施。不如隨分納些些,一任今日擎天架海,業就功成,山僧隨檀護大衆去也。何故?要且不負來機。

　　飛來峰牌樓昇梁上堂法語
峰既飛來,玲瓏心印全彰;樓當重建,妙相莊嚴具足。寬展處,佛祖橫身;挨拶處,人天攘臂。文殊、普賢左右安排,釋迦老子不敢正坐。且大開門户一句又作麽生?喝云:"從者裏入。"

七、徑山具德禪師語錄

解　　題

一、版本

《徑山具德禪師語録》兩卷，本書所依底本爲首都圖書館藏清刻本（索書號爲：丁/10734），綫裝方册本，一函兩册，四孔針眼。每半頁十行，每行二十字，雙欄黑框。版心上欄記有"支那撰述"，中欄爲書名、頁數，前後兩卷書名分别爲"徑山具德禪師受請書啓"、"徑山具德禪師語録"，下欄有墨丁。首卷"書啓"首頁有三枚鈐印，第一枚位於天頭，爲"無畏居士"朱文方印，第二枚位於第一行下方，爲"諸藏未收"朱字長印，①第三枚位在右下角，爲"首都圖書館藏書之章"朱文方印，可知此書曾爲周肇祥之舊藏，後輾轉入藏首圖。（參圖六）在第二卷"徑山具德禪師語録"首頁，署有"侍者濟宏、海曙記録"。（參圖七）

二、内容説明

這部語録主要分爲"書啓"與"語録"兩部分。第一部分，卷首題"徑山具德禪師受請書啓"，收録各方迎請具德禪師住持徑山寺②的尺牘書信，來函者包括官員縉紳、檀信護法、寺院住衆等，標題有十九則，共二十函。

---

① 前兩枚爲周肇祥的藏書印。
② 徑山寺，又名徑山萬壽禪寺、能仁禪寺、乾符鎮國院，位於杭州餘杭區徑山鎮，始於唐天寶四年法欽至徑山結庵住山，詳見明·宋奎光撰《徑山志》。

第二部分"語錄",卷端首題"徑山具德禪師語錄",署"侍者濟宏、海曙記錄"。"語錄"之下,依版心書名下所鎸小字,又可分爲陞座二十九則、小参四則、示衆七則、茶話三則、開示一則、普説四則、晚参一則、落堂兩則、参究與引座一則、圓話三則、機緣二十四則、佛事十則等。

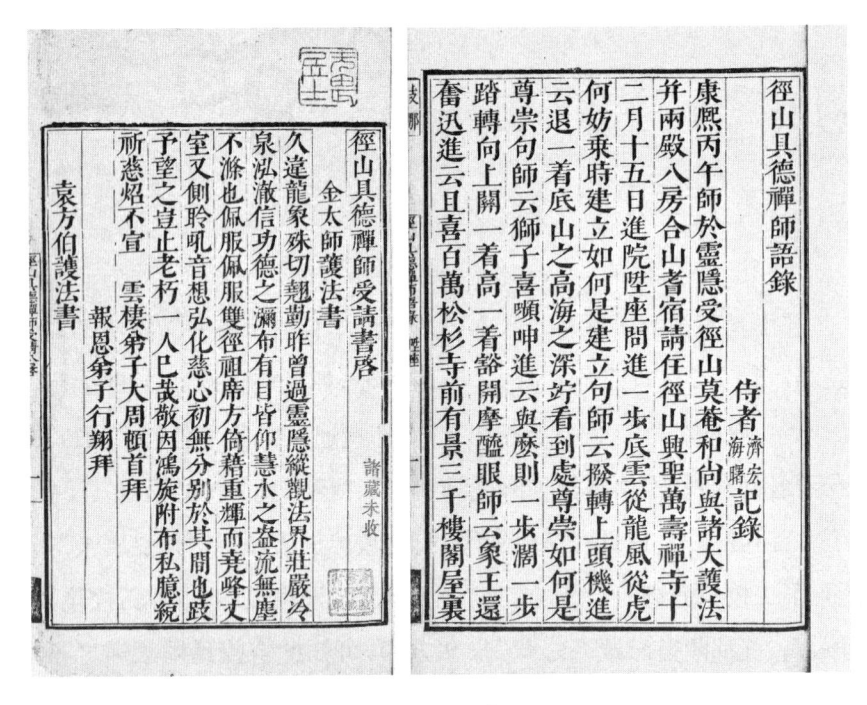

圖六、七:首都圖書館藏本

關於此書的編成年代,"語錄"正文首行記:"康熙丙午,師於靈隱受徑山莫菴和尚與諸大護法并兩殿八房合山耆宿請,住徑山興聖萬壽禪寺,十二月十五日進院陞座。"據此可知此書編集起於康熙五年(1667),而具德禪師於隔年九月二十五日離開徑山前往揚州天寧寺,不久後圓寂,因此編集年代當爲 1667—1668 年間。又據戒顯所撰具德《行狀》有部分内容引述自《徑山語録》,可推知這部語録在具德圓寂後全身靈龕入塔靈隱後不久即付梓刊行。

這部語録書寫記録頗爲詳實,文獻價值珍貴之處有四:一者,保留了各方迎請禪師住持祖庭的書信，來自官員縉紳、檀信護法、寺院住衆等書啓共十九封，藉此可知住持禪僧交遊的社會關係網絡，了解具德在當時的社會影響力；二者，記載具德住持徑山寺的因緣與前後經過，包含結制、挂鐘板、結夏、落堂等儀制，呈現清初禪寺的清規法儀與叢林樣貌，也看到具德恢復祖庭的魄力及住持僧的領衆能力；三者，《徑山志》編纂迄至天啓年間，此後未能續修，且入清以來徑山寺方志史料少見，因此就寺史的編修角度，此書可權充爲徑山寺續修寺志時補充清前期的史料文獻；四者，了解清初三峰派法門動態，法侶聖恩剖石壁、安隱五嶽玹、廣孝三目淵、靈隱戒顯雲等陸續前來請陞座、設齋，乃至南嶽繼起儲來山説法引座，可以看出三峰同門法侶之間密切往來的互動，學僧遊方參學有多種選擇，形成了具有特色及連結關係的三峰禪林。

綜覽這部語録，不同於其他禪師語録，并没有收録序言、後跋、刊記等附屬文獻，没有偈語、像贊等文體，但在參學、弘化方面的分類却頗爲周詳，例如茶話、落堂、①引座、圓話等，是其他幾部語録所没有的，内容側重在請陞座上堂説法。通讀内容，書寫記録的特點偏向是隨師行記，由侍者將其開示問答内容完整的紀録下來，而在具德圓寂之後刊行流通。

具德由靈隱移席徑山寺，緣由莫庵懷宗率領徑山寺常住兩殿八房僧的再三敦請，以及諸大護法迎請。具德禪師於康熙五年冬臘月十五正式入住徑山，進院後隨即展開系列的禪法教學，諸如小參、示衆、普説、茶話、堂中開示等禪門修學傳統。在陞座、晚參的兩則開示中，有"圓菩薩戒日"、"三壇戒法不思議而成"的記載，可知清初徑山寺在山林冬雪艱困環境下，恢復了三壇大戒的傳戒活動，别具意義。

文本中可閱讀到具德爲參禪者的叮嚀勸勉與深入開示，也有對於僧衆們的策勵，例如在入院後正式結制前一晚的小參云："結制之始，山僧百事不理，單爲提撕，各須奮發勇猛，決烈精進，不悟要悟，即衆執事，雖有見

---

① 落堂，是指尊宿或住持到禪堂開示清衆。

處互相挨拶,不徹底見要徹,不了底事要了,自今爲始,亦須如諸老宿守法席底一般。"流露出禪師殷切的期望。

具德禪師善用譬喻,或以參軍説明參禪、以兵喻禪,或以冰雪爲例闡述"參禪"與"持戒"關係。普説中開示參禪一事,多舉臨濟、德山兩大老的機用處,令大衆領會關要。而且依儀制在山中結夏,僧衆們在他的指導下經過"九旬精粹"的參禪用功,他觀察到雖然"諸人機緣純熟,證徹非遥",但擔心僧衆一旦解制後"人心索懈,枉費前工",故"再四思惟","暫違古制,夏秋并結,爲助諸人末後一鎚",足見他對於禪衆的鍛煉用心良苦。因此有十九位執事僧因"圓話"機緣而得付法,成爲具德圓寂前的法子。此書中也詳載了這十九位法子所領職事、法名,及"代云"的機鋒轉語内容。儘管具德卓錫徑山不及一年,但由於他的德行與領衆能力,重興臨濟家風,爲沉寂的祖庭多少帶來了一些新氣象,也在徑山寺開啓了三峰法脈的傳衍。

徑山具德禪師受請書啓

金太師①護法書

久違龍象,殊切翹勤。昨曾過靈隱,縱觀法界莊嚴,冷泉泓澈。信功德之瀰布,有目皆仰;慧水之盃流,無塵不滌也。佩服！佩服！

雙徑祖席,方倚藉重輝。而堯峰丈室,又側聆吼音。想弘化慈心,初無分別於其間也。跂予望之,豈止老朽一人已哉！敬因鴻旋,附布私臆。統祈慈炤,不宣。

雲棲弟子大周頓首拜
報恩弟子行翔拜

袁方伯護法書

靈隱重新,實藉和尚願力宏深,因緣廣大,俾梵宇琳宮再見。岧嶢仙鷲,功

---

① 金太師,法名大周,推爲明清官員金之俊(1593—1670),《破山禪師語録》記:"紳士金太師之俊。"新文豐版《嘉興藏》(26),頁98下。金之俊,字豈凡,又字彦章,號息齋,謚號文通,南直隸吴江縣八都(今蘇州市吴江區)人。明萬曆末進士入仕,官至兵部侍郎。明亡後即降清官至秘書院大學士,加太傅。順治五年,擢工部尚書,六年,乞假歸,加太子太保,著有《金文通公集》《金文通外集》。曾於順治庚寅(1650)迎請費隱住徑山興聖萬壽禪寺。

德真不可思議。不佞纖塵何足以益崇高，徒滋惶恧，徑山之渴想飛錫久矣。今時節及期，勝緣斯集，會見三千樓閣遠過宋唐，喝石機鋒重振祖席。等一贊歎未易敷宣也。率此布悃，憑穎如馳。

法弟袁一相①

熊道臺護法書

靈隱古刹，崩頹日久，仗大師道力，鼎建重新。名山生色，法寶圓成。應直杖錫千年，闡揚祖焰五燈。而不意大師又赴徑山之請，雖機不自由，事隨緣起，但蓮座遠離，未免令人依依難捨也。統冀慈炤，臨穎瞻馳。

佛弟子熊光裕②頓首拜

禹航③邑候護法啟

去冬獲睹道容，深慶夙緣匪偶，迄今遙瞻慈雲，時縹緲目際也。五峰④雙徑，振起祖燈，群仰法席之盛。一切群生，俱入慧照中，受和尚利生之念不淺矣。不佞士吉，簿書鞅掌，塵勞彌深。方慚問候多疏，捧誦宗乘寶語，庶幾凡心頓爲洗滌，謝尤豈可言喻耶？何時駐錫苕溪，得領教誨爲快，餘緒依依。

久慕靈隱一燈，十方競仰，法席之盛，諸宿莫能比也。然不佞士吉，以職務殷繁，簿書紛委，亦從聞風生敬耳，昨乃幸目睹之矣。五峰樓閣，爲歷代祖燈第一地，人資地勝，地以人傳。和尚不憚勤劬，利生念切，飛錫駐此，不惟叢席藉光，而禹航護法一切善信，皆叨慧照不淺矣。不佞忭躍，何以寸

---

① 袁一相，時任浙江布政使司，曾"捐貲塑大殿文殊、普賢、阿難、迦葉，并羅漢五、六十尊"，參見《靈隱寺志》，頁253。

② 熊光裕，時任道臺，即道員別稱，協助督撫及藩臬長官監督、管理下屬地方政務。順治十二年第三甲賜同進士出身。

③ 禹航，即今老餘杭，今屬杭州市餘杭區。今餘杭區東部臨平等地，古時屬仁和縣。

④ 五峰，蓋指凌霄、鵬搏、宴坐、大人、朝陽峰也。《徑山志》，頁693上。

芹。附致賀私，并諭衆一紙。統惟慈鑒，臨穎瞻馳。

法弟宋士吉①頓首拜

武林禹航諸護法公啓

伏以少室西來，丹桂挺二株之秀；濟宗北建，黃檗敷大樹之陰。天山盛續馬駒，梵宮光舒海印。龍象之奔趨，繽紛花雨；人天之渴仰，環列多羅。分身遍刹，猶興徯後之嗟；獨立孤峰，更快逢迎之勝。

恭惟具翁大和尚，系出樞星，鑑澄珂月。再來承願，嗣法啓衰。蠡江誕降，出始浴之泥蓮；蘭渚馨聞，比初機之鹿苑。甫住安平海眼，沸醍醐之液；嗣臨靈隱巫峰，舒耆崛之祥。千二百人之居，水到渠成；三十二義之墮，事彰理舉。修理公名蹟，啓瞎遠②清規，建蔓絶之官，訪輪囷之棟。冷泉滙曹溪法派，潮音答乾竺鍾虞。③雷轟一喝，已聞御愛之巔；蓮漏六時，久集英賢之侍。獅音重吼，猊座難虛。茲徑山禪院者，起岑崿而承天目之奇，引泓淵而浣佛螺之翠。雙徑顯雙彰之妙，五峰流五葉之芳。

自國一④識符尋勝，天龍永護而遂居；大慧弘道繼燈，應真躬迎而聽法。千七百則葛藤，標新去腐；八十一燈光景，輝續薪傳。昔日侍郎設齋，學士洗墨，⑤留佳話於當年；今茲尊者弘藏，中丞布金，展新猷於近代。允東南之勝境，稱震旦之殊觀。

---

① 宋士吉，時任知縣奉新。曾於康熙四年爲《餘杭縣志》撰序文。
② 指瞎堂慧遠(1103—1176)，南宋禪僧，又名靈隱佛海、鐵舌遠。眉山彭氏，圓悟克勤之法嗣。初住龍蟠，遷瑯琊開化、婺州普濟、衢州定業諸寺。乾道五年(1169)，受詔主杭州崇先寺，隔年住持靈隱寺，世壽七十四，撰述有《瞎堂慧遠禪師廣錄》四卷。生平見《補續高僧傳·瞎堂遠傳》卷十，《卍新纂續藏經》(77)，頁 434 上。
③ 虞，鐘鼓之柎也。
④ 指法欽(715—793)，俗姓朱，昆山人。又名道欽、大覺禪師。赴京途中遇鶴林玄素，遂剃度受戒，修習禪法，後入徑山結庵習靜，參學者衆。大曆三年(768)唐代宗詔赴闕，賜號"國一禪師"。世壽七十九，僧臘五十。圓寂建塔於龍興寺。生平見《宋高僧傳·釋法欽傳》，《大正新修大藏經》(50)，頁 764 中。
⑤ 此典故爲蘇東坡登臨徑山，"嘗登山題咏，洗硯于此"，見《徑山志》，頁 1056 上。

慨自法運浸衰,因緣遞降,齋厨鉢罄,建竪功虧。咸悲當陑之障深,渴望重興之法運。憲等觀時已至,爲衆宣誠,或向承心印於靈溪,或新伫眉毫於括柏。延企率先乎六種,躅修已謝乎三車。扣齒肯示昌黎,①攢眉每嗤彭澤。② 預投夙悃,祇候光臨。伏願香雲擁繞,錫從靈鷲飛來;瑞相具瞻,衆拜大人宴座。生面頓開,芟盡法堂之蔓草;橫肩直入,彩凝瓶拂之煙雲。猿抱子歸嶂裏,宜曲彔之悠閑;鳥銜花落簷端,③共迦羅而守護。將見七寶莊嚴,快睹三千之樓閣;千秋森鬱,仍誇百萬之松杉矣。謹申公啓,曷任翹虔。

　　　　法末朱邦憲、王祺、王所貞、俞嘉言、董王燦、嚴津、④楊一葵、陳元樞、鮑之汾、孫應龍、朱嗣華、狄鍾猷、黃中明、沈捷、嚴沅、⑤壽以仁、⑥李宣、王舟瑶、鮑之澶、王紹貞、⑦朱焘、董宗城、沈仲寅、⑧王潞、姚洼、陳恪、趙昕、⑨俞珽、⑩董烷、何鼎象、嚴曾楷、朱文瑞、王子貞、邵錫申、嚴曾桀、⑪壽爾昌、嚴樗等同頓首拜

---

① 典故出自韓愈見大顛禪師一則問答,《聯燈會要》,《卍新纂續藏經》(79),頁166下。

② 彭澤,即陶淵明(365—427),名潛,字元亮,自號五柳先生,私諡靖節先生。因其曾爲彭澤縣令而代指。

③ 此句酌引夾山對話,有僧問:"如何是夾山境?"夾山云:"猿抱子歸青嶂裏,鳥銜花落碧巖前。"見《古尊宿語録》,《卍新纂續藏經》(68),頁317下。

④ 嚴津,字子問,餘杭人,敉子幼。負文名,領袖時髦,膺乙酉拔貢,值兵燹鼎沸,御史霍達表爲督漕推官,辭不赴,事親孝家已中落,甘旨不缺。顏所居曰"陶庵",日哦詩數十章以見志,有《曠城寓言》。見《復社姓氏傳略》,南陵堂藏版,哈佛燕京圖書館藏本。

⑤ 嚴沅(1617—1678),字子餐,號顥亭,別號少卿,浙江餘杭人。順治十二年(1655)進士,官至侍郎。善書畫,工詩文,爲"西泠十子"之一。與江南靈隱諸刹關係密切,撰有《皋園集》、《靈隱寺志序》、《贈靈隱具和尚序》、《靈隱寺重興碑文》等。并於具德圓寂後,偕同顧豹文,協力護衛建成具老和尚慧日塔院。

⑥ 壽以仁,餘杭人,順治己丑進士,見《浙江通志》卷一百四十三。

⑦ 王紹貞,餘杭人,景陵知縣。

⑧ 沈仲寅,餘杭人,己亥進士。

⑨ 趙昕,餘杭人,辛丑進士。

⑩ 俞珽,餘杭人,辛丑進士。

⑪ 嚴曾桀,餘杭人,甲辰進士。

吳江衆護法請啓

伏以勝因,端憑勝地際會,聿興弘道,益見弘人,依皈普攝。旃林現瑞,堂前龍象交參;獅窟鍾靈,座下兒孫繞匝。仰願輪之大轉,欽誓海之攸歸。智慧果成,菩提花燦。

恭惟具翁大和尚,覺路孤懸,慈光遐播。天童之心燈恒耀,操權實以裕後昆;鄧蔚之法乳重敷,出解行以安塵刹。旨無岐隱,經律論藏之并融;義有互通,性相禪宗之俱徹。豎寶幢於功德,莊嚴遍布樓臺;建偉績於津梁,搏挽遞彰名勝。合尖方册,弘昭紫柏,①良因克擴精籃,仁看祖庭丕振。舊店更爲新席,快巨手之來扶;鷲峰何異龍宫,慶廣航之得渡。一聲雷動,會聽震耳雷音;萬指風趨,喜睹盈眸鶴衆。伏冀賁臨,共伸渴仰。謹啓。

　　　法弟子葉紹顒、②周永言、周永肩、③戚左干、周延祚、沈自曉、龐霂、沈自南、吳之紀、沈永令、沈虬、周人龍、沈大器、吳鈖、龐鳳翔、沈孝公、葉倒、金遅、周人杲、沈憲等同頓首拜

金壇于護法啓　兩函

恭惟靈隱大和尚座下,柱礎法門,儀型當代,範靈踪於顯晦,宣妙諦於希夷。施洽平分,功超往哲。鑾等每思集祥風於性宇,浴甘露於身田,而歎積爲山,悲生棄井,側聆高躅,彈指數年,未獲湌禀宗風,瞻依慧日。竊念裹糧攝蹻,祈得導師拔之於棘叢蓓林,而迷陽載途,何處指以轉身之路?

―――――――

①　紫柏(1543—1604),又名達觀真可,俗姓沈。少從明覺出家,後依遍融。一生修復十多座梵刹,創刻并倡議刊印方册本《大藏經》,致力議修《傳燈錄》。撰述《紫柏尊者全集》三十卷。圓寂後荼毗塔歸於徑山。生平可參見《紫柏大師塔銘》,《徑山志》卷六。

②　葉紹顒(1594—1671),一作紹印,字季若,直隸吳江縣(今江蘇吳江市)人,明朝政治人物,以進士歷官御史,巡按東粵,官至太僕寺卿。明亡後隱居不出。好參禪,朝宗忍法嗣弟子,自稱松陵弟子行承。著有《按粵疏草》、《陽明要書》。生平參見《吳江縣志》、《五燈全書》卷七十一。

③　周永言,號安仁,中書,江南吳江人;周永肩,號安石,國學,江南吳江。見《五燈嚴統目錄》,《卍新纂續藏經》(80),頁 548 中。

兹者爲雙徑奉迎瓶鉢，開示人天，鑾等夙叨紫柏大師後裔，深幸屆期弘道，復深燈傳吾師，以應真無着之踪，建立法幢，明月扶筇，白雲叱馭，即千林樹石，八部龍神共爲延仁，寧特四衆之渴仰已也。誠非備物，言未宣心。①

伏以妙音難遇，宣慧鏡於無方；真諦希聲，演慈燈於不絕。壇宇未能説法，興衰惟冀得人。粵惟徑山原本天目，龍坰净土，高尋梵帝之宫；鶴苑崇基，肇啓經行之地。是稱英刹，代主宗風。自國一創迹於唐，年至大慧揚揮於宋世，靡不騰燭龍於日耀，奏鳴鳳於天音。逮夫紫柏親題雙樹，②更見碧雲重顯一燈。懸欣半月之詞，再震彌天之響。乃六十年芳規頓遠，每銜風霧之悲；三千界夢日將沉，仵肅壇場之禮。兹惟大師傳衣有自，領袖無邊，振八解之遥源，闡七徵之徽範。彌綸所被，方方切利之天；權漸斯開，樹樹菩提之果。莊嚴靈隱，已弘開不捨之壇；舟楫餘杭，祈昭暢隨緣之業。

雖虎溪嘗有送迎之限，而魚峰更深贊嘆之歡。遐邇沾共貫之慈，雨露得平分之序。鑾等謹奉香執禮，摳衣三駕之嚴輪；願仗錫携瓶，下笠十方之禪室。檀那雲委，如趨挈竭之宫；真衆烟馳，似向毗邪之國。

竊念某等情鈎五縛，想瘞③六塵。動亂吾心，窮子失肌膚之戀；假沉其性迷，生安視聽之功。庶幾升福田而識耕耘，仰慈門而知户牖。南瞻雲樹，無任皈依。

> 法門教弟于鑾、于鑛、于尊、于元凱、于元祺、于嗣昌、于穎、于沚、于朋舉、于棟如④同頓首拜

---

① 以下文字爲第二函。
② 紫柏臨終前偈云："怪來雙徑爲雙樹，貝葉如雲日自屯。"《紫柏尊者全集》，《卍新纂續藏經》(73)，頁147上。
③ 瘞，幽也、藏也，或作掩埋。
④ 明清之際，金壇于氏家族爲江南名門望族，家族成員於政界、文壇有重要影響貢獻。于元凱，與刻藏事業有關，書寫《密藏禪師遺稿序》；于嗣昌，科舉正奏名進士，1661年入仕，簪纓世家；于沚，(1621—?)金壇人，别名芷園，1643年入仕，科舉正奏名進士；于朋舉，别名襄于，金壇人。科舉正奏名進士，1649年入仕，曾入國史館擔任典籍編修。

紹興姜護法請啓

客歲遠承垂問，知不我遐棄，俾越山老樵，神思駿發，恨無緣問津，西泠怏挹丰采耳！緬想道範，益慧增輝，航筏更廣。近聞吾浙紳士，汎掃徑山，供師跏趺，則天目諸峰引領法雲，藉以點頭，況屬在皈心，願聞教鐸者乎！幸師撒單過彼，慰其群望，以撥祖燈，不獨樞一人之私情也！（你）〔伏〕①惟慈照，臨楮和南。

　　　　　　　　　　　　　　　　　　　法弟姜天樞頓首拜

　　上高村潘護法請啓②

伏以慧光照耀，普天咸仰其輝煌；法輪常轉，大地均霑其福庇。人得地而芳名并傳不朽，地得人而休稱爰播無疆。

弟子士迥等，素仰具翁大和尚重新靈隱，皈依者有香花之圍繞，恭請者見龍象之騰驤。殿宇巍峩，締構無非佛力；禪宮啓闢，經營皆交普心。真不世出之偉人、亘萬古之調御也。敬仰靡涯矣。

敝邑苕溪雙徑，歷唐迄今千有餘載，開八十七代之宗風，相傳不替。筆墨瑞騰林薄，東坡遺芳躅於清池；宸書環擁地靈，宋帝勒名文於蒼碣。曉雞聞鐘聲而悟道，曩迹留存；潛龍依佛座而聽法，神威旋繞。縱目矚煙波之遠接，舉頭見二曜之平臨。天下名山，所由稱也！

夫天下之名山，須得天下之名人，以顯其赫濯。恭惟大和尚聲稱著於六宇，道德動乎九州。慈念舉而神人協助，法力施而幽明咸佩。既已高建法幢，定當廣施寶筏。動靜咸宜，山水清音。兼樂民物一體，有無二相全超。

弟子士迥等，顒整法座，候法音、法雨之同沾；自幸三生，值三寶、三乘之交演。希垂慈鑒，俯（電）〔申〕③寸誠，振千載之叢林，渡一葦之玉趾。愚魯

---

① "伏"字，原文作"你"，據文意改。
② 上高村，今位於浙江省紹興市嵊州市甘霖鎮。
③ "申"字，原文作"電"，據文意改。

咸仰,恩沐不忘。臨楮曷勝雀耀之至。

> 弟子潘士迥、潘鍾邁、潘隆、潘懋忠、潘維城、潘可成、潘維位、潘有塘、潘爾欽、潘貞明同頓首拜

莫菴①和尚通啓　四函

道人者,具定古今眼目,所以知進退之機,爲豪傑之士。今唱導之師,不下千餘,撐持法門者,屈指能有幾人耶！

大略言之,宇内約有五寺十刹,惟靈隱、徑山,浙中爲最。今靈隱得老法兄大福德、大力量,已經煥然金碧交輝矣！徑山處於末運,不才苦撐五六載,不惟少鹽少醬,兼以瓦礫成堆,愧甚愧甚！今已稍有頭緒,前特造室中與老法兄一夕之談,莫不傾心吐膽,以徑山之重任,非老法兄則不能耳,此豈虛言耶？幸速爲料理,弟當偕合山恭迎象駕。先附八行,尚此通候。統惟慈炤,不宣。

小弟懷宗頓首拜

莫菴和尚再啓

定光金地遥招手,寧煩御筆親點；智者臨江暗點頭,重在未言先契。無底籃子,信手拈出,函蓋乾坤,都盧納受。所謂時至理彰,非偶然也。佇候符到奉行,一一點清交割。行看天燈普照,大地皆明；共聽冷泉飛瀑,聲振凌霄峰頂。臨楮無任瞻企之至。

法弟懷宗頓首拜

莫菴和尚請書

恭維法兄大和尚,獅子既已嚬呻,象王必當回顧。偉人着眼,凡流莫測。

---

① 莫庵,又名上乘本宗,山翁道忞法嗣。楚之黄州人(現於湖北黄岡市),久參天童密雲圓悟,門下棒喝有省。至四方叢林住席,衆稱以"尊宿"。得法於山翁道忞,秉拂盛京隆安,晚年受請住持徑山,上堂説法,重興寺院。見《五燈全書》卷七三,《卍新纂續藏經》(82),頁 367 中。

坐斷時人舌端，只看飛龍吐氣。千載流芳，豈同泛舉，一朝心契，不假繁辭。八十七代之心宗，慧燈重焰；千七百則之葛藤，掃蕩無餘。佇看玉塵新揮，法幢重建，人天撫掌，四眾仰懷。

伏望法兄大和尚，垂青普照，飛錫來臨。臨楮無任翹切之至。

法弟懷宗頓首拜

莫菴和尚新正賀啓

恭維徑山堂頭法兄大和尚新正，洪福萬安。法令新規，雷音大振，臨濟綱宗，家規重整，祖脉洪源，真風不墜。續玄符之心印，掃諸祖之蹄筌；廓人天之正眼，闢異路之群述。白捧單提，賣樵子陽春之曲；吹毛獨握，碎千古糟粕之疑。夐哉！

吾法兄大和尚，可謂再乘願力而來，統振諸祖慧命於不朽也。容當趨座翹佇，甘露普潤焦枯。懇勤切禱，乞垂洞照是荷。

法小弟懷宗頓首拜

白洋勝因請書

久欽道望，氣壓諸方，雖未策杖，冷泉亭畔，時對高風。然法雨慈雲，蚤聯衣袂矣。荒山雙徑，創自唐朝，歷傳八十七燈。弘治已來，獅弦絕響。鼎定之後，虔請費老和尚大闡宗風，撥亂歸正後，繼莫兄兢兢業業，於今六載，法音倍昔。奈其年高力倦，決意卸肩，是以特懇本邑檀護并及合山諸宿，恭請具翁法兄和尚駐錫其間。惟祈一肩擔荷，法幟蚤臨，以慰翹望。頓使興聖堂前，石虎翻身，凌霄峰頂，鯉魚踍跳。法門幸甚，合山幸甚！

寓白洋法弟青凌、寓勝因法弟行淵同頓首拜

徑山大殿老堂請啓

伏以雙徑鍾靈，寶殿勢凌霄漢外；五峰毓秀，名籃傑出塢雲中。八十七代祖燈，千五百年法窟。

恭惟具翁大和尚，老宗師猊座下，福慧兼隆，人天俱仰，實末世之慈航，洵法門之柱石。性融等東西南北之人，耄耋耆頤之歲，埋身空谷，仰慧日以高懸；寄迹窮巖，望慈雲而普覆。敬陳短啓，冀慰輿情，願離靈隱寶山，盍赴苕溪聖水。望江亭畔，人人拭目以遥瞻；東坡池邊，各各洗心而竢候。性融等，臨楮無任翹企之至。

> 徑山大殿老堂性融、寬亮、大弘、普源、寂蓮、真諦、慧良、定照、智圓、恢真、發育、智慧、智圓、超定、海定、等雨、行蔭、定映、寂净、寂解、成如、智慧同頓首拜

徑山觀音殿請啓

伏以一陽初轉，百谷造次，懷春色，萬法始弊，一聲聲欸借雷音。

恭惟大宗匠具大和尚座下，三峰嫡子，太白冢孫，竹篦子震撼五湖，拄杖頭撥動兩浙。茲乃徑山謙讓，行見退席推尊；覺等踴躍，亦乃借花獻佛。

雙徑迢遞，兩旁衲子翹企；五峰扶疏，萬菴耆老候門。惟祈來儀，不違所望，覺等曷勝榮樂之至。

> 圓通殿監院智覺等頓首拜

徑山八房請啓

伏以杖拈，格外遐邇。得以瞻風道，示機先高下，咸以被澤。

恭惟具翁大和尚，仁人天縱，悲化願來。燈傳臨濟之正宗，依授天童之嫡脉。大開爐鞴，陶冶英靈，電徹宗乘，布揚玄要。慧日當空，伶俐漢到者裏，個個鉗牙卷舌；慈雲彌覆，老實頭遇斯時，一一吐氣揚聲。洵哉竺國之親承，允矣靈山之後聖。

雙徑瞻仁,百萬松杉齊舉首;五峰仰旨,三千樓閣盡皈誠。冷泉亭畔龍行,重振千五百年之法會;宴坐巖前獅吼,坐斷八十七祖之舌端。凡聖交參,直得那伽座踍跳上天;龍神欣護,共看大人峰因聲着地。敢布微誠,爰申公請,惟祈速降,以慰輿情。臨楮不勝翹企之至。

　　　　本山衣末圓照成巳、天西照智、中峰智邃、天東普惠、梅谷道怡、松源正儀、先照寂御、大慧會道同頓首拜

徑山化城寺請啓

伏以雲迎拄杖,逢緣即是緣成;月照祖庭,常住原無住相。惟法輪之未滯,斯願海之攸歸。道不徒行,理惟實際。

恭惟靈隱具老和尚猊座下,靈山化聖,人世津梁。獅子窟中,久聞哮吼之震;旃檀林裏,素稱堅實之貞。起瞎堂於已墜,徇身爲法;疏曹源於將塞,竭力荷承。徑山萬壽道場者,歷朝名刹,諸祖聯燈。瑞等義忝緇衣,性多庸鄙,敢因大地之齋心,來屈彌天之法駕。伏願應現有時,智悲無量,浮杯蚤渡,遙通雙徑家風,塗毒重搥,頓令五峰徹困。臨啓虔切,不勝神馳。

　　　　　　　　　　　化城弟子恒瑞頓首拜

徑山靜室請啓

恭惟靈隱大和尚,道隆震旦,法潤湖山,飛來重覆祥雲,靈鷲大開生面。芳名咸仰,道譽普揚。慶清等願切瞻依,匪一日矣。茲念徑山興聖寺,國一欽把牛鼻繩,大慧杲作獅子吼,實麟鳳飛遊之地,真龍象蹴踏之區也。

自魔群煽焰,法堂草深,慚慶清潛隱二十年,有志難酬血誠,常寄夢懷痛,先師擔荷四十載,精誠可紀,寂光尚深依戀。今幸莫菴大師,身肩勞苦,志切更新,發端原不讓人,完美尤圖後聖,思待人而成全,勝事必擇賢以弘獎

芳規。竊計大師爲宗門之爪牙，①乃法窟之頭角，誓將把手垂慈，引一切衆，同登選佛場。豈甘掉臂不顧，向靈鷲峰，獨據清凉地？

伏願光續慧燈，緇素齊瞻宴坐；飛錫祖窟，天龍咸拜大人。五峰樓閣，重欣瑞靄於三千；雙徑松杉，仍快鬱葱之百萬。俾合山大衆等，常侍巾瓶，覩慈容之月滿，親承棒喝，沾法乳而雲從。庶幾列祖開顔，諸天拱敬，豈非千載之勝因，今時之奇觀哉！臨楮可勝，五體翹勤，皈命禱籲之至。

    本山靜室②慧日慶清、喝石寂禪、寂照恒贊、祖鄰等蓮、妙香普乘、大慧行津、千指頓智、黄梅大瑞、水月等益、古梅契穎同頓首拜

---

  ①　爪牙，古義有勇士之意，意謂得力之武將，或爲輔佐之臣、幫手。語出《漢書·陳湯傳》卷六十四《上疏訟陳湯》："戰克之將，國之爪牙，不可不重。"見"中國哲學書電子化計劃"，https：//ctext.org/zh。

  ②　餘杭縣志記載，徑山別院靜室，有中峰南院，在鵬搏峰下，有明徐六岳書"師子窩"三字鐫于石。見《嘉慶餘杭縣志》卷十五。

徑山具德禪師語録

侍者濟宏、①海曙記録

〔陞座　小参等〕②

康熙丙午，師於靈隱受徑山莫菴和尚與諸大護法并兩殿八房③合山耆宿請，住徑山興聖萬壽禪寺，十二月十五日進院陞座。

問："進一步底，雲從龍，風從虎，何妨乘時建立。如何是建立句？"師云："撥轉上頭機。"進云："退一著底，山之高，海之深，仁看到處尊崇。如何是尊崇句？"師云："獅子喜嚬呻。"進云："與麼則一步闊一步，踏轉向上關，一着高一着，豁開摩醯眼。"師云："象王還奮迅。"進云："且喜百萬松杉，寺前有景，三千樓閣，屋裏得人。"師云："大家携手上高山。"進云："金聲玉振，宇宙咸知，兄應弟呼，人天作則。"師云："也要共相證明。"進云："我見燈明

---

①　濟宏，推爲具德法嗣鵬雲濟宏，語録中記"記録鵬雲代接拄杖"，并見《行狀》所列具德法嗣名單。參見本書所輯《徑山語録》"圓話"，以及戒顯《本師具德老和尚行狀》。

②　標題原無，筆者依文獻內容予以添加。原書版心中欄所記有標題：陞座、引座、小参、晚参、示衆、茶話、開示、普説、圓話等。

③　明正德六年，徑山管事僧惠誠等變賣寺産將"常住割裂""分爲十八房"各自管理，遂成"祖庭衰相"。迄至康熙初年，徑山寺成爲大殿、觀音殿之"兩殿"，以及徑山八房、下院化城寺、静室等各殿庵房獨立管理規模，見《徑山志》，頁1053、1063。

佛,本光瑞如此。"①師云:"好彩!"

問:"千峰稽首,萬派朝宗,正令當行,十方坐斷。如何是最初爲人句?"師云:"修篁繞路迎多福,明月陞階照素心。"進云:"恁麼則和尚眼光爍破四天下也。"師云:"鬚髮朦朦渾似雪,衲衣片片碎如雲。"進云:"震旦國中,這老漢出人頭地。"師云:"舉頭天外看,誰是個中人?"

問:"古雲門讖發機前,今雲門理應後續。學人從傍作禮,和尚正位攝受。"師云:"三彩終須一賽。"

問:"大人具大見,大智得大用。② 如何是大人之見?"師云:"欽祖話在。"進云:"如何是大智之用?"師云:"龍德崇新。"進云:"可謂一機超格外,千聖盡開顏。"師云:"且喜上座委悉。"進云:"從上祖師,面目現在。"師云:"上座面目在什麼處?"僧喝! 師云:"好喝。"進云:"也要和尚證據。"師喝!兩喝!

問:"三千樓閣,祖席崇新。如何是重新一句?"師云:"大家出隻手。"進云:"喜得天花落,坐看石點頭。"師云:"還見點頭石麼?"進云:"見!"師云:"作麼生見?"僧喝! 師云:"好塊石頭也解恁麼喝。"

問:"龍象交參,願聞法要。"師云:"拄杖交肩過。"進云:"恁麼則人人稱瑞氣,個個。"(下半語稍遲。)師代續云:"唱新機。"僧禮拜,師云:"山僧助汝一半。"

廼云:"佛運靈樞,秀發人間天上;僧登覺地,法開虎穴龍宮。掃蕩中掃蕩,建立中建立;一句中三玄,一玄中三要。根根爾,塵塵爾,心心爾,念念爾,無一念不顯大機,無一塵不彰大用,莫爲全機廓爾,還須個裏抽爻。豈止龍光奮迅,虎德威揚,天帝回機,人心向慕。盡乾坤是個自己,衲衣無縫;

---

① 此偈引自《妙法蓮華經·序品》,《大正新修大藏經》(9),頁5中。
② 此話可見圓悟克勤的上堂法語,《圓悟佛果禪師語錄》,《大正新修大藏經》(47),頁717中。

盡大衆是個拄杖，拄杖玲瓏。山僧禀性（椎）〔稚〕魯，庶事少諳，幸逢諸大檀護不忘佛囑，削牘攄忱，莫菴法兄顯過量機，和盤托出，諸山尊宿、兩殿八房屈已虛躬，再三敦請。既辭謝不及，乘是勝緣，將釋迦老子摩竭陀國，提不起底重新提起，大愚肋下，用不盡底重新再用。何況言中有響，棒下無生，一句截流，萬機寢削。祇如行不言之教，嚴不伐之威，五湖衲子奪彩爭先，百萬人天聲和響順，又作麼生？直須衆手回天力，扶起當年古刹竿。"

當晚小參。"衲僧本分，須看從上規模。臨濟進門便喝，德山入門便棒。第一等直截提持，一涉開示，便被開示纏擾，一涉功夫，便被工夫搭滯，焉得箭鋒相拄？所以云：'直截根源佛所印，摘葉尋枝我不能。'

"諸子！須知者直截着子，人人本具，即四生六道，遇人遇境，活卓卓、轉轆轆，機機虛圓，事事明了，處處變通，着着自在。千七百則公案，是你自己作用一大藏教，非是分外機宜，只爲當人自見不徹，自信不及，自用不着，便有許多搏量、許多委曲，自生窒礙，自與自己相違。

"從上祖師見你不奈何，只得將你自己直截處，拈一機、示一境，爲作個話頭。種種方便，爲激發疑情；種種曲折，爲抽釘拔楔。須知者個話頭，如閃電光，如迅雷擊，無你着眼處，無你停泊處，無你咬嚼處，無你理會處。若向者裏，驀地毇得，一一天真，　　明妙，與奪縱橫，驚群敵勝，不疑生死，不疑佛祖，不疑自己，與天下老和尚把手共行，縱到得把手共行，猶未是究竟處。

"不見古人道：'見與師齊，減師半德；智過於師，方勘傳授。'①須知悟後温研，能辨師家未辨，發師家未發，用師家未用，便可將天下老和尚東拋西擲，方是紹隆祖位，坐斷世出世間人舌頭底。

---

① 引自潙山向仰山所述四句話，可見於《鎮州臨濟慧照禪師語錄》，惟原文不同之處在"見過於師，方堪傳授"，《大正新修大藏經》(47)，頁506上。

"興聖法席諸老宿,從兵荒歲歉,刻挨一刻,日挨一日,月挨一月,守定個常住,非爲容易也。只爲諸人今日在此,共了本分,若直下了,便不相負。

"諸子!明日是山僧住持興聖結制之始,山僧百事不理,單爲提撕,各須奮發勇猛,決烈精進,不悟要悟,即衆執事。雖有見處互相挨拶,不徹底見要徹,不了底事要了。自今爲始,亦須如諸老宿守法席底一般,日復一日,時復一時,刻復一刻,挨拶到不可挨處,自然打失鼻孔,不枉從前錐劄。無事珍重!"

師在靈隱,受徑山請陞座。問:"風行草偃,水到渠成。靈隱徑山,刹竿交竪。象王高步,未審如何?"師云:"劈面開新。"進云:"一點水墨,在在成龍。"師云:"也要知音委悉。"

問:"一陽既復,萬物咸新,因甚麼群芳未動、梅蘂先發?"師云:"只爲從頭起。"進云:"有意氣時添意氣,不風流處也風流。"師云:"好個消息。"進云:"不受一番寒徹骨,爭得梅花噴鼻香。"師云:"大家記取者一轉語。"

乃云:"性從緣起,雙徑人從天上來;法隨法行,鷲嶺人還雙徑去。雖然賓則始終賓,主則始終主,不許夜行剛把火,直須當道與人看。"①

入院次日,靈隱座元至。師問云:"曾到徑山否?"座云:"和尚未到,某甲不敢先到。"師云:"我先搖頭,你後擺尾。"座云:"莫不是靈隱家風麼?"師云:"却是徑山家風。"

結制陞座,示衆。問:"開爐結制,願垂法要。"師云:"棒頭須辨主。"進云:"龍淵重衍派,奇樹蔭蒼枝。"師云:"一滴起獰龍。"僧喝!師云:"好喝。"僧

---

① 此段開示亦收入於《五燈全書·杭州靈隱具德弘禮禪師》,《卍新纂續藏經》(65),頁329中。

禮拜，師便喝！進云："兩彩一賽。"師休去。

問："現成公案未到，徑山早已分付。今朝一場，特地更圖何事？"師云："佛聖水與汝相見了也！"進云："摩竭陀國親行此令，雙徑峰頭重新舉揚。"師云："望江亭與汝相見了也！"進云："如是，則人人欣得髓，個個笑拈花。"師云："也要諸人領話。"進云："凌霄峰頂一輪月，從此清光徹九洲。"師云："具眼者辨取。"

乃拈拄杖，示衆云："拄杖開封，五峰點首，萬嶺迴環，五湖衲子，一見回心見謝，方始舊居。所以云：'心如境亦如，無實亦無虛。有亦不管，無亦不拘。不是聖賢，了事凡夫。'①據實而論，供養三世諸佛，不如供養個了事凡夫，其或尚留觀聽，無疑生疑，無事生事。

"凡夫貪嗔作業爲事，修羅憍慢勝負爲事，欲界諸天十善爲事，色界禪定爲事，無色界四空爲事，聲聞析色爲事，緣覺幻有爲事，菩薩當體全空爲事，佛覺地爲事。雖有深淺次第，總名有事。要得真無事，拄杖開封話，五峰點首話，萬嶺迴環話，竹篦子話，枕子墮地話，麻三斤、乾矢橛話，乃至千七百則話，并作一話。佛、菩薩、緣覺、聲聞、諸天、修羅、凡夫等，都盧并作一量，森羅萬象，山河大地，明暗色空，都盧并作一事。譬如水銀落地，大者大圓，小者小圓，雖大小不同，無非水銀。又如大海容納百川，其川雖異，無非海水。

"當人但將如許話頭，如許境界，如許聖凡，向二六時中，日用應緣，在自己分上，仔細決擇，朝也決擇，暮也決擇，直決擇到內無所起，外無所緣，忽遇一聲一色，豁然無礙。始知前來，凡夫無礙，修羅無礙，諸天無礙，聲聞、緣覺、菩薩、佛無礙，拄杖開封話無礙，五峰點首話無礙，萬嶺迴環話無礙，竹篦子話無礙，枕子墮地、麻三斤、乾矢橛話無礙，乃至千七百則公案話無礙，森羅萬象，山河大地，明暗色空，一總無礙。

---

① 《龐居士語錄》，《卍新纂續藏經》(69)，頁 134 上。

"然後着衣喫飯,迎賓送客,應機接物,纔與麼不與麼,不與麼却與麼,與臨濟爭先,德山奪後,到與麼田地,始名'真無事、真了事',山僧拄杖子,屬汝卓拄杖。"下座。

示衆。"臨濟德山,示一機一境,壁立萬仞,吐一句半句,驚群敵、勝佛祖,無敢當其鋒者,如此奇特,如此利害,無心於事,無事於心,機機稱性,法法融通,照用同時,首尾貫徹。賓則始終賓,主則始終主。千古萬古乾坤眼目,千古萬古模範宗乘。

"欲爲臨濟德山兒孫,須知恁般作用,各各本有,穿衣喫飯,迎賓送客,世出世間,諸般伎藝,無有不會。臨濟德山,除此之外,更無三頭六臂鬼面人頭,本體既同,用原不異,又有何疑? 然須知臨濟德山恁般作用,亦非容易,臨濟三年行業純熟,① 德山三心了不可得。② 得遇真正宗師一挨一拶,一踏到底,一揭掀天,非迂迂迴迴、是是非非,而便克到。

"諸仁者,今日結制之初,一一當機點出,直須各各(弩)〔努〕力,如臨濟德山恁麼用心,如臨濟德山恁麼參請,依山僧恁麼指示,參到無可參處,豁爾大悟,方見臨濟德山面目。臨濟德山面目便是山僧面目,山僧面目便是諸人面目,諸人面目便是從上諸聖乃佛乃祖面目。我今爲汝保任此事,終不虛也。"

瑞雪小參。"好雪頭上漫漫,脚下漫漫。山房老宿,撥灰弄火。五湖衲子,踏雪尋梅,撥灰弄火,文殊境界,踏雪尋梅,普賢面目,青獅子變作白獅子,青獅翁化作白獅翁。幸爾香象翁一味本色本分,且道如何是本色本分的事?"良久,云:"淘米洗菜,運水搬柴,迎賓送客,隨例過堂,説禪説道不必。"③

---

① 見《聯燈會要·鎮州臨濟義玄禪師》,《卍新纂續藏經》(79),頁 81 上。
② 德山覓點心遇婆子出問之公案,可見《禪宗頌古聯珠通集》,《卍新纂續藏經》(65),頁 503 上。
③ 這則小參也被收錄於《五燈全書·杭州靈隱具德弘禮禪師》,《卍新纂續藏經》(82),頁 329 中。

道圓知客領鑲白旗高護法請陞座。問："昨日是，今日是。"師云："前機應後機。"僧以坐具指左右，云："這邊玄，那邊玄。"師云："左右却逢源。"進云："恁麼答話須是新徑山始得。"師云："八十七祖，①祖祖傳燈，百萬人天，將何供養？"僧呈起坐具。師云："將謂……"僧禮拜，師云："更須供養始得。"

問："掃蕩中掃蕩，建立中建立，是什麼人分上事？"師云："山僧分上事。"進云："恁麼則在在祖席重興，物物別開生面。"師云："五峰常拱揖，雙徑喜迴環。"進云："玉麈揮開千嶂月，金襴裏盡萬山雲。"師云："是山僧分上事，大衆分上事，自己分上事。"進云："當人進步向前個裏，乘機有分。"師云："假饒兩序分上，畢竟作麼生？"進云："也須和尚道破。"師云："且留與兩序自道。"

問："不入蒼龍窟，爭收頷下珠。學人已入蒼龍窟，如何是頷下珠？"②師喝！進云："謝師答話。"師云："得的珠呈似山僧看。"進云："直饒將來亦無着處。"師連喝！

問："昨聞和尚云：'直須衆手回天力，扶起當年古刹竿。'古刹竿作麼生扶？"師豎拄杖。進云："還許某甲別通消息否？"師云："許！"進云："將此深心奉塵刹，是則名爲報佛恩。"師云："恁麼道即得，恁麼道即得。"

問："諸山迥出千般秀，請示當陽第一機。"師云："好彩與人看。"進云："風雲方際會，撥轉舊家風。"師云："大家須委希。"進云："一輪明月向空寒。"師云："拋向人前猶不見。"

問："高提祖印即不問，龍到水到事如何？"師云："看！"進云："大人峰、御愛峰，香騰萬里去也。"師云："賞鑒有分。"進云："寒松一色千年秀。"師連揮

---

① 徑山八十七代祖師之說法，取自《徑山志》。
② 北宋楚安方禪師有偈云："直須深入蒼龍窟。拏取驪龍頷下珠。"見《雲卧紀譚》，《新纂卍續藏經》(86)，頁669下。

拂子,僧喝!師云:"野老拈花萬國春。"

問:"一語標名言下薦,萬重雲散月來初。如何是斬新條令①句?"師云:"看取。"進云:"龍得水時增意氣,虎逢山勢長威獰。"②師云:"拄杖話在。"

問:"凌霄高迥勢插天,大人峰下好盤桓,且道盤桓個甚麽?"師云:"山僧有據。"進云:"錯!"師云:"上座莫錯也!"僧擬議,師喝云:"錯錯!"

乃云:"大人大見大量、大福大智,爲雙徑之檀那,顯五峰之尊貴,功深覺地,義重金湯,可謂體物而行,順天而作,無一言不心超物表,無一事不成就衆生。直得三千樓閣門門靄瑞,百萬松杉葉葉放光,自然龍神拱手,禪衲欽躬。忽有個漢道:這老漢話頭也不識,山僧住持事繁。"

茶話:"三世諸佛、歷代祖師,共決定信;博地凡夫,無決定信。有決定信,精進徹證;無決定信,昏鈍不好。如一墮昏鈍,便順住地無明,是非蜂起,內無主張,外無宰斷,莽莽蕩蕩,了無依止。若真具決定信者,一切事上作得主,天以之迴,地以之轉,如臂使拳,無不成現。

"雖云人憑天地而生,返其根元,天地萬物,皆從人立。所以仁皇治世,天清地寧,日月順行,星辰朗耀,風雨順時,草木榮茂,人民協和,麟鳳休徵,年穀時熟,金帛豐盈,乃至禮樂功成,叟童樂業。發一言而天下順,著一行而天下則。兄弟!此皆在當人決定信中燮理之功。何如耳?佛與凡夫,決定與不定,只在本分一着,看得徹與不徹。六祖大師八識偈云:'五七六八果因轉,但轉名言無實性。若於轉處不留情,繁興永處那伽定。'③

---

① 頒陳新法令。禪宗語錄常用於形容不循舊轍、此心能做主宰,或爲提振叢林家風,如:"《家風》……展佛祖成現家風,布叢林斬新條令,與其持鉢分衛,何如博飯栽田,要教勝行俱圓。普請大家著力。"《幻住庵清規》,《卍新纂續藏經》(63),頁580。

② 此二句常見於明清禪林宗師的陞座、上堂酬問法語,如《密雲禪師語錄》、《天隱和尚語錄》、《即非禪師全錄》、《弘覺忞禪師語錄》等。

③ 偈頌原文爲:"五八六七果因轉,但用名言無實性,若於轉處不留情,繁興永處那伽定。"《六祖大師法寶壇經》,《大正新修大藏經》(48),頁356中。

"諸兄弟，這便是祖師決定信、決定參、決定悟、決定爲人説，決定法要。今日老宿普茶供衆，茶阿誰不喫？茶話阿誰不聽？會得也叫喫茶去，會不得也叫喫茶去，會與不會，總叫喫茶去。"顧視左右良久，云："謝茶！"

龍王誕日，安隱和尚①設齋請陞座。問："嘉州大象，吞却陝府鐵牛即不問，不動干戈建太平，是什麽人分上事？"師云："橫身當宇宙，誰是我般人？"進云："臨際一宗全憑渠力。"師云："果然現大人相。"進云："直得五峰增瑞靄，萬衆仰高標。"師云："幸植龍王瑞誕。"進云："祇如龍王瑞誕之辰，安隱和尚請法而至，某甲乘時擊節，更請和尚赴個時節因緣。"師云："大家不妨好手。"進云："只此一機纔撥轉，喜看大地盡回春。"師云："慶贊有分。"

乃云："佛種從緣，龍生龍子，鳳生鳳兒，鳳以掀騰，龍以飛舞，開啐啄同時眼，顯奮迅同時用，高低嶽瀆，共轉根本法輪。鱗甲羽毛，普現色身三昧，豈止三世諸佛開顔含笑，諸代祖師合掌歡呼。"召衆云："安隱長老設齋，大家唱拍一上，山僧恭率兩殿八房合山尊宿，同到龍王殿裏燒香。"

堂中開示："無心任運，天迴地轉。稱性發機，圓通無際。所以機鋒轉語與驢鳴犬吠②一個道理，真稱性故。驢鳴犬吠與機鋒轉語一個道理，真無心故。諸兄弟！從上佛祖與博地凡夫，無有毫髮差異，莫把自己與佛祖打作兩橛，莫把日用應緣與機鋒轉語分爲兩段。你機鋒轉語，但像驢鳴犬吠，恁麽答日月應緣，但像佛法經論恁麽轉，自然機機稱性，法法無根，任運卷舒，箭鋒相拄，此之謂向上巴鼻，此之謂金剛正眼。

---

① 以碩揆《與安隱五嶽和尚》尺牘一封，推此安隱和尚爲五嶽濟玹，諱濟元，古越山陰人，吳氏。爲具德法嗣，并跟隨具德倡化諸刹，佐揚之力爲多，安隱遇火重興之。生平見《新續高僧傳》，《大藏經補編》(27)，頁 417 中。
② 驢鳴犬吠，原意乃形容驢叫狗咬般，其人文詞拙劣不勘入目。而在圓悟克勤聞聲悟道，久參公案，功夫成熟，有云："三乘十二分教，二六時中眼裏耳裏，乃至鐘鳴鼓響、驢鳴犬吠，無非這箇消息。"《圓悟佛果禪師語錄》，《大正新修大藏經》(47)，頁 768 上。

"天下老和尚轉換奇特百千公案,無限諸訛,消歸一捏,如大火聚,纔一覷着,燎却門面。如獅子王,纔一觸着,喪汝性命。要知你諸人穿衣喫飯,不容擬議,機鋒轉語,亦不容擬議,只者擬議,便是心意識,心意識不死,不名真參學人。大慧云:'獼猴子不死。'① 逗到臘月三十日,鼓子破了,獼猴子又走了,一場懡㦬。② 饒有悟門,擬心不死,不名了事,終坐在十聖三賢地上,累生累劫何從撤脱?但聽山僧恁麽説,依山僧恁麽用心,作個無爲無事閒道人去。"

聖恩和尚③專使至,請陞座。問:"臨濟一宗大行,吳越兄呼弟應、唱拍乘時,作麽生是'千里同風'句?"師云:"鯤鵬飛出魚洋水。"進云:"一條拄杖兩人扶,堪與後人作榜樣。"師云:"搏風雙徑勢摩霄。"進云:"和尚與麽道也,是熟處太熟,生處太生。"師云:"直將百萬松杉月,樹樹金輪挂五峰。"進云:"只有好風來席上,更無閒語落人間。"師云:"且道娑婆世界,三有衆生,作麽生提掇。"進云:"今日聖恩和尚設齋,大衆隨例過堂,某甲亦得一分。"師云:"山僧爲汝道個末後句子。"

問:"臨濟大師云:'夫説法者,一句中須具三玄,一玄中須具三要。'④未審端的也無?"師云:"古寺碑忻讀。"進云:"如何是一句中三玄?"師云:"讀者盡歡然。"進云:"如何是一玄中三要?"師云:"巾子山人曾斫額。"進云:"如何是第一玄?"師云:"莫將閒語問蒼天。"進云:"如何是第二玄?"師云:"向上還須行活計。"進云:"如何是第三玄?"師云:"把定乾坤絕滲漏。"進云:"如何是第一要?"師云:"刹竿頂上飛鐵鷂。"進云:"如何是第二要?"師云:"威音那畔人不到。"進云:"如何是第三要?"師云:"白棒當陽不放過,上座且領這一頓。"進云:"三玄三要蒙師指,雙徑峰頭事若何?"師云:"何勞言

---

① 《大慧普覺禪師語録》,《大正新修大藏經》(47),頁884下。
② 參引洞山初和尚示衆云,見《正法眼藏》,《卍新纂續藏經》(67),頁572上。
③ 以寺稱名,即指住持鄧尉聖恩寺之剖石弘璧禪師,爲具德禪師之法兄。
④ 參本書頁25注③。

外更尋玄？"

師乃豎拂子云："見麼？寒山、拾得欣然而至，先天山老子①忍俊不禁，挈得寒山禿帚，傾却拾得竹筒。爲雷爲電，爲雲爲雨，爲日爲月，直得堪忍衆生，一齊佛花頓放。今天山、今徑山，②亦忍俊不禁，同時下喝。鄧尉峰、鵬搏峰，涌身高七多羅樹，鞠躬問訊云'專爲流通'。寒山、拾得與先天山一見，相視而喜。今天山拱手而賀，今徑山何敢當也。既迴避不及，辭謝無門，特向衆前，恭惟今天山法兄和尚起居納佑。"③

高麗和尚領松江程麟伯居士爲本宗禪德酬願，設齋請陞座。問："三世諸佛，法界衆生，是摩訶般若光，光未發時，生佛在甚麼處？"④師云："何處不稱尊？"進云："天人群生類，皆承此恩力。"師云："要問上座恩力，周遍不周遍？"進云："且喜高麗和尚於人天衆前，旁通一線。"師云："上座一線作麼生通？"進云："山門頭合掌，佛殿裏燒香。"師云："恁麼方消得今日供養？"進云："祇如受薦覺靈，畢竟高超何界。"師云："携手上蓮臺。"進云："謝師指示。"師云："也不消得。"

問："機輪轉處，作者猶迷是否？"師云："是。"僧連喝！兩喝！師云："山僧迷去也。"僧云："恁麼則學人今日得利。"師連喝兩喝！

乃云："春風浩浩，春氣融融。列祖面目儼然，宗衲初心猶在。宗師爲之引進，良友爲之提携。此心此志，入林不動。草入水不揚波，無一草不現金身，無一水不通法利。雖然欲識佛性義，當觀時節因緣，時節既至，顯真精

---

① 天山，指玄墓山。"先天山老子"即漢月法藏。歲丁卯，漢月受太史、護法住錫鄧尉山聖恩禪寺。
② "今天山、今徑山"，分別指剖石弘璧和具德弘禮。
③ 漢月法藏晚號天山，又名天山老人。聖恩剖石於其師法藏圓寂後，於鄧尉山爲建天山塔院，具德而以"天山法兄"稱呼剖石。參見《傳臨濟正宗三十二代重興聖恩禪寺剖石璧禪師塔銘》，《鄧尉聖恩寺志》卷十四，頁514。
④ 參引自長沙景岑禪師一段上堂法語，《五燈會元》，《卍新纂續藏經》(80)，頁94中。

進,真法供養。"喝一喝!下座。①

潮鳴聖生監院領詹啓雲居士請陞座。問:"巾子沙彌②揮好手,諸方無不仰師宗。學人上來請垂一語。"師云:"猛火焰裏顯機鋒。"進云:"乘時獨步登峰頂,方顯天山第一枝。"師云:"刀劍梯中行百步。"進云:"好手手中呈好手,當陽拈出大家看。"師云:"上座也須着力。"

問:"毛吞巨海,芥納須彌,是什麼人分上事?"師云:"徑山分上事。"進云:"久聞和尚眼裏着不得沙,耳裏着不得水。"師云:"如今又不然也。"進云:"燈聯鳳翅當空照,月映峨嵋頓面看。"③師云:"而今眼裏着得沙,耳裏着得水。"④進云:"祇如杭城衆性,遠涉山川飯僧,請法畢竟,以何爲驗?"師云:"一句了然超百億。"進云:"俱胝只念三行咒,便得名超一切人。"師云:"衆中爲汝證明。"

乃云:"塵塵換舊,智智開新,可以肇建,可以中興。在鷲嶺大功告成,在徑山經營方始。"喝云:"恁麼漢傾國不換,恁麼願舉世罕聞。若論鳩材聚工,慈忍爲法,自然殿棟齊雲,衲衣滿谷,三千樓閣主賓互換,百萬松杉轉語機鋒,諸子見解如星,行解如月,靈山指月,曹溪話月,雙徑五峰之間,阿那個是真月?"喝云:"好手手中呈好手,紅心心裏中紅心。"

(師在靈隱,聖公作最初緣起重建大殿。師移席徑山,將鼎新正殿,聖復發願唱緣,於丁未

---

① 自"春風浩浩"起的這段內容,亦被選錄於《五燈全書‧杭州靈隱具德弘禮禪師》,《卍新纂續藏經》(82),頁329中。

② 巾子,俗姓章,法名崇慧,唐代牛頭宗禪僧,徑山法欽之法嗣。據寺志載"巾子山人乞國一師剃度,以咒力護佛法,賜號性空大師。"《徑山志‧徑山紀游》,頁712。

③ "燈連鳳翅當堂照,月印娥眉頓面看",語見宏智正覺上堂法語,《宏智禪師廣錄》,《大正新修大藏經》(48),頁3中。

④ 借用雪竇一則拈古:"眼裏著沙不得,耳裏著水不得,忽若有箇漢信得及、把得住,不受人瞞祖佛言教……又云眼裏著得須彌山,耳裏著得大海水,一般漢受人商量祖佛言教,如龍得水似虎靠山,却須挑起鉢囊,橫擔挂杖,亦是一員無事道人。"《明覺禪師語錄》,《大正新修大藏經》(47),頁692上。

二月七日設齋。）①

紹興太生、惟生、戒曇、瀾海四禪德，同傅盛竹居士請陞座。問："家裏人説家裏話，未審和尚道個什麼？"師云："鏡水秦山，鳥飛不度。"

問："與麼出來，明知不是，未審和尚如何？"師云："鳥銜春色過。"進云："同途各轍去也。"師云："花向樹頭開。"

乃云："精金喜笑，修篁葉葉金聲；美玉開顔，林樹枝枝玉振。拈花微笑，在處宣揚；迦文飲光，當陽顯煥。不見道'神光不昧，萬古徽猷'。② 入此門來，莫存知解，何妨雲遊禪客，員員通入理之門，正信檀那，位位進投機之語。無情身中入正定，雲生碧嶂；有情身中從定起，鳥語階前。徑山恁麼道，祇圖烟城高士，信彩承當，年老頭陀，不相辜負。"復舉妙喜常拈竹篦云："喚作竹篦則觸，不喚作竹篦則背，不得有語，不得無語，纔開口便打。"③遂自頌云："觸背非遮〔互〕〔護〕，明明直舉揚。吹毛雖不動，遍地是刀鎗。"④山僧則不然，"喚作竹篦不觸，不喚作竹篦不背，不妨有語，不妨無語。"擊竹篦云："直下來也。"亦自頌云："觸背元遮互，何人解舉揚。吹毛雖忽動，遍地没刀鎗。"

示衆。師堂中問一僧："喚作竹篦則觸，不喚作竹篦則背，不得有語，不得無語，速道！速道！"僧云："某甲只喚作竹篦。"師云："恁麼道，驢年未夢見在。"進云："和尚作麼生？"師云："不喚作竹篦。"僧云："畢竟喚作什麼？"師

---

① 此處"師"指具德，"聖公"爲潮鳴聖生監院。丁未（康熙六年）二月七日，即公曆1667年3月1日。
② 出自天台平田普岸禪師示衆語，《景德傳燈録》，《大正新修大藏經》(51)，頁267上。
③ 參見《大慧普覺禪師語録》，《大正新修大藏經》(47)，頁879下。
④ 此妙喜頌語，原文作"背觸非遮護"，可見《聯燈會要》，《卍新纂續藏經》(79)，頁105上。

便打,僧云:"驢年未夢見在。"師云:"學老僧語。"僧無語,師曰:"世界如此寬廣,人民如此稠雜,鳥獸如此繁多,山川如此參錯。其間風雲變態,晨夕轉移,何其新奧,何其融活。衲僧本分,如天普蓋,似地普擎,轉語機鋒,較亦同然。"問話上座:"何故呆樁樁地無轉換機,無出身路,至於如此。"復一僧出云:"和尚領三十棒,學人領三十棒。"師云:"山僧三十棒且置,上座三十棒作麼生?"僧無語。師云:"啞却你口。"又一僧云:"捨不得自己,贏不得他人。"師云:"自己從捨,他人作麼生贏?"僧無語。師云:"亦啞却你口。"

復曰:"兩個漢出來,擬爲前問話,上座圓話,可惜祇得一跳,大似與他同參。兄弟要作出格禪和,須悟得箭鋒機,具殺活眼,一切臨時,有出身路,不受人瞞。盡佛祖經論,句句活句;盡古今公案,語語生機。乃至世界差別,鄉音各異,獸語禽言,風搖草動,種種繁疊,使用得轉,呼喚得應,真爲了道,真是衲僧。其間稍或一種用他不得,便成剩法。一有剩法,便被他轉。一被他轉,三界六道,隨境漂流,爭能了得生死。生死既不得了,禪道佛法參作甚用?兄弟既來山中學道,山僧不惜眉毛與你盤礴,你有一些是處,山僧與你證據,你有一些非處,山僧與你剗削,直教事上無礙,理上無礙,事事無礙,超今越古去,不到恁麼田地,斷不可輕輕放過。你要放過,山僧斷不放過你。"

餘杭縣汪岐山居士請陞座。問:"寶老生薑話,叢林喜共傳。未審伊具何標格?"師云:"一辣萬千年。"進云:"識得無私句,還明殺活機。"師云:"上座還解殺活機麼?"僧喝!師便打!

乃云:"捏聚拳頭無縫,放開掌上無偏,不捏不放,須彌岋峪,海水波騰,大地震搖,日輪煋煋,真有與麼驚群之作,龍讓龍宮,虎讓虎穴,佛讓佛土。在佛土,佛土成等正覺;在龍宮,龍宮成等正覺;在虎穴,虎穴成等正覺,一切處成等正覺。然後塞却者個要妙,龍亦不知,虎亦不會,佛亦不識,自然須彌鎮靜,海水波澄,大地安寧,日輪圓照。在徑山與諸子分上,又作麼生?"各各歸堂喫茶。

智道禪德領傅春山居士洎衆信,設合山齋,請陞座。問:"山花香簇簇,澗水響潺潺,是人中之境,是境中之人?"師云:"自家辨取。"進云:"互換迴機用,處處見家珍。"師云:"被他呼喚回頭也。"

乃舉臨濟大師云:"佛者,心清淨是;法者,心光明是;道者,處處無礙淨光是。三即一,皆是空名而無實有。如真正道人,念念心不間斷。自達磨大師從西土來,祇是覓個不受惑的人,後遇二祖一言便了。大凡演唱宗乘,須一句中具三玄,一玄中具三要,有權有實,有照有用。汝等諸人作麼生會?巖頭和尚云:'大統綱宗中事須識句,若不識句,難作個話會。甚麼是句?百不思時,喚作正句,亦云居頂,亦云得住,亦云歷歷,亦云惺惺,亦云的的,亦云佛未生時,亦云得地,亦云與麼時,將與麼時,等破一切是非。'①又有四藏鋒,就理、就事、入就、出就。"②師云:"諸子要會臨濟宗旨,巖頭古佛面目現在,要會巖頭宗旨,臨濟大師面目現在,要會二老宗旨。"喝云:"山僧面目現在。"

普說:"作家龍象,須具無礙機、無礙辯。具無礙機,機機相副;具無礙辯,句句宗通。句句宗通,權實不二;機機相副,照用同時。果爾,天然而問,天然而答,應物現形,隨類自在。

"不見梁山座下有個園頭,人謂曰:'何不問堂頭老漢一則機緣?'頭云:'我若問話,直教者老漢下座去。'在次日,出問云:'家賊難防時如何?'觀云:

---

① 可參見宗杲集《正法眼藏》,《卍新纂續藏經》(67),頁 557 下。
② 《林間錄》有云:"吾聞親近般若,有四種驗心,謂就理、就事、入就、出就。事理之外,宗門又有'四藏鋒'之用,親近以自治,藏鋒之用以治物。"引自《指月錄》,《卍新纂續藏經》(83),頁 474 中。

'識得不爲冤。'頭云：'識得後如何？'觀云：'貶向無生國。'頭云：'莫是他安身立命處麼？'觀云：'死水不藏龍。'頭云：'如何是活水龍？'觀云：'興波不作浪。'頭云：'忽遇傾湫倒嶽時如何？'觀果下法座，把住云：'莫教打濕老僧袈裟角。'①

"你看者則因緣，何等天然，何等自在。近世諸方與徑山會下，稱省悟者多，坐區宇者亦不少，那有天然現量境界，全體是個分別，縱鬥凑得來，出不得陰界在。更若擬議問頭，思量轉語，磨稜合縫，作到十成無滲，久久便與識情打成一片，正是生死根株，茫茫業識，臨命終時，閻羅老子不肯放你在。

"古德云：'報汝通玄士，棒喝要臨時。'②山僧却道：'報汝通玄士，轉語要臨時。'所以臨濟有云：'奪人不奪境，奪境不奪人。人境俱奪，人境俱不奪。'③又洞下尊宿有云：'轉功就位，轉位就功。功位齊彰，功位俱穩。'④

"若是過量人，向未舉已前撩起便行，略較些子。你看二老是建綱立紀，宗師總教人臨機自在，不曾說教臨機凑泊，或有個凑泊得着的時節，不過偶爾成文，坐不得曲彔⑤木床，瞞不得明眼衲僧。設遇着個無孔鐵槌長老，付你一個無孔鐵槌的法，只成得個娑婆世界頭出頭沒、輪迴生死的識情長老，終不能净佛國土，成就衆生。

"若依真正成就，權依教理，轉八識爲大圓鏡智，轉七識爲平等性智，轉六識

---

① "觀"指梁山緣觀，北宋曹洞宗禪僧，生卒不詳，賜法同安觀志，駐錫湖南鼎州梁山。有弟子太陽警玄等。"頭"指梁山觀座下參禪的這個園頭。此則典故可見《大慧普覺禪師宗門武庫》，《大正新修大藏經》(47)，頁951中。

② 見《三玄三要》，《續古尊宿語要》，《卍新纂續藏經》(68)，頁355上。

③ 此爲臨濟禪師示衆"四料揀"，見《鎮州臨濟慧照禪師語錄》，《大正新修大藏經》(47)，頁497上。

④ 參見明州雪竇聞庵嗣宗禪師之師徒對話，《五燈會元》，《卍新纂續藏經》(80)，頁300下。

⑤ 曲彔，指禪椅，以其形狀屈曲，常見於禪宗公案。日僧無著道宗《禪林象器箋》："曲彔，蓋刻木屈曲貌，今交椅製。"《大藏經補編》(19)，頁810上。

爲妙觀察智,轉五識爲成所作智,果能轉得即同如來。然後將四智一刀透出宗乘,其或縱貪嗔癡,功德法財被無明賊劫去,自性光明被煩惱雲覆蓋,不見道'佛者心清净是,法者心光明是,道者處處無礙净光是',先聖誠言誰敢不信?

"你若説法不净,行事失準,自不覺知,自許是過人作略,他生異世,盡落魔道。設有文詞疏暢、意句尖新、悟處不真,聰明者多,見性者少,風穴爲之痛哭流涕。幸值念《法華》,親膺仰山之識,始得真風不墜。

"大都末世人,根中下居多在,世尊雖説法四十九年,無非一音演唱,在會下機器亦聞法四十九年,便有頓漸偏圓,及至末後拈花、飲光微笑,教外別傳,不立文字。前是説通,後是宗通,宗非説不立,説非宗不顯。後代諸祖,宗通説通,標撥兒孫,謂之語録。真正兒孫,有語録也得,無語録也得;有思量也得,無思量也得。"喝云:"盡乾坤是個自己把柄,釋迦老子不在,山僧正在。"

解制小參:"今日解制,諸兄弟切忌東語西話,何也?禪堂無散工。"

佛誕日,廣孝和尚①請陞座。"迦文老子一場,特地祇要話行,即今此話已行,兒孫已遍,雖然心無所生,法無能住,法無所生,佛無能住,以無住本,建立一切。諸子!一自指顧稱尊,直至拈花句中無意,意在句中,意中無句,句在意中。空實相之相,顯不説之説。全主即密,全用不欺。其間有權有實,有照有用且置。祇如摩耶脇誕,父王禮敬,流泉沸涌,百花競發,飛鳥和鳴,百獸率舞,喜自何來?聖從何起?知恩方解報恩。"

圓菩薩戒日,寂照和尚②請陞座。"昔日世尊坐雪悟雪,二祖立雪斷雪,一

---

① 謂指三目智淵(?—1681),又名廣孝三目淵、三目智源,祖籍紹興,嗣法具德禪師。據記載其住持靈隱兩年,《增修雲林寺志》,頁40。
② 依前《徑山靜室請啓》,推測可能爲當時住持寂照庵之恒贅。

等是個鉢袋子，①後世便有傳戒、傳宗之異。徑山爲他的骨兒孫，直得三百六十骨節，節節堅冰，八萬四千毫竅，竅竅動雪。一向以冰雪爲戒，冰雪爲宗，乃至有餘方便，冰雪爲佛事。諸人親承大戒，不過以冰合冰，以雪印雪，可中有般菩薩子，便道者個冰雪鉢袋子，設使分付，亦無著處。不然，子但將去，他時異日，坐斷天下人舌頭去在。"

晚參："佛云：'法輪爲先。'大慧云：'食輪爲先。'②山僧看來，二者相須無可先後。何也？法輪非食輪不成安立，食輪非法輪無取光輝。所以食輪轉法輪日盛，法輪轉食輪日新。如今名稱知識，往往人不歸向，錢穀闕略，禪説不行，律修不茂，舉錯失準，動輒乖張，只因法輪不轉，於内佛祖慧命有乖；食輪不轉，於外十方賢聖不集。世出世間，公驗非可強也。

"興聖寺裏淡泊，今年不欲説戒，不期三壇戒法不思議而成，陰雨不思議而晴，齋供不思議而來。所以云：'道德可以迴轉天地，至誠可以移換陰陽。'諸大德既受戒已，須知更有參禪事業。參禪悟道，受戒立德。悟道，凡情聖見，一蕩而盡，戒備禪中；立德，凡情聖見，一念而彰，道備戒中。

"諸大德，持戒須精嚴，參禪要透徹。禪是了生脱死要著，不可不參；戒是成佛作祖根基，不可不持。持戒不悟禪，終不了心地；參禪不持戒，有慧亦成邪。諸佛列祖皆恁麽來，無可越者。不見世人造屋必先穩其基址，以次架梁擎柱，然後成諸宫殿堂閣，不致傾卸。參禪穩其戒本，然後隨悟隨證，不被境風撼動，不受魔異摇惑，由此自利利他，一動一静，無非向上，管保立地成佛。終不虚也。"

---

① 鉢袋，禪門中表示傳法、由師授徒的袈裟衣鉢。查慎行《得樹樓雜鈔》："鉢袋，猶禪家所云衣鉢也。"見《查慎行全集》(4)，中華書局，2017 年，頁 313。另，鉢袋子，始見洞山良价垂語："直道本來無一物，猶未消得他鉢袋子"，《景德傳燈録》，《大正新修大藏經》(51)，頁 322 下。

② 出自大愚守芝對雲峰文悦的參問開示："法輪未轉，食輪先轉。"《聯燈會要》，《卍新纂續藏經》(79)，頁 121 中。未見大慧有此説。

慧賢、慈舟二上座領石門衆信請陞座。舉：

> 法眼問永明道潛①禪師，《涅槃經》云："菩薩隔壁聞釵釧聲，即名破戒。"祇如昨日，朱紫駢闐，笙歌鼎沸，是破不破？潛云："好個入路。"眼云："子以後當爲王者師。"②

師云："徑山昔年在聖恩③時，老人亦以此問，答云：'好個出路。'老人云：'子以後當爲祖佛師。'即今更有一頌：'穭栽桃李落花村，短棹長歌總不論。莫謂武陵無問處，一條歸路各家分。'"

豫章黃山和尚④到山省覲，請陞座。"於密老人⑤與臨濟大師合一性命，舉一爲用，大機爲用，抽爻遞位爲用，前定不滿爲用。⑥ 盡大地人攀仰不及，諸方老宿摸索不着。老人嘗自云：'三十年後，此話大行。'若一向恁麽法堂前草深一丈，徑山亦與二大老合一性命，向者裏撥轉風頭，掣回雨脚。何妨去一爲用，化機爲用，把定乾坤爲用，前滿不定爲用。諸子，前四句神龍奮迅三昧，後四語群龍無首三昧，見性不留佛，悟道不存師，棒打石人頭，嚗嚗論實事。⑦ 即今此話已行，兒孫已遍，一句中三玄，一玄中三要。"震威一喝，擲下拄杖云："劈面來也！汝等諸人作麽生會。"

----

① 永明道潛（？—961），五代法眼宗僧，武氏，蒲津人。謁法眼文益座下參究多年，開悟受印可。受請爲錢氏忠懿王受菩薩戒，署"慈化定慧禪師"，王又建慧日永明寺，延請師住持，加賜"應真"。生平見《宋高僧傳》，《大正新修大藏經》(50)，頁788下。

② 參見《聯燈會要·杭州永明道潛禪師》，《卍新纂續藏經》(79)，頁239上。

③ 聖恩，指鄧尉山聖恩寺。

④ 豫章黃山和尚，推爲具德法嗣十力濟潤（？—1676），又名石鞏潤，興化人，曾住撫州黃山石鞏寺及家鄉寶嚴寺。結法華詩社，被稱爲"詩僧"，曾爲李沂捐資助刊《鶯嘯堂集》，有《曇華詩集》。參見《五燈全書》卷八十四，《卍新纂續藏經》(82)，頁466；李沛《鶯嘯堂集·序》。

⑤ 即漢月法藏禪師。

⑥ 見漢月法藏上堂法語，謂諸方目爲四殺雄，抹殺法中英雄者，見《三峰藏和尚語錄》，新文豐版《嘉興藏》(34)，頁141下。

⑦ 此二句常見於禪師上堂法語，語出《圓悟佛果禪師語錄》，《大正新修大藏經》(47)，頁741下。

普説："參學英賢，參要真參，悟要實悟，大法不明，大機不顯，纖疑不盡，生死不脱。徑山會裏參禪者多，省悟不少，但各各見有不同，得有淺深。深者未至透徹，淺者猶欠悟證，俱在不了。不了所在，各各有憑有據；省悟所在，亦各各有憑有據。山僧從不埋没英賢，然不了之輩，非獨今時，古來亦有。

"如黄山谷參晦堂時，巖桂盛開，堂曰：'聞木樨花香麽？'谷曰：'聞。'堂曰：'吾無隱乎爾。'谷有省。自此説禪浩浩，將謂無有禦其鋒者，至謁死心，心知其未了，張目問曰：'新長老死，學士死，燒作兩堆灰，向甚麽處相見？'山谷一向稱楊稱鄭，到者裏，一語陷定，做盡伎倆，不能翻身。心知其法見不忘，不吝慈悲叱曰：'晦堂處參得底，始未着在。'谷就此苦心勵志。因謫貶黔南，忽於無思念中豁然大悟。①

"諸兄弟，山谷如此徹證，方得大事了畢，如此刻苦，方得此事。徹悟世道中人尚爾，如是你輩衲僧，豈可坐定見處，看兩頁語録，做兩則拈頌，機鋒轉語不圓活，玄要綱宗不透頂，各各謂我是悟的人，不肯隨衆參請，不希徹大法，若付法做長老，怎生匡徒領衆？怎生建綱立旨？左來右去，只在法身邊做活。忽被十個念個禪和挨拶着，只好口掛壁上，到恁麽時節，信口答他，成你亂統，見你敢闞，你若不答，利口禪和怎放得你過？生死大事、六道輪廻，又如何脱？閻羅老子鐵棒復緣何免？

"參禪到此田地，正是光不透脱。雲門大師云：'有兩般病，可不寒心。一切處不明面前有物，是一；又透得一切法空，隱隱地似有個物相似，亦似光不透脱。又法身亦有兩般病，到得法身，爲法執不忘，己見猶存，坐在法身邊，是一；直饒透得法身去，放過即不可，仔細檢點將來，有甚麽氣息，亦是病。'②雲門之言灼然，諸人之病甚確，何不於此翻轉面孔，直教坐斷十方去！

"你看疏山上堂云：'病僧咸通前會得法身邊事，咸通後會得法身向上事。'

---

① 參本書頁71注②。
② 見雲門禪師室中語要，《雲門匡真禪師廣錄》，《大正新修大藏經》(47)，頁558上。

雲門出問：'如何是法身邊事？'山曰：'枯樁。'門曰：'如何是法身向上事？'山曰：'非枯樁。'門曰：'還許某甲説道理也無？'山曰：'許。'門曰：'枯樁豈不是法身邊事？'山曰：'是。'門曰：'非枯樁，豈不是法身向上事？'山曰：'是。'門曰：'祇如法身，還該一切也無？'山曰：'法身周遍，豈得不該？'門指淨瓶：'還該法身麽？'山曰：'闍黎莫向淨瓶邊覓。'①

"只者一語，八面玲瓏，雲門何等樣人，到此心服，人天衆前便爲作禮。你看從上古錐大了當的，着着出身有路，機機轉換自在。山僧昔年在三峰會裏，英風突出，法戰當陽，莫不個個打敗，設有個漏過去的，也着鎗頭亂點，馬蹄亂撲，氣絕神移，那有什麽佛祖，那有什麽師長？你輩既在山僧者裏，各具大智大量，希作人天師範，大法不能徹了，當機不能迅捷，不肯拚死一回，他日豈甘與彼成同學去？

"況諸兄弟，往日機緣許多敗闕，山僧總有稿本，一一存在者裏。祇者機緣，一一是你胸中流出，其間敗闕，其間不通，亦是你胸襟流出，是你胸中有疑，是你胸中未了，所以有不通，所以有敗闕。然汝不了不通，山僧不爲逼拶，山僧罪過；山僧逼拶汝，自不肯策進，罪過在汝，不在山僧。

"不見五祖演和尚問開聖覺曰：'釋迦、彌勒猶是他奴，且道他是阿誰？'覺曰：'胡張三、黑李四。'你看者一語活潑潑，有什麽過？演亦然，其語時，圓悟和尚爲座元，演舉此話似之，悟曰：'好則好，恐未實，不可放過，更於言下搜看。'次日入室垂問如前，覺曰：'昨日向和尚道了也！'演祖見他來，言有隙，便徵云：'道甚麽？'覺仍抵死執膠盆道：'胡張三、黑李四。'演曰：'不是！不是！'可煞毒辣鉗鎚，覺到這裏弓折箭盡，謂和尚：'爲甚麽昨日道是？'演云：'昨日是，今日不是。'覺於言下大悟。② 兄弟，覺師恁麽答話，

---

① 此段雲門與疏山的問答對話，見《雲門匡真禪師廣錄·遊方遺錄》，《大正新修大藏經》(47)，頁 574 上。
② 引用大慧宗杲所説一則公案，爲開聖覺參學五祖法眼的室中垂問，參見《大慧普覺禪師宗門武庫》，《大正新修大藏經》(47)，頁 954 下。

豈不悟的演祖已肯了也？若非圓悟從旁覷得，演祖覿面針錐，彼此互相誤去有什麼限？何況諸兄弟，真未了決，倚自見處，不奮勇銳徹去，自瞞自誤，自圖做什麼？"

召衆云："諸子！釋迦老子謂五百年後，有六百萬億真身大士護持我法，播揚大教，於今正是五百年後，法門大亂時節，真身大士出世時節，真身大士一出世來，如山僧所説，恁麼真參，恁麼實悟，顯大機、發大用，剗邪扶正，迂迴長老被渠據款結案，一榜揭出，一語擯絶，那時退身無路，悔避無門。汝等諸人，或是真身大士暫無徹證徹悟，山僧年雖老邁，槌拂不懈，趁此深山角落，清閒好時，各各向個裹直下倒斷，直下真悟，真悟如黄山谷之自肯轉語，如疏山之不惑説法，如雲門之識病鉗鎚，如死心之斬截勘驗，如五祖、圓悟之神妙，亦如真身大士承宗立祖，闡揚大教。一言天下服，一語定乾坤。龍天推出，衲子來歸。照天照地光明，無人掩得汝住；棒佛棒祖手眼，無人瞞得汝過。方不辜負己靈，方不虛喫辛苦。山僧千説萬説，總此一説，更無他説；千囑萬囑，總此一囑，更無餘囑。伏惟燈籠露柱，久立珍重。"

挂鐘板，小參："撥草瞻風，祇圖見性。雖然金不博金，水不洗水，佛不見佛，若據衲僧本分，見拄杖便用拄杖，見鐘板便用鐘板，乃至見釋迦老子，便用釋迦老子。"良久，喝云："參！"

結夏，太倉雙鳳和尚①請陞座。問："衲僧活計如何？"師云："雙鳳呈新句。"問："黄檗結夏以禪板爲佛事，翠巖度夏以眉毛爲示衆，未審徑山如何？"師云："一齊生按過。"進云："可謂臨機撥轉。"師云："上座也不可

---

① 太倉雙鳳和尚，推爲具德法嗣穆文濟德，生卒不詳，其住太倉雙鳳鎮之法輪寺，而以寺名尊稱。該寺在支遁開山時即稱雙鳳寺，宋祥符年間改稱法輪寺。2002 年重建後稱雙鳳寺。

放過。"

問:"爐鞴新開如何施設?"師云:"鈍鐵生光。"進云:"畢竟何者爲真金?"師云:"鉗鎚纔毒辣。"

乃云:"放身命處,樵子斧柯插天;平懷常實,漁父竿綸出海。離鈎三寸,釣盡鯤鯨;晏坐五峰,指揮龍象。何況薰風南來,衲子披襟,獨得甘雨彌空,老農播種同時,塵埃中識取祖翁,百草頭撩撥兒孫。學人着力處不通風,把得便用。昔日子韶,①今日伊人,一齊拍掌。"擊拂子云:"猶較些子。"

落堂:"現成公案歷歷分明,只今老僧落堂,執事羅列,諸人禮拜,着着現成。諸子!且道只者個現成面目與二祖作禮三拜、依位而立,面目是同是別? 祗如二祖恁麼相呈,有甚奇特? 達磨便印可道:'汝得我髓。'②諸人亦如此禮拜,依位而立,有甚虧欠、不得我髓? 山僧即今亦要向諸人印可,道汝得我髓,諸人還信得及麼?"驀竪竹篦子云:"若向者裏透得,我說是人直是二祖,直是達磨,直是山僧。"擲下竹篦,出堂。

新安無可禪德設齋,請陞座。問:"昔日臨濟七事隨身,今日和尚將何爲人?"師云:"一事也無。"僧擬議,師便打。

問:"如何是懸崖撒手句?"師云:"看!"進云:"如何是追風捉電句?"師云:"險!"進云:"蒙師指出金剛眼語。"未竟,師便打,後二僧(兢)〔競〕出,師并打。

乃云:"一言該萬象,一語定乾坤。③ 三世諸佛,遍界分身,歷代祖師,全機

---

① 子韶,即張九成(1092—1159),號橫浦、無垢居士。先涿郡范陽人,后移居開封(今河南開封)宋代官員、理學家、文學家。官至尚書禮部侍郎。致力經學,留心禪道。大慧宗杲法嗣。卒贈太師,封崇國公,謚文忠。著有《橫浦集》、《孟子傳》。生平見《張九成傳》,《宋才子傳箋證·南宋前期卷》,遼海出版社,2011年,頁18—35。
② 典故見《景德傳燈錄·第二十八祖菩提達磨》,《大正新修大藏經》(51),頁219中。
③ 自以下起爲原書的第二册。

獨唱,可以駕慈航,觝迴流,觀斷岸,無一法不爲帆柁,無一事不爲篙櫓。人天三有,津濟無餘,十地三賢,總歸向上。牧女獻供於前,純陀緣成於後。國王、大臣、長者、居士、善男信女等供養,於中從上遺風,傳至今日。無可禪宿、新戒弟子廣修檀施,一一佛土,一一莊嚴,一一祖庭,一一供養個裏,本無聖凡,那存佛祖!"攛下拄杖云:"徑山話在。"

落堂。師云:"參究此事,先要明得參情,參情看得明白,有甚工夫難做?不見世間軍旅之中,有個參軍,難明白處,他先看得明白;莫解交中,他能定得解交。行止進退,定奪勝負,百發百中,方可輔佐主帥,克敵致勝。你看參軍用心,是甚麼用心?豈像諸人單把一個話頭,囫囫圇圇,念阿彌陀佛相似,念過一遍又念一遍,并無一些滋味,反着妄想攀緣結聚一團,纔一坐下,便是昏沉,纔一遇事,紛然失心。如此參究,如何得悟?參軍若如此用機,如何得勝?參禪與用兵一個道理,是斬關奪陣的事,直須把個話頭看得清清楚楚,如參軍料敵一般,心心爾念念爾,覷捕來覷捕去,刻不放過。千頭百緒,世緣業識,并作一緣;千頭百緒,是非得失,并作一句。一句透,千句萬句一時透;一緣了,千緣萬緣一時了。正與麼時,是正法眼開時節,是放身命時節,是大徹大悟時節,悟了垂手爲人,拿翻臨濟白拈,捉敗德山個賊,方始出入生死無礙,縱橫異類無礙,方名大了事人,是名真道人。"

靈隱道圓監院同鑲白旗丁護法爲和尚祝壽,設合山齋,請陞座。問:"如何是奮迅天機句?"師云:"棒下傾甘雨。"進云:"如何是全彰大用句?"師云:"田園起茂顏。"進云:"一時花發優曇,那禁金聲動地。"師云:"也見金聲動地,也見花發優曇。"

乃云:"明月堂①月明似海,宴坐軒晏坐如山。月移山影轉,山銜月半邊。

---

① 位於徑山主寺,大慧杲禪師所居、示寂之處,後宋孝宗帝詔以爲"妙喜庵"。

月雖運而不移，山似轉而不動。如是則明月堂、晏坐軒，交互爭輝。古徑山、今徑山，全提烜赫。要問諸人，衹如昔日明月堂坐底是阿誰？今日晏坐軒坐底又是阿誰？向者裏見得徹，把得定，作得主，則明月堂前枯樹開花，晏坐軒邊石人點首，其或未然，打鼓普請看。"

法語："參究本分，第一不可與妄想昏沉、無明煩惱、人我是非作對，并見佛祖尊貴、衆生下劣，一存此心，礙塞殺人，悟機不發。悟道非禁絕此等，能悟此等亦非禁絕。能滅大海不得無波，英華匪同朽木。況我爾十相具足，六根完備，念念不停，急流水上毬子相似，何能制之定耶？能制之定，且不名悟道。先佛所謂若行若坐，想念俱無，愛染不生，無留欲界，是人應念身爲梵侶，如是一類名'梵衆天'。世尊深憫偏執，謂不假禪那，無有智慧，痛加呵叱。

"衲僧家參善知識，決了生死，爲人天師。石火電光，①無留朕迹，豈可似此輩，耽寂畏煩，冷沉死水。汝道內心不寂，外多攀緣不好，殊不知檢點攀緣，一念就是攀緣，就是無名煩惱，業識生死，三途六道，屠裂分身。又不知此一念，亦是大智大慧，大德大行，大機大用，狸奴白牯面目，臨濟得山面目，乃佛乃祖面目，建法幢立宗旨面目，壞諸有漏面目，如大火聚，觸着便燒，四聖六凡，窺探不得，百緒千頭，儔對無門。

"所以羅山問石霜云：'起滅不停時如何？'起滅不停，豈不是內心不寂？石霜向他道：'寒灰枯木去，一念萬年去，函蓋相應去，純清絕點去。'石霜與麽指示，豈不爲他羅山是個英靈禪客，到此反成鈍置？復問巖頭：'起滅不停時如何？'頭喝曰：'是誰起滅？'巖頭袖裏一鎚，羅山直得通身白汗，豁達大悟。②

---

① 石火、電光，譬喻事物迅速生滅變化，顯無常之理。
② 典故見《古尊宿語錄》，《卍新纂續藏經》(68)，頁 335 下；《大慧普覺禪師語錄》，《大正新修大藏經》(47)，頁 905 上。

"又二祖參達磨云：'我心未寧。'我心未寧，豈不是起滅不停？猶曰'乞師與安'。達磨但向他道：'將心來與汝安。'賺得二祖措手不及，迴避無門，就從實供通云：'覓心了不可得。'覓心了不可得，豈不是其悟門？達磨云：'我與汝安心竟。'豈非證據？

"諸子悟既從起滅不停而得攀緣，豈非悟機？攀緣既是悟機，起滅不停，又豈非大智大慧、大德大行、大機大用，暨入塵垂手，開法立宗，則者起滅不停底，又豈不是狸奴白牯面目、臨濟德山面目、乃佛乃祖面目、建法幢立宗旨面目、壞諸有漏面目，如大火聚，觸着便燒，四聖六凡，窺探不得，百緒千頭，儔對無門處。如此徹悟，如此超證，殺得人活得人，揀辦得魔異，抵敵得生死，從上祖師拈一機、示一境，乃至百拶千鎚，亦不曾教人捐了諸緣。英靈禪客，徹證徹悟，亦罕從净潔地上發機。

"諸兄弟，要爲佛祖兒孫，須信得及、生死切，單單一個話頭，壁立萬仞，去不得、構不著處，一刀斬斷，臨濟喝、德山棒，殺人不眨眼去，自然向上眼開，法忍力現，祖師百千公案，知識臨機勘辦，消歸一場笑具。文殊普賢，把臂共行；蜎飛蠕動，一性圓通。乃至地獄天堂，隨順遊戲。所謂過量人擔當過量事，擔當過量事須是過量人。珍重！"

冬杲知客乳虎①侍者領祁門衆信，設合山齋，請陞座。"機後生機，機機相續；句前生句，句句較親。機也，句也。法爾過量，法爾迅捷，法爾圓活，法爾現成。臨濟與黃檗栽松，钁頭豹變，②趙州與南泉，一踏脚底龍飛。用即一切用，轉即一切轉。有般漢便道：'天地一指，萬物一馬。'③喝云：'敢恁麼造次，殊不知咤天叱地，百靈聽命，撒雨呼風，萬彙蒙恩。'所以云：'寧

---

① 疑爲乳虎宗，繼起弘儲法嗣。
② 臨濟在黃檗會下栽松之公案，參見《五燈會元·鎮州臨濟義玄禪師》，《卍新纂續藏經》(80)，頁388上。
③ 此二句引《注維摩詰經》，《大正新修大藏經》(38)，頁350下。

爲天地祖,誰甘造化兒。'"舉拂子云:"我是如來應供,我是調御丈夫,我是佛,則徑山何敢!"

小參示衆。師云:"佛祖唱酬,觸處逢渠。到處安閒,隨處作主。所以道承言須會宗,勿自立規矩,有省發者,不能作家,祇爲自立規矩,不解承言會宗。不見靈山會上,大梵天王獻花供佛,世尊拈花示衆,飲光一笑相承,始定教外別傳之旨。七十餘代傳至今日,心心相印,機機相赴,遇緣即施,隨處唱酬,無非本分,非假他術。即如夾山被船子打落水中,橈下點頭,水裏唱酬。① 水潦和尚挑柴,被馬祖一踏,呵呵大笑,云:'百千三昧,無量妙義,只向一毫頭上,識得根源去。'深山角落裏唱酬。② 雲門被睦州挦折一足,古寺廊下門縫裏唱酬。潙山因百丈撥火開悟,火爐邊唱酬。此皆是識得時節因緣,互相激揚,互相酬唱。諸人二六時中,甚處不是激揚,甚處不可酬唱,縱使無夢無想無見無聞,尚有高峰枕子墮地時節唱酬。

"適有僧呈拈花拈頌云云,是皆不識時節因緣,自立規矩,不能承言會宗,如何得契拈花微笑之旨?此則公案,古今拈頌者不少,惟大方手眼,止取飲光尊者,同明證瞬目欽,恭行正令,以爲法式。自古至今,諸方拈頌,不無所見。雖云正眼洞明,偏正仰揚,無有不可。然不識時節因緣,縱千古以上,千古以下,難逃貶剝,即如這僧拈中云'迦葉負命上鈎意'亦未當。所謂'負命上鈎',乃爲初機判斷。若飲光一笑相承,就中建法幢、立宗旨,元非淺智所測,豈可謂'負命上鈎'也。老僧如此,不惜泥水相爲,汝等用心,大須審細,不會千難萬難,忽若日用應緣洗面摸着鼻孔,有甚麼難!"

履端禪德領金陵衆信預祝和尚七褧,設合山齋,請陞座。問:"十五日已

---

① 此典故見《古尊宿語錄》,《卍新纂續藏經》(68),頁340。
② 參見《五燈會元·洪州水潦和尚》,《卍新纂續藏經》(80),頁86下。

前,松鳞发艳;十五日已后,石笋抽条。正当十五日,龙兴豹变,照用同时,最初一句便请点出。"师云:"须弥当面掷。"进云:"若然,则一步阔一步,步步先锋;一着高一着,着着殿后。"师云:"香海作波涛。"进云:"直得麒麟戴角,丹凤衔花。"师云:"也是儿孙得彩。"

问:"法鼓初振,远播列祖风规。宗印高悬,好看今朝庆赞。列祖风规即不问,庆赞一句事如何?"师云:"言端履端。"进云:"不但四众沾恩,亦且人天瞻仰。"师云:"鹤栖一树雪,鹿卧半山云"。

乃举拂子云:"祇者个是径山法座,祇者个是刹那际三昧,一刹那中无生相可得,无灭相可得。会十世于目前,始终不移;摄大千于一念,自他不隔。枣柏①云:'十方诸佛,一齐出生,一齐成道,一齐转大法轮。'具啐啄同时眼,有啐啄同时用。然则山僧最初入胎、住胎、出胎、行脚、悟道、转法轮,不出者个刹那际三昧,继而遍参、服膺、成褫十坐道场,不出者个径山法座。

"履端禅德、石城檀护,无始来今,大喜大捨,此界他方,周旋往返,亦不出者个径山法座,刹那际三昧。既然如是,不妨过去过去,未来未来,现在现在,预庆也得,正庆也得,后庆也得,一切总得。即今不起此座,不越一念,命知事行者声钟击鼓,直得两殿各房诸山聚会,以至乃佛乃祖聚会,既聚会了,大家随例过堂,且道其中事作麽生?"良久云:"赵州一饱忘百饥,今日老僧身便是。"

茶话:"日月迁流,如驹过隙。少壮不努力,老大徒伤悲。诸子,参禅法门,石火电光,纔涉拟议,蓦面错过。若参究精进,触处现前;参究懈怠,徒劳

---

① 枣柏,即李通玄(645—740),又名通元。唐宗室子,华严学者。著《新华严经论》、《略释新华严经修行次第决疑论》、《释解迷显智成悲十明论》等。生平见《佛法金汤编·李通玄》,《卍新纂续藏经》(87),页 403 下;《居士传·李长者传》,《卍新纂续藏经》(88),页 212 上—213 上。

費力。諸兄弟,既相聚此間,勉自鞭策,日用之中,着些精彩。① 迎賓送客精進,禮貌迅捷;言語酬酢精進,應對迅捷;日用頭頭精進,任運騰騰迅捷。定須恁麼用心,定須恁麼成辦,定須恁麼作爲,一向恁麼行去,不覺不知冷地撞着,全體是佛祖巴鼻,全體是迅捷機鋒,全體是向上行履。英靈中更顯英靈,出格中更顯出格。若中下之機,亦須如前來精進,前來迅捷,前來成辦,前來作爲,養就英靈氣概,時節因緣純熟,遇向上人一點一撥,便與諸佛列祖不別,幸勿自屈。珍重!"

宗翰禪德請陞作。問:"衲僧本分,鑑在臨時,學人近前乞師一接。"師云:"筆有行雲勢。"進云:"如何相續來?"師云:"文成花雨斑。"進云:"某甲直得通身領荷,吐氣揚眉。"師云:"已看騰白鳳,誰解轉青鸞?"進云:"凉生腋下南來意,鶩得臨機請益時。"師云:"一絲牽動處,收放五須彌。"問:"請和尚放開一線。"師云:"脚踏實地。"進云:"舊禪堂到新禪堂,不曾動着些子?"師云:"爭得到者裏。"僧擬議,師便打。問:"世尊未出母胎,度人已畢,是何意旨?"師云:"那有恁麼漢!"問:"古人道釋迦彌勒,猶是他奴,且道他是阿誰?"② 師以手點胸云:"諾!"進云:"恁麼則惟他獨尊。"師云:"也要你贊歎,也要你皈依。"進云:"學人脚踏毗盧頂。"師云:"只見脚下地,不見毗盧頂。"僧擬議,師便打,乃云:"頭上青天青欲滴,脚下白雲深莫測。行到凌霄最上層,瓢中日月光天德。喝石爲川川萬古,流水淙淙山楚楚。四顧林巒鳥獸省,百谷潮聲隨我吐。許子幾過五峰頭,宗翰初登白足樓。針取妙喜開香積,滿供金圈與栗棘。歡聲浩浩振祇林。地涌金猊皆返躑,清風嘯虎雲龍吟。靈雞玉兔唱清晨,也愛山僧正令行。"

起華嚴期日,茶話《華嚴經》。"釋迦老子,諸大菩薩,稱性而説,禪子稱性

---

① 着精彩,意謂打起精神。
② 見《法演禪師語錄》,《大正新修大藏經》(47),頁 657 上。

而誦,行人稱性而作,啐啄同時,道理祇爲諸人不會。突出個善才,歷遍百城,撥草瞻風,祇圖稱性,衆多知識,或權或實,或照或用,正令全提,圓融法爾圓融,行布法爾行布,開種種微妙法門,入種種稱性三昧,啐啄同時眼開,啐啄同時用展,彼彼不借,彼彼不共,至入樓閣,推上閣門,歸家穩坐,總不出個稱性着子。

"諸仁者,這個稱性著子,四生六道,鱗甲羽毛,眉横鼻直,各各神通三昧,無不稱性流行。山河大地,草木叢林,各各生長收藏,無不稱性絢爛。即今大衆喫茶,山僧茶話,樹頭蟬鳴,空中雲駛,何者不是稱性?要知若不稱性,俱屬造作,俱屬生滅。所以云:'稱性外別無佛法,佛法外別無稱性。'若謂除此之外,更有玄妙,即魔外法,非佛法也。参禪人不入得稱性着子,一味圓融,不透行布,墮在儱侗;遍参行布,不悟圓融,又墮支離。墮支離的,謂透行布,行布原不曾透,行布不外圓融故。墮儱侗的,謂透圓融,圓融亦何曾透,圓融無行布不現故。

"諸仁者,須知者個稱性着子,無圓融不備,無行布不該。釋迦老子,諸大菩薩從者稱性着子,播揚大教。諸善知識從者稱性着子,建立宗乘。南詢童子從者稱性着子,神通遊戲。山僧從者稱性着子,同諸兄弟,共口喫茶。"良久,云:"諸兄弟稱性着子,参也着,不参也着,悟也着,不悟也着,作爲也着,静默也着,乃至喫茶、聽茶話總着,畢竟不在別處,不必他求。"逐起身云:"謝茶。"

山陰化成、正初、聞一、慧俊、望如五禪德請陞座。"時雨爲農忙之瑞,秋成爲帝德之光。一人慶而一國衍,一國衍而大千集。得天之靈,得地之神,得物之茂,得福之貞。雖然萬户俱開,無人接得渠,萬户俱開,無人識得渠。在洞下,將知尊貴,一路自別;在濟上,無許多事,纔見定動,劈脊便棒。何也?躡足進前須急急,捉鞭當鞅莫遲遲。"

句超禪德募衡州定藩旗下衆護法米,回山設齊,請陞座。問:"藥山化主到山,風行草偃;徑山化主到山,水到渠成。不負來機,請師方便。"師云:"着力不通風。"進云:"直得東海,鯉魚一拶,雨似盆傾。"師云:"棒下回天力。"進云:"鉢裏桶裏,一任咬嚼去也。"師云:"金牛道底。"進云:"三千樓閣咸稽首,百萬松杉盡點頭。"師云:"也較雲門那一機。"

問:"出一語如電如雷,行一令爲雲爲雨。學人上來,請師直指。"師云:"上座道底。"進云:"劈開華嶽連天秀,放出黃河徹底清。"師云:"好!"進云:"禹門三級成龍去,擘海搏風震九霄。"師云:"腦後重新下一鎚。"

問:"廬陵米價作麼生?"師云:"隨時豐儉。"進云:"恁麼則大衆奉行正法去也。"師云:"遊魚補漏。"進云:"設若外邪侵凌正法,和尚還補麼?"師云:"奉刹奉塵。"

問:"種一顆是一顆,忘却汗流。如何是種得底?"師云:"乘時看取。"進云:"畜一粒是一粒,始知辛苦。如何是畜得底?"師云:"且看飽䬃䬃地。"

乃云:"佛宿光垂徑塢,福星瑞藹衡州。處處闡嘉猷,人人增意氣,塵塵證解脫,事事超今古。可以贊天,可以挾地,可以建法,可以立宗。豈止大英雄劍光射斗,賢衲子機用超方,即三乘五信,唱拍同時,草木叢林,歡聲動地。祇如蹈水赴火,大願不虧,奉刹奉塵,全身補漏,如何委悉?單憑兩具金剛骨,爲供爲祥四百州。"

(舟過洞庭時,漏痕無恙,到岸發視,乃一魚投身隙,內尾骨僅存,見者駭異。)

師誕日,①靈隱和尚②設合山齋,請陞座。③ 問:"洪濛廓啓,七事斬新,今正是時,請師一用。"師云:"人天標榜。"進云:"真個好音在耳。"師云:"未審那個知音?"進云:"和尚與趙州不較多也。"師云:"在趙州即得,在山僧

---

① 六月十六日,時具德年歲六十八。
② 即晦山戒顯也。
③ 此一段紀事可參閱戒顯《再上徑山》,《靈隱晦山顯和尚全集》卷九,國家圖書館藏抄本。

即不得。"進云:"某甲代靈隱作禮三拜。"師云:"較他一籌。"

問:"天台古佛在徑山出現是否?"師云:"是!"進云:"且道來爲何事?"師云:"他既敬之於先,我亦讓之於後。"進云:"和尚作麼生與他相見?"師云:"拄杖子與他相見。"

又僧出呈坐具,云:"請師錦面鋪花。"師云:"不辭錦面鋪花。"進云:"可謂塤篪迭奏,①賓主歷然。"師云:"賓主歷然且置,如何得主中作賓?"進云:"但有好風來席上,更無閒語落人間。"師云:"消得恁麼,消得恁麼。"

問:"目前無法,意在目前,如何是目前意?"師云:"蛇過無踪。"又僧出呈坐具,云:"未審者個歲華多少?"師云:"他底歲華也不多。"進云:"莫太多麼?"師云:"猶嫌少在。"

乃云:"智不到處,突出難辨,辨不可辨,轉不可轉,用不可用,只恁飽齁齁地,是句也得,非句也得。若較之纔出母胎一句,十倍過量,微塵諸佛,是甚鬚髮中膩? 無邊華藏,是甚足甲邊土? 阿那個敢言多言少? 論廣論狹?"驀展手云:"數過量,法爾分明;始過量,鑑在機先。徑山臂膊,直過百城,擒得善財、寶掌、趙州。"呵呵大笑,喝云:"不爲奇特,却依舊處着。"

示衆:"曹溪大師得法黃梅,至大庾嶺,惠明上座趁奪衣鉢,大師置之石上,曰:'此衣表信,可力爭耶?'明盡力取不能舉,遂曰:'我爲法來,不爲衣來。'大師乃曰:'既爲法來,可屏息諸緣,吾爲汝說。'兄弟! 只者屏息諸緣一語,通身是口,贊歎不及。你參學無入頭處,只爲不曾屏息諸緣。不見古人道:'先以定動,後以智拔。'能將諸緣屏息,大死却活,方纔活中有眼。惠明許多攀緣,撞着六祖,一刀截斷,更問他道:'不思善不思惡,如何是你明上座本來面目?'明於此撩起便行,通道:'如人飲水,冷暖自知。'②看他

---

① 塤、篪皆爲古代吹奏樂器,二者交替奏樂。意謂弟應兄呼,兩者旗鼓相當。
② 六祖度惠明公案,見《六祖大師法寶壇經》,《大正新修大藏經》(48),頁349中。

一父一子,開啐啄同時,眼顯啐啄同時,用千古悟道榜樣。所以達磨大師亦云:'汝但内心無喘,外息諸緣,心如墻壁,可以入道。'①諸兄弟,結制來又幾七,也不見人來通個消息,只爲你内心喘故,諸緣未息故,求佛求法故,求會求悟故。要知個事相應,百不知百不會,有氣死人相似。單單把個話頭,抖擻精神,猛着挨拶,有個時節,因地一聲,悟去在。"

滿覺禪德請陞座。問:"碧檻明窗,同開列祖門風;梵網毗尼,共唱欽師②堂奧。應機一句,請師指示。"師云:"舊令新行。"進云:"若然,則轉語應人,轉機應法。"師云:"舊人新面目。"進云:"還許學人唱和也無?"師曰:"許!"僧揮坐具,云:"龍得水時添意氣。"師云:"只得一半。"問:"進新法堂,擊新法鼓,正恁麼時,如何舉唱?"師云:"拶着威音那一竅。"僧呈坐具,云:"祇如臨濟進門便喝,德山入門便棒,與者個是同是別?"師云:"拈向一邊。"進云:"休誇棒下無生忍。"(下語擬議。)師遽云:"試看臨機不讓時。"便打。

問:"初登戒品,如何行履?"師云:"鉢盂口向天。"進云:"受戒之後,如何保任?"師云:"於中却函蓋。"乃竪拂子云:"看看!山河大地此中流出,四聖六凡此中流出。"擊拂子,喝云:"截斷衆流,山河無影,聖凡絶迹,雖然事無一向,理貴通途。佛是衆生影草,衆生是佛影草,一影草一臨濟面目,只者面目是佛一上座全身出現處。若論全體作用,逢佛棒佛,逢祖棒祖,畢竟如何? 令不虛行。"

靈楫侍者領袁化鎭許明初居士,請陞座。問:"檀度精修,梵僧應供時如何?"師云:"一雨普潤。"進云:"時將一粒盧陵米,供養十方聖賢僧。和尚分上,檀那分上。"師云:"却被闍黎道着。"

---

① 此菩提達摩爲二祖說法偈,見《景德傳燈録》,《大正新修大藏經》(51),頁219下。
② 指徑山法欽禪師。

問："鼓禪悦風，香舒六合，雨勝法雨，普潤三根。祇如高低普應，如何分付？"師云："急急如律令。"進云："可謂僧持寶鉢隨雙徑，檀捧香花散五峰。"師云："八字兩邊排。"進云："在大機大用，又作麼生敷轉？"師云："白棒當頭不放過。"

乃云："山僧今日横身三界，大似金翅鳥王，據空自在，不礙於空，不離於空。豈止昔年臨濟喝去，禪和旦暮來歸，即妙喜千七百衲子一時雲集，山僧乘時於中，爲大檀越作大佛事，如許衲子，亦乘時於中，進之以禮，退之以禮，把柄全在山僧手裏，通變臨時，指東爲西，拈三掇五，無可不可，自然説無不遍，行無不至，願無不周，功無不備。雙溪水與香海水互換，須彌盧與凌霄峰唱酬。諸人暫時聞見，將謂門庭施設奇特可觀。殊不知，山僧逐日東廊上上，西廊下下，西廊上上，東廊下下，不曾動着些子，一日打眠三五度，如何消得許多閒？忽有個孟八郎漢，從旁覷見道：'文殊普賢，大人境界。'"①喝云："敢恁麼造次？"（語末竟，維那結椎。）師便下座。

示衆："於密老人云：'搖蒲扇作麼生？將蒲扇問你作麼生？奪蒲扇打你作麼生？放下蒲扇作麼生？'者四句有權有實，有照有用，有殺有活，有擒有縱。個裏會得，無公案可參，無生死可了，出言吐氣，瞬目揚眉，亦有權有實，有照有用，有殺有活，有擒有縱。雖然蒲扇誰個不搖？搖時清涼特地；蒲扇誰不曾問？問處酬酢新奇；蒲扇誰不解打，打着箭鋒相拄；蒲扇誰不放下，放下信彩安閒。一句四句，四句一句，透得一句，四句無餘。四句了了，千百公案，無不徹盡。無始現業，頓爾冰消。老人一生，七事三玄隨身，竿木日用尋常，正令全提，驗遍天下衲僧，勘盡諸方老宿都來，總不出此四句。"

---

① "文殊普賢，大人境界"，見雲門禪師遊方遺録，《雲門匡真禪師廣録》，《大正新修大藏經》(47)，頁 574 中。據圓悟勤小參開示，這是"透頂透底""通方作者"，"豈是尋常涉道理計校得失思量底"，《圓悟佛果禪師語録》，《大正新修大藏經》(47)，頁 753 上、762 中。

一僧出，師示扇云："將蒲扇問你作麽生？"僧擬議，師便打。僧云："放下着！"師云："語不審諦當，機不辨來風，可惜！你道將蒲扇問你是甚麽意？你擬議，我便打，又是甚麽意？汝後云：'放下着。'有甚交涉？如此用心，怎得悟道？如此轉語，怎得恰好？你道有一句便了一句，便了須是個人始得。你今影影響響，認奴作郎，以爲大透脱、大了事，不管好歹，逢人抵觸，遇通人一拶，紛然無措，换個手脚，求救無門。恁般漢真是鄉裏儂，只知翻土塊、唱山歌自足，以爲羲皇三綱五常，禮樂刑政一些不知，衣冠揖讓，射御書數一些不曉，真是無孔鐵槌，亦似覆盆下蟻，不見天日。若便與麽去，臨濟七事、曹洞五位、潙仰十九門、雲門三句、法眼六相四揀，者一絡索作麽生了？若不能了者一語，完全不了，若真一語了得的，二派五宗，是甚贅疣？勘辨臨機，值甚矢橛？縱使門庭各別，機用殊途，所謂宗乘捷徑，原無一些差別。

"諸兄弟，山僧今日以本分事據目前機，者裏通得諦當，許汝親見於密老人，見得老人，許你親見臨濟、曹洞一切諸祖，乃至親見山僧，許你是個了事道人，許你一語也了、多語也了，有語無語俱了也，好建宗立旨，辨魔揀異，乃至布奇特、顯平實，勘驗諸方，無可不可。珍重！"

南嶽和尚至，師①率合山大衆，恭請説法引座。② 問："湘南湘北，雙徑雙溪，彼此一天，如何相見？"師云："東西盡和美。"進云："不來相而來，不見相而見，遠話會也無。"師云："突出難辨。"進云："當時雁羽書曾寄，此日魚腸信始休。"師云："將謂別有。"進云："相逢言既切，此後不勝思。"師云：

---

① "南嶽和尚"即具德的法兄繼起弘儲禪師，以住持衡州南嶽般若寺爲名。"師"指具德。

② 《禪林象器箋》："引座者，導引他陞座也。若突然敷演，則衆可驚疑。故住持先表白，故語尾必有恐人無憑等語。……他寺尊宿來訪時，首座勸請説法，住持爲之先引座，以申尊宿，當爲衆闡揚之意。……《敕修清規》上堂云：'若尊宿相訪，特爲上堂，或引座舉揚。'"《大藏經補編》(19)，頁 423 上。

"也知較一半。"

問:"不二門中雙徑杳,五峰內外幾重新。還是神通妙用,法爾如然。"師云:"雨從龍樹起。"進云:"增新煥彩,覿露全機。"師云:"風自戒衣生。"進云:"在南嶽和尚分上,現前大眾分上。"師云:"一言如諦當,萬彙盡沾恩。"

問:"樹頭一夜雨,何得彌天周遍?"師云:"從來道個普。"

問:"象獅蹴踏,古今標榜,佛法緊要處,乞師一句。"師云:"彼此相撞着。"進云:"不惟天地開顏,亦且日月增彩。"師云:"增彩一句作麼生道?"進云:"今日南嶽和尚設齋。"師云:"上座還領話也無?"僧顧左右,云:"分明舉似諸方。"師云:"大眾記取。"

乃云:"祖翁一棒,人天妙悟。先師一句,佛祖開新。智與師齊,減師半德;智過於師,方堪傳授。受不可受,開正眼於棒上,機貴陷虎;行不可行,闡大法於毫端,語深却物。個裏奪賓為主,奪主為賓,賓主俱奪,賓主俱不奪。即照為用,即用為照。照用俱即,照用俱不即。寂音尊者有言:'吾道若杜牧之論兵,如珠走盤,如盤走珠。宛轉橫斜,不可測識。'①然非強為法如是故。忽若俱胝道者,拈一莖草,履劍鋒,探沸油,戲烈焰,然後隱身不現,國王大臣以手加額,五湖衲子小出大遇。且道這一莖草,在祖翁分上,在先師分上,禮上座旁觀不耐,總送向凌霄峰側,萬仞崖邊,一時生按下。賴得我南嶽法兄到山,便全體作用,一齊扶起。伶俐禪和,一見逴得便行。猶較些子,其或未然,大家到我南嶽法兄座前,伏聽處分。"

普說:"禪不參不悟,參不請不明。二者相兼,缺一不得。專參不請,水浸石頭相似,死蟄蟄地,無時得活。專請不參,旋入滑頭,阿瀧瀧地,何由得悟?諸兄弟結夏來,一期將盡,參情純熟,扣擊多番,只是不能徹悟,其故不在別人,是汝自信自己不及,看得自己下劣,是凡夫、是眾生,此等見解,

---

① 參引《智證傳》,《卍新纂續藏經》(63),頁173下。

一綑綑定，被苦樂境搖，煩惱迴換，不知自己本來是個没量大人、超佛越祖的烈漢。

"又有般的自恃殊勝，謂我本來是佛、是菩薩、是知識、是無刹不現身的人，也不究竟禪道佛法，也不怖生死輪迴，隨邪逐惡，反被許多常樂我净、六度萬行、棒喝機鋒羅籠，墮在毒海，本色本分著子，迥然迷隔。正當穿衣喫飯，迎賓送客，呼應酬酢，真活計現前，却又無心任運過去。不知無心任運，正是聖凡路絕時節，净裸裸，赤灑灑，杲日麗空，乾坤朗耀，左來左應，右來右應，玄要并著，照用齊彰，四生六道，等般涅槃，山河草木，同成正覺。

"山僧忍俊不禁，諦審諦觀，向來種種説法，一雨普潤，無不周括，種種開示，一氣該通，無不遍攝。汝等不能便與麽，活卓卓去，病在於何？莫是山僧説法時節，汝等夙無靈骨，如聾若啞麽？莫是山僧挑撥時節，汝等似醉如癡、昏沉失照麽？莫是山僧垂示時節，汝等塵情交結、忽忽過去麽？莫是汝等迷戀物慾、信悟道不及麽？

"臨濟大師不曾生來是佛，三遭痛棒，大愚點發而悟。德山老子亦是塵勞凡夫，吹滅紙燭而悟，乃至洞山過水睹影而悟，圓悟見雞飛鳴而悟。上來老宿悟道者，不可勝數，不曾多一手一眼，有異於汝。所以云：'十方諸佛，迷與汝同迷，悟與汝同悟。'汝等雖是未悟，工夫正在九仞一簣之時，直須拚命一上，討個倒斷。待入室時，是處爲汝證據，非處爲汝剗抹。入室時節，汝等亦當直心酬問，有疑情説疑情，有見處呈見處，不可顢頇鼓弄，空費唇吻。説過之後，各須緊著鞭策，打并徹去。千七百則公案，則則自透；諸佛列祖關捩，著著自轉。高高山頂立，深深海底行。與天下老和尚爭先奪後，與先佛上祖挈短較長，方是本色道流，設或不然，定見敗闕。

"如南嶽和尚到山，數禪客向稱有悟出衆法戰，其間，或有被其捉敗。若依世間法論,捉得敗的,謂之失機,失機所在,原有空闕。佛法若有空闕,豈可了得生死,佛法被人捉敗,奚能制得魔外?登山不到頂,不能見天闊;參禪不徹底,臨機難制勝。了生脱死的人,一點不受人瞞。一念不暫停,機狹路相逢,擊塗毒鼓子相似,天堂到來,一鎚粉碎,地獄到來,一鎚粉碎,佛來祖來,魔來衆生來,乃至一切差別好惡到來,無不一鎚粉碎。那有什麽目前生死?那有什麽眼光落地?設眼光落地,保得穩的,目前生死不了,依舊觸途成礙,空闕無數,失着多岐,處處受人惑,事事自失機。爲人天師範,不得了人生死,不得與樂救苦,不得於菩薩萬行之中,降魔御世,不得興佛法,佛法空闕,被魔王捉敗;爲天王調御,調御失機,被修羅攪亂;爲國王治世,治世失準,受奸邪欺竊。至於醫卜星相,百工技藝,世間法出世間法,不可説不可説種種參錯,種種受屈。

"不見漢高帝失機於楚,以紀信轉惑於楚,楚反受惑於信,被脱高帝,此正所謂失機。① 非但是漢與楚,而唐、而宋、而元、而明,盡世間不可説種類,彼彼空闕,彼彼受惑,彼彼失機,彼彼敗事,難可殫舉。所以云:'入得世間法,出世間無餘。'②

"又不見善財南參知識,出社進社,參見正行知識、大權知識,種種奇怪,事事變通,無不參遍。無厭足王,勝熱婆羅門,殺人燒人,枷杻拷打,如此兇險境界,誰不恐怖,誰不摇惑,誰不退悔?善財拚得性命,一一親參親證,如此大作大用,直到無有纖毫疑惑,入無量法門海,透無量三昧門,末後彌勒樓閣一往所觀,種種行證,種種知識,神用總在掌握,原非外來。

"所以祖師西來,傳佛心印,只要求個不受惑的人,不受惑的人,真了生死,

---

① 此典故見載於司馬遷《史記·高祖本紀第八》:"漢軍絶食,乃夜出女子東門二千餘人,被甲,楚因四面擊之。將軍紀信乃乘王駕,詐爲漢王,誑楚,楚皆呼萬歲,之城東觀,以故漢王得與數十騎出西門遁。"中華書局,1982年,頁373。
② 引自《大慧普覺禪師普説》,《卍正藏》(59),頁970。

真闡大法，真不被一切籠罩，真能降魔制外，就是山僧昔年在萬峰學道，看古人問答十八，上解作活計轉語云：'兩隻水牯牛，雙角無欄捲。'復云：'若要於此明得，直須透三玄旨趣，始得受用無礙。'①山僧竊疑，既是活計，因甚又道三玄旨趣？山僧彼時做圊頭，在園上擔糞，却走向太湖邊去，豁然大悟，纔有今日。

"諸兄弟！參禪一事，大須仔細，眼光落地，生死要緊，目前生死，尤其要緊。依山僧恁麼參、恁麼悟，自然顯大機、發大用，拿三道五，御世降魔，至於世間出世間，不可說不可說種正倫異類神奇鬼怪法中，有權有實，有照有用，有縱有擒，有殺有活，無爲不勝，無作不超，百千知識，神通妙用，是甚矣橛？無邊華藏秘密之門，值甚噴嚏，依舊依舊，人與綠楊俱瘦。"便起。

普説："適有禪者入室呈解，據伊呈解，不無見處，只是燒作兩堆灰話，不會。兄弟！你者裏不會前來機鋒轉語，盡見諸訛，恁麼時節，真禍患，真生死，真大疑情，真壁立萬仞所在。不見高峰祖師睹五祖真贊有省，機鋒不讓，忽雪巖問：'正睡着時，無夢、無想、無見、無聞，主在甚處？'再轉不得，遂發願拚一生作個痴呆漢，磨礱砥礪，俄頃不放參，同行枕子墮地，忽大悟。② 高峰何等人，尚然如是，汝何等人，大禍患在身上，大生死在目前。入室來又過一七，不見你請益，不見你問話，半生不死，作恁麼去，就反要告假他去。記汝前來，曾以三峰老人綱宗語請益，似亦有些英氣，何得如此無志？又一禪客，機鋒輥輥，根底一剗，全無巴鼻，見人恁麼問，也恁麼問，見人恁麼轉，也恁麼轉，圖哄阿誰？饒你口頭滑利，只成學語，祖師心印，驢年夢見。不見大慧古佛機鋒轉語、法語拈頌，比你高出萬倍，天下

---

① 此段問答，引自《汾陽無德禪師語錄》，《大正新修大藏經》(47)，頁 597 中。
② 此段高峰原妙向雪巖祖欽參問悟道過程，可見《五燈全書·杭州西天目高峰原妙禪師》，《卍新纂續藏經》(82)，頁 160 下。

長老沒奈何伊，獨湛堂不肯，慧死心伏志，至堂篤病不離，猶問：'和尚不起，某將何依？'堂見伊真是個人，便曰：'天下知識，無可了你事者，只有勤巴子①能了你事。勤處不了，一經一咒，以待來生。'慧信其言，始終其事。②

"兄弟！你見處如大慧乎？機鋒轉語、法語拈頌如大慧乎？大慧當時聲震寰宇，猶未肯苟就。汝今何等地位，只謂我是作家，我會佛法，設果汝會佛法，祇要問你，前南嶽和尚上堂，有一禪客被其捉敗。臨濟所謂'參學人，大須仔細。賓主相見，便有言論往來，或應物現形，或全體作用，或把機權喜怒，或現半身，或乘獅子，或乘象王'。③你且道南嶽在那一禪客邊乘獅子？那一禪客邊乘象王？那一禪客邊現半身？那一禪客邊把機權喜怒？那一禪客邊全體作用？那一禪客邊應物現形？"

又云："如有真正學人便喝，先拈出一個膠盆子，善知識不辨是境，便上他境上，作模作樣，便被學人又喝，前人不肯放，此是膏肓之病，不堪醫治，喚作'賓看主'；或是善知識，不拈出物，祇隨學人問處即奪，學人被奪，抵死不肯放，此是'主看賓'；或有學人，應一個清淨境，出善知識前，知識辨得是境，把得拋向坑裏，學人言：'大好善知識。'知識即云：'咄哉！不識好惡。'學人便禮拜，此喚作'主看主'；或有學人披枷帶鎖，出善知識前，知識更與安一重枷鎖，學人歡喜，彼此不辨，換作'賓看賓'。④ 此數句語，磨勵多少知識，看辨多少衲僧，千古而上，千古而下，誰人出得其闤？而今天下無論學人知識有多少，賓看主的有多少，主看賓的有多少，主看主的有多少，賓看賓的滔滔地更誰辨得？且道三則機緣，那一則是賓看主？那一則是主看賓？那一則是主看主？那一則是賓看賓？向者裏檢點得出，倒斷

---

① 指圓悟克勤禪師。
② 此段典故見《普覺宗杲禪師語錄》，《卍新纂續藏經》(69)，頁632中。
③ 臨濟禪師此段示衆，見《五家語錄》，新文豐版《嘉興藏》(23)，頁525下；又見《人天眼目》，《大正新修大藏經》(48)，頁303上。
④ 此引臨濟禪師示衆"四賓主"語，同前注。

得下,許你具眼,許你是會佛法的人,許你機鋒輥輥,許你一言不吐,我說汝是天人師、調御丈夫,設或不能,莫道山僧不肯你是不好意。不見黃山谷受死心嚴厲,黔南悟後,書上心曰:'被天下老和尚瞞了多少?惟有死心道人不肯,乃是第一相爲。'①你不能倒斷。設山僧肯你,你將一雙烏律律的眼睛作麽勘驗,方來一條黑漆拄杖,作麽人天衆前揮霍,閻羅老子打鬼窟臂,作麽逃脫,施主禮拜供養如何消受?就是三禪客唱酬了。"

又有數僧出問。"南嶽和尚以拄杖壓住,若本色道流,當機殺活,奪鼓攫旗,那有拄杖壓得住的?你要曉得,被其壓得住的,胸中有物,眼中有屑,被聲色蓋覆,被生死淹没,被境緣移換,誦訛亂得,魔外破得,直須苦參苦究,如鼠咬棺材,今日不透今日咬,明日不透明日咬,忽一咬咬着,死心咬着,高峰咬着,臨濟咬着,自己呵呵大笑,山僧不奈何你,南嶽亦不奈何你,天下老和尚總不奈何你,倒奈何得山僧、南嶽、天下老和尚,歸衣鉢下俟候。"

師搗鼓集衆,令圓實上座圓話,并付澄一闍黎、黔中開戒陞座。舉法衣云:"見麽?一等是金襴袈裟,有以傳宗,有以傳戒。傳戒人人共知,不待山僧縷縷;宗則不然,世尊拈花,迦葉尊者一笑相承,遂定宗眼。去聖時遙,人根不一,悟有深淺,眼目各各不同。祇如南嶽法兄和尚到山上堂,三禪客問話,於中一則機緣,大有誦訛,機緣現在,且道誦訛在什麽處?南嶽正令當行,據款結案,利害在什麽處?不見臨濟大師示衆,有云:'賓中賓、賓中主、主中賓、主中主。'師屈小指云:'者是賓中賓。'屈食指云:'者是賓中主。'屈無名指云:'者是主中賓。'屈命指云:'者是主中主。'因甚大拇指不在其數?釋迦老子傳至臨濟,今日落在山僧手裏,且道者則機緣,四賓主中落在那一則裏?明辨得出,道得一句,救取前話,堪任傳持,正法眼藏,就將此衣表信。不論一人多人,若道不得,以

---

① 《五燈會元》,《卍新纂續藏經》(80),頁362下。

一秋爲期。"

良久,無人出。師復云:"天寧澄一監院,隨山僧在廣孝①有省,天寧一席,死守不變。後來老僧道布寰中,光流輦下,皆藉其功。今澄公黔中住靜,諸檀護敦請陞座,公終不允,其弟子七千里外送開示語并頌古來,法語尚未合式,頌古有到處,有不到處,因其躬行實踐,不讓古人,今以《弘戒法儀》②一部、祖衣一頂、如意一握,令其傳戒,試手說禪,用以表信,日後宗眼洞徹,再爲對衆證據。"

〔附繼起弘儲語錄一則〕③

南嶽退翁和尚到山,④師率兩殿八房合山大衆請上堂。⑤

展凡西堂問:"三湘接漢,雙徑藏天,千里同風則固是,祇如三個孩兒抱花鼓,作麼不來攔我毯門路?"師云:"連日打叠得一堆一擔,總被堂頭和尚送向凌霄峰下了也。"展云:"往來者皆言'南嶽和尚具大人相。'"師云:"事不獲已,借主人威光,與上座相見。"展云:"固知神用不止於此。"師云:"不見道'機深陷虎、句切離鈎'?"展云:"清風拂白月,有言説耶？無言説耶?"師云:"上座定當。"展云:"信乎！順流已接,凌雲信據窟,還驚破浪聲。"師

---

① 即廣孝寺,位於紹興雲門山,又名雲門廣孝寺。

② 漢月法藏輯,共兩卷,序云:"集三歸、五戒、八戒、剃度、十戒,并比丘白四羯磨,及菩薩戒等,爲諸品説戒之式。彙《沙彌律儀要略》、《比丘戒本》、《梵網經》,爲三種誦戒之本,并《隨機羯磨》爲比丘之則。著《梵網一線》上下卷,爲禪律一心之宗。兼之《佛藏經》四卷,共刻一函,合命之曰《弘戒法儀》。"《卍新纂續藏經》(60),頁576上。

③ 以下内容篇幅占兩個半葉,視同獨立單元插入這部語録,文末有"附録"小字標識。有展凡西堂、介華維那、圓實藏主三位出來提問,應接回答爲弘儲除第一句外,文中"師曰"皆指弘儲,"堂頭和尚"指具德。

④ 退翁弘儲從南嶽福嚴禪寺(位於湖南省衡陽市衡山)親身登臨徑山,爲同門法兄具德祝賀其住持徑山,并設齋供衆。

⑤ 此句"師"指具德,亦即具德等率常住衆迎請退翁上堂説法。這一則上堂法語亦收録在繼起弘儲的語録,文字大同小異,可相互對照,見《退翁和尚住南嶽福嚴禪寺語録》,蘇州西園寺藏本,頁26上—27下。

云："適纔兩轉，是甚麼人語？"展召大衆云："要識大唐國裏一人，師隨我進前三步。"師默然。

介華維那問："萬峰陌上，甘露雙垂，肘臂相逢，請示法要。"師云："不聞雨從龍樹起？"介云："衲僧慶快，已承恩力，再施一語，布遍諸方。"師云："還知風自戒衣生。"介云："五峰突出難兄弟，唱和當年祖父機。"師云："莫怪南嶽，慣將常住物，私自當人情。"

圓實藏主纔出，師云："莫是徑山門下一員戰將麼？"圓云："却被和尚道着。"師云："六韜三略，暫閣一壁。"圓便喝！師云："據險用奇，還須別轉。"圓打旁僧一坐具，師連棒打趁，驀拈拄杖，云："大凡激揚樞要，不在多兩轉、三轉，祇要吞得大頭腦。"下隨卓一卓，云："此一方地面，自我妙喜叔祖轉大手、弄大旗，前後奪盡，八十來人光彩，冷落多少時也。今幸我堂頭法兄和尚，功成不居，以天下絕勝覺場，委之克家，端居妙喜舊室。大闡國一典章，擲鉢峰頭，同條共貫底，四千里遠來，替山靈稱賀，替諸祖稱賀，未免不解作客，煩勞主人直逼上者，所在要與現前大根器龍象結個般若緣，摧摧頹頹，大抵祇說得自家屋裏話。諸仁在者裏，已經冬夏，還識堂頭老漢麼？"良久，復卓一卓云："說似一物則不中。" 附錄

書記句玹圓話，代云："某甲適來弄巧成拙。"師云："只此一語，堪紹吾宗。"

闍黎履先代云："者老漢不但踞虎頭，亦且收虎尾。"

知藏石語代云："某甲今日，法戰不勝，罰錢五貫，設饡飯一堂。"

主規青震代云："要識天山四殺雄，看取今朝正令行。"

直歲洪遂代云："請放下拄杖，別垂方便。"師云："不放下時如何？"遂云："只解踞虎頭，不解收虎尾。"

維那介華代云："權借五峰神用，捩轉南嶽鼻孔。"

主規慈月代云:"不因戴角衝關節,爭得天山鐵鶻翻。"

主規鶴峰①代云:"若非某甲承當,爭顯得和尚頭正尾正。"

維那笑拈代云:"老漢只解作主,不解作賓。"師云:"你如何作主?"拈云:"也與三十棒。"

記錄素菴代云:"老漢只顧光濟三峰,不顧某甲性命。"

維那岸廣代云:"某甲二十年,攙旗奪鼓,今日全身歸主。"

書記谷菴代約住拄杖云:"和尚棒某甲,喫某甲,棒阿誰喫?"師云:"你道誰喫?"谷隨聲奪拄杖,便打。

書記天越代云:"若非先鋒有作,爭顯功收殿後。"

記錄鵬雲代接拄杖,送一送,云:"不勞再勘。"

維那子樵代云:"和尚照用同時,某甲攙旗奪鼓。"

副寺靈陌代云:"把柄在和尚手裏。"師云:"你的把柄何在?"靈云:"非但和尚,釋迦老子,痛與一頓。"

侍者曇璽代,復打傍僧一坐具,云:"棒下無生忍,臨機不見師。"

知客猊菴代云:"若無換日移天手,互換難逃陷虎機。"

知藏圓實圓前話云:"看者老漢,奪人七事,鈎錐卸盡,三玄戈甲。"師以次命擂鼓,陞座,付衣、拂拄杖證明,下座。

普説:"徑山會裏者則圓話機緣,千古未有一段殊勝事,千古未舉之事,山僧舉千古未圓之話,諸人圓,圓得此話,方堪傳續佛祖慧命。古來拈花微

---

① 鶴峰,諱濟悟,具德法嗣。本籍吳門費氏。受具於剖石壁,參具德於佛日,受器重,得法後,開堂於雲陽寶覺寺五載,又歷住嘉禾濮鎮龍潭福善寺、姑蘇寶樹、當湖竺隱院、桐溪寂照寺、福壽禪林等,有語錄兩卷存,生平記載見《行狀》、《鶴峰悟禪師塔志銘》,收於《鶴峰禪師語錄》,新文豐版《嘉興藏》(38),頁567上—568上。

笑，的的相承，人天衆前，當機授受。於今時丁末法，泛濫靡稽，室裏私傳，聖凡罔據。山僧若不嚴提正令，彩賽當陽，拈花微笑，何處再見？玄要宗乘，何處弘恢？結夏以來九旬精粹，諸人機緣純熟，證徹非遥，奈中元逼近，倘一解制，人心索懈，枉費前工。山僧再四思惟，只得暫違古制，夏秋并結，爲助諸人末後一鎚。

"前日以衣拂對衆表明，圓得此話，兩手分付。山僧日日椎鐘伐鼓，與諸人殺活臨時。今有十九子①已圓得話，其十九子入道有年，法語拈頌出格，機鋒轉語超群，復圓得此話，心眼既同，機用傑出，人天衆前，已爲證據，并付衣拂，拄杖傳持，正法眼藏，接續將來，毋令斷絕。

"已圓得話，固爾如是，未圓得者，見人圓話，我尚未圓，精心勇鋭，瘄寐憫然。兄弟！你如此用心，是名人急非心急也。若真心急，只此一團勇鋭，正是你大得力處，將大徹證處，不可一向恁麼，却不照顧話頭，恐致錯過。亦不可轉不出語，遂生忿恨，令生滅迷心，生滅迷心反不得悟。既不得悟，話愈不圓，不如將此一團勇鋭、忿恨回在本分，并在參究晝三夜三，從頭看徹到尾，自底看徹透頂，中間看徹兩頭，兩頭看徹中際，捏聚打開，看得明明白白，機機顯露，面面玲瓏。南嶽和尚意在甚處？圓實上座意在甚處？忽然捏着關捩，心眼洞開，諸訛冰釋。山僧那肯埋没你，如此省力工夫，你何不做？反歷迂途，空喪天日，無有利益。

"又有一種，也有見地，也肯參究，也有轉語，只是用心不恰之南如北，翻本頭、尋語句，向外馳求，勞勞終日。不識兩家用處端的，公案作麼消歸？不是崇尚南嶽嶮峻，就是滅裂自己威光。若不觸犯當頭，即便了没交涉，或套人語句，或傍人意旨，恁般做處，如蒙童背書，一句趙錢孫李，一句周吳

---

① 如前一則圓話所述，具德在徑山十九位付法弟子分別爲：句玹日、履先緒、石語音、青震指、洪遂泰、介華潔、慈月時、鶴峰(風)悟、笑拈岳、素菴仁、岸廣殊、谷菴萃、天越潛、鵬雲宏、子樵如、靈陌敏、曇壓印、猊(霓)菴奇、圓實(石)寧，可與戒顯撰《具德行狀》述及的法嗣相對照，見本書頁 306。

鄭王，輥輥無碑記，不圖悟去，只要撞着爲數，只怪山僧不肯你，不肯關節處，着些精彩，何不將者許精力，并疊一處，竭力研窮，我做圓實上座，畢竟如何一語圓得此話？如何一機杜得來風？愈研愈明，心光愈燦，愈燦愈研，機用愈顯。非但一語諦當，千語萬語無數語，一一現成；千機萬機，不可説機，了了無礙。任我全賓也好，全主也好，橫拈倒弄，無有不好。何苦要喫許多辛勤，耗亂精神，費殫心力，道無從悟，話無從圓。又要曉得汝真悟底機鋒迅截，用兵相似，着着六韜三略，機機據險用奇，左開右合，右開左合，一機發動，山崩海裂，電激星馳，一策施爲，迷天晦日，霧卷霞飛，一眨眼間，成敗立分，一彈指頃，存亡立定。古德云：箭鋒機，①嚙簇機，②殺人不眨眼機，③照用同時機，攙旗奪鼓機，一語未吐，邪正已形，一班未露，迷悟早見。豈可當機勘辨，與奪臨時，無轉身一路。兄弟！須知迷悟分定，非鬥湊機緣所可擺布，即有虛偽假借，瞞昧山僧不得，窺竊佛祖不得。

"又有一種没見地底，全心是個蒙昧，全身是個漆桶，不知何者爲本分，何者爲機緣，南嶽機用是甚模樣？圓話機鋒何所作爲？山僧看來，真好消息，百不知百不會，喜便笑，怒便嗔，真活祖師面目。雖真活祖師面目，然此個公案不會，便見聖凡迥隔，迷悟歧分，此所謂真生死、真疑情，你不妨就此壁立千仞去；去不得處，苦參苦究去；與南嶽、圓實，啐啄同時去；驀地掀翻，坐斷十方去；途逢達道人，照用同時去；言論往來時，與奪臨時去；與諸佛列祖，交互争輝去；日用應緣處，隨緣放曠去。

"又須知者個公案，一大藏教此中流出千七百則話，此中展演佛祖慧命，此中延系魔外邪異，此中揀辨鱗甲羽毛，此中色身三昧，山川嶽瀆，此中根本

---

① 佛印了元禪師云："鈍根仍落箭鋒機。"《五燈會元》，《卍新纂續藏經》(80)，頁331下。
② 龍翔南雅禪師云："縱有嚙鏃機，一鎚須打殺。"《聯燈會要》，《卍新纂續藏經》(79)，頁160上。
③ 如圓悟克勤禪師云："頂門闢金剛正眼始辨大機，殺人不眨眼底漢。"《圓悟佛果禪師語録》，《大正新修大藏經》(47)，頁740上。

法輪,世尊迦葉,此中拈花微笑,達磨神光,此中斷臂安心,臨濟大師,此中三玄三要,三峰老人,此中絕處開生。兄弟！要作真獅子兒,須善真獅子吼。"拽拄杖,下座。

先是僧奇仲入室,云："能代語圓話。"師云："試道看。"仲云："恐和尚不真不實。"師云："我人天衆前,衣拂表明,豈有虛誑！"仲云："必須搥鼓大衆前代語,大衆證明方可。"師命搥鼓集衆。師云："大衆靜聽奇仲代語。"仲出云："和尚問來。"師云："機緣錄出已久,何須更舉。"仲云："瞞某甲即得,瞞大衆不得。"師云："此二語,如何代圓實圓得前話？"仲云："某甲不敢造次。"師云："恁麼做處,一任到諸方,裨販亂統去。"仲云："者老漢惑亂人不少。"師復命搥鼓,痛棒趁出,便歸方丈。少頃,復落堂,對衆云："渠道徑山不真不實,乃信根不熟,師資之緣全未契合,自然開不得啐啄同時眼,顯不得啐啄同時用,如何圓得此話？諸子！莫訝徑山令行太嚴,汝但語無觸犯,縱下語不契,不妨再道古人機緣,有九十六語,末後一語,始得契證。所以告衆,以一秋爲期,各須仔細參究,萬勿輕易。"

示衆。舉汾陽採菊,示衆云：

> 金花布地,玉蘂承天。杲日當空,乾坤朗耀。雲騰致雨,露結爲霜。不傷物義,道將一句來,還有道得底麼？若道不得,眼中有屑,直須出却始得。①

師云："只者數語,如天普蓋,似地普擎,無論愚智,俱各曉了。道流,日用應緣,機鋒轉語,着着圓活,不傷物義,得麼？若得,即汝便是汾陽老子,即汝便是文殊普賢,即汝便是山僧。若不得,背覺合塵,莫大神通妙用,被渠埋却了也。道流,汾陽老子,拈過一邊,有屑無屑,切忌擬着。祇如山僧落

---

① 見《汾陽無德禪師語錄》,《大正新修大藏經》(47),頁598下。

堂,諸人排立,不傷物義,道將一句來。"

僧出禮拜,起袖中落下扇子,問:"如何是不傷物義的?"師云:"扇子脱落地。"僧云:"我不被他惑。"師云:"汝傷物義也。"復云:"有麽?有麽?"顧左右云:"山僧今日索戰無功,自打退鼓去也。"便出。

付法日,育王嵩巖①和尚暨雙龍慶元上座,領正白旗李護法同衆善信,設合山普齋,請陞座。臨濟先鋒,德山殿後;德山先鋒,臨濟殿後。尊貴中尊貴,直截中直截,盡虛空紅旗閃爍,盡大地影草雷鳴。行不言之教,嚴不伐之威,堪報不報之恩,用助無爲之化。復舉於密老師云:

機先一向是汝諸人安身處,先機一句,是汝諸人立命處;其間左之右之,或伸或縮,是汝諸人踏脚處;末後一句,是汝諸人出頭處。②

"徑山③在老師會下,十有餘年,祇明此事,及得法唱導,至今三十餘載,亦只以此事接人。今老僧坐下有久隨弟子四人,天南、弗爲、古喬、憨愚,④皆悟處有憑,造詣日進。兹因育王和尚、雙龍主人暨諸檀護設合山普齋,乘是勝緣,向人天衆前,特以衣拂付之。"下座。

上方和尚⑤專使,領維揚萬居士設齋,請陞座。"無能中無能,無用中無用,出格中出格,過量中過量。龍宫虎穴,龍虎宗通;地獄天堂,地天交泰。無幽不燭,無令不行;何事不修,何功不備。總之,汾陽十智,浮山九帶,臨濟七事,若陽焰,若空花,棒下無生忍,臨機不見。師徑山自行脚至匡,徒領衆四十餘年,祇恁麽精勤,祇恁麽造詣,不識上方長老,以爲何如?"

---

① 嵩巖靈,時任阿育王寺住持,太白雪禪師法嗣,《明州阿育王山續志》卷十六有載。
② 引漢月法藏示衆法語,見《三峰藏和尚語録》,新文豐版《嘉興藏》(34),頁 130。
③ 具德自稱。
④ 即天南臨、弗爲祚、古喬通、憨愚慧。
⑤ 指當時在上方寺住持的碩揆原志。

下座。

載止、胤越二上座,領仁和縣衆善信,設齋請陞座。"徑山高出天上,登徑山者,天上人也。山僧天上住持,龍宮説法,諸人天上修供,龍宮聽法,山僧無説,諸人無聞,無説無聞是個甚麼?"喝一喝!復舉龐婆入鹿門寺作齋,維那請疏意回向,婆拈梳子向髻後一插,曰:"回向了也!"①師云:"維那請疏意,意不在言,龐婆插梳子,來機已赴。若是徑山這裏,總點一杯茶,與伊濕口。"下座。

機　　緣

僧入,師問:"參甚麼話?"僧云:"本來面目。"師云:"有會處麼?"僧云:"本來無面目。"師云:"作麼生與諸方相見?"僧云:"和尚定當。"師云:"你合自己定當。"

僧入,師拈扇子,云:"扇子跨跳上三十三天,墊著帝釋鼻孔;東海鯉魚打一棒,雨似盆傾。你作麼生會?"僧云:"扇子現在者裏,不曾見跳上天去。"師云:"你恁麼答話,作麼生與諸方相見?"僧進語不恰。師代云:"孟秋猶熱,伏惟和尚起居珍重。"

僧入,師問:"見處作麼生?"僧云:"昨日下雨,今日却晴。"師云:"祇如不雨不晴,你作麼生轉身吐氣?"僧云:"正好轉身吐氣。"師云:"忽遇青天霹靂,又作麼生?"僧擬議,師便打。

僧入,問:"承師有言,衲僧本分,一切現成。如何是現成一句?"師云:"正

---

① 典故可見《禪宗頌古聯珠通集》,《卍新纂續藏經》(65),頁556下。

要問你。"僧云:"學人禮拜去也。"師云:"秪如大殿別向寮舍參差,你作麼生得現成去?"僧無語,師叱退。

僧入,師問:"甚麼號?"僧云:"恬忍。"師云:"父母未生前,甚麼號?"僧云:"香爐三隻脚。"師云:"單票①上不曾見有香爐三隻脚。"僧云:"不得認着定盤星。"師云:"是你自認,干我甚事?"

僧入,師問:"參甚麼話?"僧云:"三不是。"師云:"不是心,不是佛,不是物,是個甚麼?"僧云:"耳朵兩片皮,牙齒一具骨。"師云:"因甚馬祖、南泉不恁麼道?"僧云:"覿面不相瞞。"師云:"恁麼答話,馬祖、南泉未肯點頭在。"僧云:"學人却點頭。"師云:"山僧亦不點頭在。"僧復問:"死心死,學士死,燒作兩堆灰,作麼生相見?和尚還見麼?"②師云:"見。"僧云:"即今在甚麼處?"師便打。

僧入,問:"薰風自南來,殿閣生微涼。③是和尚本分事是否?"師云:"是山僧本分事。如何是上座本分事?"僧云:"某甲不解捏目生花。"師云:"你既不解捏目生花,來到者裏做甚麼?"僧喝!師云:"胡喝亂喝。"師復問云:"趙州柏樹子話,作麼生會?"僧指衣云:"者件道袍,蘇州做的。"師云:"趙州意不在此。"僧擬議,師便喝!

僧入,問:"參時心頭滾滾,不參時又墮在無事甲裏。如何得透脫去?"師云:"昨日到雙溪④走一遭,看見田禾枯稿,心焦得緊,夜來一場大雨,快活

---

① 據《叢林兩序須知》在寺新到僧,"有懇求進堂者,預先引拜方丈,給出單票,然後送入白維那安單。"《卍新纂續藏經》(63),頁670上。

② 引黃庭堅居士謁雲巖死心新禪師之公案,見《五燈會元》,《卍新纂續藏經》(80),頁362下。

③ 見《圓悟佛果禪師語錄》,《大正新修大藏經》(47),頁726下。

④ 位杭州餘杭縣北,因有徑山前後二溪合流故名。現位於餘杭市西部,有雙溪鎮。

快活！"

僧入，師云："將得祖師來麼？"僧云："紅日正當午。"師云："不問你紅日正當午，將得祖師來麼？"僧云："今朝親入室。"師云："恁麼答話，成兩樣也。"僧懡㦬而退。

僧請益，云："某甲在堂中經行及坐卧，只是疑情不得透脱。"師云："你要會麼？"僧云："要會。"師云："與你作個方便，今天天童老和尚忌日，是否？"僧云："是。"師云："祇如大衆殷勤，山僧上香，你還見麼？"僧云："不見。"師云："你隨衆禮拜，因甚不見？"僧無語，師云："你還見天童老和尚麼？"僧云："見。"師云："作麼生見？"僧云："有畫像在。"師云："着相凡夫。"僧又無語。師云："你要見天童老和尚麼？"僧云："要見。"師打數棒，僧更近前，師云："猶嫌少在。"又打。

僧問："靈雲一見桃花後，直至如今更不疑。如何是他不疑處？"師云："賓頭盧眉毛長多少？"進云："玄沙道：'諦當，甚諦當，敢保老兄未徹在。'那裏是他未徹處？"①師云："印過那邊着。"

龍王誕日，僧入問："搥鼓陞座即不問，當陽慶贊事如何？"師云："好！"進云："舉頭紅日近，新月挂眉間。"師云："也好！"進云："松柏葱青迎瑞氣，龍神喜悦笑春風。"師云："更好！"

僧入，問："善財五十三參，善知識在什麼處？"師云："你我。"進云："若然，三山齊拜倒，四海盡朝宗。"師云："諾諾！"進云："兩彩共一賽。"便禮拜師，

---

① 靈雲志勤禪師見桃花悟道呈偈於潙山，而玄沙聞後道未撤，此則公案可見《景德傳燈錄》，《大正新修大藏經》，(51)，頁285上。

良久,進云:"祇如末後於彌勒樓閣,彈指便入,見百千萬億彌勒,百千萬億善財,即今又在甚處?"①師彈指一下,進云:"踏破鐵鞋無覓處,得來全不費工夫。"師云:"覓得個甚麼?"進云:"搬柴運水,有什麼難?"師云:"你號什麼?"進云:"法印。"師云:"是彌勒,是善財。"進云:"適來禮拜已竟。"師云:"大須審細。"

僧入,問:"覿面相呈時如何?"師云:"夜行莫踏白。"

僧入,問:"正瞌睡時,人法雙忘。如何是轉身句?"師云:"你幾曾瞌睡來?"進云:"不曾。"師云:"夢話那!"

僧入,拜起,打一圓相,云:"現成公案如何提唱?"師云:"現成公案,問他作麼?"僧擬進語,師大笑。

僧入,喝云:"江西、湖南便恁麼來也,和尚如何應接?"師云:"不應接。"進云:"恁麼則學人歸位去也。"師云:"應接。"進云:"洞山重意氣。"師云:"住住!"

僧入,問:"直指堂前,當年別去;徑山頂上,今日來歸。未審無位真人還有來去也無?"師云:"攙旗還奪鼓。"進云:"還鄉盡是兒孫事,祖父從來不出門。"師云:"祖父且置。"僧擬議,師喝云:"三十棒,一棒也不較。"

僧入,問:"某甲自信不及,乞師指示。"師云:"你要信得及麼?"僧云:"是!"師云:"我也搖扇乘涼,你也搖扇乘涼。"僧佇思,師云:"你一夏來,可曾搖一扇兩扇麼?"進云:"搖扇即是。"師云:"恁麼則釘椿搖櫓去。"復爲代云:

---

① 《大方廣佛華嚴經·入法界品》,《大正新修大藏經》(9),頁780。

"微風從扇來,衣裓生清涼。"

僧諷《華嚴經》,回寮揭帳次,師問云:"裏面有人麼?"僧云:"有人。"師云:"阿誰?"僧無語。師代云:"善財童子。"復問云:"他向你道什麼?"僧又無語。師云:"大似不曾諷經來。"

雨後,僧請益云:"生死未明,乞師指示。"師云:"雨過溪流急。"僧云:"不會!"師云:"觸處卷波濤。"

城中有僧剔琉璃,次被雷劈。師垂問云:"剔琉璃亦是好事,因甚却被雷劈?"衆下語不契,師自云:"不斬蕭何令不行。"

僧問西堂:"如何是一喝不作一喝用?"堂云:"者裏一喝只作一喝用。"僧云:"是何意旨?"堂云:"從來不肯臨濟大師。"僧無語,堂舉似師,師代云:"某亦不肯西堂。"堂云:"具何眼目?"師云:"不見道一喝不作一喝用。"

佛　　事

爲心無老宿靈骨入塔
無影樹邊無縫塔,天上人間尋不見。老師今日忽相逢,却向此中開佛面。

爲無相侍者火
幾莖乾柴,幾莖枯骨,擲火炬云:"機鋒相遇,縱遼天鶻。"

爲佛一上座靈骨入塔
生在雲間,死從覺地。骸骨收得到山,一靈相隨而至。優鉢羅華,塔戶相迎,十方諸佛,普同聚會。老僧如是舉揚,差勝靈山授記。

爲正參禪宿靈骨入塔

生有養奉之至,死有葬孝之至。道之所極,義之所止。成世間兒孫得力,令先師歸根得旨。擲火炬。

爲任脩老宿火　其年八十有五

真真確確,灑灑落落,中年精進,有餘暮年,解脱無作。更有些子奇怪如許,年高二十餘日,無痛無苦,不飲不啄,一朝夢破,黄粱全體,金仙大覺。

入塔

人爲老宿痛,我爲老宿喜。塔户花開,香風未已。

爲隱山老宿火

津濟之義,無可不可。你與我一緉鞋,我與你一把火。

爲道初禪人靈骨入塔

祇這玉骨透先天,個裏機鋒在目前。窣堵波中同極樂,塵塵刹刹總金仙。

爲普信禪師靈骨入塔

生也,蓮花出水;逝也,花落蓮成。若向個裏薦得,可以净佛國土,成就衆生。

爲自達禪人火　曾爲慶雲仁和尚後堂

慶雲①後堂,徑山侍者。化火三昧,可知禮也。

---

①　慶雲寺,位於江蘇省泰州市泰興市,建於北宋咸平二年(999),明末清初爲臨濟三峰系重要道場,有具德、能仁、仁庵、碩揆等禪僧住持開法。

八、具德禪師相關文獻補遺

解　題

本單元是全面蒐集與具德禪師有關的文獻史料，包含他人著作文集、佛典寺志中所載具德所撰著作，具德與師友法侶的問答對話，以及他人寫給具德書信等。分爲以下八個類別。

一、序引

具德住持靈隱寺期間，曾爲他人著作書序《金剛經如是解序》、《净土全書序》、《重刻水月齋指月録原叙》三篇，爲寺院重建化緣的《重興福善寺濮氏募引》一則，另附嚴沆所撰《贈靈隱具和尚序》。這四篇文獻可使讀者直觀地閱讀具德的書寫著作，并了解具德的經教思想與净土信仰。①

其中，《金剛經如是解》②由無是道人③注解，於順治丁酉（1657）方伯

---

① 《净土全書》并記有兩則修行净土法門的感應事迹，是與具德的勸發有關：正黄旗代子金光前與妻龔氏於順治年間因"聞具德和尚説法靈隱，同往參問，親承開示，自此潛心念佛，愈切愈堅"；卓孺人，法名濟永，尊禮玉林、具德兩大師，專修净業而感得念佛往生瑞相。《净土全書》，《新纂卍續藏經》(62)，頁175中、頁186下。

② 《金剛經如是解》一卷，是明代張坦翁(生平待考)自稱"無是道人"的注解并自記，此書有具德、譚貞默、王鐸的序文，以及道盛的題辭、北海老人與白法性琮的跋文。國家圖書館藏有清順治八年昆明虞世瓔刻本，縮印於國家圖書館出版社出版《徑山藏》，四個半版爲一頁，每半版十行，每行二十字。版心中記書名、頁碼，版心下有墨丁。

③ 無是道人，張縉彦，又名坦翁先生，此書爲其寓居河北石鏡山時所撰，以宰官身注解《金剛經》、《心經》，以方外人而深入宗説。

蒞臨武林時，邀囑具德爲該書寫序。《净土全書》①由寶蓮道人俞行敏編輯，復原本龍舒净土文增删而成，"博綜經論，彙爲全書"重輯刊印，邀請具德等人書序。此篇序文末落款有"康熙甲辰初冬日靈隱弘禮題於直指堂中"，可知康熙三年(1664)即書成年代。

二、法語

收録漢月撰《付具德上座源流法語》、具德分别與其師漢月藏和法兄剖石的機録問答兩則、具德上堂示衆問答一則，以及豁堂一則晚參中提舉具德住顯寧寺的垂語一則，以上文獻均有助於了解具德早年參學經驗與得法歷程。

三、拈頌

筆者在收集文獻過程中，從他人著作中發現具德所撰拈古偈頌十則，前九則選録自潭吉弘忍述《五宗救》，②第十則摘録自迦陵性音編《宗鑑法林》。關於清初僧諍事件密漢之諍的研究，除了漢月著《五宗原》，天童撰《闢書》，潭吉忍作《五宗救》，這幾則拈頌亦涉及該話題，讀者可以從中了解具德對此事件的態度及扮演的角色，更能全面了解具德的禪學思想。③

四、像贊

具德爲天童密祖、漢月法藏所撰祖像贊各一首，自題像贊一首。④ 另

---

① 《净土全書》，共上下兩卷，縮印於國家圖書館出版社出版《徑山藏》本，四個半版爲一頁，每半版九行，每行二十字。
② 潭吉弘忍《五宗救》，收於《禪宗全書》(33)。
③ 塔銘有云："忍公著《五宗救》，師贊助居多，書成而闡揚綱宗，三峰道法始曉然於天下。"參見本書所輯第八單元"具德禪師相關文獻"之《重建靈隱具德大和尚塔銘》。
④ 《天童密祖像贊》、《三峰漢月藏祖像贊》、《具德老人自題像贊》三首像贊原爲具德書寫墨寶，原迹已失佚，文字録於《續修雲林寺志》卷五《藝文·墨迹》篇，頁 336—338。

附豁堂、戒顯、碩揆、爲霖等諸師爲具德所撰像贊六首。

五、書信

筆者輯錄了具德的同門師兄弟、法子、法姪寫給他的書信共有二十一封，其中十四封來自法兄繼起弘儲，一封來自法姪豁堂正喦，四封是法子碩揆志所書，兩封爲法姪檗庵正志所書。以書信題名來看，大多是具德住持靈隱寺期間的往來書信，僅有三封是到徑山後所收來信。其中，由弘儲所寫的書信，分別收錄於《靈巖和尚樹泉集》、《報慈語錄》、《退翁和尚甲辰錄》、《退翁和尚廿一錄》、《退翁和尚浮湘錄》，故以書成時間先後編排順序。①

六、詩偈

有法侶或名士訪謁具德所寫下詩偈共八首。來自仁山震、虛舟省、張岱、吳偉業等法侶、僧人、名士等，於訪謁、隨侍具德期間所撰之詩偈，藉由他者的表述以理解具德的形象，及其彼此互動的事件情境。

七、塔銘、行狀

收錄吳偉業《重建靈隱具德大和尚塔銘》、張立廉《重興靈隱具德老和尚全身塔表》、戒顯《本師具德和尚行狀》，更完整地呈現了具德的生平行履。

八、靈隱寺事迹

輯錄《靈隱寺志》中所記錄具德重興靈隱寺的的事迹史料，包括緣起、鼎建殿堂規模、感應事迹、土地財產等事迹。

---

① 感謝翁士洋同學提供弘儲五部語錄著作成書時間的考察資料，協助推判時間排序。

具德禪師相關文獻補遺

序　引

　　金剛經如是解序①

神功不可以碑記，溟渤②不可以蠡測。無上妙道不可詮注，唯其詮注不及也。雖終日言而無言，終日跡而無跡。故迦文曰："我四十九年，不曾說著一字。"又曰："但有言說，都無實義。"譬之彈者意在雀，獲雀而彈斯委；餌者意在魚，得魚而餌自棄。若夫執餌彈爲魚雀，非作者咎，乃時人自昧耳。

無是張公，究心《金剛》有得，不肯獨擅其妙，欲以公之天下，于致君澤民之餘，鉤索深賾而箋釋之，命曰："如是解。"歲在丁酉，③以方伯涖武林，出全秩屬序焉。余披讀已，顧謂二三子曰："全經妙旨，爲'如是'二字，一口道盡矣！"他如品第文句，雖有數千餘言，不過二字之訓詁耳。後來循行下注者，華竺亡慮，千人要之，如析空立界，各封己私。雖空性非離，而用力勞矣！惟天親、無著立義明宗，破疑斷執，差達佛意，然猶不能離句絶非，直

---

①　《金剛經如是解序》，《徑山藏》(144)，頁 340；《卍新纂續藏經》(25)，頁 185下—186上。本文採前用《徑山藏》版。
②　溟渤，溟海與渤海，意謂大海也。
③　丁酉爲順治十四年(1657)。

指第一義諦。斯解也，得之于心，不借舌於玄旨；形之于辭，匪寄意于私緣。冥中著彩，水面雕紋，有是事，無是理。隨人所得而見之，其裨補于拘學也，厥功大哉。

山野不能文抑，亦法不換機，以致鋪錦之贊，但曰："世尊如是説，無是公如是解，山野如是序。"只此三箇如是，猶塗毒鼓響不容接，似太阿劍鋒不可攖。① 又如雲端鶴唳，石竅風鳴，既未可以理通，亦不許以意解。讀是經者，便如是將去，直與説者、解者，同一金剛體性，同一無住三昧。詎必數盡行墨名言，始信無我、人、衆生、壽者相哉！雖然認餌彈爲魚雀者，固謬矣！苟得一魚一雀，遂欲使天下人盡棄餌彈而勿用，吾知斯人亦不足以語道也！前哲不云乎，實際理地，不受一塵，佛事門中，不捨一法。

夫然則雖家喻此經，户傳此解，正金剛種子之光明顯發處也！庸何傷，山野恁麼序引，是真實語，是不誑不妄語，具眼者薦取。

靈隱道人弘禮題②

净土全書序③

安養國法王子之言曰："净念相繼，得三摩地。"④即净土心，不必净土歟。曰：勢至菩薩欲入於微塵内，轉根本法輪。⑤ 識净土成住有因也。曹溪大師之言曰："東方人求生西方，西方人求生何國？"⑥即求生不必往生歟。

---

① 太阿劍，又名秦阿劍，鎮國至寶之劍。如《佛果圜悟禪師碧巖録》記："如太阿劍，擬之則喪身失命，此箇唯是透脱得大解脱者。"《大正新修大藏經》(48)，頁 156 下。
② 此篇序文末落款有"靈隱道人弘禮題"字，并有兩枚印章，分別爲"弘禮之印"，"直指堂"。
③ 《净土全書》，《徑山藏》(219)，頁 283；《卍新纂續藏經》(62)，頁 144 中。本文採前用《徑山藏》版。
④ 《大佛頂如來密因修證了義諸菩薩萬行首楞嚴經》，《大正新修大藏經》(19)，頁 128 中。
⑤ 參見相似文句，《列祖提綱録》愚菴智及禪師陞座云："走使觀音勢至，於一毫端見寶王刹，坐微塵裏轉大法輪。"《卍新纂續藏經》(64)，頁 209 上。
⑥ 引自《六祖大師法寶壇經》，原爲："東方人造罪，念佛求生西方。西方人造罪，念佛求生何國？"《大正新修大藏經》(48)，頁 352 上。

曰：盧祖慮人於一真界，起爾我諍端，明净土，跬步可到也。是故黄童白叟①不論年，華屋蓽門②不論地，動静閒忙不論時。無人非念佛人，無地非念佛地，無時非念佛時。然則一切人，是佛本來人；一切地，是佛降生地；一切時，是佛成道時。聲聲是佛聲，念念是佛念。龍舒居士③於净土三昧，倏然而起，歡喜合掌，而告我言："棲水善里，有大長者，現净清身，與我某甲，分座説法。令諸衆生，同行佛行，同堅佛願，同證佛心，同生佛土。"靈山老人爲作證明，山僧不覺手舞足蹈，敬書是語，於其簡端。

康熙甲辰④初冬日靈隱弘禮題於直指堂⑤中

重刻水月齋指月録⑥原叙⑦

此幻寄道人瞿君⑧所集從上老古錐語也。古德云："宗門中事，如節度使信旗相似。"⑨窺符盗璽者紛然，要須有個驗處。所謂驗處者，非有文，非無文，現前逼露，卓卓寧彰，此真符也。所以古德又云：借一句子是指月，於中事是話月。玄沙云："世尊道：吾有正法眼藏，付囑大迦葉，猶如話

---

① 黄童白叟，謂幼童與老人，泛指老少。
② 蓽門，以樹枝荊竹編織之門，謂貧寒人家。
③ 王日休（1105—1173），字虚中，安徽龍舒人，宋高宗朝舉國學進士，專修西方净業，著有《金剛經解》《龍舒增廣净土文》。
④ 甲辰爲康熙三年（1664），時具德六十五歲。
⑤ 即靈隱寺法堂，命名典故於宋乾道八年，孝宗駕幸靈隱，賜僧瞎堂慧遠直指堂印。明宣統年間玹理建，以張即之書"直指堂"爲匾額。具德住持時修復重建。
⑥ 《指月録》，明代瞿汝稷集，全書共三十二卷，編集過去七佛至宋大慧杲之禪宗法系共650人的言行略傳。此書編刊時間長達二十三年，於萬曆三十二年刊行，又名《水月齋指月録》。
⑦ 《重刻水月齋指月録原叙》，《指月録》（天寧寺本），《禪宗全書》（10），頁7—11。
⑧ 瞿汝稷（1548—1610），別號那羅延窟學人、瞿太虚、瞿元立、洞觀瞿子、瞿洞觀、幻寄居士等。以父蔭受職，三遷至刑部主事，出知辰州府，任長蘆鹽運使，以太僕少卿致仕。學通内外典，潛心佛法，歷參紫柏、密藏、散木等諸尊宿，聞禪法於管東溟。萬曆三十年（1602），撮彙歷代禪宿法語《指月録》三十卷。康熙十八年（1679），編《續指月録》。著《石經大學質疑》《問卿集》等，生平見《明史》卷二一六《瞿景淳傳》。
⑨ 引自筠州九峰道虔禪師上堂語，《景德傳燈録》，《大正新修大藏經》（51），頁329上。

月;曹溪豎拂子,還如指月。"①若夫執指爲月,此晉鄙所以受欺於公子也。僧問雲門曰:"佛法如水中月,是否?"門云:"澄波無透路。"②仰山云:"月落千江,體不分水。"永嘉云:"一月普現一切水,一切水月一切攝。"③幻寄以爲我此一齋,可攝千江之水月,而不免於指月。使有能釋指見月者,則此錄可不設也。是以先師見而亟賞之,當時老宿有異議,謂俗漢之書,學者不當經目。先師哂之曰:此迨如以蛾眉之月,祇落錦江,不經吳會也。余嘗考《五燈》并燦于南北宋,而《廣燈》一集,實出李都尉遵勗之手,與四燈俱傳,如掌五指。《會元》所集,咸備述焉,亦觀其有實驗,于符信否耳。

幻寄生萬泰間,適當宗門衰晚,乃于宦學之暇,醉心此道,研味有年。雖鉤索甚廣,亦大率用《會元》爲胎骨,參以諸家同異,其便於參悟者,在撮拾二派五宗,諸師激揚綱要之微言,各各綴於本條之下。使竊符之子,不得行其狡獪。故語備諸家,宗兼旁正。昔大慧杲疾諸方臂香妄授,各存窠窟,乃集《正法眼藏》一書,并其旁出諸老經教道理,而共存之。張無垢譏其不專主張擊石火閃電光者一著子,大慧岸然不顧。④何者? 一師指授易成窠窟,彼此互頃互奪,然後儱侗不得,支離不得,語不得,默不得,一不得,異不得。學者情識無處安立,不得不死却心,向自己腳根下挨拶討下落。及乎挨拶到去不得處,忽然虛空迸裂,冷灰豆爆,然後自己轉轆轆、活卓卓者一著子,突然現前,及白家本等受用,既得現前,然後試舉從上諸老宿各各橫拈竪弄,當場縱奪,不拘文字者一著子,亦無不宛轉的的現前。如水中月,觸處皆圓;如指端月,當空涌現。先老人有賞于幻寄者此耳,至其間

---

① 見《景德傳燈錄》,《大正新修大藏經》(51),頁346上。
② 見雲門匡真禪師上堂對機問答,又"澄"字原文爲"清",見《雲門匡真禪師廣錄》,《大正新修大藏經》(47),頁545中。
③ 見《永嘉證道歌》,原文爲:"一切水月一月攝。"《大正新修大藏經》(48),頁396中。
④ 參見《題刻大慧禪師正法眼藏》、《答張子韶侍郎書》,收入《正法眼藏》,《卍新纂續藏經》(67),頁556中。

出己意，雖不能盡無可商，然諸家源委，俱在目前，瑕瑜可以共矚，如月之圓缺，映水則現。幻寄正不欲私一己之駿見，蔽人天之眼目也。

茲錄刻板，初藏本家，學者購之或艱，及破山和尚鋟之嘉禾，而江南學者，人置一帙於行縢①間矣，江北獨未之或見，余乃命禪者較讎其訛，而重鋟之天甯，用惠大江以北有志此事者。雖然利與害俱，藥與病兼，世出世間，諸法類然。此錄本集從上諸聖殺活眼目，勦絕學者病根窠臼，而聰利之徒，或者記其言句，採其尖新，資其辨利之助，輒謂我有超人之作，據自稱楊稱鄭，塗糊没眼長老，誆嚇無知俗子，則非幻寄及從上諸聖指月者之過。而諸人執指者，自作沒量之罪過，莫謂雲門未曾道破可也。

雲門道人弘禮題②

重興福善寺濮氏募引③

清釋弘禮字具德

濮川爲濮氏舊井里，里有福善寺，爲濮氏先世。提舉公諱鑑者，捐貲建奉，住庵僧曰東溟浩者，爲開山迢妙用體。公自武原之法喜來，規模益宏，殿閣雄麗，屹然東南巨刹之一。歲久，日就頹落。今年春，濮氏之裔孫文象居士，偕里中護法等，儼然造靈山，欲以予任重興斯刹之事，予牽於院事未竣，因命佛眉首座應之，而里中長者必欲予躬一泚其地。至之日，景物暄和，風尚雍穆，老幼恂恂，扶攜聽法，予亦詳委開誠，屈曲提獎，衆護法皆感激思奮，畢志合力，誓爲重興檀越，而文象居士暨頌調居士，慷慨前致辭曰："古之君子，其先世有微善薄德，則必爲之咏歌由繹，繼序思不忘，況其遠者、大

---

① 行縢，意指遠行。

② 另一版本底下刻印有方章兩枚"弘禮之印"、"具德"，係出自網路拍賣信息，指出《指月錄》，爲清乾隆十年廣州海幢寺刻本，前有雲門道人重刻序及明萬曆原序，後有助刻師僧名目，https://read01.com/J0nzjEg.html，2023-4-18。

③ 具德《重興福善寺濮氏募引》，《濮川志略》卷二，《中國地方志集成》(21)，上海書店，1992年，頁55—56。濮院福善寺位於浙江省嘉興桐鄉市，又名香海寺。元濮鑑捨宅建寺，昔有崇福、積善兩庵，後合并爲一，可參見楊述《重修福善寺碑記》。

者。"今我等雖散處旁邑，不能如先世獨力營創，然木有本、水有源，祖功宗德，不可泯没，其敢讓善於人，而不從諸君子之後，且予先世敦請第一開山之祖，而我等竊敦請第一開法之祖，所得不既多乎！謀斂族中金助修建舉，欲以予言爲引。予思拈花一脉，自大梵天，以身爲床座，請世尊轉法輪，教外別傳，遂爲法中最尊、最貴。濟水分枝，自北而南，浩衍吳越之間，元季中替，自悟師翁住金粟，而濟上之宗大振，金粟僻在武原，會公開闢二千餘年，而始有悟師翁開法之祖。今福善亦數百年，而有諸護法爲敦請開法之祖，檀越濮氏裔孫之志，誠可嘉也。他日殿閣重新，法雷遠震，龍象蹴踏，宗枝蕃昌，請以予言爲之券，則濮氏與諸檀越，真亦護法中之最尊最貴，不顯亦世者矣。

康熙甲辰①初夏靈隱弘禮題於福善之枕溪堂

贈靈隱具和尚序②

嚴沆

臨濟三十一世曰三峰藏者，提三玄三要以明宗旨，於佛法爲中興矣，而和尚其大弟子也。三峰受源流於天童，而勤勤然惟以宗旨示人。嘗曰："禪之有宗，猶醫之有脉法也。醫者立規矩、(縣)〔懸〕權衡、調陰陽、別生死，不可廢也。曹洞之君臣，臨濟之賓主，亦猶是矣。黄龍有言：'學者欺詐之弊，不以如來知見之慧，密而鍛之，何由能盡？'"故生平以闡揚爲務，而其末後遺囑者，惟和尚一人。師乎，師乎！宗旨其不晦矣乎！僕嘗觀古之擔荷佛法者，多强力絶俗之人。自南嶽馬祖以下，至五代之傑出者，歷歷可指也。和尚初爲鍛工，已棄去，習道家言。後又讀《首楞嚴》而善之，遂披剃受具，乃參三峰於安隱，有省也，而和尚勿以爲足也。凡叢林辛苦力作之事，無所不爲。已廼作園頭，運糞出厠，負重擔上山，力疲極，忽於轉肩時，見擔頭冉冉數下，遂現大機在前，自是禪鋒不可禦矣。初三峰之椎鍛學

---

① 甲辰爲康熙三年(1664)。
② 《贈靈隱具和尚序》，此篇序文爲嚴沆撰寫於具德六十大壽誕，推知應爲清順治十六年(1659)，見《靈隱寺志》卷七，頁 439—443。

者,剗削險擯不遺餘力,而於和尚爲尤甚。悟後,三峰嘗召於方丈前,垂百問,矢口應對無所挫,而三峰猶不諾也。然則和尚之所以得當於三峰而回機就囑者,宜何如哉?僕觀之天下,三春之華不如九秋之幹也,雨露之澤不如霜霰之加也;美疢不如藥石,姑息當遜仇讎也。和尚之自治治人,多用強力,務堅苦其大端矣。和尚法席最盛,所至稱千人。如天寧、佛日、雲門、顯寧諸名刹皆是也。年來嘗止靈隱,故稱靈隱。初和尚之住靈隱也,止一破堂,傾攲草中。十年拾礫,買壞尺寸而興之。諸寮廡、禪堂、法院,以次就焉。乃去夏天又火其正殿,是天之所以勞其經營締構者,何無已也? 客有譏之者曰:"楊岐破屋,雪滿繩床;高峰龍鬚,縛柴爲龕;而和尚無乃已甚?"而僕以爲非也! 夫和尚之習勞也,其所以證入者在是,則其所以磨礪學者亦在是矣。今必守一橛枯禪以鳴高,比之抱不哭孩兒,於佛法其何有焉?

僕嘗讀《五宗救》一書,見和尚之偈頌,自雪竇以來,未之有也。諸方皆嚴憚之出其下,故知臨濟宗旨,昭昭然若揭日月而行者,昔在三峰,今歸靈隱矣。吾以是知和尚之佛法,如馬駒踏殺天下,其弘法世世萬子孫未可量矣。今季夏之望,爲和尚六旬誕辰,四方緇素麇集,而吾鄉大夫、先生、長者之屬,咸欲禮足於和尚,而命僕爲文序之如此。

法　　語

付具德上座源流法語①

漢月藏

夫宗印者,如尚寶鑄成,絲毫許增減不得。所以千佛萬祖同一鼻孔,同一鼻孔便無過高不及之病矣。夫人根有過高、有不及,皆賴宗印印定,不容

---

① 此則"源流法語"收錄於漢月藏《付法法語》,《鄧尉山天壽聖恩寺三峰藏禪師語錄》卷二十一,蘇州西園寺藏本,頁23。又見本叢書第三冊,黃繹勳《漢月法藏禪師珍稀文獻輯注續編》,頁394。此外於前記有云:"今崇禎乙亥,復於天壽聖恩寺付澹予垣、剖石璧、于槃鴻、繼起儲、慧刃銛、潭吉忍、具德禮七人,時因老僧養疴關中,未及上堂,即書此以證。"

走作，是爲某家禪、某宗禪，若可移動，又何成這個古文印子？

濟禮具德，機用超然，從吾十年，無不勤至。吾恐其習有過高，宗善移易，故每貶爲下板。今方欲舉其出頭而遠去，是老僧削過太重，渠不能當也。今余入死關，彼聞之奔驟而來，老僧以住山偈，勉其收鐵骨徒，破斷法魔，爲吾家作一大淨子，豈不宜乎！然于同法之英，當力扶而弗異也。至囑！至囑！偈曰：

　　住山養得機緣熟，多覓真真鐵骨禪。莫負老僧珍重付，痛除魔亂作真傳。

崇禎八年五月初十日，傳臨濟正宗第三十一代三峰法藏，付第三十二代具德弘禮。

　　機鋒問答

具德捧鉢問云："囫圇捧出作麽生？"師云："無從開口處，早已慰饑腸。"進云："一劈兩開作麽生？"師云："饅頭與餶子，下口即消磨。"進云："兩分四結作麽生？"師云："洗後收三鎮，高懸黑布囊。"進云："四縱五橫作麽生？"師云："開閤隨時節，平生飽不饑。"①

剖石和尚圓墓上堂。具德和尚出，禮拜起。石便喝！德云："法筵初起，四衆雲從，祖令當行，請兄拈出。"石云："鄧峰頭上雲舒卷。"德云："一句頓開摩醯目，萬峰法道又重光。"石云："漁洋出沒碧波中。"德云："縱料揀於當陽施，主賓於格外則且置，只如新聖恩爲人一句，作麽生道？"石云："禮拜著。"德云："分明垂手處，仔細好生觀。"石便打！②

---

　　① 此則具德與其師漢月藏的問答，見《鄧尉山天壽聖恩寺三峰藏禪師語錄》卷三十，蘇州西園寺藏本，頁8。又見黃繹勳《漢月法藏禪師珍稀文獻輯注續編》，頁479。
　　② 此則剖石壁與具德的對話，底下并有古林的評唱云："你看二大老，箭鋒相注，鍼芥相投。然雖意分兩路，却也珠璧爭輝。拍膝云：若無舉鼎拔山力，千里烏騅不易騎。"見《古林如禪師語錄·拈古》，新文豐版《嘉興藏》(36)，頁100上。

上堂示衆問答①

上堂。作家禪客，一撥便轉。鈍置阿師，錐劄不入。直饒諸人，東邊也喝，西邊也喝，還與此事有交涉麼？殊不知，山僧有時一喝，背水出陣；有時一喝，添竈抽兵；有時一喝，減竈誘敵；有時一喝，木門伏弩。諸人還知利害麼？

師一日拈粒米，示衆曰："還見這一粒至尊至貴、絕待絕倫麼？汝若左看成正中偏，右看成偏中正，中看成正中來，下看成兼中至，上看成兼中到，若總看。"擲下米震聲喝曰："無汝著眼處。"

問："萬法歸一，一歸何處？"師曰："老鼠齩猫兒。"

問："如何是無位真人？"師曰："瞥喜瞥嗔。"

問："如何箭鋒機？"師曰："兩不相饒。"

問："咄咄！有據囜地何憑？"師曰："嬰兒騎白象。"

垂語②

釋豁堂③

晚參："宗師正令，縱奪臨時，還是目機銖兩，衮鉞無私。抑亦杓柄在手，升

---

① 以下幾則具德法語及問答，收錄於《五燈全書》，《卍新纂續藏經》(82)，頁329下—330上。

② 豁堂述晚參，其中一段引文爲提舉具德禪師住顯寧寺垂語，摘錄自《靈隱豁堂禪師住海虞三峰清涼禪院語錄》三錄卷一，上海圖書館藏本，頁1上—2上。

③ 豁堂正喦(1597—1670)，俗姓郭，一默弘成禪師法嗣。十歲父亡，依靈隱復初靜主，十三歲剃髮，十五歲於天台謁無盡大師。後歸靈隱從古心律師受沙彌戒，次圓具。遍參諸尊宿，先參三峰藏於净慈，後嗣法兄一默禪師之法。生於明萬曆二十五年七月初三未時，卒於清康熙九年七月二十午時，世壽七十四。有《靈隱豁堂禪師住海虞三峰清涼禪院語錄》，上海圖書館藏本。

降縶我。不見道但能無事於心，無心於事，自然虛而靈、寂而妙，若毫端許言之本末，皆爲自欺。"舉：

> 雲門具和尚住顯寧日垂語云："蟬鳴古樹時如何？"令衆下語。聖可①闍黎出云："亂撒眞珠。"門云："你還作得錢使麼？"云："作得。"門云："你試使看！"聖便打，門亦打，聖便休，門直打擯出院。門後又住佛日，一日陞座，舉古畢云："佛日即不然，我只向馬前撲倒便休。"三目首座便出禮拜，門便下座把住云："道道！"目擬對，門托開便歸方丈，目連下語數，十餘轉俱不契。三日後，目云："我會也！我會也！"門便集衆陞座，重舉前語，目便掀倒香案，門便下座，歸方丈，縶此付法。

"且道兩人雖用處不類，然皆能當仁不讓，不過首尾參差，遂爾賞罰懸絶。若道雖有先鋒不如後殿，爭奈見之，不取思之千里，爲甚一許停囚長智，因邪打正，一則雪上加霜，急如律令。且道節角誵訛在甚麼處？若道運退雷轟薦福碑時，來風送滕王閣麼？爭奈屈他宗匠有者道臨濟門下，道出尋常，機權喜怒，非情所測。故曰：'我爲法王，於法自在。'如此學語之流，如麻似粟，喚作矮子看戲，瞎驢趁大隊，徒資明眼笑具，還有伶俐衲僧不被人瞞者麼？須知中有一人去國一身輕似葉，高名千古重如山；一人三年苦志無人説，一舉成名到處聞。"

拈　　頌②

釋迦牟尼佛

△蓮花自然捧雙足，一手指天，一手指地，周行七步，目顧四方，曰："天上

---

① 具德之法子聖可凡。
② 以下拈頌，第一至九則選録自潭吉弘忍述《五宗救》，第十則摘録自迦陵性音編《宗鑑法林》。從《五宗救》所選録的内容，爲避免文長冗贅，僅選録與具德偈頌直接有關的内容，在每則具德禮頌之前，先安立與此偈有關的人名爲標舉條目，并列上潭吉忍所提列的舉語。

天下,惟我獨尊。"

具德禮頌云:"迸出神光脇未開,群龍化雨自何來?韶陽一鏃穿流電,良駒追風趁不回。"忽趁回,驀拈拄杖卓一下,云:"是甚麼所在?"

鎮州臨濟義玄禪師

△至晚小參。曰:"有時奪人不奪境,有時奪境不奪人,有時人境俱奪,有時人境俱不奪。"克符問:"如何是奪人不奪境?"師曰:"煦日發生鋪地錦,嬰兒垂髮白如絲。"符曰:"如何是奪境不奪人?"師曰:"王令已行下遍,將軍塞外絕煙塵。"符曰:"如何是人境俱奪?"師曰:"并汾絕信,獨處一方。"符曰:"如何是人境俱不奪?"師曰:"王登寶殿,野老謳歌,符于言下領旨。"

具德禮頌曰:"臨崖看滸眼,特地一場愁,結角交加意,當機不解酬。咄!玄珠特示非光處,切處忌空將罔象求。(奪人不奪境。)大冶初開,曾烹萬象。九傳成功,直升天上。雖奉金仙,寧遣下壤。君不見,獅子迷踪奮迅威,獨立千峰上。(奪境不奪人。)露刃藏鋒,劈開金鎖,別起便行,絕去住所,克紹家聲,光輝達磨。錯錯!毒鼓聲聲腦後撾,天下老僧俱話墮。(人境兩俱奪。)爲點神光,氣宇如王,雄志既伸,獨振紀綱。道絕同異,音有宮商。咦!將軍嚴正令,劍氣吐光鋩。(人境俱不奪。)"

△師曰:"有時一喝如金剛王寶劍,有時一喝如踞地獅子,有時一喝如探竿影草,有時一喝不作一喝用。汝作麼生會?"僧擬議,師便喝!

具德禮頌云:"灝然劍氣吼雌雄,覿面揮來便不同。殺活不知何太險,倩誰拈出刃頭鋒!(金剛王劍。)密密迴文路不窮,金毛雄踞絕行踪。正饒猛虎登山易,未免逡巡却下風。(踞地獅子。)垂絲千尺碧波清,浮定游魚去住情。固是鯨鯢衝浪急,難逃巨浸把竿人。(探竿影草。)銷鋒鑄鑺悉歸耕，舜日凌霄啓聖明。至化難逃天子令。九韶齊奏六宮迎。（一喝不作一喝用。）"

△上堂次，兩堂首座相見，同時下喝。僧問師："還有賓主也無？"師曰："賓主歷然。"師召衆曰："要會臨濟賓主句，問取堂中二首座。"

具德禮頌云："龍象蹴踏，爪牙相叩，和聲鏘鏘，元非戰鬥。轉入層嵐，藏踪滅迹，落落聲光，空山霹靂。"

△示衆："我有時先照後用，有時先用後照，有時照用同時，有時照用不同時。先照後用，有人在；先用後照，有法在；照用同時，驅耕夫之牛，奪饑人之食，敲骨取髓，痛下針錐；照用不同時，有問有答，立賓立主，合水和泥，應機接物。若是過量人向未舉已前撩起便行，猶較此子。"

具德禮頌曰："挨拶不回頭，依然成瞎漢，爲點眼中花，豈曰垂方便。咄！因！百川倒流聲淊淊。（先照後用。）青眼相逢驀撒沙，當陽把住送還家。撥轉機輪分曾迷作者，棒下無生分陷虎敲牙。"驀拈拄杖卓一下云："牙齒落，眼睛突，信手拈來是何物？（先用後照。）逼拶同時，宣符奪命。不影神針，膏肓及盡。驅格外之雲雷，布空中之密令。堪信垂衣致治惟堯舜。（照用同時。）呼即來，遣即去，杓柄分明在何處。去則擒，來則趁，把斷要津嚴律令。拈却葛藤，打破明鏡。琉璃殿上撒明珠，碧眼胡兒何處認。（照用不同時。）"

臨濟第六世汾州太子院善昭禪師

△問："真正修道人，不見世間過，未審不見個甚麼過？"師曰："雪埋夜月深三尺，陸地行舟萬里程。"曰："和尚是何心行？"師曰："却是你心行。"上堂，謂衆曰："夫説法者，須具十智同真。若不具十智同真，邪正不辨，緇素不分，不能與人天爲眼目，決斷是非。如鳥飛空而折翼，如箭射的而

斷弦。弦斷故射的不中,翼折故空不可飛。弦壯翼牢,空的俱徹。作麼生是十智同真?與諸上座點出,一同一質,二同大事,三總同參,四同真志,五同遍普,六同具足,七同得失,八同生殺,九同音吼,十同得入。"又曰:"與甚麼人同得入?與阿誰同音吼?作麼生是同生殺?甚麼物同得失?阿那個同具足?是甚麼同遍普?何人同真志?孰能總同參?那個同大事?何物同一質?有點得出底麼?點得出者,不吝慈悲,點不出來,未有參學眼在。切須辨取,要識是非面目。見在不可久立。珍重!"

具德禮頌曰:"髻有玄珠額有光,坐中何物不煒煌。可憐秉燭尋燈客,反用囊螢照夜窗。(一同一質。)春至桃花映水紅,暗香零落澗邊風。靈雲一見不回顧,更入千峰與萬峰。(二同大事。)落日潛輝月轉新,此時明暗互相傾,就中還理鴛鴦夢,一段風流畫不成。(三總同參。)靜鑑源流滲漏乾,少林何必把心安。因思神會當年事,知解難將六祖謾。(四同真志。)六雪飄飄舞朔風,普賢消息許誰通。象王返擲千峰上,踏破寒雪幾萬重。(五同遍普。)呼牛隨我飲前溪,堪笑人來洗是非。耕破青田芳草嫩,一犁春色十分肥。(六同具足。)玉衡夜半璇璣,燮理陰陽定四夷。露濕鬚眉連骨冷,還宮空自告嬪妃。(七同得失。)師資相遇事非輕,喝下能令心膽傾。明昧兩岐行路斷,歸來空訴一身貧。(八同生殺。)睡虎嘶風夜正闌,亂飄黃葉灑千山。聲聲入戶驚殘夢,撥轉汾陽向上關。(九同音吼。)誤入桃源路已差,芳菲滿眼謂誰家。殘紅落盡春無盡,枯木重開劫外花。(十同得入。)汾陽獅子吼西河,牙爪通身頭尾多。滾出繡毬無覓處,至今天下有諸訛。(總。)"

臨濟第三十一世蘇州鄧尉山於密法藏禪師

△晚參。舉一不得舉二。放過一着,落在第二。此是睦州骨髓,乾峰的訣。雲門隨解虎口裏橫身,也是間道小卒。乾峰善能倒轉旗鎗,也是背水設陣。若到安隱門下,個個要渠失二落三,去一墮五,三大老驀直相

逢,人人叫冤叫屈。會得者出來,把手共行,平分半座。其或不然,一即是二,二即是四。也是紅火叉相打,只好一次。

具德禮頌曰:"乾峰舉一,斗柄空垂。韶陽一鏃,石火難追。只這重關如未闢,却云自己即成迷。君不見,隻履西歸客,皮髓分明爲阿誰?"

韶州雲門山光奉院文偃禪師
△上堂云:"函蓋乾坤目,機銖兩不涉。世緣作麽生承當?"衆無對,自代云:"一鏃破三關。"

具德禮頌云:"函蓋乾坤句。劈破洪濛口,生物同音吼。清濁自浮沉,密密爲樞紐。拈放風旋遮一機,驚起須彌藏北斗。藏北斗,如激電。分明一鏃破三關,忍俊時人猶不薦。遂高聲喝云:'看箭!'截斷衆流句。把要津,絕滲漏,勘破諸方不唧溜。曾將拄杖點滄溟,浪竭源枯魚鱉驟。回面看,紅日秀,拈來挂在青山後。突然翻轉上頭關,石虎巖前驅猛獸。隨波逐浪句。機副機,的中的,毫端手眼難尋迹。擇乳鵝王翫轉流,盲龜顧仁遭沉溺。誰委悉,四海茫茫投一滴。"

袁州仰山慧寂通智禪師
△九十七種圓相圖。開爲百二十,合爲九十七。下一十九種門施設。
一、垂示三昧門

具德禮頌云:"拈出無根栗棘蓬,細看八面自玲瓏。鐵牛機下全生殺,石火光中一信通。有眼棒頭懸杲日,無生句後躍飛龍。常將覆雨翻雲手,鼓動松頭子夜風。"

二、問答互換門

具德禮頌云:"奇特相逢非一一,玉轉珠回光的的。縱橫滾滾不停機,天上人間誰委悉？"

三、性起無作門

具德禮頌云："圓光涌出威音前，玉兔吼動珊瑚樹。昨夜猿猴探水月，至今滾滾無尋處。"

四、緣起無礙門

具德禮頌云："因風吹火，慣得其便。順水張帆，逆瀾須看。事事從來用現成，匝匝金〇如拂電。如拂電，須急薦。絕頂懸泉，一條白練。"

五、明機普互門

具德禮頌云："星月澄輝，光涵秋水。星遷水運，月轉波回。參差千萬狀，清光付與誰？"

六、暗合賓主門

具德禮頌云："古佛家風，群生同用。草木榮枯，四時錯綜。梅花愁殺樹頭春，夜來六管灰飛動。"

七、三生不隔門

具德禮頌云："十世曾經一夢中，枕頭踍跳即成龍。坐看春色如流水，昨日花開今日紅。"

八、即約明真門

具德禮頌云："清猊背上圓光吼，直得空中雨四花。爲問諸人見不見，從來午後日輪斜。"

九、用了生緣門

具德禮頌云："生死魔根只一刀，拈來一段古風高。古風高，清澈骨，為問諸人是何物？"

十、就生顯法門

具德禮頌云："聖凡混合忽拈來，金鎖重重擊不開。無奈東君空漏洩，嶺南先綻一枝梅。"

十一、冥府生緣門

具德禮頌云："焦面鬼王眼赫赤，手執烏藤千萬尺。不論地獄與天堂，奮力當陽只一擊。陰山摧，九地闢，地藏明珠亦打失。熱鐵丸開五色花，十分光彩難收拾。"

十二、三境順真門

具德禮頌云："鑑別機宜，量才補職。權實并行，或徵或黜。亂撒真珠兮，九十六相齊拋。辨魔揀異兮，一十九門共闢。得得！萬樹桃花春一色。"

十三、隨機識生門

具德禮頌云："截天根，塞月窟，萬象之中更何物？機機相副若行雲，事事截流如電拂。如電拂，莫顛頂，白牛高臥雪山嶺。"

十四、海印收生門

具德禮頌云："一滴曾將四海收，碧波卷盡浪花浮。懸泉絕頂飛千尺，喝下曾教却倒流。"

十五、密用靈機門

具德禮頌云："突出難辨,無背無面。冷似冰霜,熱同火焰。鼓之,扇香海作焰爐,佛祖齊烹。散之,則大雪漫漫時,寒光一片。薦不薦,雪隱鷺鷥飛始見。看看!"

十六、啐啄同時門

具德禮頌云："金雞抱子夜將殘,啐啄同開向上關。展翅劈開雲路遠,睁(睛)〔睛〕回顧月瓓珊。齊鳴吸動扶桑日,對舞凌空彩羽翻。舞罷不知何處去,群鴉空噪自盤桓。"

十七、隨隨收放門

具德禮頌云："卷滄溟,劈華嶽,通身是手難名邈。任從虎驟與龍驤,要收只在黃金索。放不放,收不收,石女加鞭不轉頭。"

十八、卷舒無任門

具德禮頌云："箭後機,先發竿,頭路不迷無人知。此意堪笑復堪悲,君不見雪竇有言分。爪牙開,興雲雷,逆水之波經幾回。"

十九、一多自在門

具德禮頌云："十九門開據要津,縱橫處處絕纖塵。明珠九曲穿偏直,舒卷同時縱轉擒。嚙鏃有機曾中的,交鋒無禦即成情。一花五葉難求色,野老拈時萬國春。"

金陵清凉院文益禪師

△問："聲色兩字,甚麼人透得?"師却謂衆曰："諸上座,且道這僧還透得也

未？若會，此僧問處，透聲色也不難。"

具德禮頌曰："透聲色見還難，耳裏眼裏絕躋攀。珠繞繞，玉珊珊，宛轉不停誰解看。咄！"

△因僧來參次，師以手指簾。尋有二僧齊去捲簾。師云："以得一失。"

具德禮頌云："聲前非有意，句後不曾迷。機輪纔撥動，作者未同歸。堪悲！天上人間更是誰？"

瑞州洞山良价悟本禪師

△供養雲巖真次，僧問："先師道，祇這是，莫便是否？"師曰："是。"曰："意旨如何？"師曰："當時幾錯會先師意。"曰："未審先師還知有也無？"師曰："若不知有，爭解恁麼道，若知有，爭肯恁麼道。"

具德禮頌云："何處仙姬出遠村，浣紗溪畔識青雲。鴛鴦夢裏空相憶，半是思君半恨君。"

△師因曹山辭，遂囑曰："吾在雲巖先師處，親印寶鏡三昧，事窮的要，今付于汝。"詞曰："如是之法，佛祖密付。汝今得之，宜善保護。銀盌盛雪，明月藏鷺。類之弗齊，混則知處。意不在言，來機亦赴。動成窠臼，差落顧佇。背觸俱非，如大火聚。但形文彩，即屬染污。夜半正明，天曉不露。爲物作則，用拔諸苦。雖非有爲，不是無語。如臨寶鏡，形影相睹。汝不是渠，渠正是汝。如世嬰兒，五相完具。不去不來，不起不住。婆婆和和，有句無句。終不得物，語未正故。重離六爻，偏正回互。疊而爲三，變盡成五。如荎草味，如金剛杵。正中妙挾，高唱雙舉。通宗通塗，挾帶挾路。錯然則吉，不可犯忤。天真而妙，不屬迷悟。因緣時節，寂然昭著。細入無間，大絕方所。毫忽之差，不應律呂。今有頓漸，緣立宗趣。宗趣分矣，即是規矩。宗通趣極，真常流注。外寂中搖，係駒伏鼠。先聖

悲之，爲法檀度。隨其顛倒，以緇爲素。顛倒想滅，肯心自許。要合古轍，請觀前古。佛道垂成，十劫觀樹。如虎之缺，如馬之馵。以有下劣，寶几珍御。以有驚異，狸奴白牯。羿以巧力，射中百步。箭鋒相直，巧力何預。木人方歌，石女起舞。非情識到，寧容思慮。臣奉于君，子順于父。不順非孝，不奉非輔。潛行密用，如愚若魯。但能相續，名主中主。"

師又曰："末法時代，人多乾慧。若要辨驗真僞，有三種滲漏：一曰見滲漏，機不離位，墮在毒海；二曰情滲漏，滯在向背，見處偏枯；三曰語滲漏，究妙失宗，機昧終始。濁智流轉，于此三種，子宜知之。"

具德禮頌曰："既達冲虛理，還隨照性亡。自非功力盡，爭免侍空王。（見滲漏。）至靜含群籟，靈源絕衆流。豈知兼帶意，不在正偏求。（情滲漏。）依語生神解，徒將迷悟情。開先靈木吼，花雨作寒明。（語滲漏。）"①

撫州曹山本寂禪師

△尋謁洞山。山問："闍黎名甚麼？"師曰："本寂。"山曰："那個聻？"師曰："不名本寂。"山深（契）〔器〕之，自此入室盤桓數載，乃辭去。山遂密授洞上宗旨，復問曰："子向甚麼處去？"師曰："不變異處去。"山曰："不變異處，豈有去耶？"師曰："去亦不變異。"遂造曹溪，禮祖塔。自螺川還止臨川，有佳山水，因定居焉。以志慕六祖，乃名山爲曹。

具德禮頌曰："不住瓊樓不下階，年年御榻滿荒苔。庭前枯木司春令。任運梅花作凍開。"②

鎮州臨濟義玄禪師③

△臨濟因半夏上黃檗山，見檗看經次，師曰："我將謂它是箇人，元來祇是

---

① 此頌偈也出現在《宗鑑法林》，《卍新纂續藏經》(66)，頁 639 下。
② 此頌偈也收錄於《宗鑑法林》，《卍新纂續藏經》(66)，頁 656 中。
③ 選錄自《宗鑑法林》，《卍新纂續藏經》(66)，頁 417 上。

箇按黑豆底老和尚。"住數日,便辭去。檗曰:"汝破夏來,何不終夏去?"師曰:"義玄暫來禮拜和尚。"檗便打趁令去。師行數里,疑此事却回終夏,夏後辭黃檗。檗問:"甚處去?"師曰:"不是河南,便歸河北。"檗拈棒,師約住,遂與一掌,檗呵呵大笑,乃喚侍者將百丈先師禪版拂子來,師召侍者將火來,檗曰:"汝但將去,已後坐斷天下人舌頭去在。"

〔具德禮頌曰:〕"法戰重誇反躑才,八門金鎖應時開。交鋒棒下忘謙遜,贏得嘉聲動地來。"

像　　贊

天童密祖像贊①

孫弘禮具德

棒煞東土西天,拳踢五宗崖岸。斬新條令,當時畢竟以何爲驗?咄!其用也,關鞔近之禪虎;其機也,開太古之法戰。即千佛列祖,到來撞着,固不別是非。没面目底天童,硬糾糾,乾剥剥,却與一時生按。

三峰漢月藏祖像贊

嗣法徒弘禮具德

檄號五宗,鞭笞列祖。獨跨大方,成襪萬古。四百年印文重燦,我亦相承;半刹那毒鼓橫撾,誰當陷虎?直得海水群飛,須彌起舞。野老門前倒刹竿,捩轉三光,濟上家風重振舉。

具德老人自題像贊

釋具德

者漢不會禪,不會教,馬面驢頭,隨人所好。謂是元要,主賓初無與麽做

---

① 以下《天童密祖像贊》、《三峰漢月藏祖像贊》、《具德老人自題像贊》三首像贊原爲具德書寫墨迹,已失佚,文字選錄於《續修雲林寺志》卷五之《墨迹》篇,頁336—338。

傚;謂是杜撰,差排却又千差一照。及至被人推上法座,真個可说,只得呵呵大笑。且道笑箇什麼? 笑道無形本寂寥。

靈隱具和尚贊①

釋正巖

鐵硬手,鋒快口,放行則倒岳傾湫,變幻則移星換斗。直得四海翻騰,五湖奔走,四殺雄大振門風,三玄要丕揚家醜。不惟開己之瓊花,且復留欲謝飛之靈鷲。夫是之謂聖恩諍子,叢林魁首。

天童三峰靈隱三代老和尚贊②

釋戒顯

堂堂三代,法中之王,鵬翻虎踞,創闢禪荒。或一條白棒而開疆定鼎,或五家宗旨而四刹雄強。至我靈山,則機神鐵鶻,用驟龍驤,潑天門户,高跨大方。若非乘仰山夙願,誰能使滹沱冷竈,如雷霆之震,而日月之光? 咦! 祖孫鼎立非兒戲,撥轉乾坤在一堂。

靈隱老和尚像贊③

釋戒顯

奮鐵鶻眼,攪毒龍湫。釘嘴鐵舌,鬼哭神愁。雖没頭腦,却有機籌。靈山大會,太煞風流。湖海浩歸,座擁五千之衲。付授不苟,名高四百之州。大可笑者,吾輩老弟兄,人人自謂機能陷虎,氣可吞牛,被者老漢穿却鼻孔,把住繩頭,蝦跳何曾出得斗。咦! 除却簸揚家醜外,更於何處雪深讐。

---

① 《續修雲林寺志》卷四,頁 150。
② 《續修雲林寺志》卷四,頁 179—180。
③ 《續修雲林寺志》卷四,頁 180—181。

靈隱老和尚贊①

碩揆志②

乃祖大臨濟之門庭，一棒到底；乃父高臨濟之墙壍，棒推向裏。爲渠親孫，爲渠嫡子，安得右與左，互祖其肩。有時建立，有時掃蕩，何妨權與實，相闡其美。三十年縱雲門鐵鶻之機，四百州飛冷泉蠱毒之水，死者不飲，飲者必死。此老胡一宗，所以不滅於天童、三峰之龍争一珠，而滅於靈隱之虎收二尾歟。

靈隱禮和尚像贊③　師到乍浦，陳山寺主人慧賢長老請

碩揆志

我在雲林，師辭不過月歷酉丑，師在者裏等我，乃有五年之久。若非法乳在在能周，似泉出於地，誰令吾心頭頭得達？如子得其母，非得母，龍湫之主，翁之孫，我說法要他稽首。

靈隱具德和尚贊④

爲霖霈⑤

靈隱之名，久鬧耳中，今日於丹青之上，驀地相逢，見其道貌，天形儼然。臨天人之上，其善用瞎驢手段，滅臨濟正宗，大三峰之門於天下後世者，非師而誰？衲子之多，報緣之盛，乃師之餘事矣。東魯自明禪人請贊，敬題數語。

---

① 《續修雲林寺志》卷四，頁 200—201。
② 碩揆原志(1628—1697)，俗名孫弘，字懷遠，淮安鹽城人，鼎革之際從具德出家，得法於具德。歷住上方、慶雲、徑山、五州、泰興、善慶、靈隱、三峰等刹。世壽七十，示寂三峰。有《借巢集》、《碩揆禪師語錄》。生平可見《新續高僧傳·清杭州雲林寺沙門釋原志傳》，《大藏經補編》(27)，頁 210 中；《復社姓氏略傳》頁 13；《甲申朝事小記》，頁 23—25。
③ 《續修雲林寺志》卷四，頁 201。
④ 《爲霖道霈禪師餐香錄》，《卍新纂續藏經》(72)，頁 638 下。
⑤ 爲霖霈(1615—1702)，建安丁氏，年十五剃落，鼓山永覺元賢法嗣。駐錫鼓山湧泉寺，著述頗豐，有《華嚴經疏論纂要》、《旅泊庵稿》、《鼓山錄》等作，生平見《還山錄·旅泊幻迹》、《福州鼓山湧泉寺歷代住持禪師略傳》。

心法無形,德具無量。要用便用,何礙何障。起臨濟宗,滅正法藏。箇是阿誰,靈隱和尚。

書　　信

與靈隱禮和尚書①

繼起儲

我老和尚乘塵刹,至願下生閻浮,當正法艱危之日,天童老人爲之父,②我幾兄弟爲之子,夫豈偶然！六十年中,河漢之口,雷霆之舌,佛祖之心,聖賢之行,躋之唐宋,自稱傑祖,乃弘儲幼失業,眼不獵經史長,而四方錄錄,不暇補學,幸而獲侍老人于風雨寒窗,朝申夕請。譬如磈石堅頑小,有空明之一隙,以是之故,平生自誓自信,于古今著述之事,不敢躬承,祇爲我老人巍然一生道行,不以此時草創編年,後代子孫,欲準歲月,而無所憑依。所以強扶枯骨,觸暑成編,援已寢之筆,拂久棲之牘。然急于先德,或疏于支裔,出于胸臆,或限于見聞,知我罪我,則聽之千秋,教之誨之,深望于骨肉。弘儲以枯木朽株之語,爲風伯爲雨師,洒道揚塵,前驅以待,從此碑版大文,麟麟炳炳,使後世知天童有克家之冢,嫡臨濟有振祖之真孫,我兄弟有父也如此,我子姪有祖也如此,七百年應運之人,豈弘儲所能贊一辭哉！非兄誰告。

復靈隱禮和尚③

繼起儲

凡今之人,莫如兄弟,此不在寢食同堂笑語一室之時,要當急難無違禍患不渝耳。兄之于弟,實有過之。倥傯中曾兩次遣謝,皆致浮沉,豈獨使者

---

① 此書隨付於弘儲編《三峰和尚年譜》之後,見《三峰藏和尚語錄》,新文豐版《嘉興藏》(34),頁2上—3上。
② 此中,老和尚指漢月法藏,天童老人指密雲圓悟。
③ 《靈巖和尚樹泉集·書問》卷下,頁9,國家圖書館藏本。

不得力,而生平疏陋,概可見矣,罪甚罪甚!弟以修行無力,竟遭世網波牽。雖則内省不疚,遠遺手足之憂,寧不顧影自笑,何物骯髒,而仁人君子若是其雅重耶?知者,謂弘法嬰難,前哲往往遇之;不知者,未必不以屈辱爲恥,甚至云云。非吾兄明以教之出情之法,幾等于世諦流布矣!此足爲祖宗痛哭流涕者,止可告之吾兄,不可使之聞於鄰國也。恐煩懸注戒侍,耑布武林投到晤語,非遙不盡。

復靈隱禮和尚①

繼起儲

先和尚一生忍尤攘訴,屈志爲人。椎拂之下,固多龍象,而親口誕生者,屈指驚心(已)〔也〕,十去八九,所存不過幾人而已,況皆華髮盈顛,逼于衰暮。弟雖不肖,十五七年來,無論院子大小,衆之多寡,一一曲體先志,履薄臨深,惟懼隕越。但智識暗短,福德荒凉,回視諸方,實切有愧。更復業緣難避,傾覆洊加,夙夜内省,即對佛祖龍天剖腹刳心,足以自信,若俗眼觀,不免謂深玷法門,遺譏往哲。吾兄猶然,遇以隆禮,贈以厚貺,庶事無所不用其極,必欲出之湯火,登之衽席,骨肉至誼,一形筆墨,反自疏外,唯中心藏之已耳。茲按使者移文星宿,已於初五日臯司發解,初八日長行矣。倘宿債應償,死生豈可苟免,一切聽之而已。何所顧慮?秖以三峰命脉屬在真子,弟既取其易者而爲之,其難者舍吾兄夫誰與歸?願勿以弟之殘喘未卜,過傷動定,敢冀倍加保護,則師法幸甚,縲囚幸甚。

復靈隱禮和尚②

繼起儲

弟愚暗無聞,濫居祖胄,日征月邁,有忝所生。乃吾兄性切同條,加以過分

---

① 《靈巖和尚樹泉集·書問》卷下,頁21下—22上,國家圖書館藏本。
② 《報慈語錄》,《徑山藏》(222),頁562。

之寵,雖所施爲無非佛事,正使三千大千世界滿中衆生,皆得念總持,以劫之壽,亦不能受。況衰敗如弟,其何以克堪古人物?以將意用存永好衣我,以柔和忍辱披肢體而敢忽忘。謹對使拜登,尚期躬謝。

與靈隱禮和尚①

繼起儲

道人家春秋,不涉甲子;落人間眼目,惹動塵勞。殊愧入山不深,知我如兄,乃又屈遣首座,不遠數百里,携將慧日炤我寒巖,感悚無量。一春來饅頭餡子打發不開,山中衲子如食,不消小兒相似。未幾,春盡花殘,柴荒米貴,一箇箇飡風飲露,祇堪與蠟人作伴,撑空腸倚枯木駝之,不能動一步,以致一緘報謝,遲遲至今,歉可知也。《嚴統》一書風波競起,弟經難後,杜門畏事,止緣徑山,移棹吳門,來商解紛之策。宛如弟三年前湖上景況,曾爲浪子偏憐客,妄意愚菴②西泠相聚頗洽,或可爲法門消此釁端。聊通一書,稍有定局,徑山③隨以書板擲來,竟通身打入泥水裏,高明者未必不哂其癡且愚也。西湖百里內,古來賢聖星集,今日法席易搖如驚鳥,難定其道風。高老如霜松孤撑天際,砥柱屹立中流者,獨賴有靈隱刹竿耳。不然,不幾令湖光山色,笑法門寂寂也。耑侍馳謝,臨楮翹切。

與靈隱老和尚④

繼起儲

五月使旋,弟病亦與日俱減。臥榻上,深嘆吾老和尚振古所無,其生平之大者勿論,即我兄弟皆七十六十,爲人祖,爲人父,儼然如嬰兒之在慈膝下,怡怡然,藹藹然,相憶也慽慽然,相聞也諄諄然。毀譽所加,痛癢一體,此亦振

---

① 《報慈語錄》,《徑山藏》(222),頁 582。
② 愚菴,指三宜明盂(1599—1665),湛然圓澄禪師法嗣。
③ 應指當時住持徑山之費隱通容。
④ 《退翁和尚甲辰錄·書問》,蘇州西園寺藏本,頁 3 上。

古法門兄弟所絕無者,三佛瞠乎後矣。幾次欲親詣直指堂團圞頭,三日五日,病後神氣未全復,艱于舟檝,并一介未能也。拖到年逼,情理過不去,侍者將發,而萬峰兄傳言謂吾兄字到,彼明春將顧寒巖,并商天童掃塔一案,甚盛舉也。弟素有志,苦力不逮,得兩兄提持,踴躍以從,尚有請者,三山活計略在三春,方來慕道不可須更離也。且仲春寒峭,不若共待四月戒期後,輕衣薄裳,隨行便適,不可以弟一人之故,致違時節也。尚此奉墾幸炤无。

復靈隱老和尚①

　　　　　　　　　　　　　　　　　　　繼起儲

難邀之駕,從天而至,四方龍象,見所未見,于弟則所謂吉氣來應者也。腳下諸郎,亦桓桓發憤思、顯厥祖。靈鷲過化,羽儀翱翔,所以咳唾掉臂,無非造就子侄。聞廿六日還直指堂,精彩倍善,引領喜躍。遣徒報謝,并候興居。

與靈隱老和尚②

　　　　　　　　　　　　　　　　　　　繼起儲

定乙巳人日,尚賀新祉。先七日誓斷筆墨于文佛前,隔年一札,通我老兄弟情懷耳。十二幅燈屏,吾鄉耆舊苦心彩繪,以爲弟壽。弟難消受,轉供直指堂頭,樹千古光明幢也!

復靈隱和尚③

　　　　　　　　　　　　　　　　　　　繼起儲

矢心林壑,歷憂患而不敢變。我老弟兄展化吳越,各祈得幾法中英雄。庶

---

① 《退翁和尚甲辰錄・書問》,蘇州西園寺藏本,頁 17 上。
② 《退翁和尚甲辰錄・書問》,蘇州西園寺藏本,頁 45 下。
③ 《退翁和尚廿一錄・書問》,蘇州西園寺藏本,頁 12 下。

幾報老和尚、報歷世先祖。德山計到致傷我兄之心，①遠煩垂慰，兼承賜饗白頭，掬淚永日難乾。臨楮，摧傷謝情未盡。

與靈隱和尚②

繼起儲

兄許我曰："掃塔已，即來硏山頭，痛話幾晝夜。"乃以叢林聞聽間隔，我老兄弟，好事往往如爾。分手後，夢想恒不離靈鷲度，兄亦尚注念吳山也。弟筋力遠不如兄，原擬過七月廿二，即閉門謝衆，放浪餘生。已決此意，更不復隨世間法轉矣。如此一棹西泠，快事！

與靈隱和尚③

繼起儲

阿兄豈獨三峰門下偉人，臨濟以下，如阿兄者能得幾個？千百世而後領法乳者，不啻恒河沙，欲見真面目者自不少。婁東顧雲臣手眼不減虎頭，去年訂在今春，惟恐負約，遠叩直指顧家畫派，從此在法鑒中矣。

與靈隱和尚④

繼起儲

靈隱，天下絕勝之覺場；吾兄，當世獨步大師。小可院子敢邀法從？興福主僧體吳中人士，渴慕之誠，敬掃十笏迎以諸昆中，惟我兩人猶稱志同道合，乞言先容，望兄念先師靈塔在近，不難朝禮夕返。又念我兄弟三人得常常白頭團聚，鳥鳴花開，燒香煮茗爲樂，未涯湘中棹晚，次梁溪草草，先漬方秋，急整歸裝，躬賀于古燈堂也。

---

① 應指卓錫於鼎州德山且是繼起儲法子的全賦原直圓寂一事。
② 《退翁和尚廿一録·書問》，蘇州西園寺藏本，頁25下。
③ 《退翁和尚廿一録·書問》，蘇州西園寺藏本，頁36下。
④ 《退翁和尚浮湘録·書問》，蘇州西園寺藏本，頁2下。

與靈隱和尚①

繼起儲

靈隱門下，展大旗手，聲動南北者，不遜江西，而天寧實爲之長，其一段崇正鋤邪、敬嚴道法、堅剛不磨之力。二十季雄峙淮南，天山老子半壁是倚，乃遽焉歸眞，豈獨吾兄西河之痛，凡在宗黨無不身受其戚，況弟與天寧有妙喜歸宗之好。去季二月初三喪原子於德山，②今季二月初三，哭天寧③而失聲，同一傷心，同一月日，我白頭兩人，老支吳越，弛肩何時。弟渡江三日矣，從京口至天寧，見諸孫濟濟，歎天寧後嗣森嶷，首尾端正，不惟弟之苦情爲釋，甚足遠慰吾兄。草率數行，托堅姪善順，高季以念，同體千萬，寬懷強飯是禱。

與靈隱和尚④

繼起儲

一向只道一江一浙，隔許山水，及乎踏到三千里外，始覺從前之密邇。弟應緣瀟湘，稍稍完德山事了，謝絕一切外請，高峰草堂裏常隨兩百人問禪問戒者，并辭以衰病。不審直指堂上師兄粥飯得力否？先和尚佛口所生，止留得我三人，彼此鬆鬆白髮，乘湘雲湘月，引領吳天，殊難爲懷也。歸心與秋風俱緊，奈此中未肯放舍，少留杖笠。句超上人辛苦回武林，聊略候起居不能盡。

奉靈隱具老和尚⑤

釋正巖

頃違杖侍，久失候敬。竊惟和尚爲衆過勞，似宜攝養，故凡得已之文，概就

---

① 《退翁和尚浮湘錄・書問》，蘇州西園寺藏本，頁3下。
② 原子，應指繼起儲法嗣全賦原直(？—1665)，毗陵王氏。歷住九峰正覺寺、南岳福嚴、曹溪、粵西，後歸住鼎州德山，圓寂於康熙四年乙巳春二月。
③ 此指具德法嗣巨渤濟恒，因以住持天寧寺而名，寂於康熙五年。
④ 《退翁和尚浮湘錄・書問》，蘇州西園寺藏本，頁27。
⑤ 《續修雲林寺志》卷四，頁160—161。

節簡,不敢加煩。無已之思,惟願和尚安隱少惱,以堅法幢,使直指祖堂,一新兩浙,聖恩道化,獨振諸方,則某冷舍廿年,籌紆置壘,破堂七載,守類抱關,其深衷密願,於是乎爲不虛矣。故雖背中非人闠室之戈,身遭異己排墻之壓,亦所甘焉。小子璨,生叨溉秀,末荷噓枯,嗟乎！業重福輕,志長年短,固云死生無憑,彭殤妄作,其如玞珮之器未就,以致追琢之功罔酬。感念交并,慚歉莫寫,謹此布意,并代面頌。

上靈隱老和尚①

碩揆志

離崑雖以遠避狂人,其實與私願合故,故不俟禀命,而遂乘此抽身也。臘底抵潤州,方擬買江楚舟,不謂揚人越江來,以上方②見招其主事僧,則志之桑梓舊知也,其蓄意蓋出自彼第志之素心,切於山水,又淮南人。初無意,淮南住會巨兄和尚,③與凡相知者,皆贊成之,曰此揚之名刹,又古聖賢應化地,即遠邁,將恐大方充塞,無地投閒,且道人行處無可不可,何必捨波濤而求源泉乎！志然其說遂許之,已於二月二日進院矣。

寺據蜀岡,④去城約四五里,岡下有輦路里許,路盡有橋曰"月明",鎖之橋南更半里,則大河矣。山上有泉通蜀,味極甘。舊名"禪智寺","上方"蓋隋朝改勅也,但頹廢久矣。故事陳迹十没七八,所存惟殘碑、剩殿與新構寮屋數楹,殿亦須改建也。獨喜其無房,僧舊住耳,應用什物百無一有,往來應接悉隨家之豐儉,而入院施設姑謝絶之。蓋不敢草草效顰,博一時熱鬧,以驚俗眼,玷師道也。若乃隨宜啓導,不負參隨數十百衆行脚本志是,

---

① 碩揆此書寫於上方禪智寺,收在《碩揆禪師語録》卷一、國家圖書館藏清刻本,頁 2。此外,此書也收入《續修雲林寺志》,但所記文字內容略有差異,頁 203—206。
② 即指上方禪智寺。
③ 指其法兄巨渤恒。
④ 蜀岡,位於江蘇省揚州市維揚區。在府城(蕪城)西,綿亘四十餘里,接儀真界。舊傳地脉通蜀,故岡上又有蜀井。

又素所蓄積,而不敢他委者。

原志所樹不及先德,有願不爲今人,而早自離師,不能盡諳天下事,又不欲便安頓暖,與草水同朽腐。一旦肩此荒院,謬爲人師,誠知力不勝任。私竊藉此爲勉進地,用副師長之望耳!前路誰何利鈍,悉付之龍天,亦不敢置成見於心胸也。

狂兒遠遁,猶恃父慈,敬遣客司侍僧代申頂候,具白前事,伏惟老和尚必另賜教督也,不勝激切,懇禱之至。

上靈隱老和尚①

碩揆志

曾兩以書白住慶雲之由,皆未得回示。今復有所請,敢悉布之。蓋此地自仁兄②遷化之後,看守者惟一自達,③而檀越又二三其議,故虛其席者一年有奇。從甲辰至乙巳秋,乃彼中緇白,忽以補住之任,舉及原志。志訊其故,則曰:"一請開之,兄不就。再請天寧,天寧又不就也。"其時自達已有不能立脚之勢矣。適值禁僧之變,欲一遣人稟白而不能,惟念老和尚發軔之所。春秋大夫出疆,事有利於國家者則專之,竊附此義,遂勉應其請,意者以爲雖不告猶告也。

又先是仁兄至武林,自達乞假他往,兄度其勢不可留,乃以手書相託於志,其致詞有曰:"後堂達公頗自愛,雖質性稍魯,然肯用心參究。昔聖門以魯得參故,是上品流亞。素慕兄英特,令親椎拂,百日義歸,結夏當來邀之。昔死心晦堂與三佛學者,彼此交參,味同水乳。令人人我攖懷,互相攙攘甚矣,古風之難復也。想我兄與義同心復古拯時,惟勿吝鎚拶。"此仁兄手迹也,觀其詞旨,是終欲成就此子,惟恐原志不遣其歸也。及兄於慶雲化

---

① 《碩揆禪師語錄》卷一,國家圖書館藏清刻本,頁 32 上—34 上。
② 仁兄,指仁庵濟義,卒于慶雲寺。
③ 自達,曾於徑山任具德侍者,於慶雲寺仁庵和尚住錫期間任後堂。

去而遂不及,自達者,非必謂其出於所付諸公之下,以其猶在上方故耳。故原志應其請,且半爲自達。私意須其他日有一線之長,然後稟命老和尚,亦如老和尚之於仁兄,以不負其生前之託耳。此志之隱衷,而未即告人者也。不圖此子,奄忽化去,則是原志所以費許多起倒之本,皆於私心相刺謬矣。不然,上方一片地尚在荆榛中,二三學者莫非新集,豈有餘力分身兩處,且分一班執事爲兩班哉?

事已無可奈何,然則今日不能不請命於老和尚矣。或同門昆弟中有願住者,隨指一人,志當轉達檀護延請之。不然,則有仁兄之子指菴公在,聞其剃染時早定爲仁兄之嗣,以祖之命,繼父之統,而原志又從而周旋之,以其不得施於自達者效之,指公此一快舉也,不識老和尚以爲何如?或渠不欲遂爲叢林主,姑令其任一職以隨志,俟一二年間寺中大差畢,志當一爲料理之。志竊計此有四利焉:一則可以分老和尚爲指公之勞;二又償志之所以待仁菴兄;三指公不合以杭人而即便居杭;四原志索居江北,舉目無可共語,不啻牧羊之蘇武,誠得如指公者一人相聚年載,或不無彼此之益也。總此四利,開設兩端,或即命指公繼席,或姑令同門赴請,一聽老和尚裁斷之。志不惜曲陳底蘊者,恐竊議之人,謂當日住寺何不呈白,而乃於今日呈白也。

賀老和尚住徑山①

碩揆志

老和尚據雙徑之座,脚下兒孫,雖越在異域,尚當梯航山海,拜賀於其前,顧原志以一江之隔,乃不得班諸昆之末,一申頂拜。三月末,因欲亟聞一的耗,故遣使詣山,又不獲修瓣香之供,自春徂秋,徒有向凌霄峰頂,日屈其指,曰此某兄某弟省覲請陞座堂,説法之際矣。此定老和尚與某某團團一室,問某得英靈幾人,某説語録若干之際矣,同生佛口、同名佛子,至於

---

① 《碩揆禪師語録》卷二,國家圖書館藏清刻本,頁1上。

親佛、事佛、供養佛，則往往心在人前，身在人後。此其故老和尚知之，原志自知之，旁人斷斷不知也。今老和尚將下徑山來揚州矣，若必待玉帛之周，而方修候則是從邗江上徑山，又換一題目矣！以此不能不遣僧代叩座前，所有不腆，幸叱庫司為設大眾一飯。雖秋行春令太不及時，然猶是老和尚不起於座之一會也。

上靈隱老和尚①

檗庵志②

寶華王宮殿垂成，驚起閻浮提億萬人，眼目動定，不獨親見者眶子裏著一座須彌山，打入下劣耳門，亦如大海水洶涌數日，不住在過量人分上，祇是平常旁觀，則恢奇不測矣。正志心長志短，足欲前而躑躅，直至於今，更有不相諒者，謬以三峰寶位直授凡庸，更益一重驚怖，除一面固辭外，特遣行人達諸侍者，此席天龍所呵，非道冠諸方，豈容造次。靈隱稱師子林，乞簡爪牙獰利者，責之荷擔，庶幾祖道賴以重光。若正志祇應置之閒處，令終老一丘，如以百二十斤擔子加其肩上，鮮不仆矣！百拜懇求，伏唯慈攝。

答徑山老和尚③

檗庵志

徑山之山，三峰之法，并稱天下，并垂千古，而人與境，恒交臂而失之，則時節未至也。今天龍抬手，特於金毛隊裏推出真師，檀護歸焉，闍山老宿歸焉，斯文不墜地，實有陰騭之者，孝子慈孫，總助揚不及，修羅之掌可得障

---

① 《檗庵別錄》卷二上，國家圖書館藏本，頁 37 上。
② 檗庵正志(1600—1676)，俗名熊開元，號漁山，湖廣嘉魚人。天啟五年進士，官任縣令、御史，鼎革後出家為僧，繼起儲法嗣。著有《熊魚山先生文集》《檗庵別錄》《漁山剩稿》。生平可見《明史·列傳第一百四十六·熊開元傳》；年譜可見盧秀華《熊開元簡譜》，《明末清初熊開元由儒歸佛之心路歷程》之附錄一，臺北博揚出版社，2018 年，頁 305—328。
③ 《檗庵別錄》卷二下，國家圖書館藏本，頁 19 上。

其日面乎？正志捧讀琅函法語，恨不翼生腋下，看第一山景，致第一人標榜，爲華山初住，將以春期演戒接待方來，不得不俟之稍間，而深心幽夢，固無日夜不依棲左右也。

上徑山老和尚①

檗庵志

老和尚從睹史院移來，祇宜於八達之衢，和泥合水，撈漉衆生，退居雙徑，殊失武林鎩白之望，然正志爲名山得主，慶不能不手加額也。竊聞求住兹山而不得者，以已方人輒欲攬過量人，退步爲其進步，攘臂爭不已，遂有繁言，而戀慕慈尊者，又恨不旦晚邀還故山，此皆知其一不知其二者也。靈隱莊嚴，供養海會雲來一切賢，於雙徑去彼而取此是，豈與人爭座者，舍現前之安養不居，而就頹垣古路，何等高致，徒以浮言猝至，冀其遽退初心，向已棄之靈峰一再回顧，豈可得之老和尚乎？以義揆之，祇合俯順群請者之心，扶危救敗，拔苦與安，稍需一二年，然後脫糞掃衣，更覓孤峰之頂，目朝雲漢，庶幾與世無爭，於人不負，是或一道，至於仰空之射，徒自疲勞，正不必與較量也。

詩　　偈

謁靈隱禮和尚②

仁山震③

雲門鐵鶻產天山，鷲嶺風高獨自攀。萬象罏錘開法戰，五宗黼黻闢玄關。峰從竺國飛來此，猿到神洲不肯還。舊代儀型今復振，敕書幾度上皇頒。

---

① 《檗庵別錄》卷二下，國家圖書館藏本，頁19下—20上。

② 《華頂和尚山堂舊稿·詩》，上海圖書館藏本，頁2上。

③ 仁山震，諱震（1631—1697），單氏，梁溪人。字仁山，晚號仁叟，剖石弘法璧法嗣，清初臨濟宗三峰派第三代禪匠。著有《金剛三昧經通宗記》《仁叟和尚語錄》，住持鄧尉山聖恩寺、天台山華頂、天平白雲古寺等。生平見秦松齡《華頂仁叟震禪師塔銘》。

侍靈隱和尚過安隱寺弔紫蓋法兄①

仁山震

山寺懸清旭，江城動寒飈。野草露自晞，白楊何蕭蕭。
侍駕復前邁，哀切隔世遙。豈惟愛所私，失嗣悲宗祧。
末劫痛慧命，忍見摧孤標。群生失仰望，師道復何聊。

中秋夜侍靈隱和尚法堂翫月②

仁山震

素魄輝良夜，清飈拂梵宮。瑤光開鷲嶺，爽籟發晴空。
露濕蒼厓面，香分丹桂叢。登堂陪翫好，執筆許愚蒙。
白麈披玄諦，緇儀頌美功。忝居椎拂下，仰止意何窮。

訪靈隱具德和尚③

虛舟省

再來久羨仰山名，曾讀刊書吐舌驚。草插天神俱密護，錫飛龍象盡爭迎。
交疏已信心能諒，情淡寧知義不輕。揮汗欣然新刹訪，還期重把白雲烹。

壽具和尚并賀大殿落成詩④

張岱⑤

飛來石上白猿立，石自呼猿猿應石。具德和尚行脚來，山鬼啾啾寺前泣。
生公叱石同叱羊，沙飛石走山奔忙。驅使萬靈皆辟易，火龍爲之開洪荒。

---

① 《華頂和尚山堂舊稿・詩》，上海圖書館藏本，頁 3 上。
② 《華頂和尚山堂舊稿・詩》，上海圖書館藏本，頁 4 上。
③ 《虛舟省禪師語錄》，新文豐版《嘉興藏》(33)，頁 385 中。
④ 張岱《陶菴夢憶 西湖夢尋》，鄭凌峰等點校，浙江古籍出版社，2018 年，頁 30—31。
⑤ 張岱(1597—1689?)，字宗子，又字石公，號陶庵，浙江山陰人，明清之際史學家、文學家，被稱爲浙東四大史家之一。著作等身，有《陶庵夢憶》、《西湖夢尋》、《石匱書》、《夜航船》、《琅嬛文集》等。具德係其族弟。

正德初年有簿對,八萬今當增一倍。談笑之間事已成,和尚功德可思議。黃金大地破慳貪,聚米成丘粟若山。萬人團簇如蜂螘,和尚植杖意自閒。①
余見催科只數貫,縣官敲朴加鍛煉。白糧升合尚怒呼,如坻如京不盈半。
憶昔訪師坐法堂,赫蹏數寸來丹陽。和尚聲色不易動,第令侍者開倉場。
去不移十階吼亂,白粲馱來五百擔。上倉斗斛寂無聲,千百人夫頃刻散。
米不追呼人不繫,送到座前猶屏氣。公侯福德將相才,羅漢神通菩薩慧。
如此工程非戲謔,向師頌之師不諾。但言佛自有因緣,老僧只怕因果錯。
余目聞言請受記,阿難本是如來弟。與師同住五百年,挾取飛來復飛去。

過甫里謁願公因遇雲門具和尚②

吳偉業③

晴湖百頃寺門橋,梵唱魚龍影動搖。三要宗風標漢月,④四明春雪送江潮。⑤

高原落木天邊斷,獨夜寒鐘句裏銷。布襪青鞋故山云,扁舟蘆荻冷蕭蕭。⑥

代具師達贈⑦

吳偉業

微言將絕在江南,一杖穿雲過石龕。早得此賢開講席,便圖作佛住精藍。
松枝豎義無人會,貝葉翻經好共參。麈尾執來三十載,相逢誰四使君談?

---

① 底下有一段王評,即王雨謙評定之語,此略。
② 摘錄自《吳梅村全集》卷五,上冊,上海古籍出版社,1999年,頁144。
③ 吳偉業(1609—1672),字駿公,号梅村,江蘇太倉人。崇禎四年進士。明末清初著名詩人,在詩文、音律、詞曲、雜劇傳奇、繪畫等皆有卓越成就。著有《梅村家藏稿》、《春秋地理志》、《梅村詩集》等作。與戒顯爲故里之同學好友。曾與具德促榻深談得"見贈三要宗風,四明春雪妙句。"應戒顯之請,書寫具德《塔銘》。
④ 底下有小字"具公之師,同論三玄三要"。
⑤ 底下有小字"具公越人"。
⑥ 底下有小字"時應佛日請將行"。
⑦ 自《吳梅村全集》卷五,上冊,頁144。

靈隱寺遇具德和尚①

彭孫貽②

婚嫁團團了尚平，隨緣杖笠此身輕。聲聞久斷逃禪地，雲水偏諧出世情。燒後丹霞無佛在，種來白社有蓮生，相逢松下渾忘語，仁者寧勞問姓名。

塔銘　行狀

重建靈隱具德大和尚塔銘③

吳偉業

自佛法入中國，漸被江南，宋元以來，浙河東西分立五山十刹，靈隱實居其最。歷代禪祖如無著喜、永明壽、明教嵩、密菴傑諸老，百四十代，雲興川涌，甲冠諸方。本朝御錄之初，我具德大和尚用臨濟宗旨，敷揚正法眼藏，而靈隱廼熾然其復興。其既也，遷席於雙徑，順世於天甯，而道價攸崇，靈骨是妥，始終於此山爲不朽。

於是嗣法弟子晦山顯公，件繫梵行，屬其友吳偉業曰："子屬與吾師遊，塔有刻文，非子不足傳信。石已具，敢請。"偉業遜謝弗獲，伏而思曰："夫像法之有盛衰，猶生相之有起滅也。興復則重來懸記，坐脱則末後證明，皆所以開導有情、表彰正覺。今以和尚之功用莊嚴、遷化殊特，烏可不標舉大端、昭示來禩乎？"且偉業稱同學於晦山者四十年矣，猶記晦山初經薙染

---

① 清・彭孫貽《茗齋集》卷六，《四部叢刊續編》景寫本，頁298。

② 彭孫貽，字仲謀，海鹽人。讀書經目成誦。與吳蕃昌創瞻社，爲名流所重，時稱武原二仲。痛期生殉國，悲歌抑抑，蔬食簟冠終身。工詩，七言律效陸游，爲王士禛所賞。見《南明史卷九十八・列傳七十四・文苑五》，中華書局，2016年，頁4622。

③ 吳偉業《靈隱具德大和尚塔銘》，收於《梅村家藏稿》卷五十一，文集二十九塔銘生塔頌，四部叢刊景清宣統武進董氏本，頁410—413；又見許明編《中國佛教金石文獻》(9)，上海書局出版社，2018年，頁3773—3776。據《吳梅村先生年譜》記載，這篇塔銘所撰初稿書於順治七年(1668)。後來編入《靈隱寺志》之《重建靈隱具德大和尚塔銘》已經過修改，文字略有不同。《靈隱寺志》，頁466—476。

和尚，結制甫里之海藏。時緇素大集，余隨衆禮足，開誘殷勤，自慚鈍根，無能追隨參學。今竊有餘幸，獲以世諦文字，效奉揚于萬一。晦山之師猶吾師也，其何敢辭？

按師諱弘禮，號具德，生於紹興山陰之張氏。世稱著姓，明狀元陽和先生元忭，其族也。從祖父徙會城，幼好與黄冠遊。有紫陽洞蘇道者教以息養方，頗本天台《小止觀》，與《首楞嚴》吻合。師因讀是經而發正信，遂投普陀寶華菴仲雅師祝髮，三峰漢月藏禪師則所從記莂，授以臨濟正宗者也。

濟宗在明初，法運中微。漢公出，從折竹洞悟徹盡法淵，後乃得源流於金粟悟和尚，而其始終加護者則在乎綱宗。綱宗者，全提五家宗旨，而於臨濟則從一句中分賓主、玄要、照用、料揀，堂奥森嚴，俾學者不滯鑑覺，洞抉佛祖心髓。漢公以尊奉源流，又不得已而至于辨難，以佛祖慧命所繫匪細也。

師聞亟往參叩，時漢公開法安隱，師於座下苦參本來面目。偶窺鏡見影，被同參驀背一推，猛然有省。又以宗旨未明，復晝夜服勞，飽參力究。凡歷三峰、鄧尉者，十有七載。一日擔糞①下坡陁，放眼虛空，忽悟自家活計，而臨濟全機大用當前畢現矣。師面貌清稜，口機迅利，在函丈前，竪義嶽嶽不下，漢公輒痛加錐劄，最後乃許爲鐵骨禪，授以衣拂，而謂"吾宗到汝大興。"其師弟機緣如此。

三峰歿，同參潭吉忍公著《五宗救》，師贊助居多，書成而闡揚綱宗，三峰道法始曉然於天下。雖當時辨難三峰者，持論不無異同；是書一出，浮訛永息矣。潭公告寂，師歸隱雲門。御史念臺劉公請出世住廣孝寺，烹鍛衲子，名動諸方。繼遷安隱、顯寧，復應江北請，説法泰興之慶雲、秦

---

① "又以宗旨"至此，《梅村家藏稿》本作："然未敢以爲得也。自以生逢明師，聞至道，苟不於向上一著，關棙穿通，將何以發明弘道之苦心而擔荷大法。凡歷三峰、玄墓者數年，晝夜服勞，飽參力叩。一日橫柳栗。"

郵之地藏、①維揚之天寧。嗣居佛日、靈隱、會稽華嚴，②最後徑山。先後十坐道場，開大法門，雷震海内。在天寧日，湖海浩歸，學侶奔湊，盛至五千，所云"五千衲子下揚州"者也。

靈隱鼎建巨功，事同開創。大殿火，重新之。王公大人施者坌集，購殿材于大山深谷，鉅數十圍，人力罕致。一夕雷雨大作，暴水泛漲，浮涌畢出。缺一石柱，五顯神示夢募至。遂以辛丑七月，大殿與天王殿同日鼎興。殿成，鉅麗甲天下。餘五百羅漢殿③及法堂、方丈、群寮從舍、重樓複閣次第布置，繡錯星羅，自有靈山以來，興建稱絶盛矣。

又斥其餘力，葺浙之廣孝、安隱、法相、靈峰、正等諸寺。而徑山頻以興復請師，乃招晦山於黃梅四祖，以靈隱付之，自住徑山，將大興法席。爲巨渤公封塔，再往天寧。臨行機語皆似息機投老、報齡將近者。既至，甫七日，預刻暑爲齋期。寂前一日，搭衣禮佛。夜過半，談笑如平時。五鼓，易新衣，呼侍司"隨我上方去"，從者到遲，頓足一下，端然坐逝。時丁未十月之十九日也。

最師之生平，有奮迅之力，有溫和之智，有真實了義，有無礙辯才，故能上以承當佛祖，下以興建巨功，而鍛煉學人尤推爲莫及。蓋佛法自馬祖以後，大慧以前，正令接物皆顯大機大用。三峰始修舉行之，而師更極變化於莫測。故淺學初機與大乘法器，舉不能越其範圍。師嘗語晦山曰："綱宗者，人能講，我能用。先師當日鉗鎚，晚年始獲其益。此即我

---

① 高郵地藏庵，位於江蘇省高郵市里下河張軒鎮馬奔莊。始建於隋末唐初，唐以後歷代均有修葺，參見《高郵州志》。
② 紹興華嚴寺，始建於南宋慶元三年（1197），位於紹興城内望春橋南，寺後原有黃琢山。寺與山現已不存。唐李邕有《越州華嚴寺鐘銘》。另可參見張岱《琅嬛文集·越山五佚記》卷二，嶽麓書社，2016年。
③ 據戒顯筆記，緣於孫籥之感應，癸卯年"具德老人重興靈隱，方建五百羅漢殿，孫公適至，見上梁，遂發心塑像。"《孫學憲因羅漢回生塑像豎碑》，《現果隨錄》，《卍新纂續藏經》（88），頁37上。

三峰家法也!"嗟乎！今人以分別覺路者曰知解，建立行業者曰有爲。師講求宗旨，分條析理，不落言詮；千差萬別，總歸一源，故能超情離見、迴脱生死，不可謂之知解也。師願力廣大，攝受經營，能以無著心應一切物；視飛樓涌殿、食輪萬指，與單丁草舍了無以異。功德克就，躧屣去之，不可謂之有爲也。若師者，豈非天縱以開闢宗乘、搘拄末法，爲當代第一宗匠也哉？

得法弟子，首巨渤恒，主天寧；次晦山顯，今補位靈隱；次剖玉璞、紫蓋衡、三目淵、若相有；最後御宗聖，膺付囑者共六十八人。當靈龕東歸，徑山固請，晦山及諸弟子念師二十年拮据，大功託於此山，且枚筮之，亦惟靈隱慧日軒吉。爰用戊申八月二十六日奉全身入塔，緇素畢會，咸歎爲允。

嗚呼！法席有盛衰，而大道偕此山無終極。和尚至德豐功，固無假於斯文。乃千百世下，摩挲其日月，考較其行履，并余與晦山締出世之交，亦得附佛法以垂永久。則此碑之作又烏可弗詳乎？師世壽六十有八，僧臘四十七。

銘曰：

　　靈鷲何年來，玲瓏入佛智。幸遭威音喝，故得不飛去。
　　龍湫日噴薄，徹骨松風寒。清冷常不竭，我心如此泉。
　　小悟攬鏡光，大悟擔拄杖。覿面更轉肩，有相參無相。
　　乃立三玄要，乃用五綱宗。千聖縱復出，此理罔不同。
　　建瓴決懸河，辯才信無礙。不現文句身，而得大自在。
　　白椎告四衆，佛法無容情。手持吹毛劍，把定迷塗津。
　　願以清净心，而作廣大事。於一彈指頃，攝受緣孔熾。
　　公候諸宰執，都護大將軍。橐駝載法施，解放鞲中鷹。
　　香華結慈雲，鐘魚答天籟。婦孺布金錢，屠沽請法戒。
　　壇柘三十圍，絕壑封雲煙。越氓聞鬼語，將以供諸天。
　　八龍騁威神，夜半雷雨送。涌水巉巖齊，邪許力不用。

觚稜截虹霓,丹艧蒸雲霞。變現兜率宮,週滿恒河沙。
祝釐鞏丕圖,皈依發正信。白象捧金輪,青蓮演佛乘。
功成己不有,道在我且行。泊然入滅度,便是娑羅林。
是謂大堅忍,是謂正知覺。世幻等微塵,去住總不著。
顧惟有情衆,俯仰於茲山。拳石本灌莽,冷泉空潺湲。
念以何因緣,成此功德聚。靈骨於焉藏,理在不思議。
日色起滄海,潮聲來浙江。吉祥殊勝地,寂滅光明幢。
我爲作此銘,刻諸無縫塔。曠劫長不磨,焖焖照塵刹。

重興靈隱具德老和尚全身塔表①

張立廉②

惟臨濟第三十二傳,有應期挺生,現大人相。以山海爲胸襟,視道俗如一子。遍塵遍界,普利含生,成始成終,得全善逝者,爲靈隱具德禮和尚。迹其椎拂③之下,波沸雲蒸;杖履所臨,天垂地涌。不起寂滅安居之座,變現釋梵龍天之宮,辨鐵石身心,爲人天師表,故十坐道場不以爲煩,五千參徒不以爲衆。繁興大用,不爲疲勞;撒手便行,不爲迅疾。應機則玉轉珠回,却物則飈馳電掃。風雷動地,更呈鱗爪之威;杯勺皆霖,況鼓滄溟之勢。四攝周足,三學沾歸,法運奮興,化儀斯在。

師諱弘禮,字具德,族姓張氏,世籍會稽,裔出紫巖,里名移貴。幼耽道術,篤好參尋。初依玄教以發機,繼讀《楞嚴》爲了義。旋窮梵册,博究圓宗。

---

① 張立廉《重興靈隱具德老和尚全身塔表》,《靈隱寺志》,頁476上—485上。
② 張立廉,字鴻一,又號冰庵、五雲學人,崑山人。少好學工詩古文,明末復社成員,崇禎九年舉人。明亡後削髮僧裝以自晦,嘗爲乙酉後殉難諸記錄爲《玉峰完節錄》八卷。博綜教乘,著述頗多,并撰有書序《大般若經綱要》、《天童弘覺忞禪師語錄序》、《靈峰達變禪師語錄叙》、《天岸昇禪師語錄》、《寶積錄序》、《萬善先資序》、《萬善先資序》等,并較定《靈隱晦山顯和尚語錄全集》四十卷。生平可見《蘇州府志·人物》卷一百四,頁14。
③ 椎拂,指木椎與拂塵。

悟念想根爲生死本，采菽初從外道聞法，回心釋尊，始學阿藍。知非便捨，於是陟普陀嶺，依仲雅師，始預僧流，旋歸講肆。

適先三峰漢老人開法安隱，遂詣力參。初究本來面目，從窺鏡處照破娘生面皮；復研向上綱宗，於扁擔頭悟得自家活計。從上作略，一時現前；徵詰橫機，神鋒迅發。運鎚腦後，室中呼聾頭之禪；挂劍眉間，諸方傳鐵嘴之號。馬駒蹴踏天下，大樹蔭覆域中，三峰遂以源流殷勤囑累。經藏禪海，賞物外之南泉；彩鳳鐵蛇，讖滅宗之佛果。師受最後記莂，荷出格成襱；盛美多端，非人能及。撮言大節，略有其五。

得法以後，下扳雜務，備歷炎霜。混迹服勤，不辭茶蓼。灰頭土面，隱在窟之嘽呻；槽廠磨坊，戢摩空之毛羽。如昔者踏碓求師，負舂續祖；大潙契機於典座，雪峰密證於飯頭。古有其人，乃今親見。師之晦迹退藏，真實妙行，爲不可及者一。

初住寺坪，旋居廣孝。其傾身就鍛之衆，皆忘形死心之徒。克究先宗，激揚本分；學徒近百，省發多人。即屋撒珍珠，儼楊岐樹下之韻；而人多瓔瑋，有妙喜洋嶼之風。已而寺逕交爭，鄰僧構訟，乃應請而主安隱，復受囑而蒞顯寧。行道維揚，旺化江北，若興化之昭陽，天長之毗尼，秦郵之地藏，學衆翕集，禪風盛行。次住天寧，萃五千衲子之緣，拈百億瓊花之偈。後受請靈隱、佛日二大祖庭，分化兩山，衆恒萬指。

住靈隱日，於廣大林中，插標結界，衝繁窟內，敷座安居。馴致革心，彌興悲願。法堂甫就，大殿告災，師奮身營構，庀材鳩工，神物護呵，遐邇輻輳。三載奏績，百廢具興。梯山通道，致材木者千章；崩角投懷，效技能者億計。六種翕應，四部奔騰；兩殿上梁，傾城畢赴。殷雷震谷，邪許沸天。締構之緣，近古鮮覯；時當像季，塔寺靡堅。兹乃能移浮幢于掌上，涌寶刹于毫端。緬鷲嶺之莊嚴，奉優填之相好。界內堂閣，位置綿連；門外坊亭，次第鼎建。復以餘力，分應他方；殿宇需材，隨宜散布。師之苦身戮力，感殊勝報緣,爲不可及者二。

洪永以來,宗風如綫。至先天童,單拈一棒,直捷提持;三峰乃剖抉綱宗,譏防詿濫。自是緇林禪會,撥草憧憧;浙水吳山,趨風浩浩。顧以宗旨詰難,彼此辯爭;雖兩世應機,不無少異。而濟宗再起,話乃大圓,皆間出偉人、弘堅末法者也。師以苦身操履,初不留意辭章,而天資絶人,慧辯無礙。據座説法,瓶瀉河懸;矢口成篇,波瀠綺互。稱性吐露,縱奪望洋;深辨來風,窾綮洞中。至普説大篇,如長江萬里、巨浪千尋;擬諸大慧中峰,庶幾生瑜生亮。一向吹毛運握,灼然七事隨身;有時合水和泥,不妨千仞壁立。師之善説法要,洞鑒機宜,其不可及者三。

師既苦參廓然,復究先德洪規。一生苦心,尤工鍛煉。座下常餘千衆,室中曲被三根。打鎖敲枷,多方剝換;驅耕奪食,不主故常。爐鞴一開,英靈麕集。常以雲門拄杖、高峰枕子話,激發英衲,扶竪法幢,箭定天山,籌盈石室。死偷心於鐵牛機下,放全身於汗馬叢邊。師之爲法來人,光前啓後,其不可及者四。

師最後應徑山請,即以靈隱院事囑法嗣四祖顯公,繼席得人,成功不處。丁未十月,言從雙徑前往天寧,普接群機,甫經七日,忽爾設供禮佛,易衣辭衆。臨化隔宿,垂誡學衆,劇話三更。遂以十九日丑時,言往上方,端坐告寂。化後頂門火熱,面目如生。兩山禪衆爭迎,究竟龕闍靈隱,遂定基方丈東之慧日軒。以戊申八月入塔。全身不散,光流雙樹之園;爪髮中分,花雨諸天之座。師之預知報謝,脱灑自由,初終一如,首尾端正,又末法所僅見也。

師生於萬曆庚子,終康熙丁未,世壽六十有八,僧臘若干。嗣法得人最盛,自己丑歲囑巨渤恒、晦山顯二人,厥後相續付授六十餘人多,分化一方,紹隆不絶。而師深慈平等,洞無町畦,同門法屬,視均真子。參學萬指,利鈍千差,誨誘忘疲,解推無間。遇有疾者輒處方用藥,即乍到者亦旦過如歸,故得百城傾心,萬衆竭力,間有颺去,仍復來歸。師之菩薩行願,平等垂慈,其不可及者五。

廉昔從甫里海藏,依止一期,晨夕提持,開我蒙昔。因得預聞橫説竪説之奇、用鈎用錐之捷。蜜果葫蘆之移換,萬頃百折之汪洋,故得霆震大千,風行無兩,衆務紛應,神觀湛然。攝受彌寬,威稜莫犯,而總銷鎔於大悲願海,信乎其不可及也。已新靈隱,顯公現居冢嗣,安奉窣堵。因瞻禮山頭,深詳化迹;兼以狀示,且命撰篇。不揣荒愚,詮次如上。適有持師頂相、屬題幀首者,復述贊云:

雨爨霜薪,服勞第一;嶽倒湫傾,説法第一;地負海涵,安衆第一;雲輸川委,福報第一;鳳翥龍騫,得人第一。更有一事稱第一,妙德空生贊不及。無夢無想恣掀騰,明如日兮黑如漆。於戲! 示生乘願,雁留寒水之踪;削牘攄詞,鳥寫飛空之迹。徒勞描邈,曷測高深? 續譜傳燈,特標僧寶。更以俟之具眼操筆、若大年寂音者。

本師具德老和尚行狀[1]

戒顯

師諱弘禮,字具德,生緣會稽張氏。張爲越州巨族,系出西蜀,實紫巖先生後也。居地名移貴,明中葉殿元張元汴,號陽和先生,爲理學名臣,餘通籍爲名人者,指不勝屈。幼從父兄,家杭之郡城,業傾銷。性不好章句,獨喜與黃冠導引之士遊。然宮觀挂籍羽流,又所竊鄙。後於吳山紫陽洞見一蘇姓者,終日瞑目危坐。或與語,不顧。見男女圍繞,揮令退,咸莫測所爲。師熟視,喜曰:"此真吾師矣!"乃數數潛往,咨修煉之術。不數月,遂盡其底藴。蘇君大喜,以爲此真仙骨,非凡流也。

然蘇君息養之方,一本天台《小止觀》。昔智者大師著《止觀》既成,遇西天

---

[1] 戒顯《本師具德老和尚行狀》,《靈隱寺志》,頁485上—504上。

梵僧，謂暗合《首楞嚴》。大師由是向西頂禮十有八年，冀經東來，一爲印證。師默計云："彼未獲《楞嚴》，尚勤求如此，今現流通，何爲不觀覽修習乎？"即覓《楞嚴》讀之，憬然悟悔曰："吾所守者正生死本，非出生死之正路也。"遂力辭蘇師，登普陀，依寶華菴仲雅師薙削，日習《楞嚴》。一日，以經中疑義質本師，師曰："吾僅知句逗，焉能會義？"師又歎曰："若不解義，習讀何益？"於是又辭師渡海，依仲菴法師於玉山，聽講《楞嚴》。復聞雲門湛和尚於安隱起禪期，師先渡江求單，屆期湛和尚忽圓寂。

時座元漢老和尚新受囑於金粟，四衆即請開法。師於堂中，晝夜苦參本來面目，迥無入處。計窮力盡，疑悶不已。偶案頭有鏡，師俯首一窺，忽有同參背後一推，云："照破你老面皮！"師猛然開悟，疑團頓豁；入方丈呈解，大爲稱賞。自此機思迅利、應對敏捷，儕輩皆憚之。期畢，隨漢老人入三峰。凡叢林力作苦務，無不身任，仍不廢參請。一日漢老人上堂，師出云："一箭射紅心，請師高著眼。"老人回頭問侍者事，師云："機輪轉處，作者猶迷。"老人云："你試轉轉看。"師云："九烏射盡忘俱喪，鋒鏑消爲日月光。"老人連打三棒，師云："一柄干將劍，惟師用得親。"禮拜歸衆。① 又一日，老人舉"藥山弄獅子"話，師出作禮，老人云："我今要弄一出底。"便打。師云："著忙作麽？"老人云："諸人要會弄獅子尾巴麽？"便下座。師云："大衆要會臨濟賓主句，看取雙獅輥繡毬。"

時宗門久衰，禪風初唱，大略所重，單在根本，謂之鑑覺，而於從上諸祖大機大用、五家綱宗、臨濟七事，尚未提起。如漢家禮樂未定，初事綿蕞，所謂雲雷屯而天造草昧時也。三峰老人從折竹聲中大徹根本，後痛救五家宗旨，與臨濟賓主、料簡、照用、玄要等法，廓然通貫，首尾洞達。始知古人於向上眼目，重封密鎖，不露毫芒；於鍛煉機用，陷虎迷獅，不留朕跡。轟雷掣電中，仍藏鋒斂鍔，而宗門極則事在矣。

---

① 這一則漢月藏住杭州淨慈寺的上堂法語，見《三峰藏和尚語錄》，新文豐版《嘉興藏》(34)，頁142下。

師始聞其説，時時究心，昏悶莫入。後充圊頭，忽一日運糞至園房，以用心太過，誤走向太湖。肩重擔，下高坡，力疲不能下；驀於轉肩時，扁擔頭跳幾跳，抬頭見太湖，忽然悟得自家活計。而於綱宗手眼、臨濟機用，若十日并照矣。自是機鋒迅捷，莫能抵觸；隨口啐啄，洞中肯綮。同輩皆稱"具鐵觜"，即於漢老人，亦橫機無所讓。

一日，老人喚師入方丈，垂數百問，師矢口立應，一無折挫。老人竪鐵面，不許可，師心亦不服，語人曰："七佛以來，無此問法也！"老人又命侍者撾鼓，當堂詰辯，如是者再三。時師充維那，因牴牾而去。師自重重透入後，具大機用，牙爪毒辣，能擒啄龍象，在三峰老人會下稱飽參者。經師旁敲暗擊，一挼一拶，豁然脱韁者不知凡幾？間有一二承付囑竪門庭者，初扣關擊節，皆出師手也。師雖去，念老人法乳，時時反顧。後老人入死關，復奔回玄墓，老人遂以衣拂并源流法偈付之，勉師收鐵骨徒、破斷法魔，爲吾宗作大净子。偈曰：

　　住山養得機緣熟，多覓真真鐵骨禪。莫負老僧珍重付，痛除魔外作真傳。①

付畢，老人旋示寂。師守喪畢，輔安隱潭吉忍和尚爲西堂。時潭師負恙，師爲調治内外、錐鍛衲子，致道風靄著。因太白有《七闢》之説，師與安隱口授筆記，著《五宗救》，以扶三峰法道。海内衲子始知正法眼藏。臨濟一宗，綿亘古今，自有七事手眼。潙仰、曹洞、雲門、法眼，開宗垂久，自有五家宗旨。不止一機一境、單提鑑覺，可以唐突從上諸老也。

潭和尚逝後，師回會稽，住静雲門山。時念臺劉公請住廣孝寺，師進住，刀耕火種。人雖止百，皆諸方角立真參衲子。師握竹篦，下手烹鍛，朝椎暮拶，省悟多人。時天童密老人門庭浩大，雷震寰中；師孤撑爐韛，門風壁立，祖孫甘露，門不多讓也。後因闢寺路，鄰僧構訟，司理卧子陳公直其

---

① 此住山偈詳見本書頁 257—258，漢月《付具德上座源流法語》。

事。師拂衣過東陽,住寺基坪。旋應請,住臨平安隱。值同法澹予垣和尚臨寂囑,住皋亭顯寧,師住後,爲創建大雄、天王兩殿,百廢具舉。甲申冬,顯初參師,於此入門,禪風凜然,道氣徹骨。雖頹垣敗屋,衲子愛戴,傾動諸方。仰師法道者,遍大江南北。已而師渡江,説法興化黎家菴;次開期天長毗尼菴、泰興慶雲寺。丙戌,於秦郵地藏菴開大禪期,龍象鱗集,三冬了悟者三十餘人。次春,應維揚天寧大刹請,衲子聞風奔驟,聚至五千。師偈曰:

五千衲子下揚州,百億瓊花笑點頭。七尺烏藤行活計,憑何面目得風流。

此一偈,薄海内外無不流布。是夏,師受江北請,轍環一轉,所至萬人擠擁,揮汗成雨,至洗浴水一時呷盡,蓋宋明以來,爲法門罕見事也。

秋歸顯寧開戒,次年受戒顯請,赴蘇州甫里海藏菴結冬,遠邇排闥擁觀,墻壁崩倒。次歸武林,以現成顯寧,舉法姪豁堂嵓公,扶令出世,自受靈隱、佛日兩刹請。已丑春,進靈隱説法三春夏。復過天寧度五十誕,付首座巨渤恒兄嗣席天寧。冬赴杭州佛日結制。臘八日囑付戒顯。次春解制,復回靈隱。嗣後,衆恒逾萬指。

師錐鍛衲子外,奮興土木,拾礫購壤,舉薈蔚宿莽之地,尺寸而鼎興之。東西殿堂,布置鱗次,各有成局。建大法堂,雄冠東南,靈隱已大改觀矣。戊戌,大殿燬,師與各執事奮身勠力,除煨燼、庀木石;從徽、閩、温、嚴老山中,判數百年巨材,積疊如山,非人力能致。一夕雷雨,大水暴漲,浮涌畢出。少一石柱,峩冠者五人,自稱五顯,示夢杭城屠成鳳募至恰稱。師與衆執事經營締構,備嘗茶苦。辛丑七月,大雄殿與天王殿同時日昇梁,遠近緇素,捨工者、施財者、助壺漿者、擲簪珥者,邪許號踴,傾動鄉城,百戲攢賀,晝夜騰踏。飛來峰外市肆,杯酒盂飯,踴貴百倍,亦自古迄今,無此盛舉也。

又以重貲易妙應房,建華嚴閣、伽藍殿。又於北高峰建華光殿。又建合澗橋與飛來峰牌樓,而旁及于廣孝、法相、正等、安隱、靈峰諸寺,一一皆助財建殿。蓋因師誓願廣大,因緣輻輳。不過二十年而殿閣巍峨、金碧瑰瑋,壯麗甲于神州。雖曰重興,實同開創。由是諸方道俗推海內龍象都會、廣大門庭,必以靈隱稱首。即數寺宇崢嶸、梵宮壯麗,亦必以靈隱稱首。而師實銖積寸累,聽緣自至,成大功勳,遂至蓋天蓋地,此豈非天授而兼之道力、法力也哉?

丙午冬,上乘和尚親到靈隱,力請師住徑山,師再四遜謝。乘翁四番削牘,并携衆檀護書幣,堅決敦請,師不獲已,以季冬望登山,振揚祖令。累命使至黃梅四祖,促顯東歸,補住靈隱。顯苦辭不允,以丁未清和月進院。師親爲交代,乃回雙徑。八月下浣,靈隱以普同塔告成,復迎師回寺說法,送衆靈骨入塔。住七日,復返徑山。至九月下浣,以先許維揚天寧請,送巨渤兄入塔,遂於廿五日出山。至十月十二日入天寧,上堂,有"公案上重添公案"語。

次日上方碩揆弟請齋,求師自命日,師沉吟曰:"十九日去。"十七日堪輿殿自行居士至,囑以卜塔後事。十八日碩弟復具儀請師陞座,師笑曰:"儀物我收,你代我說法,我不說法了。"午後,忽命侍司發白金三兩送庫司,令備各殿供。傍晚師自搭衣,至各殿禮拜,示辭謝意。夜分猶與各執事談至丙夜,迨五更,聞鐘即起,命以新衣服帽履,從頂至踵,一一更換。呼侍者云:"隨我上方去。"坐半餉,復呼云:"說道往上方去,還不來。"頓足一下,端然坐脫。時丁未十月十九日丑時分也。

師生平勝心悲願在建功利生,凡衰颯退步話,素不喜聞,獨南嶽老和尚到山,師引座,有"隱身不現"語。① 又圓話付法畢,忽令衆參"船子覆舟"公

---

① 繼起儲親自來山祝賀法兄具德住持徑山,具德引座等相關記載,參見本書所輯《徑山語錄》。

案,天機觸發,俱異平昔,大衆頗驚疑。遂以無疾,陡然脱化,亦異矣哉!又六七年前接一長老訃音,師嫌其去不脱灑,一侍者問:"某和尚捉鼻而去,如何?"師云:"也涉做作。"進云:"鄧隱峰倒化,如何?"師云:"太煞顯奇。"進云:"和尚百年後作麼生?"師頓足云:"便與麼去。"又臨出山,上堂説偈,末二句云:"莫道武陵無覓處,一條歸路各家分。"果符所言,又異中之異也。

師幼失學,不攻習章句而慧辯天縱。每登座説法,河懸瓶瀉,千言不竭;起結承接,皆有關鍵,似精通文字三昧者。又悟處超特,自性宗通,凡接機言句,隨扣即應,尖新奇巧,出自天然。又敲擊衲子,下刃緊湊,皆出人頭地,不可方物者。禪道佛法,馬祖至臨濟東山演以及大慧,皆顯大機用,盛行煅煉。

元明以降,其説久息。至三峰老人恢復五家綱宗,復握竹箆,重興鍛煉。至我先師爐韛愈廣、啐啄愈靈、擒拿愈辣,如五花八門,變化錯出。故出師門者皆經毒罵險擯,深遭移換而卒成大器。有時愛護一人,任衆人深排痛詆而恬若不知;有時無端譏訶一人,橫加詬詈,致令反唇授謗而猶然不卹。故淺根學者每望崖退去,師却冷眼竊笑,決其必返,已而果然。師嘗語顯曰:"諸方是講底綱宗,我是用底綱宗。"故鍛煉鉗鎚,稱方内獨步。慈明楊岐、五祖妙喜而後,一人而已。

師敦友愛,好扶植法屬。以横山一默和尚爲三峰冢的,乃力鍛豁堂兄,扶令出世以續其後。受顯寧澹和尚託,既爲興建叢席,又鍛就仁菴義、梵音詠兩兄以接之。餘瑞光、靈峰、高麗諸法姪,皆與的嗣平等一視,極力成褫也。

師又知醫,能切脉,每日常苦心看病。即乍到挂單有病者,亦垂慈診視。雖方丈中重價藥味,亦不惜也。① 師儉約樸素,不好享用。自從苦行力

---

① 相關事迹記載於《沙彌律儀毗尼日用合參》,《卍新纂續藏經》(60),頁420中。

作、深錐毒鍛,得大徹悟,故不自處閒寂,亦不喜人燕佚;不自嬉戲山水、習詩歌文字,亦不以此教人。日以搬土運甓與學者相擊撞。每日波波走各堂寮,警策放逸,安慰執事,不以爲勞。

晚至徑山,愈矍鑠,能徒步高山四五十里。推本色宗匠,亦區内無兩也。師化後,供天寧三日,頂門火熱,挺身端坐,面目如生。邗人千萬,擠擁、稽首、號慟;諸弟子輩以陶龕封函。顯忝居長,又嗣席靈隱,念先師二十年血汗大功在靈山,同闔院弟子恭迎靈龕,回法堂供奉。遵師遺囑,請殷自行居士卜塔基於方丈東之慧日軒,以戊申年八月二十六日入塔。

師自廣孝、顯寧、安隱、天寧,并江北之慶雲、高郵之地藏、紹興之華嚴,杭州之佛日、靈隱、徑山,凡十坐道場。而天長之毗尼、蘇州之海藏又在外也。付囑法嗣,己丑付巨渤恒兄與戒顯;次庚寅冬付剖玉璞、紫蓋衡、三目淵、若相有四兄;嗣後漸次付囑:煦杲照、靈沼濔、笑魯賢、十力潤、五岳玹、巢山至、堅忍鎧、聖可凡、白谷裔、乾菴賢、碩揆志、牗明本、懷宗隆、在明德、卓靈長、晏巖清、天彌廣、穆文德、衲華貫、載一晉、佛眉惺、慧聞圓、豁一慶、乾敏證、開之韶、大賢静、微旨朗、諦輝鉻、雪澗顯、轉凡禧、汝水維、栗菴乘、獨任雲、達方界、誠一清、句玹日、履先緒、石語音、青震指、洪遂泰、介華潔、慈月時、鶴風悟、笑拈岳、素菴仁、岸廣殊、谷菴萃、鵬雲宏、子樵如、天越潛、靈陌敏、曇璽印、霓菴奇、圓石寧、天南臨、弗爲祚、古喬通、憨愚慧、御宗聖、無歇恒、慧燈紹、珂雪禎;法孫開法者:上蔭元鵬、興源圓極等;參上乳,如元海、瀛鐙、普上思、溥受、元孝、超宗、智鎔、元器、元興、元海,并未開法者若干人。

師世壽六十有八,生於明萬曆庚子六月十六日戌時,示寂於清康熙六年十月十九日丑時,僧臘四十七。十會語錄共三十餘卷,盛行於世。伏覬當代鴻儒鉅公、法門碩匠,得賜塔銘,刊垂慧日,永耀靈山,顯等鏤心剔骨,頂戴高深於無極矣。謹狀。

靈隱寺事迹

重興緣起①

吾于興廢之際,而重有感乎其人也。古來大刹不一,其始也,有善知識以創之;迨其後,至瓜分房屋,各利其生,殿閣荒涼,鞠爲茂草,往往然也。今觀靈隱,金碧莊嚴冠于諸方,而亦知二十年前衰落之不堪也。嗟乎!不有住持,其何以寺?不有廢者,其何以興?然則靈隱之廢,天之所以開,大善知識也。志重興第二。

昔理公之開山也,固非偶然;今靈隱之重興也,亦多奇兆。明季以來,寺已廢敗。本山二十四房,于順治六年己丑,敦請臨濟正宗三十二代具德大和尚住持。和尚乃三峰老人之嫡嗣、天童老人之法孫也。天童一棒,當下直捷;三峰玄要,宏暢綱宗。具和尚兼而行之,道風廣被;十坐道場,位下法從,動以千計。

是時和尚在佛日,先有烏程金姓者寓靈隱,夢寺中鼓吹迎大慧禪師至;又僧數輩夢明教禪師囑迎和尚。更有異者,佛日忽一日至夜半,四無人聲,聞伽藍殿鬨然。細聆之,則靈隱伽藍與佛日伽藍相爭也。于是本山僧衆、闔郡護法敦請不已,而和尚于己丑進院。至則慨然曰:"夫所謂道場者,上以莊嚴尊像、敬禮三寶,使人得以瞻仰;下以鍵鎚衲子、傳佛祖慧命;外以接待宰官、居士,内以安置諸執事、一應僧衆,寮屋缺一不可。今無歇足處,則鷲嶺飛來之瑞、理公開建之功乃至于此!"

即率大衆,躬親秉耒,斬棘除壤。凡事先之,不辭勞苦,乃于庚寅冬集料興工。若法堂、方丈、客舍、僧寮、鐘樓、浴室等,次第而成,焕然一新矣。大殿歲久方思修葺,而大殿災此,豈神天佛祖,以爲非和尚不能鼎建,而故以

---

① 《靈隱寺志》卷一,頁47—52。

是委和尚歟！舊殿高十三丈，度非百萬金錢不可就。功程浩大，揆之世情，人咸難之。和尚立排衆議，乃發誓願曰："大丈夫出家學佛，身非我有。擔荷重遠，爲末劫津梁，顧造一佛殿而便束手卸肩耶？"于是堅金剛心，奮勇猛力，衆心既齊，人天協助。所最難辦者無如巨材，乃命工師求諸徽、嚴、常、玉等山。山深水遠，卒不能下。不日水大發，從空瀉出，咸驚靈異。宰官、護法、檀越施財，貧者用力，役夫助工，其聚如雲，其心如火，不三年而殿成。

上梁之日，人來觀者十有餘萬，擁塞如山，咸頌和尚法力，其聲如雷，諸山谷應。説者謂："自建造以來，未見若斯之盛者也。"其餘寮舍，寬敞足以容衆，四方來參者歲以萬指計，雲水往來日以二三千指計。賓客輻輳，無一寧晷。使人虛往實歸，譬如甘露水，咸得滿願。因緣福報至矣、極矣，非真天下大善知識，何以有此！

未幾，應徑山之請，乃請法嗣雲居補處，即今之晦山和尚也。和尚具大才，少與吳梅村祭酒同筆研，名籍甚。甲申春，聞李賊破京，慟哭焚書，即以金剛王寶劍斬斷葛藤，于千華老人處受具，于具德老人處傳法印。日夜究心綱宗，與從前祖師如鏡照花、如水和乳，化行江楚。連躅雲居、四祖、疏山、薦福諸大祖席。曾著《鍛煉禪人説》十三篇，諸方畏仰。每結制一七之期，必有數人省發。正法眼藏之利益學人有如此。溥沱絶學重開生面，以大展具老人未竟之緒。靈隱重興，固不在殿宇鼎新已也。

梵宇①

大清御世，順治己丑春二月，各房僧衆暨外護，合力敦請具德和尚住院。和尚相隨數百僧，戮力締造。庚寅營造方始，堂室次第鼎新。

戊戌三月廿六大殿災，天將以除舊布新屬和尚也。

---

① 本節僅摘録與具德相關之堂室營造，《靈隱寺志》卷二，頁80—82。

辛丑七月十七日，大殿與天王殿同日鼎建。十八年間營造，無不高大寬敞，丹碧一新。

凡爲殿者七：天王殿、大雄寶殿、藏殿、伽藍殿、羅漢殿、金光明殿、大悲殿。

爲堂者十二：祖堂、法堂、直指堂、大樹堂、東禪堂、西禪堂、東戒堂、西戒堂、齋堂、客堂、擇木堂、南鑑堂。

爲閣者四：華嚴閣、聯燈閣、焚香閣、青蓮閣。

爲軒者三：面壁軒、青猊軒、慧日軒。

爲林者一：玉樹林。

爲樓者三：響水樓、看月樓、萬竹樓。

爲房、爲室、爲公所者十：雙桂室、香積厨、圊室、浴室、各寮房、公所。而鐘樓增建爲古百尺彌勒閣。

計自斬荆誅棘，以迄落成，辛勤瘖瘁二十餘年，致殿閣巍峩，堂寮鱗砌，佛像嚴麗，金碧輝煌。從内至外，無一殿一堂、一樓一閣、一房一舍不脱體斬新者。雖曰重興，實同開創。蓋代功迹，古今未有也。大殿、天王殿、鐘樓，皆募檀信，其餘都積香信爲之。錢糧鉅萬，一時湊集。真千年香火、萬年常住，臨濟光明，三峰法道，永久不替。

靈隱重興紀異①

具德大和尚以佛法蔭覆天下，若象王、獅子，超軼前後。靈隱一席地，千百年來奇異獨萃，有非偶然者。蓋和尚固絕不言，而事在耳目者，亦不得而悶也。今紀數端于左方，知天人之拱護于大法王者，夫固有以耳。

仁和孫治識

---

① 《靈隱寺志》卷八，頁 639—648。以下幾則稱"和尚"者，皆指具德。

葉子緯如，錢唐人，嘗夢靈隱金銀宮闕、白玉階塗、法幢寶相，迥異恒觀。已見和尚曰："此其是矣。今從己丑至甲辰，却計十六年，變榛莽萑蕪爲莊嚴華藏，錢唐第二名山，稱第一伽藍，其形見于夢兆，固然哉！"

金子靖思，新安人。下帷靈隱，夢寺中鼓吹迎大慧禪師至。及見和尚陞座説法，儼然大慧禪師也。夫宋以來，佛法之盛未有如大慧者。其鑪韛犀利與今和尚無異，故衲子咸以和尚爲大慧後身也。

宋時明教大師契嵩者，耿介絶俗，不假聲色，東坡稱五公之一，以嗔爲佛事者也。和尚未至靈隱也，有數輩僧夢契嵩囑迎和尚。其僧不知契嵩爲何如人，後乃訪耆宿，知爲明教大師也。夫契嵩生則著書明宗，死留舍利，其欲和尚之住持靈隱，預先幽贊，固有以也。

和尚庚寅冬始事土木，時吳興沈長者以病寓居其間。締造之夕，見神人金甲而幘者以百數，晃晃在梲柱間。時沈臥病，床有帷帳，户有簾幙，而沈徹視于外，纖悉無遺焉。未幾，沈病亦愈。

錢唐邑侯慕公，諱天顔。其初蒞任，勤恤民隱，未暇遊觀，而先夢至靈隱拜琉璃佛。惟中一尊光明洞徹無際，餘金身者無數，或半或全，皆不能徹視也。後見和尚即恍狀所拜琉璃佛，光明洞徹無際者。侯在錢唐七年多惠澤，以此敬事和尚，佛教益興焉。

和尚在佛日也，靈隱敦請不已。一日，四禪寂静，至夜半咸聞伽藍殿鬨狀，細聆之，則靈隱伽藍與佛日伽藍相争不已也。人或謂和尚神之遠至者，不可以莫之慰也。後和尚克住靈隱，人言靈隱伽藍爲有靈也。

大殿既災，僧至桐君之深處，名瑣細龍者，得大木數千章，然不能以出山也。大殿建期有日矣，庚子夏，水大發，千章之木，數百年不能出者，一旦涌于峰巒之上，乘流而下，辛卯得以告成，非佛力不至此。古所謂"浮梓柱于洪濤，飛梅梁于遠道"者，於此益〔信〕。①

□□〔大殿〕②將建，缺一石柱。杭城居士名屠成鳳，夜夢峩冠五人來募其祖遺劉家園內石柱。問："何用？"答曰："助建靈隱大殿。"問："菩薩何神？"答曰："吾等北高峰五聖也。"居士夢覺，到寺訪之，果缺一石柱，立即捨到。今西南殿角一柱是也。

西山多虎患，和尚既至，虎猶一至殿墀之下，今十餘年絕迹矣。宋均爲守虎渡河，大扇禪師號伏虎，於和尚尤足徵也。

《三輔黃圖》謂："漢造未央，如巧匠胡寬不少。"靈隱建置多出于和尚之規畫，其前後布置皆若天成。和尚尤有先識，如移置大鍋，則掘下果見舊基；大殿未災，則先令僧遍書水星。其靈奇天縱，有不自知其然而然，非更僕所能悉數也。

己丑僧解制，閒步冷泉亭，有白猿立於棧上，如聽泉者；皎月當空，毫髮畢見，約長五尺。辛卯冬，眾集青蓮閣下，疑閣上有人聲，即而求之，見有黑猿荷笠而走，移時乃去。此黑白二猿皆見也。夫理公時，洞有黑白二猿，呼之即出。其後有智一飯猿臺，遠矚堂時有猿侍者，甚矣，猿之於靈隱多奇也！夫今日之猿未必即理公時之猿，然而黑白皆見，不可謂非理公之猿也。天將興此蘭若，物應運焉，其理與數皆如是。

---

① 疑有脫落"信"字，參照 2018 版 CBETA《靈隱寺志》校補之。
② 底本空格，2018 版 CBETA《靈隱寺志》研判以爲疑脫"大殿"二字。

理公之至靈隱，咸和三年，歲在戊子。吴越王之重興靈隱也，在寶正以後，其戊子、己丑之間耶？今和尚之住此，實以己丑，固知數有相符也。羅公處約之建碑也，以淳化辛卯；而范公楷之跋碑也，以紹定庚寅；明張公瀚之爲僧通立碑也，以萬曆戊子。古今廢置不一，而興建者卒在此數年之間。噫，亦奇矣！

具老和尚，丙午冬應徑山請，未一年往揚州，爲法嗣巨渤和尚封塔。纔到七日，無疾坐脱。靈隱與徑山爭往迎龕，一路風逆；自靈隱人登船，忽發順風，一夜遂至北關，衆歎神助。

戊申年，因徑山爭龕，鬨鬧不決，正月廿五日，集滿漢護法、同兩山禪衆，公議拈鬮定奪。固山大高及之居士，預先申誓、三番禱祝，竟鬮在靈隱，由此息爭。真身永供慧日塔院，爪髮塔在五峰開山嶺之陽。

昔世尊不舍穿針之福，賢于特標插草之功，要知善固緣生，須識根從信入。先師具老人，生魔强際，值法弱時，苟非克己踐形，説尺行丈，人溺己溺、人饑己饑，又安能鞭撻域中之象龍、奔馳海外之麟鳳哉？是以及門皆命世之鴻儒，入室多過量之浙子，而能成禠兩脉，橄號五宗，振興十一座祖庭。恒侍五千員衲子，擁檀波，浮山岳，流梓柱，塞洪濤，俾横目者格非心，令慳惜者傾囊槖，此《雜華》所以云"信爲道元功德母"也。至于建摩霄干漢之殿閣，懸星接斗之堂樓，盲啓聾聰，頑廉懦立，雖機用開百代昏昧，而輪奐屬千秋勝緣。古云："非常之人能建非常之業，非常之業必待非常之人。"非常者，豈常人之所能爲也？吾于先師亦云……①

奕山小師濟萃②謹識

---

① 以下疑有闕漏脱文。
② 濟萃，疑爲谷庵萃。

山地①

常住供衆僧田，宋時最多，數不可考。迄明宣德年間，尚存山田一百九十餘頃；至順治初，田土悉歸烏有。先師入院時，止存案山殿基。自法席崇敷、德風廣被，感發檀信助施，并方丈香資續置。山地詳載，永充樵採，接納雲流。須知尺地寸金，匪易得也。後之尸席者，慎毋忽諸！爰先舊存，次檀施，次續置列後。

舊存

具老和尚于順治六年二月十三日入院，衆房公共交出率字號山地數：

案山一百三十畝；坐山十五畝三分；大殿天王殿基地二十一畝一分五釐一毫；法堂泊東西兩禪堂基地六畝七分六釐五毫；直指堂泊兩軒基地三畝六分八釐三毫；冷泉亭松路地三畝六分八釐三毫。

計共一百八十畝五分八釐二毫。

檀施

具老和尚入院後，檀施山地數：

率字號山七十畝；羌字號山四十八畝；毁字號山八百畝零七分；垂字號山一百二十畝；養字號山二百零三畝三分；率字號地二畝八分五釐；毁字號地十畝三分九釐七毫；調字號地一畝四分六釐六毫。

計共一千二百五十六畝七分一釐三毫。

續置

具老和尚入院後，續置山地數（附蕩）：

---

① 《靈隱寺志》卷八，頁648—652。

率字號山一百六十六畝九分二釐；養字號山五百八十九畝六分九釐；垂字號山一百三十五畝；羌字號山二十四畝；毀字號山四十六畝；率字號地一百二十畝零九分四釐；王字號地八畝五分；王字號蕩二畝五分六釐九毫；外體字號地十畝四分八釐五毫；率字號地三分六釐三毫；率字號蕩一畝二分六釐一毫。

計共一千一百零五畝七分二釐八毫。

附錄一　三峰派第二代具德禮禪師生平著述及傳承譜系考[*]

釋法幢

具德弘禮禪師(1600—1667)是明末清初臨濟禪門宗匠。作爲密雲圓悟(1567—1642)的法孫、漢月法藏(1573—1635)的法子,具德弘禮禪師爲三峰派第二代傑出的禪僧,苦參實證,十會道場,於清順康年間大闡宗風,重建祖庭有功,并好扶植三峰法侣,法嗣頗衆,在江浙一帶深具威望,對三峰派後來發展影響甚遠。

學界以往對臨濟三峰派的研究,多側重在開創者漢月藏的禪教思想、密漢之争、三峰派與逃禪人士的關係、三峰派的建立與衰敗起因等,然而對第二、三代禪僧在宗派發展過程中所扮演的角色、發揮的作用與地位影響,著墨不深。近年來,筆者有幸發現多部珍貴的具德語録文獻,順此投入具德禪師文獻的整理與研究工作。藉此拙文,一則可望爲具德禪師的著述文獻,提供補闕參酌;再則梳理三峰派具德禪師一系的法嗣傳承及後來發展影響,聊爲拋磚引玉。

明末清初,乍現禪門興盛氣象,體現在曹洞的雲門、壽昌系,以及臨濟的天童、盤山系,從燈録記載可見禪僧人數倍增、教團分布範圍擴大等趨

---

[*] 本文以提交發表《第十一届靈隱佛教文化論壇論文集》的論文基礎上修改,會議地點:杭州靈隱寺,日期:2021年5月22日,頁1—29。

勢,儘管禪門諸宗皆以回歸佛法的修證解脱爲終極目標,但宗門的禪法表現、方法取向有所不同。① 從天童系又開出以漢月法藏爲領軍、重視佛教綱宗與臨濟宗旨的三峰派一系,"三峰禪"伴隨著漢月一生的弘化、鼎革逃禪士人的投靠或附從,其僧徒傳衍分布,凝聚成地方教團,逐漸名聞江南。此中,第二代傑出禪僧爲三峰派的發展貢獻則不容忽視。漢月的十二位法嗣中,"鄧山、靈巖、靈隱,海内稱佛、法、僧三寶",②表示當時三峰禪派在江南盛行,且以剖石壁、③繼起儲、④具德禮如同三大柱石之重要影響,有著標幟性的意義。

其次,明清禪宗文本的大放異彩,亦爲明清禪宗再興特點之一。有語録、燈録、文集等豐富多樣的大量禪宗典籍的刊刻流通,可視爲宋以後另一波"文字禪"興起之風潮,并推動十七世紀禪宗呈現復甦的景象。如今,越來越多禪籍的問世,不僅有助學界廓清明清佛教的面貌,了解佛教復興的契機,亦可爲學者從新史料、新方法、新視野的角度,以人物、宗派、典籍、寺院爲框架,爲重寫明清禪學史增添助力。

儘管學界已開始關注具德禪師在明清禪學史的重要地位,如 2021 年 5 月靈隱文化論壇的召開,多位學者發表了與具德禪師有關研究,論文多達二十三篇,但截至目前,多側重在具德禪師的生平、思想與文獻研究,⑤尚未對禪師著述文獻全面整理。因此,筆者除了將具德禪師四部語録進行點校、

---

① 晚明宗門表現取向分成三類,參見《中國佛教通史》(12)第七章《晚明禪宗中興及其論爭》,頁 463—464。

② 紀蔭《宗統編年》,《卍新纂續藏經》(86),頁 311 中。

③ 剖石璧(1599—1670),諱弘璧,無錫人,俗姓鄭,漢月法嗣弟子。駐錫蘇州鄧尉山聖恩禪寺僧、黄檗匡廬。生平參見《鄧山剖石大和尚道行碑》、《聖恩剖石弘璧禪師上堂》,《鄧尉聖恩寺志》卷四、卷九,《中國佛寺史志彙刊》第一輯(42)。

④ 繼起弘儲(1605—1672),又名退翁、靈巖儲,俗姓李,通州人。爲漢月法藏法嗣,門庭廣大,傳法法子有八十多位。撰述《南岳繼起和尚語録》、《甲辰録》、《浮湘録》等多部語録文集。史傳見《第六十九祖衡州南嶽般若寺退翁弘儲禪師》、《南嶽單傳記》,《卍新纂續藏經》(86),頁 40 中—41 下。

⑤ 與具德禪師有關研究論文,收入《第十一屆靈隱佛教文化論壇論文集》,地點:杭州靈隱寺,日期:2021 年 5 月 22 日。

解題研究,亦匯集了其他相關的重要文獻。作爲一位歷經國變的禪僧,具德著實庇護了不少從士而僧的"遺民僧",給予他們安身立命處、禪法指導,甚至傳法印可王翰等人爲法子,①但翻閱其語錄,未有隻字片語述及亡國的哀傷情懷,惟見一位禪者展現其宗師風範,諄諄教誨弟子以參禪大事了脫生死。

是以,本文先從具德禪師參學求道行履與弘化事迹、生平著述文獻以及法嗣傳承影響入手,梳理與具德禪師有關的歷史背景和基礎文獻資料,裨益開展具德禪師暨江浙禪林之相關研究。

一、參學歷程與弘化事迹

關於具德禪師的生平行履,考查禪宗文獻與地方志等信史材料,在《五燈全書》、《正源略集》、《新續高僧傳》、《臨平安隱寺志》、《常熟三峰清凉寺志》、《杭州府志》、《會稽縣志稿》等皆載有傳記。② 這些史料文獻内容多源自張立廉《重興靈隱具德老和尚全身塔表》、吴偉業《靈隱具德和尚塔銘》、戒顯《本師具德和尚行狀》三份材料,③其中以戒顯《行狀》較爲豐富詳實。此外,《臨

---

① 王翰(1610—1672),字原達,名著復社,國變後出家爲僧,法名戒顯,字願雲,號晦山。清初臨濟宗逃禪士人,據劉敬考察認爲歸屬具德下的逃禪弟子還有孫弘、江浩、江之浙、張元坊、侯澥等人,劉敬《清初士林逃禪現象及其文學影響研究》,頁 66—73。

② 《五燈全書》卷六九《杭州靈隱具德弘禮禪師》傳,《卍新纂續藏經》(82),頁 329 中;《正源略集》卷五《杭州徑山具德禮禪師》傳,《卍新纂續藏經》(85),頁 31 上—中;《新續高僧傳》卷五七《清杭州靈隱寺沙門釋弘禮傳》,《大藏經補編》(27),頁 416 中—417 中;《臨平安隱寺志》卷五《具德禪師》略傳,《中國佛寺志叢刊》第四輯(68),頁 13;《三峰清凉寺志》卷十二《具德禮禪師傳補》,《中國佛寺志叢刊》第四輯(40),頁 385—387;《杭州府志》卷三五《弘禮》傳,《中國地方志續集》,頁 1794;《道光會稽縣志稿》卷二三《弘禮》,《中國地方志續集》,頁 423。

③ 吴偉業《重建靈隱具德大和尚塔銘》、張立廉《重興靈隱具德老和尚全身塔表》、戒顯《本師具德老和尚行狀》,收於《靈隱寺志》卷七,《中國佛寺史志彙刊》第一輯(23),頁 466—476、頁 476 上—485 上、頁 485 上—504 上。又,據《吴梅村先生年譜》記載此篇《塔銘》書於順治七年(1668),收於《梅村家藏稿》卷五十一,《四部叢刊》景清宣統武進董氏本,部分文字與前略不同,研判寺志本《塔銘》是後來修訂。

平安隱寺志》一則普説,有具德自述參學弘化經歷。① 如上信史材料,均爲我們提供了解具德禪師生平以及學述議題探討的背景資料。

(一) 由道入佛出生死

禪師字號具德,法諱弘禮。生於明萬曆二十八年六月十六日戌時,卒於清康熙六年十月十九日丑時,世壽六十八,僧臘四十七。紹興山陰人,俗姓張,世家爲越州名門貴族。少時好學道術,曾依於紫陽洞道長授其養息之方,又相應於天台《小止觀》的調息法,當他閲讀《首楞嚴經》了義教法後,悔悟以往"所守者正生死本,非出生死之正路也",從而發起正信,往普陀山依止寶華庵仲雅師剃髮出家,又到玉山聽仲菴法師講《楞嚴》。值得留意的是年少的他對於研學經教的態度,他以經中疑義質問仲師未得滿意答案,認爲學習經典不應只"知句逗",如不能"解義"則徒勞無益,因而辭師,開始行脚各方。他原欲參學湛然澄而赴安隱禪期,未料到達時湛師突然圓寂,遂輾轉於漢月法藏門下修學臨濟禪法。②

(二) 藏師棒下鐵骨禪

影響具德一生最重要人物即是三峰老人漢月藏。③ 他與漢月藏最初相遇,應該始於天啓丙寅(1626)十二月漢月受請至杭州安隱寺開堂。④ 正是由於湛然先前的手書邀請,以及該寺咸慈老宿與鎮上居士邀請而有漢月於安隱的三會説法。具德行脚來此,接受漢月老人的鉗錘,"被箇没柄錐子驀頭一劄,打失鼻孔"有著"至今追悔不及"深刻印象。⑤ 從安隱寺、三峰清涼禪院再到鄧蔚山,他追隨老人弘法步履,在

---

① 《臨平安隱寺志》卷八,頁 95—106。
② 見《本師具德老和尚行狀》,《靈隱寺志》卷七,頁 487。
③ 漢月藏的禪學思想與修行指導,可參閲黄繹勳《漢月法藏禪師珍稀文獻選輯(一)》,高雄佛光文化出版社,2019 年。
④ 見西園寺藏《鄧尉山天壽聖恩寺三峰藏禪師語録》卷一,頁 1 上。
⑤ 漢月三會説法及具德在此參學經歷簡述,可見《臨平安隱寺志·具德禪師語録》,頁 98—100。

其座下苦參七八年，①究本來面目。據漢月《年譜》載：崇禎辛未四年(1631)漢月"夏山中結制"於百餘人之禪期，具德被立爲"參首"。② 參學期間，他承擔了各種執事的磨練，叢林勞作"仍不廢參請"，服勞中鍛煉堅韌的毅力，甚至充擔圊頭運糞，且依舊用心參究，"悟得自家活計"，省悟過程見載於《行狀》。而此後重建靈隱等寺所表現的決心與執行的魄力，也必與此番歷練有關。③

提及具德參學歷程的史料不多，僅能從師承法侶間的語錄與寺志史料搜尋線索。特別是他參問漢月的內容相當罕見，幸運的是在明清禪宗文獻發掘過程中，在黃繹勳教授整理的漢月稀見文獻中，發現了若干則師徒二人完整的對話過程。

考察具德參學漢月藏的相關記載，依據黃繹勳教授對上海圖書館所藏《三峰藏禪師長水真如寺語錄》的解題研究，崇禎六年癸酉(1633)，漢月"解淨慈制，住真如"，"十一月十九日由諸鄉達迎漢月入真如寺"，於"甲戌元旦上堂拈香"，文中并收錄有幾則漢月與具德的師徒對話，黃教授推斷此書編集成書年代，應爲"1633—1634年之間"，④由此可知這段期間具德隨漢月前往長水真如寺參學，時年約三十四歲。

語錄中一則漢月與具德的師徒對話如下：

> 具德出問："彩雲片片趁全提，長水滔滔展大機。且道如何是彩雲片片趁全提？"師云："鐘聲出水重。"進云："如何是長水滔滔展大機？"師云："幡影落波輕。"進云："八面玲瓏無縫隙，卓午浮圓頂日輪。

---

① 關於具德在漢月座下參學時間，學者如依《靈隱寺志》的《塔銘》所云"凡歷三峰、鄧尉者十有七載"，會以爲具德在漢月座下修學長達十七年，但收錄於《梅村家藏藁》卷五十一《塔銘》寫到"凡歷峰、玄墓者數年"，文字記載出現歧異。實際上，天啓六年(1626)漢月於安隱寺開法，具德前往參學，迄至崇禎八年(1635)漢月付法給具德後不久圓寂，前後時間將近八年。

② 《三峰藏和尚語錄·三峰和尚年譜》，新文豐版《嘉興藏》(34)，頁209中。

③ 見《靈隱寺志》卷七，頁488。

④ 參見黃繹勳《漢月法藏禪師珍稀文獻選輯續編》，上海古籍出版社，2024年，頁7。

是長水家風？是彩雲境界？"師曰："門開路接橋，樹老綠苔生。"進云："和尚今日如是舉揚，如是拈提，與昔日長水、彩雲是同？是別？"師云："一時三頓棒，骨癢尚嫌輕？"進云："一句了然超百億，粉身碎骨亦難酬。"師打三棒云："三棒一齊打！"①

這是漢月入住秀州長水真如寺的上堂拈香法語，由於真如寺的兩位重要祖師長水子璿與彩雲和尚的法道，而促發師徒二人問答。這則內容亦見於新文豐版《嘉興藏》的《三峰藏和尚語錄·住秀州真如寺語》，但是後來選編時將具德之名刪略，僅作"僧問"，丟失了重要的對話者身份信息。幸而在上海圖書館所藏《三峰藏禪師長水真如寺語錄》，記載了提問者具德之法名，從而幫助我們還原得知具德與漢月對話的參學歷程。②

再舉語錄一則《茶話》，漢月擬藉"彩雲"喻，要學人直面根本，將"以無生死之心，披有記持之文，以絕生死法，破諸人生死之夢"，③結云：

"'彩雲影裏仙人現，手把紅羅扇遮面，急須著眼看仙人，莫看仙人手中扇。'若有人出來一齊打過去！"具德出禮拜，師云："我已説過了。"問云："如何是彩雲影裏現的仙人？"師舉甘蔗云："這是甚麼？"進云："如何是仙人手中扇？"師云："你還看作甘蔗麼？"進云："急須著眼看仙人，莫看仙人手中扇。"便喝！師顧左右云："你們大家出來打他三拳！"④

上述這則茶話，漢月先是闡述生死心和對語錄的態度，人們以真如寺長水子璿（965—1038）文采及著述綿遠而聞名該寺，相較於"彩雲禪師，但存其塔之舊迹"人所罕知。講到"彩雲禪師"典故，傳聞"禪師行腳時因聞人舉

---

① 此則問答見《三峰藏禪師長水真如寺語錄》，上海圖書館藏本；整理本收錄於黃繹勳《漢月法藏禪師珍稀文獻輯注續編》，頁219—220。感謝黃繹勳教授分享。

② 《三峰藏和尚語錄·住秀州真如寺語》，新文豐版《嘉興藏》(34)，頁143下。

③ 《三峰藏禪師長水真如寺語錄》，黃繹勳《漢月法藏禪師珍稀文獻輯注續編》，頁206。

④ 同上注。

'彩雲影裏,仙人現手把紅羅扇遮面'之頌,遂大悟",後人遂號"彩雲",禪師却無語錄機緣可考,以其"一生不涉生死,復不出生死之言",漢月以爲"令人以生死之心無可記持,以生死之心無可見其文彩",故無語錄傳世。① 漢月重宣"彩雲"這則公案,結云"著眼看仙人"莫看"手中扇",譬如指月之喻,開示學人但應把握根本,點到而不說破,但是具德却還是出來追問到底的態勢,因此,漢月說了一句:"你們大家出來打他三拳!"語錄將如此生動活潑的對話場景記載下來。

第三則對話,仍是漢月住秀州真如寺語,由"朱大理廣原居士薦親請上堂":

> 具德出問云:"生生死死去來忙,一擊翻身頓歇狂。醒轉不知天早晚,一輪紅日照西方。如何是一擊翻身頓歇狂?"師云:"蓮花出水波濤涌。"進云:"如何是一輪紅日照西方?"師云:"迸出蓮胎見佛光。"進云:"和尚與麼告報,善則盡善,美則未美,學人則別有長處。"師云:"如何是你長處?"進云:"優曇初綻處,遍界藕花香。"師便打!云:"也少不得這一棒!所以如雷如霆,如日如月,如走盤珠,的的皪皪,何等自在!"②

當漢月一番開示,提勉衆等"破盡生死、凡聖、是非,超然自在"之後,追問有無學衆出來道看"大理二尊人立地成佛底消息",③只見具德一人挺身而出、以偈語酬答問,并以這般自信的態度進云"學人則別有長處",勢要挑戰到底,因此,少不了這一頓棒打。文中也顯露出三峰法侶師徒間對話直截往來的互動樣貌。

另外,值得留意的除了漢月與具德師徒二人的對話方式,還有文本敘事所呈現具德的性格,戒顯《行狀》曾提到:

---

① 見黃繹勳《漢月法藏禪師珍稀文獻輯注續編》,頁 206。
② 同上,頁 213。
③ 同上,頁 212—213。

  老人唤師入方丈垂數百問，師矢口立應，一無折挫。老人竪鐵面，不許可，師心亦不服，語人曰："七佛以來，無此問法也！"老人又命侍者搥鼓，當堂詰辯，如是者再三，時師充維那，因牴牾而去。①

  老人指漢月，師即具德，兩人酬問對答毫不避諱、退讓，老人不輕許放過，而具德也敢直言不服其垂問，甚至正式陞堂當衆再三"詰辯"。經此激烈的機鋒論戰，儘管具德當時擔任維那綱紀大衆，却還是因牴觸率而離開寺院。從這段記載中可見師徒兩人直截往來的互動方式，以及具德剛直性格的一面。

  關於具德得法的記載，因聞漢月入生死關，具德歸返玄墓覲見漢月，得漢月最後付囑，具德《塔銘》曾描述漢月"最後乃許爲鐵骨禪，授以衣拂，而謂'吾宗到汝大興'"。筆者將漢月藏《付具德上座源流法語》（簡稱《源流法偈》）全篇錄文於下：

  夫宗印者，如尚寶鑄成，絲毫許增減不得。所以千佛萬祖同一鼻孔，同一鼻孔便無過高不及之病矣。夫人根有過高、有不及，皆賴宗印印定，不容走作，是爲某家禪、某宗禪，若可移動，又何成這個古文印子？濟禮具德，機用超然，從吾十年，無不勤至。吾恐其習有過高，宗善移易，故每貶爲下板。今方欲舉其出頭而遠去，是老僧削過太重，渠不能當也。今余入死關，彼聞之奔驟而來，老僧以住山偈，勉其收鐵骨徒，破斷法魔，爲吾家作一大諍子，豈不宜乎！然于同法之英，當力扶而弗異也。至囑！至囑！偈曰：

  住山養得機緣熟，多覓真真鐵骨禪。莫負老僧珍重付，痛除魔亂作真傳。崇禎八年五月初十日，傳臨濟正宗第三十一代三峰法藏，付第三十二代具德弘禮。②

---

 ① 《本師具德老和尚行狀》，《靈隱寺志》卷七，頁490。
 ② 此則《源流法偈》收錄於漢月藏《付法法語》，《鄧尉山天壽聖恩寺三峰藏禪師語錄》卷二一，蘇州西園寺藏本，頁23。又見黄繹勳《漢月法藏禪師珍稀文獻輯注續編》，頁394。感謝黄繹勳教授分享提示這則法語。

這則《源流法偈》，一者，流露出漢月對法子具德鉗錘的用心良苦；二者，揭示了漢月對傳印付法的審慎態度，法不濫付，而具德經過宗師的千錘百煉、反覆勘驗而得認可；三者，可視爲漢月給具德的評價，細讀法語，便能體會漢月對於具德的殷切期望與珍重囑咐；四者，漢月以住山偈提勉具德布教納徒、傳承佛法慧命，擔起祖道之責。崇禎八年(1635)五月初十在天壽聖恩寺，由漢月傳授七位法子，具德與其他六位法兄，一起得法。① 具德日後的廣大作爲、發願承擔和力扶法侶，想必與此番勸勉有關。此外，《塔銘》中漢月所云"吾宗到汝大興"，不知語出何處？猶待商榷。然具德受持臨濟正宗，得授記莂，《五燈全書》將他載錄在"臨濟宗南嶽下第三十五世隨錄"。②

未幾，漢月圓寂，具德爲師守喪畢，受咸慈尊宿等敦請至安隱寺，輔佐潭吉弘忍，使得弘忍在不受事緣干擾下主持法道，而他權任西堂、兼理寺務，并協助弘忍撰《五宗救》，著力頗深，書成以闡揚綱宗，令三峰道法曉然天下，以爲永傳臨濟慧命。③ 此書具德所涉僧諍事件暫且不論，④而兩人相契唱合、互出手眼，鍛煉衲子頗衆，留下一段佳話。⑤ 弘忍過世後，具德返會稽，住靜雲門山廣孝寺。受劉念臺請，於己卯(明崇禎十二年，1639)年間住廣孝寺開法，鉗錘四方參請學人，⑥又受請於各地傳法講學，逐漸展開住持弘化之因緣。

---

① 於《源流法偈》前記有云："今崇禎乙亥，復於天壽聖恩寺付澹予垣、剖石璧、于槃鴻、繼起儲、慧乃銛、潭吉忍、具德禮七人，時因老僧養疴關中，未及上堂，即書此以證。"見《鄧尉山天壽聖恩寺三峰藏禪師語錄》卷二一，蘇州西園寺藏本，頁 23。
② 超永《五燈全書目錄》，《新纂卍續藏經》(69)，頁 325 中、329 中。
③ 潭吉弘忍撰《五宗救》，書中"具德禮頌"有九則，收於《禪宗全書》(33)。
④ 具德并因雲門雪嶠塔事，涉及與木陳的"新舊勢力之諍"的僧諍事件，參見陳垣《清初僧諍記》卷三分析，《明清佛教史篇》，《現代佛教學術叢刊》(15)，臺北大乘文化出版社，頁 247—253。
⑤ 參見《臨平安隱寺志》，頁 101—103。
⑥ 具德駐錫廣孝寺，與學人參問對話，可見《大休珠禪師語錄》，《新纂卍續藏經》(81)，頁 190 下；《永濟融禪師語錄》，新文豐版《嘉興藏》(28)，頁 418 中。

（三）用底綱宗顯大機

《塔銘》提到具德"先後十坐道場，開大法門"，從杭州安隱、雲門廣孝、佛日、顯寧、天長毗尼、泰興慶雲、高郵地藏、紹興華嚴、揚州天寧乃至靈隱、徑山等寺，隨著具德等三峰門人的講學法化，逐漸形成江南幾處活耀的禪林。具德本人亦成爲當時諸多學侶嚮往參學、依止秉戒的善知識，他的禪法教學，爲前來參學弟子施設的棒喝禪教，名聲遠播海内教界、朝廷。有意思的是，他在教育徒衆過程中被一麤行僧痛打，此事甚至傳聞至北方京城，并受到順治皇帝的關注詢問。①

甲申國變前後，具德因法兄澹予垣（1581—1643）臨寂前囑咐住持顯寧，在戰亂、艱困環境下重建天王、大雄兩殿，并結制禪期開法度人，給易代逃禪士人一方避開戰亂又得以清修辦道的安居處所。值此明清鼎革最動盪不安之際，寺院儘管"頹垣敗屋"，却依然"禪風凛然，道氣徹骨"，②這些由士而僧的學人，包括晦山戒顯、碩揆原志、仁庵濟義、③月用濟斐④等，都是長期跟隨他修學、受度化的三峰法侶，爾後多成爲一寺之主，濟義、濟斐也曾任書記，成爲具德語録的主要記録者。

關於具德與弟子之間往參過程的記載，除了見於其法嗣弟子的著述，亦見於其他法侶的禪師語録。⑤ 以蜀西僧紫谷智覺（1614—1684）爲例，他因聞具德"機鋒迅捷，接人不以常情"，故先遍參諸方，却感"類待以客

---

① 道忞《天童弘覺忞禪師北遊集》，新文豐版《嘉興藏》（26），頁 295 中。
② 見《靈隱寺志》卷七，頁 493。
③ 仁庵濟義（1599—1664），生平可參見黄宗羲撰《張仁菴先生墓志銘》，《黄宗羲全集》第十册，浙江古籍出版社，2005 年，頁 455—458。
④ 濟斐，即月用禪師，字道闇。俗名江浩，武林横山人。"胸懷洞達，無塵瑣纖毫之累"，甲申國變後以遺民出家爲僧，依博山汝航禪師披剃，法號弘覺，字夢破。"慕具德和尚道望，遂傾心依止；更字月用，掌書記"，住靈隱亦任書記。生平參見張芬《月用大師行業記》，《靈隱寺志》，頁 342—345；釋正嚴《靈隱月用禪師塔記》，《續修雲林寺志》，頁 155—158。
⑤ 諸如《大休珠禪師語録》、《永濟融禪師語録》、《芝巖秀禪師語録》、《古林如禪師語録》、《德風禪師般若語録》、《虚舟省禪師語録·訪靈隱具德和尚》、《憨休禪師敲空遺響》、《大悲妙雲禪師語録》、《雨山和尚語録》皆有載法侶向具德請益參學的内容。

心"而不以爲然或不契合，相較而言，具德"不假辭色，直據本有，如崩雷疾電，不可湊泊"，因此"決志親覲"具德座下，且敢與具德"批逆鱗、捋虎鬚，奪角衝關"相周旋七載。① 如上，謂宗門的師資傳授，以宗師而言，具眼的善知識能以本分事接人，不徇人情，方能師資道合。

至於三峰之家法的宏揚，漢月恢復五家綱宗，重興鍛煉，使學人"不滯鑑覺，洞抉佛祖心髓"，并經過一番鉗錘試驗而"卒成大器"。具德也曾下過苦功細究向上綱宗，但他究竟如何承師學而繼往開來？具德嘗語戒顯云："綱宗者，人能講，我能用。先師當日鉗鎚，晚年始獲其益。此即我三峰家法也！"且云："諸方是講底綱宗，我是用底綱宗。"又如戒顯陳述其師"講求宗旨，分條析理，不落言詮，千差萬別，總歸一源，故能超情離見、迥脱生死"，此中表達具德鍛煉學人之手段靈活變化，顯大機大用，到了晚年更加高深莫測。② 具德的禪法教學可以參閲《具德禪師石梁毗尼禪院語錄》兩卷的對話開示，此不詳述。

《乾隆江南通志》提到漢月法藏有"得法者十二弟子，具德、繼起最著"，可見地方志對具德的高度評價。③ 張立廉則將具德一生行迹，歸納出四點"不可及者"。④ 又，《宗統編年》記有一段對具德的評價描述：

> 鄧山、靈巖、靈隱，海内稱佛法僧三寶。靈隱門庭甲天下，學衆滿數萬指，不減南宋佛海時。具大方便，有大慧、圓悟不及施之手眼。至沉幾駿發，則又度越於古雲門。真欸唾迴天，揚眉倒日……故能擔荷如來。稱後勁之錚子也。⑤

---

① 如乾《憨休禪師敲空遺響》，新文豐版《嘉興藏》(37)，頁253中。
② 《靈隱寺志》，頁469，472—473，500。
③ 趙宏恩等纂修《乾隆江南通志·人物志》卷一七四，清文淵閣四庫全書本，頁3177。
④ 具德之四不可及者：一，"晦迹退藏，真實妙行"；二，"苦身戮力，感殊勝報緣"；三，"善説法要，洞見機宜"；四，"爲法來人，光前啓後"。見張立廉《重興靈隱具德老和尚全身塔表》，《靈隱寺志》卷七，浙江大學出版社，2018年，頁164—165。
⑤ 紀蔭《宗統編年》，《卍新纂續藏經》(86)，頁311中。

文中"靈隱"即指具德，其苦身戮力重建靈隱寺有功，曾在長達十八年時間內陸續建造七殿、十二堂、四閣、三軒、三樓等，以安僧慧命，接引廣大學人。再者，於三峰法脉傳衍之功，其傳法門庭廣大，學衆多達五千，可媲美南宋的佛海瞎堂昔時盛況。紀蔭并以大慧、圓悟禪師來比擬他的應機手法。此段文字說明具德善於鍛煉學人，又好扶植法侶，爲當時教界所稱揚，人稱"千人善知識"、"具鐵嘴"、"靈隱大和尚"、"徑山大和尚"，或"具德老人"。

然而，禪僧的弘化布教乃至興福建寺，有賴個人福報因緣，經過一番歷練，爾後發大心、立大志而成就佛事，絕非開始就一帆風順。通過碩揆的一封尺牘所記具德的一段行乞歷程，讀者得以更全面了解具德早期的修學弘化樣貌：

> 先徑山和尚居學地於聖恩時，特爲大衆往秦郵行乞一年，絕無人發心布施一文錢，衣敝履穿跟踉而返。及乎後來開法，則又從其州之地藏發軔一期，省發十六人，雲居顯、黃山潤、顯寧泳皆其一數也。論地只是一高郵州，論人只是一具德和尚，何前塞而後通也？所謂因緣時節不可强耳。①

此封碩揆寫給斂菴的信中，詳述了具德早年尚居學地時爲聖恩寺常住衆外出行乞化緣却無人布施，"衣敝履穿，跟踉而返"之窘況，後來在高郵一地的地藏庵結制開法一禪期，度化省發有雲居的戒顯、黃山的十力潤、顯寧的梵音詠等多人，"前塞而後通"。雖說"因緣時節"不可强求，但實際上，如不是禪師日積月累的"真實妙行"與"苦身戮力"下的"殊勝報緣"，弘化布教之因緣何以能水到渠成？

(四) 鼎建靈隱功不居

順治六年(1649)二月，具德受請正式入住靈隱，《靈隱寺志》詳細記載

---

① 碩揆《復斂菴上座》，《碩揆禪師語録》(刻本/尺牘)，國家圖書館藏本，頁9上。

著具德重興靈隱之緣起、進院經過、鼎建殿堂規模、感應事迹、塔銘行狀以及法語開示，從內容及所占篇幅來看，此志格外彰顯稱揚具德重興靈隱寺之功迹。①

"進院上堂法語"提及具德"于己丑春二月十三日住浙江杭州府靈隱寺，闔郡薦紳文學及各山耆宿、合院大衆請陞座"，由其法子戒顯（時任西堂代表）出來酬問對答。入院當年，結夏與冬安居又分別到天寧、佛日結制傳法付法。順治七年（1650）春，待佛日寺解制後返回靈隱，全面營造殿堂，始有《靈隱具德禪師語錄》之記載。

禪僧接下祖庭住持一職後，維持寺務運作及營繕開銷需勞心勞力，而發願中興祖庭重建殿堂，更是一段漫長艱辛的歷程，除了仰賴外護檀信支持、募緣是否順利，關鍵也在主事者的德行、毅力與心態。究竟他住持統領大衆能力如何，以及所帶來的影響改變與弘化貢獻有哪些？寺志中有充分的史料可供考證。

住持爲一方之主，主事者的思路攸關祖庭的發展方向。如何住持道場、建設寺院？從具德進院靈隱時一席話，可以看出他對於重興祖庭的想法：

> 夫所謂道場者，上以莊嚴尊像、敬禮三寶，使人得以瞻仰；下以鍵錘衲子、傳佛祖慧命；外以接待宰官、居士，內以安置諸執事、一應僧衆，寮屋缺一不可。②

寺院營建的通盤思路，住持道場必須從上到下、從內到外，先安內後擴外，方能裏應而外合。以此思路來看，具德對於禪寺住持職能的發揮，是同時兼顧禪法教學、寺務管理與殿堂建設三方面的。

具德重興寺院不餘遺力，除了靈隱寺大規模的營造工程，旁及顯寧、

---

① 《靈隱寺志》中記載具德文獻史料有：卷首《序》、《靈隱寺志序》；卷一《開山始迹》、《重興緣起》、《武林山水》；卷二《梵宇》、《古塔》；卷三下《住持禪祖》；卷四《法語》；卷六上《藝文·碑記》；卷七《碑文》、《記》、《疏》、《序》、《塔銘》、《塔表》、《行狀》；卷八《雜記》。

② 《靈隱寺志》卷一，《重興緣起》篇，頁49。

廣孝、靈峰、福善諸寺，①皆助財或募緣建殿，他曾捐資襄助臨濟禪師塔的修復，如僧鑒曉青云"臨濟第一祖慧照禪師靈澄之塔……遭河流衝突水嚙沙吞僅存斷磚……有三十三世孫斷公慨然以修葺爲己任"，然而"走大江之南遍告名山尊宿，皆謂事之不急而姑置之"，唯獨弘儲與具德"首捐衣資，倡鼓同類，厥後稍有應之"。②

至於具德對於建寺募緣的態度，可參見檗庵志（1600—1676）③給弘儲的一則尺牘《報山頭老和尚》。順治十五年（1658）三月靈隱寺大殿毀於火，如要重建如昔則工程浩大，寺僧多不欲參與化緣勸募，而以"古尊宿有終身不發一募疏者"爲"高節"。當時，正值檗庵志挂單靈隱，對此亦感到質疑、猶豫，具德則勸導云："此僧不往募，彼人終不捨，但得彼人捨，已有修殿功德。此僧之因果不明，此僧自受於諸人，何與焉？"檗庵聞後心中矛塞頓解、豁然通達，因而"逢人即開發勸化，必欲得其捨而後快"，以爲能捨之人者，必不會奪他人財，"謀道不謀食者"也有所恃。④ 行乞慕緣建寺，是否有失僧人高風亮節；化緣建寺是否削減品節，是否會影響僧人的清修辦道？ 具德以"明白因果"善於化導反對者的質疑，以其魄力與堅持毅力，力排衆議，加上檀越護持，不到三年時間，完成大殿鼎建，并設寮舍，以應四方參學，使來者虛往實歸。其後興建殿堂的事迹，可參見《靈隱寺志》卷二"梵宇"篇。

具德進院靈隱之前，寺院分房，各爲其利益，破敗不堪，寺志描述"殿閣荒凉，鞠爲茂草"，而經過具德、戒顯父子兩代人的努力，二十年後"金碧莊嚴冠于諸方"，相形之下"亦知二十年前衰落之不堪也"。⑤ 祖庭重興之機貴在迎請大善知識的住持，改變了叢林的面貌，故寺志評價其貢獻"雖

---

① 具德《重興福善寺濮氏募引》，收入《濮川志略》卷二，頁38—39。
② 《臨濟塔頌》，《僧鑒禪師語錄・雜頌》卷二十九，國家圖書館藏本。
③ 檗庵正志，俗名熊開元，號漁山，湖廣嘉魚人。天啓五年進士，官任縣令、御史，鼎革後出家爲僧，繼起儲法嗣。著有《熊魚山先生集》、《檗庵別錄》、《漁山剩稿》。生平可見《明史・列傳第一百四十六・熊開元傳》。
④ 檗庵志《報山頭老和尚》，《檗庵別錄》卷二下，國家圖書館藏本，頁23上下。
⑤ 《重興緣起》，《靈隱寺志》卷一，頁47。

曰重修，其功實與開創者等"。①

康熙六年，具德再次受請從靈隱移席徑山恢復祖庭。試問，已經是一方之主，靈隱殿堂恢復鼎新已具規模，他大可留在靈隱弘法布教，爲何"功成而不居"，是在什麼因緣情況下應允前往荒廢的祖庭徑山？除了禪僧的弘化本願情懷，也有其他的内因外緣。

(五) 三峰法脉耀徑山

具德圓寂的前一年，受到徑山住持莫庵上乘②及住衆、護法信衆、官員名士的盛情邀請，以恢復祖庭、重建叢林體制之弘願，因而移席徑山。

《徑山具德禪師語録》收録有十九封受請書啓，來自地方官員、名門縉紳、同門法侣、護法信衆以及徑山各房代表住衆，從中可剖析具德從靈隱到徑山的前後因緣。諸篇書信均流露出對具德的崇敬和佩服，例如太師金之俊所書，靈隱"法界莊嚴，冷泉泓澈，信功德之瀰布，有目皆仰"，而"雙徑祖席，方倚藉重輝，而堯峰丈室，又側聆吼音"，③表達出徑山祖庭重輝，待人而興，期望具德法音重宣於五峰丈室。書信約百來字，雖簡短，但有此正一品官的認可，并給予殷切的期望，也爲具德立足於徑山打下重要的基石。④

此外，從莫庵上乘《請啓書》可了解康熙年間徑山寺尚處於末運，"少鹽少醬"、"瓦礫成堆"，説明當時寺院經營困頓之樣貌。莫庵住持徑山約五六年，從勉强苦撑到稍有頭緒，由於年事已高、心有餘而力不足。一夜室中長談，莫庵殷切希望將恢復徑山祖庭的重任委託法兄具德，期待"法

---

① 厲鶚《增修雲林寺志》，《中國佛寺史志彙刊》第一輯(24)，頁108。
② 莫庵，又名上乘本宗，山翁道忞法嗣。楚之黄州(今湖北黄崗市)人，久參天童密雲圓悟，門下棒喝有省。至四方叢林住席，衆稱以"尊宿"。得法於山翁道忞，秉拂盛京隆安，晚年受請住持徑山上堂説法，重興寺院。見《五燈全書》卷七三，《卍新纂續藏經》(82)，頁367中。
③ 《徑山具德禪師受請書啓》，參本書所輯《徑山具德禪師語録》。
④ 可參見拙作《啓請住持：〈徑山具德禪師語録·書啓〉之研究》，發表於佛光大學佛教研究中心第三届"近世東亞的佛教文獻與研究"研討會。

令新規,雷音大振,臨濟綱宗,家規重整,祖脉洪源,真風不墜"。① 儘管具德再三辭謝,但莫庵堅決懇切的態度,前後發出四封迎請書啓,又有諸方隆重迎請,②故具德允諾,正式進院語録記載如下:

> 康熙丙午,師於靈隱受徑山莫菴和尚與諸大護法并兩殿八房合山耆宿請,住徑山興聖萬壽禪寺,十二月十五日進院陞座。③

具德決定入住徑山,除了莫庵多次敦請的真誠心意,并親自率領徑山兩序常住代表至靈隱迎請,也出於具德恢復徑山祖庭的本願,而終於靈隱寺務託付有人。由於法子戒顯答應補位靈隱、繼席得人,了却具德老人心頭挂念,當靈隱院事囑咐畢,遂於康熙五年(1667)冬臘月十五正式入住徑山禪寺。

祖庭的重興,具德以爲"可以肇建,可以中興",儘管自己在靈隱寺已經"大功告成",然而,"在徑山經營方始",有祖師代代傳承的徑山,"祖席重興,別開生面",不僅是"山僧分上事,大衆分上事",也是各各"自己分上事"。《徑山具德禪師語録》中可看到,在他入住徑山後,隨即回復禪宗規制的古風,包括開爐結制,恢復了禪宗寺院的小參、普説、圓話、茶話等基本的修學傳統,爲禪堂重新挂鐘板,使禪堂恢復運行,安結夏之制,并周全落堂的執事安排。特別值得一提的是,他在山中侷促的環境條件下舉辦了三壇大戒的傳戒儀軌。④ 其後,又以"圓話"機緣爲十九位法子傳法付衣拂。關於具德在徑山的弘化事迹,讀者可進一步詳閱本書所録《徑山具德禪師語録》。

是年丁未十月,具德因爲法子巨渤⑤圓寂,前赴揚州天寧寺主持封塔佛事。他於九月二十五日下徑山,十月十二日抵天寧,并應緣於天寧陞座説

---

① 《莫菴和尚新正賀啓》,參本書所輯《徑山具德禪師語録》。
② 《靈隱寺志》還有一封《徑山兩序請啓》,是莫庵率徑山常住衆至靈隱寺恭迎具德的請啓文,收録在《靈隱寺志》卷七,頁158—159。
③ 參本書所輯《徑山具德禪師語録》。
④ 參本書所輯《徑山具德禪師語録》。
⑤ 巨渤濟恒(1605—1666),靖江人,住持開法天寧禪寺,爲具德法嗣。史傳見《五燈全書》,《卍新纂續藏經》(82),頁456上。

法，未料七日後驟然圓寂。臨化前沐齋、設供、禮佛，垂誡學衆，十九日丑時端坐而化。據寺志記載，具德的後事承辦還引起靈隱與徑山的爭龕事件。①康熙七年（1668），晦山戒顯曾經領衆鼎建慧日塔院，以供奉具德老和尚肉身塔，但目前塔已毀不見，僅幸存一塊塔碑（參圖一）。② 此外，位於位於五百羅漢堂西北側冽泉池邊的"具德亭"，由木魚和尚於庚辰年（2000）爲紀念具德重興靈隱之功所建。此外，具德禪師的生平事迹年表，參表一。

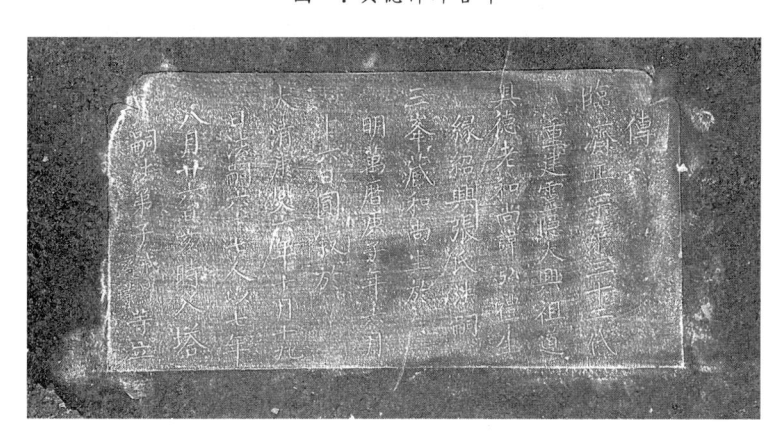

圖一：具德禪師塔碑

拓片文字

傳臨濟正宗第三十二代
重建靈隱大興祖道
具德老和尚諱弘禮生
緣紹興張氏法嗣
三峰藏和尚生於
明萬曆庚子年六月
十六日圓寂於
大清康熙六年十月十九
日法嗣六十七人以七年
八月廿六日亥時入塔
嗣法弟子 戒顯
　　　　 濟璞等立

---

① 爭龕事件，寺志載云："兩寺禪衆護法後來公議以捻鬮定奪，鬮在靈隱，因而息爭。真身供奉慧日塔院，爪髮於徑山開山嶺之陽。"《靈隱寺志》卷八，浙江大學出版社，2018年，頁24；戒顯《啓吳駿老求塔銘書》，《靈隱晦山顯和尚全集》卷二六，京都大學圖書館藏抄本。

② 感謝慧澄法師分享信息，於靈隱寺鐘樓邊上發現古迹具德禪師塔碑一塊，隨後進行拓片製作。

表一：具德禪師生平行履簡表①

朝代紀年		西元	年齡	事件描述
明	萬曆二十八年六月	1600	1	出生
	年代未詳②	未詳		登普陀山，依寶華庵仲雅剃度
	天啓六年冬十二月	1626	27	湛然於安隱開禪期，是年圓寂，具德往參未遇。漢月開法安隱寺，具德於門下參學
	天啓七年	1627	28	漢月於北禪寺結夏，具德做參衆
	崇禎四年	1631	32	漢月夏山中結制，立具德任參首
	崇禎六年十一月至七年間	1633—1634	34—35	漢月於嘉興長水真如寺開堂説法，跟隨座下參學
	崇禎八年五月初十	1635	36	具德與六位法兄在天壽聖恩寺同受法藏傳法、手書付囑，各付以衣拂
	崇禎年間	未詳		爲漢月圓寂守喪畢，輔佐潭吉忍擔任安隱寺西堂
	崇禎十一—十二年	1638 1639	39—40	住持雲門光孝寺
	崇禎十六年	1643	44	住持皋亭顯寧寺
清	順治二年—三年間	1645 1646	46—47	興化梨家庵説法，開期天長毗尼庵（有《語録》）、泰興慶雲寺
	順治三年	1646	47	赴秦郵地藏庵結制開禪期
	順治四年 春	1647	48	住持揚州天寧寺
	順治四年 夏			受迎請赴江北説法
	順治四年 秋			歸顯寧寺開戒

---

① 參考吴建偉《具德弘禮禪師年譜簡編》，收於《徑山禪宗祖庭文化論壇論文集》三，徑山禪宗祖庭文化論壇研討會，2017 年，頁 953—967；李鋒、陳韓洋《靈隱和尚年譜》，收於《第十一届靈隱佛教文化論壇論文集》，頁 212—226。

② 李鋒《靈隱和尚年譜》依具德《行狀》所載卒年及僧臘四十七，推出具德於"萬曆四十八年庚申出家"時年"二十一歲"，此説有待更多資料佐證，但約略可知出家的年紀。

續　表

朝代紀年			西元	年齡	事件描述
清	順治五年	十月	1648	49	赴蘇州甫里海藏庵結冬
		未詳			次歸武林,以現成顯寧;受靈隱、佛日兩刹請①
	順治六年	二月	1649	50	受請住持靈隱寺,重興古刹
		春夏			至天寧寺,結夏陞座説法示衆,留有《天寧語録》。五十誕,付法巨渤
		冬			赴杭州佛日寺結制,陞坐説法示衆,留有《佛日語録》
	順治七年	春	1650	51	解制後回靈隱,始有《靈隱語録》。移建輪藏殿於東首鐘樓南
	順治十四年		1657	58	撰《金剛如是解》序
	順治十八年		1661	62	靈隱寺鼎建大殿、天王殿
	康熙元年	夏	1662	63	靈隱寺建鐘樓
		秋			靈隱寺建伽藍殿、南鑒堂、浴寮
		冬			靈隱寺建華嚴閣、華嚴閣厢樓、華嚴閣小方丈、官客樓
	康熙二年		1663	64	靈隱寺建小方丈樓、下院大悲庵
		十一月			建方丈直指堂
	康熙三年	春夏	1664	65	受邀到桐鄉濮院鎮住福善寺數月,助修古刹而撰《重興福善寺募引》
		冬			撰《净土全書》序
	康熙四年九月		1665	66	靈隱寺建大樹堂

---

①　《宗統編年》有載:"戊子五年,冬十月十八日天寧禮和尚結制皋亭佛日寺,制完過後顯寧。"此與戒顯《行狀》所描述内容有差異,筆者研判《宗統編年》有誤,採用戒顯《行狀》。

續　表

朝代紀年			西元	年齡	事件描述
清	康熙五年	十二月十五日	1666	67	靈隱大殿落成
					受請入住徑山,并囑戒顯補處靈隱;徑山進院陞座
	康熙六年		1667	68	住持徑山,結制説法示衆,有《語録》
		八月			靈隱普同塔院告成,出山至靈隱寺説法,住七日赴返徑山
		九月			出山至揚州天寧寺爲法嗣巨渤主持封塔,并應機説法。
		十月十九日			圓寂,坐脱而化
康熙七年八月二十六日			1668		具德真身供奉靈隱寺慧日塔院

　　從靈隱到徑山,連接這兩座重要五山祖庭的法脉因緣,具德是關鍵人物之一。檗庵正志(1600—1676)曾經書信給具德表示:"徑山之山,三峰之法,并稱天下,并垂千古,而人與境,恒交臂而失之,則時節未至也。"① 意即"祖庭徑山"與"三峰宗派"在當時人們心中同具有崇高地位,具德雖然離開靈隱"退居雙徑,殊失武林緇白之望",但正志却"爲名山得主,慶不能不手加額也"。② 儘管具德住持徑山不及一年,實際上,三峰法系在徑山的傳衍,正是始於具德。且在具德後的幾任徑山住持,也是由三峰派具德法嗣弟子碩揆原志、五岳濟玹繼任。在徑山寺締結三峰派的法緣,黃公元以爲"具德作爲開創者,功不可没"。③

---

　　① 檗庵志《答徑山老和尚》,《檗菴别録》卷二,國家圖書館藏本,頁19。
　　② 檗庵志《上徑山老和尚》,《檗庵别録》卷二,國家圖書館藏本,頁19—20。
　　③ 參見黃公元《臨濟三峰派與禪宗祖庭徑山寺——以具德弘禮及其四位法子爲考察對象》,收於《第二届徑山禪宗祖庭文化論壇論文集》,上册,頁188—199。

二、生平著述文獻

關於具德禪師的著述，依戒顯所云，其師"十會語錄，共三十餘卷，盛行於世"，《塔銘》亦記載具德"先後十坐道場，開大法門"，可知禪師著作頗豐，以語錄爲主，其駐錫開法道場期間的弘法開示有紀錄的，均匯編成語錄并付梓傳世。住持道場分別是紹興的廣孝寺、華嚴寺，杭州的顯寧寺、安隱禪寺、佛日寺、靈隱寺、徑山寺，以及泰興慶雲寺，高郵地藏庵，石梁毗尼禪院，揚州天寧禪寺等。由於部分著述在流傳過程中佚失，現僅幸存駐錫開法於毗尼、安隱、天寧、佛日、靈隱、徑山六座寺院所記載刊行的語錄、法語，而紹興廣孝、杭州顯寧、江北慶雲、高郵地藏、紹興華嚴，截至目前尚未發現有語錄存世。此外，僧傳有云，禪師撰有《弘宗說》、《正訛說》二書，①遺憾的是此兩書已亡佚。

具德禪師存世的語錄文獻分別爲：《具德禪師石梁毗尼禪院語錄》（殘卷）、《雲門具德禪師維揚天寧禪寺語錄》、《雲門具德禪師佛日語錄》、《靈隱具德禪師語錄》、《徑山具德禪師語錄》、《臨平安隱寺志·具德禪師語錄》、《靈隱寺志·法語》，以及他人文集著述的書序、像贊、拈頌、募緣引文等。（參表二）

表二：現存具德禪師著作一覽表

	著述名稱	作　者	內　容	收藏/文獻出處
語錄	具德《石梁毗尼語錄》殘卷	具德述；書記濟義、濟斐；侍者上達、上宗同錄；居士黎炤、黎曜校閱	室中開示、入室開示	蘇州西園寺藏經室圖書館（古籍）

---

① 《靈隱寺志》卷八，頁631；《新續高僧傳·釋弘禮傳》，《新續高僧傳》，收入《大藏經補編》（27），頁417上。

續　表

	著述名稱	作　者	内　容	收藏/文獻出處
語錄	具德《天寧語録》	具德述；書記濟義，侍者永道	陞座示衆説法、付法偈、機緣、像贊	南京圖書館（古籍）
	具德《佛日語録》	具德述；書記濟義；記録廣證	陞座示衆、機緣、偈、佛事	南京圖書館
	具德《靈隱語録》	書記慶祉，記録海清、照晉同録	示衆、陞座問答、小參、機緣、贊、佛事	北京大學圖書館；首都圖書館；浙江圖書館；《徑山藏》册225
	具德《徑山語録》	具德述；侍者濟宏、海曙記録	陞座、小參、示衆、茶話、開示、普説、晚參、落堂、參究、引座、圓話、機緣、佛事	首都圖書館
法語	具德《安隱語録》	具德述	普説	《安隱寺志》
	具德《靈隱法語》	具德述	上堂法語	《靈隱寺志》
序言	《金剛如是解序》	具德撰	序文	《卍續藏》册25
	《净土全書序》	具德撰	序文	《卍續藏》册62
引	《重興福善寺濮氏募引》	具德撰	引	《濮川志略》

　　倘若要了解具德禪師著作的流通情况，需查閲清人的藏書目録。徐乾學的《傳是樓書目》記有"靈隱具德禪師語録一卷一本；雲門具德禪師語録一卷一本"之條目。① 又，丁仁的《八千卷樓書目》記有"具德禪師語録二卷，國朝釋濟義編刊本"。② 比對現存的文獻，濟義所編撰的二卷語録，應爲《雲門具德禪師佛日語録》、《雲門具德禪師維揚天寧禪寺語録》。據

---

① 徐乾學《傳是樓書目》，清道光八年味經書屋鈔本，頁119。
② 丁仁《八千卷樓書目》卷十四，子部，民國刊本，頁371。

此,可知具德禪師語錄在當時已刊行流通,并被收藏入清代文人的藏書樓。

此外,從圖書館的藏書目錄也可得知具德禪師參與禪門典籍的重鐫助印:一者,重刊《高峰原妙禪師語錄》,該書卷首記有"靈隱弘禮重梓";其二,當時"儒者談禪之書"被視爲"禪林秘寶"且盛行海內的《指月錄》,具德禪師曾經"兩鐫天寧、靈隱",此書流傳甚廣,目前上海、南京、山東、湖北、湖南、四川、臺灣等地圖書館的館藏書目皆可見"明末靈隱寺釋弘禮刻本"。這兩部由具德助刻的禪籍,有可能是在寺院結制禪期用來輔助教學的本子,此中或多或少反應出他對於禪門典籍的選用立場。

三、三峰法道的傳承影響

(一) 法嗣的後代傳承

依據《濟宗世譜》所載名錄,具德出家法嗣僧 65 位、尼衆 3 位,共 68 人。① 其慕道者遍大江南北,傳法門庭廣大,嗣法得人頗衆,門徒分化一方且多有語錄傳世,這些法子的名號皆見載錄於具德《行狀》。

而在具德的法子中,較爲特別的是最後得法的御宗聖,戒顯云"中元解制日慧日塔前代先老和尚完付授",可知他是在具德圓寂後以"代付"方式得法的。御宗聖曾在佛日寺以居士身份在具德門下參學,接受鉗錘,"豁然省悟",又隨老人祝髮、具戒,并擔任主規,老人在徑山圓話傳法時已預留給他印可手書,因御宗聖有事不及上山,遂由戒顯代表將老人"遺留信物當衆代傳"完成付法儀式。②

具德如此衆多法嗣弟子,不免有人會質疑是否有濫付現象,戒顯一則《普說》似乎也就此方面回應:

> 我靈隱老漢在參峰鄧尉,苦行一十七年,下板執事無不歷過,直

---

① 道忞編修,吳侗集《濟宗世譜》,《徑山藏》(226),頁 623—624。
② 《靈隱晦山顯和尚語錄》卷六,京都大學圖書館抄本,頁 9 下。

至末後方承付授。又山僧昔侍老漢於秦郵時,天寧巨渤兄居西堂機峰迅捷,百事精通,山僧曾問老漢云:"何不付授他?"老漢云:"他雖出格衲子,但與禪客談論間有疏虞,需再鍛幾年始得。"後果三載方命開法天寧……同門諸弟兄皆自雲門、廣孝以至顯寧、佛日、天寧、靈隱處久參十五六載,方始付鉢袋。此皆山僧目擊三代老人做處無不其難、其慎,百煉千磨,未嘗輕易造次,所以然者,只爲師家具徹天眼目,謹慎慧命。①

上述靈隱老漢指的是具德禪師,山僧即戒顯,由於戒顯曾親見密雲、漢月、具德三代人,從其師徒對話過程以及具德的多年苦參經歷,力證其師所傳付法嗣皆是久參多年"千錘百煉"而非"輕易造次"。除了引文中提及的巨勃恒之外,再如紫蓋衡,《佛日語錄》、《靈隱語錄》均見"紫西堂"的身影,他一路跟隨具德,輔助分座接納學衆。而戒顯作如是言,是否隱含了對當時教界於代付傳法質疑的回應? 這一點,我們不得而知。

順此,便可考察清初三峰派的發展與影響,特別是具德禪師這一系法嗣的傳承生命力,其後有多少代徒孫,傳衍情況如何,後繼子孫是否擔起發揚三峰家學重任,以及宗派發展的分布區域,等等。筆者進一步錄文整理三峰派的法嗣傳承,先從燈錄摘錄出三峰派至漢月藏下的法嗣名單,再者,將屬於具德禪師這一系的後代子孫名單做標記"＊",資料來源以《濟宗世譜》爲主,部分補輯自《正源略集目錄》、《五燈全書》,②製成"臨濟宗三峰派世系表"(參見本書附錄二)。

其後,又篩選整理出具德禪師的師承和法嗣迄至漢月藏下第七代、具德禮下第六代之子嗣名單(包含僧、尼、居士),并做人數統計。依現有可見資料,具德禮下第二代法孫至少有 166 位,第三代法孫有 82 位,第四代

---

① 《靈隱晦山顯和尚語錄》卷十,京都大學圖書館抄本。
② 《濟宗世譜》,《徑山藏》(226),頁 623—625,654—660,680—682,689;并補遺自《正源略集目錄》,《卍新纂續藏經》(85),頁 3 下、5 中;《五燈全書》,《卍新纂續藏經》(86),頁 629。

法孫有 62 位,第五代法孫有 18 位,第六代法孫有 3 位(參表三)。① 期能爲學界研究三峰法脈有線索可循,所載資料不免有錯誤或疏漏,冀望學者於未來研究發現後補正。

表三:具德禮法嗣傳承人數統計表

具德禮法嗣傳承	僧	尼	居士	小計
具德禮法嗣(三峰藏下第二代)	65	3	—	68
具德禮下第二代(三峰藏下第三代)	166	6	5	177
具德禮下第三代(三峰藏下第四代)	79	—	3	82
具德禮下第四代(三峰藏下第五代)	61	—	1	62
具德禮下第五代(三峰藏下第六代)	18	—	—	18
具德禮下第六代(三峰藏下第七代)	8	—	—	8
小　　計	397	9	9	415

由於禪僧的傳燈制,是爲了確保宗門的法脈傳統的正統性,以傳授衣鉢爲信物,僧人在正式接受傳法、付法獲得嗣法的"法卷"(或謂"嗣法證書")之後取得法脈的認可,這代表了受法之人有權傳衍法脈、納徒布教、繼承叢林寺院住持之職。到了明末清初,格外重視法脈傳承,建立禪宗傳燈法脈相承的法系,爲明清禪宗的一大特徵。如此,檢視禪宗傳承譜系的作用:一者,理解禪師取得身份資格認可的意義,有助於我們了解禪僧的活動範圍與宗派的發展動態;再者,了解宗法制度在傳統佛教的意義與作用,如張雪松所提出的"法緣宗族",以法脈譜系"構成特定的中國佛教宗派的組織性"。②

---

① 具德下歷代法孫名單,參見拙作《三峰派第二代具德禮禪師生平著述及傳承譜系考》,發表於第十一屆靈隱文化論壇,2021 年 5 月 22 日,頁 18—22。
② 張雪松認爲明中期以來隨著"中國社會宗族興起"之潮,"漢地傳統佛教"以"傳法在組織大規模佛教宗族構建"的意義,以"法統譜系"爲"宗派體制構建"之"重要特徵",而提出"法緣宗族"一概念,《佛教"法緣宗族"研究:中國宗教組織模式探析》,中國人民出版社,2015 年,頁 59、62、86。

（二）法侣的相互扶持

三峰法侣之間的往來互動對於宗派教團的發展所起到的作用，是值得留意的。從語録文本中，可以看出具德與剖石、繼起等法兄弟之間互動往來的密切關係。

其一，具德與剖石。在聖恩寺剖石和尚上堂，具德出來禮拜，兩人針鋒相對，機鋒問答，蔚爲佳話。① 主鄧山席的剖石因"年近七旬，疲於應接，思曳杖他往"，曾想退席後迎請靈隱禮公主席，但因爲諸位護法具書懇留而未果。② 而且在具德入主徑山後，聖恩剖石還特別派專史請陞座，并設齋慶賀。

其二，具德與繼起。具德住持徑山期間，時任南嶽福嚴寺住持的弘儲繼起躬身踏上徑山祝賀法兄、設齋供衆，具德率領全山住衆迎請，并引座請弘儲爲大衆開示説法，還讓住衆到弘儲座下請益參學。實際上，早些年當繼起儲捲入僧諍事件"弘法嬰難"受譏毀時，具德給予繼起的扶持與鼓勵，兄弟之間的法情可於繼起寫給具德書信體會一二，如"此足爲祖宗痛哭流涕者，止可告之吾兄"云云，詳見本書所録《復靈隱禮和尚》等十四封尺牘。③

其三，具德與澹予。因大雪路阻而於長安鎮與具德相識的澹予，受具德策勵得契證，後來重病又無法嗣，圓寂前囑託具德住持皋亭顯寧，代其付法。具德遵循澹予遺囑并代授衣拂給仁庵義、梵音詠，以續法脉，又代爲鍛煉這二位法侣以繼祖席。

其四，具德與潭吉。如前述，因安隱寺法席久虛，欲請有道宗匠主持，具德以維繫法脉關係故駐錫安隱，如前述其輔佐潭吉忍，使弘忍專主法道，掩關而不涉外緣，而他掌理寺務。其間，具德亦與潭吉兩人協力鍛煉

---

① 如古林如評唱云："你看二大老，箭鋒相注，鍼芥相投。然雖意分兩路，却也珠璧爭輝。"《古林如禪師語録·拈古》，新文豐版《嘉興藏》(36)，頁100上；參見本書頁265。
② 《聖恩璧禪師道行碑》，頁4下。
③ 見本書頁280—285。

堂中衲子,省發後學。①

此外,一默弘成之獨子豁堂正喦,也曾接受具德的力鍛。當具德受請駐錫廣陵時,延攬豁堂擔任首衆"兩載佐鎚",并"扶令出世以續其後"。對於三峰法脉的傳衍及慧命的住持,具德禪師有著深願情懷與實際踐行。

由於三峰門人多有相互提攜、彼此通氣、助成學説的特點,宗派内部形成凝聚力,以護持三峰法道。特别就寺院住持的遴選繼位,通常他們會以自身所熟悉的法侣相互薦舉,具有"内舉不避親"的特點,②因此,他們除了禪法傳授的師徒關係、法脉傳承的宗門關係,又以師資道合、理念契合、使命責任,相繼共同維護道場,又以聯繫於住持的繼位關係,構成鮮明的宗派特色。

(三) 弘化的時空影響

通過付法、傳法建立的法脉譜系關係,形成上下一致的"教團派别",是"中國佛教宗派最重爲要的組織方式",可在地方乃至全國建立區域網絡關係,③并由此一特定譜系的禪師隨著弘法活動足迹所建立的地緣,構成此一派系弘化的傳播影響與勢力範圍。如前述,具德禪師一生駐錫"十坐道場"弘化地廣,經由具德及其法嗣徒孫的弘化教學,諸如雲門、廣孝、顯寧、佛日、天寧等寺,已成爲當時江浙三峰派的禪林重鎮。因此,可進一步考察具德一系禪僧於江浙一帶住持禪林的情況。

江北廣孝寺,具德退席後,推舉法子三目智淵代之。位於揚州的天寧禪寺,己丑年具德在此結制開法,有"五千衲子下揚州"之盛況,當他付法給首座巨渤恒,於天寧解制前即囑咐巨渤繼席主法天寧。巨渤過世之後,至康熙二十年,又有巨渤法子雨山雪悟④受請住持天寧,雪悟二月十八日

---

① 詳見《臨平安隱寺志》,頁 101—103。
② 參考黄繹勳《清初碩揆禪師住徑山寺尺牘略探》一文所提出的觀點,發表於首屆中國禪宗祖庭文化論壇,2017 年 11 月 9 日至 10 日。
③ 張雪松《佛教"法緣宗族"研究:中國宗教組織模式探析》,頁 117。
④ 雨山雪悟(1630—1688),公名上思。字雪悟,晚號雨山。泰州於氏。巨渤之法嗣。生平史傳見《五燈全書》,《卍新纂續藏經》(82),頁 621 中,以及《揚州天寧雨山思和尚塔銘》,《雨山和尚語録》卷二十,新文豐版《嘉興藏》(40),頁 615 中。

入院，在上堂説法時還曾引述具德一段示衆語加以評唱。① 位於杭州的靈隱寺，始住的三峰派禪僧是豁堂，因遭異己排擠，力薦具德中興靈隱大業。② 當具德移席徑山前命囑戒顯繼席靈隱，此後又有乾庵賢、五岳濟玹、諦暉慧輅、三目淵源、碩揆原志、證南參等繼任住持，迄至康熙中期，靈隱寺的住持皆是三峰派具德子孫。③ 再者，清初徑山寺的住持，自具德圓寂之後，又有法子碩揆原志、五岳濟玹繼住。這些禪僧的住持弘化活動，共同促成了明末清初江南三峰禪林有力發展的條件。

論及三峰派在杭州的發展，特别是在安隱、顯寧、靈隱、佛日、徑山等寺構建出學侣奔湊、生機蓬勃的叢林，乃至民間有所謂"南靈隱，北顯寧"的傳説，學者認爲是肇始於具德與濟予兩者間的紐帶，又以具德承前啓後、善扶法眷，爲"顯寧重興、靈隱中興的關鍵人物"，④而且在他之後又有豁堂、仁庵、梵音、佛懷覺等三峰門人住持顯寧，通過兩寺住持、禪衲、檀信的互動，維繫兩寺的交流往來關係。⑤

此外值得留意的是，具德法子五岳濟玹於安隱演唱十二年後，"偕其徒衆，走三千里來京師"，住持北京福善、夕照、大隆安等寺開堂示衆，使三峰道法幅員横跨南北。⑥ 筆者進一步依長谷部幽蹊所研究整理的《明清佛教研究資料（Ⅱ）》，將具德及其法子所曾駐錫弘化過的寺院道場與今日行政區加以對照，則發現分布區域有如下：⑦

直轄市　　上海、北京市

---

① 見《雨山和尚語録》，新文豐版《嘉興藏》(40)，頁542上。
② 參見黄繹勳《靈隱豁堂禪師住海虞三峰清涼院語録》簡介，2023年第十三届靈隱佛教文化論壇。
③ 見《增修雲林寺志》卷三，頁40—42。
④ 黄公元《西皋顯甯弘禮禪師與"南靈隱，北顯寧"傳説》，《顯寧寺首届文化論壇論文集》，2020年，頁38—48。
⑤ 參閲筆者編《顯寧寺史料集》(1)，杭州顯寧寺首届文化論壇，2020年。
⑥ 見《安隱五嶽禪師住京師語録》，《徑山藏》(206)，頁120—155。
⑦ 長谷部幽蹊《明清佛教研究資料（Ⅱ）》，禪研究所紀要第16號011，頁342—345。

各省市　江蘇省：揚州、泰州、蘇州、鎮江等市
　　　　　浙江省：杭州、紹興、嘉興、湖州、金華、衢州、台州等市
　　　　　江西省：九江、撫州、上饒、宜春市
　　　　　湖南省：郴州市
　　　　　湖北省：武漢、黃岡、荆州等市

如上，他們弘化的足迹、輻射範圍擴及二直轄市及五省下市行政區，因此言及"臨濟子孫滿天下"不再是空泛的想像概念，具德一系三峰派門人的弘化能力與影響範圍，有具體的行迹，更有時間與空間向度的全局觀。此外，由於三峰派不少門人法侣原是逃禪的士人，①如此，也更能理解後來清代朝廷的忌諱與顧慮，以及復來雍正帝的壓制。

雖説三峰派後來受到雍正帝強加的政治干預，上諭"法藏一支所有徒衆，著直省督撫詳細查明，盡削去支派，永不許復入祖庭……諭到之日，天下祖庭係法藏子孫開堂者，即撤鐘板，不許説法，地方官即擇天童下别支承接方丈"，②并力毁三峰派語録。受到嚴重打擊的三峰派雖勢不如前，但仔細查閲史料，迄至雍乾時期，三峰法脉仍未中斷。以雲林寺③來説，雍正十一年（1733）的政治干預，多少帶來了一些波動，例如巨濤原本於雍正十年（1732）主席雲林，未幾不知何故遷往長安，依史料推測自巨濤離開迄至雍正十三年（1735）間雲林虚席，直到元微覺進院住持而恢復。然而查看寺志所載雍乾年間雲林前後幾任住持，包括敏嚴廣、晚山峻、元微覺、巨濤果、在瞻元、禹傳源、印圓泉、玉山琳、淡山岊、燦光照等，皆是三峰派

---

① 除了上述王翰、孫弘由士爲僧，成爲具德法子。曾作爲具德語録的記録者如濟義、濟斐，也是國變後逃禪爲僧，長期於其坐下修學禪法。具德所接引的逃禪士人可參見劉敬《清初士林逃禪現象及其文學影響研究》，人民出版社，2017年，頁66—72。
② 清世宗《御選語録》，《卍新纂續藏經》（68），頁573下。
③ 靈隱寺自"康熙二十八年"二月皇帝南巡駕幸，"敕賜御書雲林寺額"而更名，見《碩揆禪師語録·住杭州雲林禪寺》（抄本）之記載，國家圖書館藏本。

具德一系的後輩法孫代代相繼,①不僅有名單,且有住持、退院年份可考,迄至嘉慶二十五年(1820),雲林寺仍由是三峰派具德禮下第七代法孫擔任住持。②

故可理解爲何達受編"世系圖",特別將漢月藏由"虞山三峰至雲林自立之門户"别稱"三峰家",并提及巨濤的六位法子"分爲六支"輪流繼席雲林。③ 綜言之,上述這些足以顯出三峰派地域發展的影響力,尤其是具德一系法脉傳承的强大生命力。

然而,三峰一系禪僧的弘化發展影響,也與江南文人、士大夫的支持,以及三峰門人之間的互動有著密切關係,本文不足之處,還有待日後有興趣學者再行深入探討研究。本文以具德禪師爲例,聚焦於一位禪門宗匠的生平事迹、著述文獻與傳承法嗣,希望未來能再從氏著之語録特色、禪法教學、禪學思想,及其人際社會關係等方面,進一步瞭解一代宗師如何承先啓後,發揚三峰家學,以及他爲發展宗派教團所做出的時代貢獻做更深入的研究。

---

① 敏嚴、晚山、元微爲諦輝之參學徒衆;在瞻、禹傳、印圓、玉山、淡山、燦光爲巨濤之法嗣。見《增修雲林寺志》卷三,頁 42—44;《續修雲林寺志》卷三,頁 142。
② 《續修雲林寺志》卷三,頁 144—146。
③ 《續修雲林寺志》卷三,頁 143。

附録二　臨濟宗三峰派世系表①

漢月法藏禪師法嗣（南嶽下三十五世）

　　梵伊弘致　一默弘成　問石弘乘　在可弘證　頂目弘徹　澹予弘坦

　　剖石弘璧　于榮弘鴻　繼起弘儲　慧刃弘銛　潭吉弘忍　具德弘禮

　　碩機弘聖

　　居士：劉道真

三峰派第二代禪師法嗣（南嶽下三十六世）

梵伊致禪師法嗣

　　冰懷能

一默成禪師法嗣

　　豁堂喦

問石乘禪師法嗣

　　無盡聞　響山谷　灰如亮　庭柏觀　支舜孝　中靜定

---

① 筆者按：本表所列臨濟宗三峰派法系迄至漢月藏下第七代，主要資料來源爲《濟宗世譜》，并更正補遺自《五燈全書》、《正源略集目錄》、《三峰清涼禪寺志》、《雲林寺志》，少數資料取自僧人塔銘。參見《濟宗世譜》，《徑山藏》(226)，頁 623—625，654—660，680—682，689；并補遺自《正源略集目錄》，《卍新纂續藏經》(85)，頁 3 下，5 中；《五燈全書》，《卍新纂續藏經》(86)，頁 629。部分內容參考長谷部幽溪《明清佛教研究資料·僧傳之部》補正，頁 244—264。

在可證禪師法嗣

　　幻生伊　選中擇　江月源　舒宗摛　轉機現　致果毅　古崖利
　　山牧樹　慧基滋　千華裕

頂目徹禪師法嗣

　　中興範　自天佑　貫之傳　佛音曇　眉山霈　虛一森　佛眉月
　　蓮子生　尉堂炤　涵真源　笠雲雲　淡明因　一足恩　翠堂森
　　西來真

　　居士：徐德予（濟智居士）

澹予坦禪師法嗣

　　仁庵義　梵音詠

剖石璧禪師法嗣

　　巨冶教　德爲宗　吼崖石　月航函　佛幢華　一峰徹　幻庵時
　　佛日覺　文水恬　物外净　石樹岳　道林至　克初岱　化雨震
　　魯石琦　仁山震　冰鑑朗　一源聞　肯堂學　梅屋益　石浪樞
　　朗真純　鶴山志　一月印　止菴勇　尼法雨（自登瀛）

于槃鴻禪法師嗣

　　樲庵衡　明朔允

繼起儲禪法嗣

　　燮雲璣　辨庵光　逐鷗棆　僧彥宗　大庚韜　毅庵英　楚奕豫
　　古自遇　質夫殊　雪章元　魯南琛　青原暐　化嚴鑑　原直賦
　　古嶷玄　曇應杲　完魯章　僧鑒青　鎣方遠　雍簹晟　檗庵志
　　介石峻　劭圓琚　簹庵繩　醒熱粹　問松原　嚴白若　去息溟
　　聲衍恒　内紹種　俞昭汾　雨青膏　無依仁　梵尊勝　煦堂琪
　　月函潛　彙藻文　卑牧謙　曇瑞霖　文衢達　中游文　石葉成
　　載遠地　無鄰廓　子聞餳　祖憲襲　化瞻建　簡石祖　嚴序紀
　　鏡人徹　喻葦濟　御白澤　赤巖淵　天逸超　石語力　童碩宏
　　有門新　翼庵鄭　景巖曜　斯奕欽　萬宗勞　黃度裕　麟乳經

善馳馭	徹聖圖	寒松輪	袠雪淵	狀伊致	補庵逾	凌古岸
雪庚勤	楚奇璨	山品嵓	儉可豐	風遇谷	字雲踪	雲受傑
質庵邵	凌禹滽	辛穴然	訒撰旦	山庵林	十照燦	椒庵音
文牧吉	研庵遂	史南言	指源源	藻素張	井人際	支山崑
汝晉輪	惕方予	湘領楷	序香成	西遂儀	樹彰契	香林真
淡集鏡	書麟定	祇木奉	達如陸	古典音	遇楷風	古斯乘
因山琦	奇英韻	印在瓠	咸庵及	古完質	冬杲亮	方宜持
立勝樞	力庵蔭	嵩巖解	懶堂暹	文開覺	邁一莖	肩遠鍾
有夫應	願益旦	風上方	楚岳誠	文蘀煥	孤朗徹	嵩籍典
匡葦潛	譜山彤	飲曉濤	伊遑濟	大如端	羽旃愚	雨白萃
翥堂淳	乳虎宗	尼净圓聞	尼恒如恭	尼青雪隆	尼寶持總	
尼祖撰符	尼仁風印	尼宗蔭麟	尼宗本孝			

居士：張二無　蔣西聲　鄒衣白　鄒叔介　張大圓　邵仲木

王烟客	郭些菴	朱葵石	文園公（輪庵撰）	馬大林	卞孝旨
周衡齋	嚴仲日	楊吉公	包朗威	吳敬生	許青嶼	譚灌湘
王筠長	錢大可	慕鶴鳴	瞿壽明			

具德禮禪師法嗣*①

巨渤恒	晦山顯	剖玉璞	紫蓋衡	三目淵	若相有	煦杲照
靈沼瀔	笑魯賢	十力潤	五岳玹	巢山至	堅忍鎧	聖可凡
白谷裔	乾庵賢	碩撰志	墉明本	懷宗隆	在明德	卓靈長
晏崖清	天彌廣	穆文德	衲華貫	載一晉	佛眉惺	慧聞圓
豁一慶	乾敏證	開之韶	大賢靜	微旨朗	諦輝輅	雪潤顯
轉凡禧	汝水維	栗庵乘	獨任雲	達方界	澄一清②	句玄日
履先緒	石語音	青震指	洪遂泰	介華潔	慈月時	鶴峰悟

---

① 按：三峰派下屬於具德禪師這一系，於禪師法嗣題名後加上 * 標示。以下同。
② 《禪燈世譜》作"誠一清"，依《五燈全書》更正。

　　　　笑拈岳　素庵仁　岸廣殊　谷庵萃　鵬雲宏　子樵如　天越潛
　　　　靈百敏　曇璽印　霓庵奇　圓實寧①　天南臨　弗爲祚　古喬通
　　　　憨愚慧　御宗聖　尼無歇恒　尼慧燈紹　尼珂雪禎
慧夘銋禪師法嗣
　　　　覆遠蔭
潭吉忍禪師法嗣
　　　　九一西
碩機勝禪師法嗣
　　　　峻明諟　舒光曠　文密□

三峰派第三代禪師法嗣（南嶽下三十七世）

冰懷能禪師法嗣
　　　　曇默聞　承璧淵　本源荷　古藥智　且慈戒　正眼悟　印雪月
　　　　斷木鋒　喝雲行　雷吼演　大歇定　柏子清　臥月休　五乳恩
　　　　悟峰會　慧炬杲　石影轍　哲菴士　慧圓心　樂堂住　牧菴修
　　　　鐵機雲　敬舟覺
　　　　居士：周雪山
豁堂嵒禪師法嗣
　　　　祖讓衡　匡瀑清　于南運　古衲濟　舜瞿孝　乳峰鎮　谷雲音
　　　　波亭淵　於天命　御峰現②　御菴圓　楚天日　六一圓　華菴悉
　　　　希拙衲　觀雄毅　塵仙甡③　葵雪青④　尼象菴慧
灰如亮禪師法嗣
　　　　樹可徹　雪翰遠　大漠衍　既橋道　雲醉楚　霜葉青　無無曉

———

　　①　《禪燈世譜》作"圓石寧"，依《五燈全書》更正。
　　②　《五燈全書》本作"禺峰現"。
　　③　依《靈谷寺志》補入。"仙"字，《濟宗世譜》作"僊"字。又《濟宗世譜》錯將"塵仙甡"視作"南嶽下三十八世"的"于南運"的法嗣弟子，見《濟宗世譜》，《徑山藏》226，頁680。
　　④　依《三峰清凉寺志》補入。

古岩利禪師法嗣

　　霽天喜　迅超捷　問柏心　道律修　可繼宗　心維福　象六眸
　　炮峰慧

中興範禪師法嗣①

　　隱暉定　寶梵瑄　佛日圓　鹿門宗　梵音鍾　萬山衡　萬佛睿
　　祖山涵　宣玉瑄　海印涵②

自天祐禪師法嗣

　　香光穆

眉山霈禪師法嗣

　　世耀慧　百靈然③　真覺現　靈峰惺　化龍德
　　居士：程正揆

蓮子生禪師法嗣

　　省愚慧
　　居士：劉君彥

尉堂炤禪師法嗣

　　定慧源　一雲聖　西來本　妙峰潤

笠雲筠禪師法嗣④

　　楚珍善　誼堂蘊　御堂光　道源禮　觀音惠　梅隱渭　行起提
　　心舒性　尼明空有
　　居士：金天翔（漢翔）　彭克義

一足恩禪師法嗣

　　響泉濬　大拙煦　大朗戒　靈嶽玗　枕石法　巳休慰　明玄意
　　玉峰廣　益茂慧　均慈潤　銳機敏　霜輪印　三木林　四達衢

---

① 《五燈全書》本作"中興範"。
② 以上二位依《五燈全書》補入。
③ 《濟宗世譜》作"靈山然"，依《五燈全書》更正。
④ 《濟宗世譜》作"笠雲雲"，依《五燈全書》更正。

乘流緣　履澄源　遠崖□　祖尊照　劈關明　桂首座
翠堂森禪師法嗣
　　　率菴性　玆菴文　兼菴達
西來真禪師法嗣
　　　西來首座
仁菴義禪師法嗣
　　　鑑方□
梵音詠禪師法嗣
　　　佛懷覺
巨冶教禪師法嗣
　　　大車載　忍堂元　雪堂道　法印宗　二非一　化燈用　冲虛用
　　　本明徹　千齡□　尼指西　尼道先　尼慧源
　　　居士：楊飛竺
吼巖石禪師法嗣
　　　道持霖
月航函禪師法嗣
　　　空聞呆　逸庵新①
鶴山志禪師法嗣
　　　德全　德敷②
佛幢華禪師法嗣
　　　鹿野山
文水恬禪師法嗣
　　　靈山□
道陵至禪師法嗣
　　　古風忍

---

①　依《五燈全書》補入。
②　以上二位依《鶴山禪師執帚集》補入。

一源聞禪師法嗣

　　古菴定　省常智　疏菴珉

肯堂學禪師法嗣

　　越山宗　徐式之居士

巨渤恒禪師法嗣*①

　　一樹蔭　堅明願　天和樂　雨山思②　大安樂　天眉瑞

　　三際越　自如蓮　介石誼　曠烈育　聲始聞　契真智　公石華

　　眉白常　用明行　聖基戒　清澄然　貫徹理　祖南敏　語溪清

　　靈章璽　啓予穎　雪夢燈　恭讓遜　達本岩　不異德　懷正範

　　祖立能　達林静　文鑑明　石靈崇　尼慧照蓮　尼天鏡徹

　　尼靈璽融③　尼力參

　　居士：王象山　馮具子

晦山顯禪師法嗣*

　　燕雷鵬　異目宗　雲白映　廓門通　聞堂□　鐵航□　廓聞遠

　　玉山玢④　載堂興　大旂樹　二乞孝　道綸溥　慧麟瑞　卓源濂

　　頤西器　涌峰海　睿石璿　潤堂證　密傳鎔　匏堂龕　以貞良

　　葵谷綿　靈源□　映明□　異峰迥　成範冶　智鏡森

　　居士：沈元道

剖玉璞禪師法嗣*

　　湖山教　海山明　熙怡印　古山音⑤　璧觀□　古溪□

---

① 《濟燈世譜》作"巨勃恒"，依具德《行狀》更正。
② 《濟燈世譜》作"雪山思"；《揚州天寧雨山思和尚塔銘》載"公名上思，字雪悟，晚號雨山"，據此更正，《雨山和尚語錄》，新文豐版《嘉興藏》(40)，頁 615 中。
③ 《濟燈世譜》記載爲"尼天鏡融"、"尼靈璽徹"，判爲誤錄，應爲"尼天鏡徹"、"尼靈璽融"。
④ 《濟燈世譜》作"玉山珍"，依《五燈全書》更正。
⑤ 《濟燈世譜》作"鼓山音"，依《五燈全書》更正。

紫蓋衡禪師法嗣*

　　芥巢宗①　別傳續　天揆晉　木奇利

三目淵禪師法嗣*

　　證南參

煦杲照禪師法嗣*

　　獅乳猊　天巖峻②

十方潤禪師法嗣*

　　慎嗣遅　鐵鶻慧　眉峰寧　石渠戀　秋渠機　熟也梅　孚菴襥
　　嗣祖謙　鉏斧壐　南浪遠　味憨吉　嶽屏燦　髻珠地　闢洪水
　　未兆音　道樹靈　秋鵬馨　峰魯訓　密佩師　鉢香瑛　石麟熊
　　法任心

五嶽玄禪師法嗣*

　　霜林證　松堂□　隱文□　逸堂拙　自若直　惟峻□　岱雲□
　　古濤□　公俊□　世珍□　溪脉□　尼密照廉

　　居士：游子元

　　∴圓夫人徐道婆

乾菴賢禪師法嗣*

　　眉靈□　慧章□　暘谷杲　獨菴□

碩揆志禪師法嗣*③

　　指薪溥　隱嵩顯　燈傳暉　攝水月　宗楷證　爾嶽潮　練飛量
　　雙乾勤　蒼際隆　指梅問　夢持鑑　自諾悝　忍修梁　嵩巖耀
　　青雷震　崑潮發　脫三賢　雪舟度　明巖照　逸岸融　笑拈印
　　轉菴正　在鈞埏　川迴望　七來寶　根受潤　鯤化誠

---

① 《濟燈世譜》作"戒巢宗"，依《五燈全書》更正。
② 以上二位依《五燈全書》補入。
③ 以下依據《碩揆和尚塔銘》所列法嗣更正名單，《增修雲林寺志》卷五，頁200。

  碓三傳 雪蒼遇 七來復 鐵壑普①

穆文德禪師法嗣＊

  逢源□ 弘傳□ 祖方□ 晏堂□ 可樵□ 維鶴□ 雪圃修②

載一晉禪師法嗣＊

  紹燈明 忍巖勝 奕慧量 以芳□

佛眉惺禪師法嗣＊

  梵機鎧 乳松□

慧聞圓禪師法嗣＊

  衡山堅 奕瑋徹

澄一清禪師法嗣＊

  其淵淵

岸廣殊禪師法嗣＊

  天徑誠 香林和 聖機堅尼

衲華貫禪師法嗣＊

  佛機敏

石語音禪師法嗣＊

  慧先□ 用拙慧

諦輝輅禪師法嗣＊

  巨濤果 敏巖廣 聞竹志 晚山峻 元微覺③

鶴峰悟禪師法嗣＊

  上震④

---

  ① 長谷部幽溪將鐵壑普列入碩揆法嗣，見《明清佛教研究資料・僧傳之部》，頁 198。但原典載："江都上方鐵壑普禪師……後參靈隱志，機契而印可焉。石揆志嗣。"見《五燈全書》，《卍新纂續藏經》(82)，頁 627 上。

  ② 雪圃修，依《正源略集目錄》補入。

  ③ 以上四位依《增修雲林寺志》補入。

  ④ 依《鶴峰悟禪師語錄》補入。

燮雲璣禪師法嗣
    玄杲①
大庾韜禪師法嗣
    顯裕②
辨庵光禪師法嗣
    靈奕□ 訒菴仁
僧彥宗禪師法嗣
    依仁一
毅菴瑛禪師法嗣
    足望□ 以正□ 相如□ 聖唯□ 斯忍□
魯南琛禪師法嗣
    淳也恬 巳水源
青原暐禪師法嗣
    全機力 文機慧
原直賦禪師法嗣
    冰鐵宗 明民暉 得坤厚 定山會 賓日御 山學慧 湛若源
    頗笠舟 選寄遠 行翀肇 倚鳴秀 非次對 無斁德 文周辯
    株菴蔭 任一倍 與言侃 尼無染仞
    居士：許如菴 史漢文 楊聖符
曇應杲禪師法嗣
    電白□ 聞鑒□ 崑章一
完魯章禪師法嗣
    耕烟範 牧菴遑 月堂萃 澹園仁 破梅芳 穀星璧 旭明杲
    羽將度

---

①　依《燮雲璣禪師語錄》補入。
②　依《大庾韜禪師語錄》補入。

僧鑒青禪師法嗣

　　上巖道　克中畫　翊圓始　示權興　浣墨源①　自求膺　湘鄰濟②

雍篊晟禪師法嗣

　　尼慈月□　向若嵩

檗菴志禪師法嗣

　　離鈞冲　日面昇　雪爐冶　白牯履　道麖明　智眼密　鵝王乳

　　童樹蔭　尼本净蓮　尼慈航超　尼妙歸遇（道遇）

　　居士：錢燦（湘靈居士）

劼圓琚禪師法嗣

　　尚株□

醒熱粹禪師法嗣

　　僧瑞燦　澹風位　野風逸　則謙虛　肯石演　電機迅　祖鐸震

　　梵印喜　野谷幽

問松原禪師法嗣

　　月指標　祖裁體　賓壑罷

内紹種禪師法嗣

　　照維　照昱③

聲衍恒禪師法嗣

　　字伊汝　自則利

俞昭汾禪師法嗣

　　聞思縈　慈裔祚　楚林睿　端次□　運機璿　尼死心覺

　　頑谷璘　野潛柱　則文磷④

---

①　《濟燈世譜》作"浣墨玄"，依《五燈全書》更正。
②　以上二位依《五燈全書》補入。
③　以上二位依《内紹語錄》補入。
④　以上三位依《俞昭語錄》補入。

雨青膏禪師法嗣

　　嵩山乘　可宗鑒　須承濟　言化機　南印洪　鑒衡謨　如道融

　　雲峰慧　道南愷　彬菴溥　指南漢　白拈賊　予堂□

月函潛禪師法嗣

　　白兆粲　脫菴逸（古漁薪逸）　香谷在　霜樵超　遺谷遠　青回羽

　　秋峰鴻（秋岸源鴻）　兼樹讓　支石及　秋逐定　電拂慧　佛巢頂

　　天眉提　雪爐治

卑牧謙禪師法嗣

　　湘雨蔭　野朴緒　連山易　古新鑑①　天與贊②　正輝鏡

　　石璘道　慧數學　蒼菴正　既穎實　秩遠宗　尼奎南賢　坤亭道③

無鄰廓禪師法嗣

　　雨山顏

童碩宏禪師法嗣

　　月方遠　奕梅傳　子固培　深裕且　咸益裕　予鑑彙　紫峰□

翼菴鄭禪師法嗣

　　彬遠彰（序璋）　奕字燈（序燈）　力端④

　　居士：徐含（輝義居士）

補庵喻禪師法嗣

　　祖葉超

雪瘦勤禪師法嗣

　　素樸真

指淵源禪師法嗣

　　卓菴□

---

① 《五燈全書》作"古薪鑑"。
② 《五燈全書》作"天輿贊"。
③ 依《五燈全書》補入。
④ 依《翼庵語錄》補入。

嚴序紀禪師法嗣

　　偉章文　朗木明　純策理　顓顥淵　訥庵志　月菴歷　商菴敏

　　嵩樵時　石詮鑑　寬裕容　麗冲志　雲溪蓮　丹崖賢　久依定

　　居士：汪香光　譚三表　汪扶上　譚左羽　鄧偶樵

咸庵及禪師法嗣

　　紹宗祖　覆陰賢

立勝摳禪師法嗣

　　能忍□　法真□

肩遠鐘禪師法嗣

　　不昧明　連溪龍　不巳恒　葦村珍　越宗能　爾聖誠　太宗成

　　弘道徹　斌喆恒　覺菴慧

　　居士：林芝山　賈遵生　林文伯　張錫原　匡於世　裘若霖

　　楊子艾　牟欽元①

椒庵音禪師法嗣

　　自舟如　文碧果　古拙璺　鎮逸□　聖超□　鄂峰□　仁慈□

　　天則□　霜尋□　式臨□　鑒菴□　大嚴□　依然□　電輝□

　　盤石□　旭初□　未德□　爾玉□

山菴林禪師法嗣

　　祖見芳　載越舟②　殊奎簡

達如陸禪師法嗣

　　尼祖心旨

冬杲亮禪師法嗣

　　鮑潛映

仁風印禪師法嗣

　　轉機杲　尼月菴湛

---

①　依《五燈全書》補入。
②　《五燈全書》作"載月舟"。

宗蔭麟禪師法嗣

　　善鑑鏡　善機超　簡堂鍾

祖揆符禪師法嗣

　　巨宗照　師炤　岳嶙　振漢　振澂　振鴻　振清①

字雲踪禪師法嗣

　　喆庵揆②

張静涵尚書法嗣

　　居士：秦松岱（赤仙）

輪菴揆禪師法嗣

　　復菴聖　雲庵量③

　　居士：張鸁峰　沈莳野　虞心影

覆遠蔭禪師法嗣

　　蒼白松

九一西禪師法嗣

　　認堂從④　範機剛　蒿萍胤　澄徹□

三峰派第四代禪師法嗣（南嶽下三十八世）

曇默開禪師法嗣

　　體純璞　慧鏡圓　耐堂孝

本源荷禪師法嗣

　　月輝常

雷吼演禪師法嗣

　　繡幢迥　四維鎧　獨朗微

----

① 以上六位依《靈瑞尼語錄》補入。
② 依《五燈全書》補入。
③ 依《黔南會燈錄》補入。
④ 《五燈全書》作"訒堂從"。

祖讓衡禪師法嗣

　　靈耀光　果峰照

匡瀑青禪師法嗣

　　古劍湛　以德行　法幢光

塵仙牲禪師法嗣①

　　曉蒼曙　普門具　雪亭睿

舜瞿孝禪師法嗣

　　簡菴能　靈放鑑　載睦志②　樾堂樹③　予一恒　匡隱仁　倓安靜④

南禪鐘禪師法嗣

　　南禪亮

佛禪慧禪師法嗣

　　月亭朏　興林浹　碧雲仁

靈山然禪師法嗣

　　壽山令⑤　槃山輪　雙泉恭　海潮禪　永寧瑩　報恩堆

真覺現禪師法嗣

　　麗中圓　潭映首座

靈峰惺禪師法嗣

　　白兆宗

化龍德禪師法嗣

　　化龍憧　七屏澄　吉山頂

―――――

① 《濟燈世譜》將塵仙牲作爲南嶽下三十九世；長谷部幽溪則將之列爲三十八世，考察上承法系，據以更正，見《明清佛教研究資料·僧傳之部》，頁 244。
② 以上三位依《濟宗世譜》列入。
③ 樾堂樹，又名"越堂隆樹"，見《明清佛教研究資料·僧傳之部》，頁 244。
④ 以上四位依《凈慈寺志》列入。
⑤ 此外，另有"湖廣古帆令禪師"爲"百靈然法嗣"，未知與壽山令是否爲同一人，有待確認。參見《正源略集》，《卍新纂續藏經》(85)，頁 88 中。

枕石法禪師法嗣

　　勢碧崇

益茂慧禪師法嗣

　　秀然明　哲夫臂　觀知勤　瑞芝祥

雪堂道禪師法嗣

　　古昭化　內省□　聖藻□　旭初□　漢蒼□　履安□　尼漢澄
　　尼圓鑒　尼宗印　尼智遠

忍堂元禪師法嗣

　　羽峰裔

化燈用禪師法嗣

　　智先賢　無逸説

指西□禪師法嗣

　　茂芳□　文潔□　文元□　静芳□

一樹蔭禪師法嗣*

　　默然聞　天谷空　念勒修

堅明願禪師法嗣*

　　朗機鑒　師望信

雨山思禪師法嗣*

　　師昂元　耳圓音　懶餘勤　智勝慧　根潔蓮　月嶠璉　弘泰證
　　受菴明　豁菴徹　珊輝秀　旦文震　勇澈益

三際越禪師法嗣*

　　惺源潤

眉白常禪師法嗣*

　　子高林居士

頤西器禪師法嗣* ①
異目宗禪師法嗣*
　　堯庵治
雲白映禪師法嗣*
　　心惺德　石英昱　文玉髻　又惟一
慧麟瑞禪師法嗣*
　　半雲間　一雨溥　龍菴潛　載瞿迦　懷雅隆　克昭懿　法源海
　　天祚福
道綸溥禪師法嗣*
　　密慈應　方丘弘　牧呆瑞　密行賢
潤堂證禪師法嗣*
　　晏默然　雲若逵　可虛會
燕雷鵬禪師法嗣*
　　海目源　爆錢樸　魯菴楷　月麟成　鶴睡琴
成範冶禪師法嗣*
　　古冰昱　古南方　別拙積　巨聞融　憨月心　巨靈賢　別機默
　　鐵菴奇　策先惺　徹微光　復初量　雪如玉
別傳續禪師法嗣*
　　大覆弘　具瞻涓
自若直禪師法嗣*
　　靜持□　鼎盛□　廣濟□
　　施駿臣居士
巳水源禪師法嗣
　　松石

―――――――

① 《濟燈世譜》只標題名，底下未列法嗣名。

澹風位禪師法

  立僧嚴

湘雨蔭禪師法嗣*

  一峰岳

古山音禪師法嗣*

  惟真哀　徹莖培　雪印仁　麟長秀①　麟長玉居士

楚林睿禪師法嗣

  湛波澄　東旦旭　悟旭②　照瑛　寂勝　照毅③

載月舟禪師法嗣

  有鋒印　祖源濟　野峰壽　握三衡

大安樂禪師法嗣*

  牧宗戒　祖元遺

暘谷杲禪師法嗣*

  慧孚徵　風喆遲　函三容

密傳鎔禪師法嗣*

  弘冶赤

巨濤果禪師法嗣*

  玉山琳　燦光照　在瞻元　印圓泉　淡山昷　禹傳源④

川迴望禪師法嗣*

  貫一通

元微覺禪師法嗣*

  且微傳

---

 ①　以上二位依《傳臨濟正宗三十四世居開山古山音禪師塔志銘》補入，《西河文集》(9)。

 ②　"東旦旭"與"悟旭"不知是否爲同一人，待考。

 ③　以上四位依《北京楚林禪師語録》補入。

 ④　以上六位依《續修雲林寺志》補入。

三峰派第五代禪師法嗣（南嶽下三十九世）

月輝常禪師法嗣

　　將文牧居士

曉蒼曙禪師法嗣

　　韞白玉①

樾堂樹禪師法嗣

　　讓山玉②

壽山令禪師法嗣

　　青雪睿　圓澤□　石雨□　奕菴□

雙泉恭禪師法嗣

　　智文學　化周弘

白兆宗禪師法嗣

　　雲空喆　慈潤玉　義符璽　獎英譽

化龍幢禪師法嗣

　　龍續璋　雪浪秘

秀然明禪師法嗣

　　遠微圓

古昭化禪師法嗣

　　嶽石玉　文生慧　尼慧源

無逸說禪師法嗣

　　澄清徹

漢澄□禪師法嗣

　　皎如□　浩如□　潛輝□　念西□

---

① 據《明清佛教研究資料・僧傳之部》補入，頁 264。
② 同前註。

默然聞禪師法嗣*

  位焉和　覺本圓　呂慧生居士

天谷空禪師法嗣*

  指白□

師昂元禪師法嗣*

  禹聞善　善和悅　若園文

一雨溥禪師法嗣*

  達明元　仁則禮

根潔蓮禪師法嗣*

  睿豁禪

貫一通禪師法嗣*

  雪航葦　旦豁唯　退庵本　天翼鵬①

玉山琳禪師法嗣* ②

若愚智	頓恢德	本悟性	通圓悟	端明煜	秀林茂	巨達智
鏡泉智	瑞石泉	堅持成	敏玄實	道立本	嘉賓慶	自量容
乾方正	嵩高德	元睿密	永安祖	奇山鳳	性堂觀	時雍期
乾純端	明月圓	亮文明	南詢辰	悟言識	天培成	善持超
寶林鑑	學海源	介眉壽	培元本	達元魁	道宗常	朗性直
淨心寂	乾初燁	超然極	溶廣澈	開文會		

在瞻元禪師法嗣*

  振修瑞

禹傳源禪師法嗣*

  志安秀　道隆覺

---

① 以上四位依《三峰清涼禪寺志》補入。
② 摘錄自《雲林玉山琳禪師語錄》，卷下，蘇州西園寺藏本，頁61。

印圓泉禪師法嗣*

  德恒恩 心在□

淡山昷禪師法嗣*

  大千照

燦光照禪師法嗣*

  顯微慧①

雪亭睿禪師法嗣*

  素風然②

三峰派第六代禪師法嗣（南嶽下四十世）

雪航葦禪師法嗣*

  中倫言 德音懋 匯源海③

顯微慧禪師法嗣*

  心安中 德山如 有三戒

寶林鑑禪師法嗣*

  品高峰

元瑞密禪師法嗣*

  若水來

振修瑞禪師法嗣*

  惠周慈

德恒恩禪師法嗣*

  朗緣果

---

  ① 自"振修瑞"至此七位法嗣名單引自釋達舟所編"世系圖"補入，見《續修雲林寺志》卷三，頁142。

  ② 依《三峰清涼禪寺志》、《雲林寺志》補入。長谷部幽溪將素峰律然列於"南嶽下四十世"，但應更正爲"南嶽下三十九世"，參見《明清佛教研究資料・僧傳之部》，頁275。

  ③ 以上三位依《三峰清涼禪寺志》補入。

心在□禪師法嗣*

    性宏潤

大千照禪師法嗣*

    廣浩海　惺一初　净一禪　德慧明　新明誠

志安秀禪師法嗣*

    品蓮月

道隆覺禪師法嗣*

    竺軒安①

三峰派第七代禪師法嗣（南嶽下四十一世）

中倫言禪師法嗣*

    智慧成　松亭覺　曜峰碧　瑞峰祥　改庵更②

德山如禪師法嗣*

    見能謙

若水來禪師法嗣*

    聖川清

净一禪禪師法嗣*

    定蓮凝③

---

① 自"心安中"至此十五位法嗣名單依《續修雲林寺志》補入。
② 以上五位依《三峰清凉禪寺志》補入。
③ 自"見能謙"至此三位法嗣名單依《續修雲林寺志》補入。

【附記】

在鄧尉山聖恩寺的寺志中,還發現了一篇《繼創臨濟宗三峰派列祖承嗣表》。① 由於所列名單不見於相關燈錄,姑附於此,以補充世序,供讀者參考:

初祖 漢月藏→第二世 剖石壁→第三世 吼崖濟石→第四世 愈遠圓→第五世 智文→ 第六世 雲紀揚→第七世 橫學律成→第八世 紹山儀逸→第九世 觀澈教通→第十世 華岳→第十一世 潤亭→第十二世 鐵橋圓達→第十三世 行道忠恕→第十四世 尊權榮宗

---

① 鄧尉山聖恩寺的三峰派法嗣繼承表,代序有五十七代,世序有十四世,《繼創臨濟宗三峰派列祖承嗣表》,《鄧尉山聖恩寺志》,2008 年,廣陵書社,頁 52—53。

後　　記

　　源於徑山寺所結下的深厚法緣，感念歷代傳承祖師的卓錫開法、中興祖庭所作出的弘法貢獻，思及承蒙徑山寺常住護念，報答於祖庭學修之恩德，并冀以續補徑山寺清初以來的史料，在黄繹勳教授的鼓勵指導下，展開了具德禪師稀見語録文獻的收集整理與點校研究工作。

　　文獻收集和編輯撰寫過程，蒙黄繹勳教授、成慶教授、桑林、戒興和尚、慧澄法師等諸師友之協助，佛光大學佛教學系江怡慧、韓沅潤同學協助録文，并得黄公元教授的審閲校核，特爲感謝。最終，此書能順利出版，衷心感謝上海永福庵常住法師之支持，上海大學成慶教授熱誠推動出版《明清禪宗文獻叢書》，并統籌、協調各項工作，以及上海古籍出版社多位人員之細心編輯和校對。最後，再次感謝成書過程中所有協助的善緣！

釋法幢於杭州徑山禪寺圖書館
2024 年 7 月 20 日

圖書在版編目（CIP）數據

具德弘禮禪師珍稀文獻輯注／釋法幢輯注．－－上海：上海古籍出版社，2024.12
（明清禪宗文獻叢書／黄繹勳，成慶主編．第一輯）
ISBN 978-7-5732-1168-2

Ⅰ.①具… Ⅱ.①釋… Ⅲ.①禪宗－文獻資料－彙編－中國－明清時代 Ⅳ.①B946.5

中國國家版本館 CIP 數據核字（2024）第103372號

明清禪宗文獻叢書第一輯
黄繹勳　成　慶　主編
具德弘禮禪師珍稀文獻輯注
釋法幢　輯注
上海古籍出版社出版發行
（上海市閔行區號景路159弄1-5號A座5F　郵政編碼201101）
（1）網址：www.guji.com.cn
（2）E-mail：guji1@guji.com.cn
（3）易文網網址：www.ewen.co
上海中華印刷有限公司印刷
開本787×1092　1/16　印張24.5　插頁2　字數359,000
2024年12月第1版　2024年12月第1次印刷
ISBN 978-7-5732-1168-2
B・1400　定價：108.00元
如有質量問題，請與承印公司聯繫